普通高等学校知识产权专业系列教材
总主编　吴汉东

知识产权的国际保护

杨　帆　著

中国人民大学出版社
·北京·

总 序

当前，我国正在深入推进知识产权强国建设，知识产权人才作为建设知识产权强国最基本、最核心、最关键的要素日益受到高度重视。近年来，我国相继发布了《深入实施国家知识产权战略行动计划（2014—2020年）》《关于新形势下加快知识产权强国建设的若干意见》《国家创新驱动发展战略纲要》《“十三五”国家知识产权保护和运用规划》《知识产权人才“十三五”规划》等重要政策文件，对我国知识产权人才培养提出了新的要求。

知识产权作为一门独立的学科，有自己独特的研究对象，有自己特有的基本范畴、理念、原理、命题等所构成的知识体系；知识产权作为一种特定的专业，有自己特殊的人才培养目标，也有自己特定的人才培养规格。结合知识产权的学科特点，知识产权人才培养应当符合以下三个基本定位。

首先，知识产权人才应当是复合型人才。知识产权归属于法学，但与管理学、经济学、技术科学等有着交叉和融合，因此知识产权人才应当具备多学科的知识背景。他们除了掌握法学的基础知识外，还应当能够理解文、理、工、医、管等学科的基本原理和前沿动态，成为懂法律、懂科技、懂经济、懂管理的复合型人才。

其次，知识产权人才应当以应用型人才为主。知识产权是一门实践性极强的学科，无论是知识产权的确权与保护，还是知识产权的管理与运营，都是实践性工作。立法、司法机关，行政管理部门，公司企业，中介服务机构等实务部门对知识产权人才有着广泛的需求。

最后，知识产权人才应当是高端型人才。知识产权跨学科的特点，意味着单一的本科学历根本无法实现知识产权专业的目标要求，要使知识产权人才有较高的起点、较广博的知识，双学士、硕士、博士、博士后等高学历人才应当成为今后知识产权人才培养的主流。

知识产权人才培养是我国高校中最年轻、最有生命力的事业。但从总体上看，当前高校知识产权人才培养在复合型师资、培养方案、课程设置、实验条件等方面存在的诸多困难与问题，导致我国知识产权人才数量和能力素质与上述目标定位还存在一定差距，特别是高层次和实务型知识产权人才严重缺乏。因此，要以知识产权人才培养定位为目标，提升知识产权人才培养的软硬件条件，实现知识产权人才培养工作的科学化、体系化和制度化，为知识产权强国建设提供坚实的智力支撑。

本套系列教材正是基于上述背景由序者约请知识产权领域有专长、有影响的一批学者撰写的。该系列教材共9本，分别为《知识产权总论》《著作权法》《专利法》《商标法》《反不正当竞争法》《知识产权管理》《知识产权信息检索与利用》《知识产权的国际保护》

《技术转移法》。

从学科背景上看，该系列教材涵盖了法学、管理学、情报学、技术科学等不同学科知识，符合“知识产权人才应当是复合型人才”的要求；从课程设置上看，该系列教材注重知识产权诉讼、专利文书撰写、专利检索分析等知识产权实务技能的培养，符合“知识产权人才应当以应用型人才为主”的要求；从适用对象上看，该系列教材既可作为高校知识产权专业本科生和研究生的课程教学教材，也可作为企事业单位知识产权高级法务人员和管理人员的参考教材，符合“知识产权人才应当是高端型人才”的要求。我们希望通过该套教材的出版发行，总结出我国复合型、应用型、高端型知识产权人才培养的先进经验，以期为加快知识产权强国建设贡献力量。

是为序。

中南财经政法大学文澜资深教授、博士生导师　吴汉东
2020 年 3 月

前　言

时光荏苒，从我第一次走上大学的讲台至今，已经二十多年了。二十多年间我讲过的课程有很多，但潜心研究的始终是国际经济法和国际知识产权法。二十多年的教学和研究让我有了相当的积累和感悟。把这些燕子衔泥般的积累和感悟整理著文，是我的心愿。感谢中国人民大学出版社的约稿，使我能将自己的教学和科研内容转化成文字，这也算是对自己这么多年工作成果的总结。

国际知识产权保护是国际经济法的重要组成部分，是国际货物贸易以及国际知识产权贸易的基础。如果各国没有完备的、充满威慑力的知识产权法律制度，盗版和假冒就会充斥国际货物贸易领域，国际知识产权贸易因无法获利也就没有了存在的基础。在过去的几个世纪里，已经逐渐形成了一套主要由双边条约和多边公约构成的、较为完备的国际知识产权法律体系，而现在知识产权国际保护水平还有进一步强化的趋势。

中国的改革开放恰逢知识产权国际保护强化之始，故国内知识产权立法深受国际知识产权法律制度的影响。因此，了解国际知识产权保护制度的产生和发展，研读知识产权国际公约，理解国际知识产权争端中对公约条款的适用和解释，都能加深我们对国内知识产权法律规定的理解，预测知识产权法律制度的发展趋势。对于知识产权专业的学生而言，国际知识产权法是一门需要认真学习并将之贯穿于国内法学习之中的重要学科。

与现有的相关题目的著作相比，本书有如下特色：其一，兼具教材和专著的特点，在系统阐述国际知识产权保护基本理论的基础上，对知识产权各领域最新发展动态、热点和争议性的问题都有所涉及，其适用对象既可以是知识产权专业、法学专业的学生，也可以是相关学科的从业人员；其二，改变以往类似著作罗列国际公约的写法，按照知识产权客体分类，深入浅出地介绍不同知识产权客体国际保护的具体情况，非常便于学生和实践工作人员阅读理解，也能更好地和知识产权专业其他学科资料搭配使用；其三，联系实践非常紧密，在每一章节中都引入了大量的案例（包括 WTO 争端案例），言简意赅地分析案情，通过案例使读者加深对相关知识点的理解；其四，国际公约的文字表达通常晦涩难懂，如果仅仅罗列出公约条款，很多读者会觉得无法理解，继而失去学习的兴趣，针对这种情况，本书用简单直白的表述以及大量的例解去化解这些难点，令国际公约的学习不再让读者感到枯燥乏味。

二十年磨一剑，希望我的这把剑能加深读者对国际知识产权保护的理解，能对读者的学习和工作有所助益，这样我就非常开心了！

杨　帆
2020 年 3 月 28 日于北京

前言

目 录

第一章 概 说

本章教学目的与要求

理解知识产权国际保护的理论背景，明确知识产权国际保护法律体系的产生、发展和强化过程，掌握知识产权国际公约的基本情况和分类，了解世界知识产权组织的宗旨、职责、主要工作及其在知识产权国际保护领域的法律地位和作用。

第一节 知识产权国际保护的产生、发展和强化

一、知识产权国际保护的理论背景：无形性和地域性特点相互矛盾的必然结果

（一）知识产权的无形性特点

知识产权最重要的一个特点就是客体的无形性，这一特点将其同一切有形财产以及人们就有形财产享有的权利区分开。一台汽车，作为有形财产，其所有人行使权利出售或出租它，标的均是这台汽车，即该有形物本身。但一项知识产权，无论是专利、商标还是著作权，其权利人行使权利转让它时，标的可能是制造某种知识产品的“制造权”（“复制权”），也可能是销售某种知识产品的“销售权”（“发行权”），却不是该知识产品本身。

知识产权的无形性特点对知识产权人既产生积极作用，也产生消极作用。

积极作用表现在：因为其“无形”，所以同一知识产权可以同时为多方使用。一台汽车的所有人不可能把汽车同时出让给两个独立的买主，但一项知识产权的所有人则可能“货售”许多家。这种积极作用进一步表现为知识产权贸易独特的作价方式。在有形财产出让时，正常交易下其价格应该是从制造成本开始起算；但是知识产权因为可以同时出让多方，所以权利人从不以该知识产权的“制造成本”为基点计算价格，而是以受让人因使用该知识产权可能产生的经济效益为基点，从中提取一定百分比的收益，这也就是知识产权贸易经常采用“提成”方式作价的原因。正是因为同一知识产权可以同时许可多方使用，其可能带给权利人的收益往往是无法估量的，因此现代社会“价值连城”的已经不仅仅是那些有形的宝贝，还有某种无形的知识产权，例如可口可乐的配方、淘宝的商标、《哈利·波特》小说及其周边产品的著作权等等。

消极作用则表现在：因为“无形”，知识产权保护、知识产权的侵权认定等有着比有形财产在相同情况下复杂得多的问题。一颗钻石的所有人可以通过对该钻石的有效占有防止其权利被侵犯，一旦这颗钻石被盗，因标的物的消失，权利人很容易发现权利被侵犯，继而可以通过各种积极的手段维护自己的权利。但是，知识产权的无形性使其权利人不可能通过任何方式的有形占有来防止权利被侵犯。作者创作完成一本书，只要该书付梓出版，盗版就可能如影随形地出现。而当盗版出现时，只要没有出现市场冲突，权利人很难在第一时间发现其权利被侵犯，而即便发现盗版，权利人仅依靠自己也很难认定并打击侵权。

知识产权的无形性特点同时意味着知识产权相对于有形财产更加容易被传播，这一特点延伸到国际领域则表现为知识产权极易跨境传播，尤其是在全球化日益明显的现代社会。

（二）知识产权的地域性特点

中外知识产权制度均起源于封建社会，它们的雏形是一种封建君主或地方官通过特别的榜文、敕令的形式授予的一种特权。这种榜文或敕令当然只能在该封建君主或地方官权力所及的地域内产生特权，越过该地域特权就不复有效。[①] 因此，“知识产权”从产生的第一天[②]，就具有严格的地域性。进入资本主义社会之后，知识产权的性质从封建“特权”转变为依照法律产生的“法权”，但由于法律不具有域外性，一个国家根据自己法律授予的专利权、注册的商标或其他商业标志，以及保护的著作权等，在国外是无效的，因此，知识产权的地域性特点仍旧保留下来。知识产权的地域性意味着其只在获权的国家具有无形财产的价值，在未获权的国家他人是无须经授权即可无偿使用的。

然而，知识产权的无形性特点使得专利技术、商业标志以及文学、艺术和科学作品等无形财产很容易流传到国外，因此，知识产权的权利人单单获得本国法律的保护是不够的，他需要在国外也获得保护。知识产权无形性特点和地域性特点相互矛盾的结果是知识产权的国际保护紧随着知识产权国内法律制度的建立而产生了，这在著作权领域表现尤为明显。

二、知识产权国际保护的产生和发展

（一）著作权国际保护的产生和发展

在著作权国际保护的产生和发展方面，英国和法国厥功至伟。18 世纪，随着资本主义私有制的建立，迫于作者和作品所有人的压力，英国和法国先后建立起各自比较完备的现代意义的著作权法律制度。其中，1709 年英国议会通过的《安娜法》[③] 是世界上第一部现代意义的著作权法。法国于 1791 年首先颁布了保护直接传播作者之作品的法律——《表演权法》，1793 年又颁布了保护作品间接传播权的法律——《复制权法》。这两部法律

---

① 郑成思．知识产权论．北京：法律出版社，1998：84.

② 当时还没有“知识产权”这个概念。

③ 该法原名为《为鼓励知识创作而授予作者及购买者就其已印刷成册的图书在一定时期内之权利的法》，后人为了简便而冠之以当时在位的英国女王安娜的名字。郑成思．知识产权法．北京：法律出版社，1997：314.

后来合而为一，形成了一直沿用到今天的《作者权法》(亦称《版权法》)。到 19 世纪初，英法两国的印刷出版业已较发达，成为当时主要的图书出版及出口国。

但是，由于英法两国的著作权法没有域外效力，英法两国的作品在其他国家仍然不能获得保护，在当时尚未建立国内著作权法律制度的比利时等国家，英法两国的作品被大量"盗版"。这些"盗版"书籍不仅与"正版"书籍抢夺国外市场，还进入英法两国境内以其低价优势冲击两国的出版业。

为解决国外"盗版"对本国"正版"的冲击问题，1852 年 3 月 28 日法国颁布法令，宣布将单方面地保护所有外国作者在法国的作品，而不问作者的国籍或作品的首次出版地，这种保护方式被称为"单一国家保护制度"[①]，其对知识产权制度的发展影响不大，却开了知识产权国际保护的先河。与法国的单一保护方式不同，"重商主义"的英国于 1884 年颁布《国际版权法》，宣布在互惠的原则下，英国保护任何外国作者的作品。互惠保护虽然在实际效果上优于单一保护，但仍然存在保护水平相差悬殊的问题。为提高其他国家的著作权保护水平，19 世纪后半叶，英法两国利用自己当时优势的国际地位，先后与二十多个国家签订了著作权保护的双边条约。

双边条约在提高其他国家著作权保护水平方面起到了很大的作用，但对第三国无约束力，且不同的双边条约保护水平参差不齐。为了一劳永逸地实现既扩张著作权保护的地域范围又提高其保护水平的目的，在法英两国的积极推动下，"国际文学艺术联合会"在巴黎成立，并开始起草一份关于著作权国际保护的文件。这个文件对建立一个保护文学艺术作品的"协会"、提供国民待遇的保护、保护的内容、参加"协会"的程序等等，都提出了具体的意见。1884 年到 1886 年，欧洲、亚洲、非洲及美洲一些国家的代表，在瑞士首都伯尔尼举行了三次外交会议，讨论在此基础上缔结一个著作权国际公约的问题。1886 年 9 月 9 日，由英国、法国等 10 个国家发起的世界第一个著作权公约——《保护文学艺术作品伯尔尼公约》缔结，1887 年 12 月 5 日公约正式生效。

(二) 工业产权国际保护的产生和发展

工业产权国际保护的产生和发展与著作权国际保护类似，在 1883 年以前，对外国人的工业产权的保护主要通过缔结双边协定来实现。据统计，在那时有近 70 个这样的双边协定，这些协定全部涉及商标的保护，约有 1/3 的协定要求保护工业品外观设计，只有 2 个协定涉及专利保护。[②] 1873 年，奥匈帝国政府准备在维也纳举办的国际展览会上，邀请各国的发明家展出他们的新发明。由于担心自己的发明在奥地利得不到充分的保护，会被外国人拿去抢先申请专利，因此接到邀请信的绝大多数发明家表示不愿参加这次展览会。针对这种情况，奥匈帝国一方面立刻通过了一项特别法律，向参加展览会的发明、商标和工业品外观设计在 1873 年年底以前提供特殊的临时保护；另一方面在展览会开幕的同时，在维也纳召开了第一次国际专利会议，呼吁在发明专利的保护方面缔结一个国际性的协议。

---

① 法国于 1964 年取消了单一保护的规定。

② W. R. Cornish. Intellectual Property：Patent，Copyright，Trademark and Allied Rights. [S. L.]：Sweet & Maxwell，1996：43.

维也纳会议之后，1878 年在巴黎举办的另一次国际展览会期间召开了第二次国际专利会议，会议决定组成一个专门委员会，负责起草一份保护工业产权的国际公约。1880 年，21 个国家的代表在巴黎讨论通过了这份公约的草案。1883 年 3 月 20 日，由法国、比利时等 11 个国家发起，在巴黎缔结了《保护工业产权巴黎公约》，该公约于 1884 年 7 月 7 日正式生效。

总　结

知识产权国际保护产生和发展示意图

18世纪英法两国的著作权立法

↓

国内创作被鼓励的同时，国外“盗版”大量出现

↓

法国建立单一国家保护制度，英国建立互惠制度

↓

双边条约保护制度

↓

国际公约保护制度：《巴黎公约》和《伯尔尼公约》

三、知识产权国际保护的强化

如果说在知识产权国际保护法律体系的产生和发展方面英法两国功不可没，那么在强化知识产权国际保护方面美国则起到了主导作用。

（一）美国“特别 301 条款”的单边强化

20 世纪六七十年代，美国经济陷入衰退之中，日本、联邦德国等国的迅速崛起对美国形成了巨大的挑战，美国与苏联的冷战也处在胶着状态。为了保障美国在各项贸易协定下的权利，1974 年美国国会通过了修订的《贸易法》，该法使得美国总统能够针对其他国家所谓不公正、不合理或歧视性的贸易做法进行反击，自此“公平贸易”成为美国对外贸易政策的基调之一。与此同时，美国政府和产业界在深刻反思之后达成共识，认为美国在经济竞争中最大的资源和优势是人才和科技，然而由于知识产权保护不力，外国能够轻易模仿美国的技术，并凭借其劳动力和制造业的廉价成本优势使其经济快速发展。时任美国总统卡特在 1979 年第一次将知识产权战略提升至国家战略层面，里根继任后又成立了“产业竞争力总统委员会”，该委员会在 1985 年一份名为《全球竞争力——新的现实》的报告中要求把知识产权保护作为外交政策的一部分。①

1988 年，美国国会通过《综合贸易与竞争法》，该法的核心内容之一就是系统地将知

---

① 管煜武，单晓光. 美国亲专利政策与高科技产业竞争力. 科学学研究，2007（4）.

识产权保护纳入1974年修订《贸易法》的“301条款”[①]体系，创设了“特别301条款”[②]。依据“特别301条款”的规定，美国贸易代表每年出具一份年度调查报告，对美国知识产权在世界各国的保护和准入状况进行评估，并将外国大致分为“重点国家”、“重点观察国家”和“观察国家”三类。一旦某国被确定为“重点国家”，美国贸易代表将发起针对该国的知识产权调查，同时要求就该调查所涉及的问题与有关外国进行磋商，并在调查和磋商的基础上做出制裁与否的决定。制裁措施包括终止贸易优惠条件、征收关税和施加进口限制等，目的是迫使被制裁国加强对美国知识产权的保护。20世纪八九十年代，美国频繁挥舞“特别301条款”大棒，单边强化日本、中国、印度等诸多贸易伙伴的知识产权保护，其中针对中国的“特别301调查”就有三次，分别在1991年、1994年和1996年。

（二）世界贸易组织TRIPS协定的多边强化

1. TRIPS协定的产生

1947年《关税与贸易总协定》（General Agreement on Tariffs and Trade，GATT）签订时，只在个别不重要的条款中简略地提到知识产权，其目的是保证贸易自由化不至于妨碍到知识产权的行使和保护，这还不是真正针对知识产权保护的专门规定。

20世纪60年代，随着发展中国家开始参与国际市场的竞争，国际贸易不仅是发达国家国民经济增长的重要因素，也开始成为发展中国家经济发展的动力。但在此阶段，由于发达国家与发展中国家之间的知识产权保护水平差异太大，因知识产权问题产生的贸易摩擦已经开始出现。70年代，发达国家和发展中国家之间因知识产权引起的贸易摩擦集中在工业产权方面，尤其是假冒商标问题上，这迫使美国和欧洲经济共同体共同提出了一个反假冒法草案。但是，由于发展中国家一致认为关贸总协定没有资格处理知识产权问题，因此这一草案最终没能在关贸总协定的范围内达成协议。到80年代，发达国家和发展中国家的贸易摩擦开始扩大到版权和邻接权领域。为了缓和矛盾并争取主动，作为联合国专门机构的世界知识产权组织多次召开会议，准备讨论形成一个新的、与会国都能接受的条约草案。但是，在一系列关系到最低保护标准的问题上，常常形成发达国家主张的高标准和发展中国家坚持的低标准两种不同的方案。由于世界知识产权组织的表决制度使发展中国家能利用其数量上的优势坚持其意见，因此发达国家要求的高标准很难获得通过。这就迫使发达国家放弃世界知识产权组织，而在关贸总协定的范围内寻求解决的办法。

基于上述原因以及强化知识产权保护以实现其国际竞争力优势的迫切需求，在1986年关贸总协定乌拉圭回合谈判开始时，美国就强烈要求将知识产权保护问题列入谈判的议程。1987年10月，美国代表团进一步主张有关知识产权规范的谈判不应仅以世界知识产权组织管理的知识产权公约和《世界版权公约》为基础，各国还应通过乌拉圭回合的谈判确立更为有效、更加统一的知识产权保护原则。美国的这一主张首先得到了欧共体成员、

---

① 该条款的核心内容是：当外国违背有关的贸易协定而损害了美国的贸易利益时，当外国的政策和法律是不公平和不合理的，并且对美国的商业造成了负担或限制时，总统有权授权对损害美国贸易利益的外国实施报复，如中止或撤回依据贸易协定减让的利益，或者对该外国的货物或服务加征关税或采取其他进口限制等。

② 《综合贸易与竞争法》在第1303条中对知识产权的保护做了专门规定，该规定被纳入1974年《贸易法》第182条（《美国法典》第19卷第2242条），其标题为“对否定知识产权的足够保护和市场准入之外国的确定”。

加拿大、日本、澳大利亚和新西兰等经济和知识产权水平与其相当的发达国家的支持。而发展中国家对此的态度却大相径庭，虽然多数国家表示强烈的反对，但以东南亚新兴的工业国家为代表的一部分发展中国家却表示支持美国主张。后者的目的是希望制定某些规则，尤其是知识产权保护的最低标准和多边解决争议的制度，以防止美国以它们知识产权保护不力为由采取单方面的制裁行动。[①] 由于发展中国家的立场分歧，1989 年 9 月发表的部长宣言将知识产权连同服务贸易和投资措施三个新议题列入谈判议程，并确定了与贸易（包括冒牌货贸易）有关的知识产权谈判的三项授权。

第一，为减少对国际贸易的扭曲和障碍，考虑到充分有效地保护知识产权的必要，并保证实施知识产权的措施和程序本身不对合法贸易构成障碍，谈判应旨在澄清关贸总协定的规则，并视具体情况制定新的规则和纪律。

第二，谈判应旨在拟定处理国际冒牌货贸易的多边规则、原则、纪律的框架，同时应考虑总协定已承担的工作。

第三，谈判不排斥世界知识产权组织和其他机构处理这些问题时可能采取的其他辅助行为。

在上述三项授权的基础上，乌拉圭回合的知识产权谈判正式开始。值得注意的是，欧美和日本的工业界代表，具体包括欧洲经济共同体工业联合会（UNICE）的专家、美国知识产权委员会的专家和日本经济团体联合会的专家直接参与了谈判的全过程，代表权利人（主要是发达国家的权利人）的利益对讨论的问题发表意见。在谈判中，这些代表强调有必要制定以发达国家主张的标准为基础的最低保护标准，明确反对任何形式的歧视，要求规定保证知识产权执法的充分有效的详细规则。他们的意见的很大部分最终反映在了知识产权协定中。经过两年多激烈的讨论，《与贸易（包括冒牌货贸易）有关的知识产权协定》（TRIPS）的草案终于在 1991 年 12 月于日内瓦达成。该草案经过局部的文字修改，于 1994 年 4 月 15 日由各国代表在摩洛哥马拉喀什召开的乌拉圭回合谈判成员部长级会议上签字，协定于 1995 年 1 月 1 日起生效。对于多数发展中国家而言，接受知识产权协定多少有一些被迫的性质。因为乌拉圭回合谈判的最后文件是以“一揽子”的方式通过的，如果有一个文件达不成协议，整个谈判就归于失败。而一旦达成协议，各个国家就只能全部接受或全部不接受，不能将各个文件分开进行考虑。由于加入世界贸易组织可以带来市场准入和其他各种利益，即使对单个文件不满意，各国一般也会全部予以接受，这就形成了在世界贸易组织的范围内达成知识产权协定的局面。

2. TRIPS 协定的作用和评价

TRIPS 协定由序言以及 7 个部分共 73 个条款构成。在序言部分，协定开宗明义地说明了其缔结的目的在于促进对知识产权有效和充分的保护，以减少对国际贸易的扭曲和障碍，同时保证知识产权执法的措施与程序不至于变成合法贸易的障碍。正文部分即以上述要求为基础，具体包含了 7 个部分的内容：总条款与基本原则；有关知识产权的效力、范

---

① 在此之前，美国多次通过其国内立法中所谓的“特别 301 条款”对其贸易伙伴进行知识产权调查，并通过谈判迫使它们接受美国的知识产权保护标准，否则美国即通过采取单方面的制裁行动，获得巨额的知识产权“使用酬金”。

围和使用的标准；知识产权的执法；知识产权的获得、维持及相关程序；争端的防止与解决；过渡性安排；机构设置和最后条款。

和以前的知识产权国际公约相比，TRIPS 协定具有以下显著特点：（1）首次将最惠国待遇原则引入知识产权的国际保护领域；（2）要求成员对知识产权（限于其明文规定的七种客体）提供更高水平的立法保护；（3）要求成员采取更为严格的知识产权执法措施（包括民事、行政和刑事程序）；（4）要求成员的知识产权获权和维持程序必须公平合理；（5）将成员之间的知识产权争端纳入世界贸易组织（WTO）争端解决机制，加强了协定的约束力。

在对成员保护知识产权的义务做出具体规定之前，TRIPS 首先将《保护工业产权巴黎公约》、《保护文学艺术作品伯尔尼公约》（第 6 条之二关于精神权利的规定除外）、《保护表演者、录音制品制作者和广播组织罗马公约》以及《关于集成电路知识产权条约》的实体性规定全部纳入其中，使之成为世界贸易组织成员知识产权保护的最低标准。在上述被纳入的公约的内容基础上，TRIPS 又在八个方面进一步明确了成员保护知识产权的最低水平。

总的来说，TRIPS 协定是一个高标准、严要求的协定，它的生效标志着知识产权国际保护制度进入了统一标准的新阶段，它在推动各国知识产权立法和司法活动方面起了重要作用，同时亦缓和了发达国家因对本国知识产权在域外受保护现状不满而与发展中国家产生的种种利益冲突，达到了各成员知识产权保护规则在程序和实体上的趋同，是强化知识产权国际保护的重要里程碑。

总 结

知识产权国际保护强化示意图

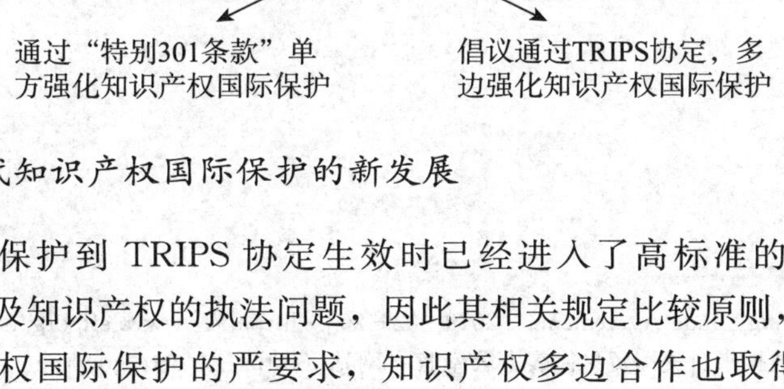

四、后 TRIPS 时代知识产权国际保护的新发展

知识产权国际保护到 TRIPS 协定生效时已经进入了高标准的时代，但是，由于 TRIPS 协定首次涉及知识产权的执法问题，因此其相关规定比较原则，制约力有限。为了进一步强化知识产权国际保护的严要求，知识产权多边合作也取得了一些新的进展，《反假冒贸易协定》（ACTA）和跨太平洋伙伴关系协定（TPP）的知识产权政策是其中最具有代表性的成果。

（一）《反假冒贸易协定》(ACTA)

2007 年 10 月 23 日，美欧表示将与一些主要贸易伙伴寻求谈判一个新的更高基准的知识产权执法协定，并强调该谈判不属于任何现有的国际组织的一部分。2010 年 10 月，《反假冒贸易协定》(Anti-Counterfeiting Trade Agreement，ACTA）草案文本的主要争议方美国和欧盟迅速达成妥协，于 2010 年 11 月 15 日公布了最终草案文本，草案文本自 2011 年 10 月 1 日起开放签署。

ACTA 在很大程度上突破了现有知识产权国际保护的规则，丰富了知识产权执法手段，强化了执法力度。从性质上讲，ACTA 并非一个全面的知识产权国际公约，其目的是通过加强合作和强化制裁以“改善知识产权执法实践”。根据协定第 40 条的规定，该协定于 6 个缔约国批准并提交批准书 30 日后方才生效。截至 2019 年 2 月，只有日本完成了国内批准程序，故该协定尚未生效。①

（二）跨太平洋伙伴关系协定（TPP）的知识产权政策

跨太平洋伙伴关系协定（Trans-Pacific Partnership Agreement，TPP）是由智利、新西兰、新加坡和文莱四国于 2005 年 7 月签订的跨太平洋战略经济伙伴关系协定（TPSEP）演变而来。协定最初是这亚太四国间就货物、服务、知识产权贸易和投资等相关领域给予互惠的经济合作协定，由于初始成员国为 4 个，故又称为 P4 协定。2009 年 11 月美国正式宣布参与 TPP 谈判，之后澳大利亚、秘鲁、越南、马来西亚、墨西哥、加拿大和日本相继加入，标志着 TPP 合作目标已经从达成基本优惠贸易安排拓展为建立全方位的区域经济合作“范本”。

根据 TPP 协定的规定，该协定自全部 12 个缔约国完成国内批准程序之日起 60 天后方可生效，而美国总统特朗普在其就职当天就宣布退出 TPP，并于 2017 年 1 月 23 日在白宫正式签署了相关行政命令，这标志着 TPP 协定的流产。② 此后，日本与越南于 2017 年 11 月 11 日在越南岘港举行新闻发布会，共同宣布除美国外的 11 国就继续推进 TPP 正式达成一致，11 国将签署新的自由贸易协定，新名称为《全面与进步跨太平洋伙伴关系协定》(Comprehensive and Progressive Agreement for Trans-Pacific Partnership，CPTPP)。2018 年 3 月 8 日，11 国代表在智利首都圣地亚哥举行了签字仪式，CPTPP 协定在保留 TPP 协定超过 95%的内容的同时，又大大降低了通过难度，该协定自任意 6 个缔约国完成国内批准程序之日起 60 天后即可生效。2018 年 12 月 30 日，CPTPP 协定正式生效。③

---

① Anti-Counterfeiting Trade Agreement.［2019-02-20］. https://www.eff.org/issues/acta.

② TPP 相关资料和数据来自美国贸易代表办公室官方网站（https://ustr.gov/tpp/），访问时间：2019 年 2 月 20 日。

③ CPTPP 相关数据来自加拿大政府官方网站（https://www.canada.ca/en.html），访问时间：2019 年 2 月 20 日。

第二节　知识产权国际保护的途径

一、知识产权国际保护的含义和作用

关于“知识产权国际保护”，不少人理解为用本国法无条件地保护依外国法产生的知识产权，或是以国际条约取代或覆盖国内法，“国际保护”意味着知识产权地域性的消失。这种理解是错误的。现代意义的知识产权国际保护，是指一国缔结或参加多边公约或双边条约，以国内法在不违反国际公约所规定最低限度的情况下保护他国的知识产权，除了在非洲法语国家、北美自由贸易区及欧盟国家，也不意味着以国际条约取代或覆盖国内法。因此，“国际保护”并不能使知识产权的地域性消失，只是在一定程度上使地域性减弱了而已。①

需要特别注意的是，因权利获得方式的不同，知识产权国际保护在工业产权和著作权领域的作用是不同的。

工业产权在各国都必须通过有关国家机关审批方能获权，因此工业产权国际保护的作用仅仅在于对其他国家国民所提出的工业产权申请，承担国际保护义务的国家的有关机关必须受理，并且在审批程序以及授权后所提供的保护水平方面不能低于有关公约或条约要求的最低标准。工业产权的国际保护绝对不能理解为在一国获权的工业产权在其他公约或条约的成员国自动获得保护，“AMERICAN FULL FLAVOR”商标注册案②就充分说明了这点。

案　例

“AMERICAN FULL FLAVOR”商标注册案

1991年2月26日，美国烟草公司委托中国国际贸易促进委员会代为办理其“AMERICAN FULL FLAVOR”商标在中国的注册事宜。该商标由文字和图形共同组成，其中文字为“AMERICAN FULL FLAVOR”，图形则为一只小鸟和五个五角星。我国商标局接受申请后，因中国和美国都是《保护工业产权巴黎公约》的缔约国，决定受理申请。但商标局在审查后，以该商标有叙述本商品性能等特点、缺乏显著性为由驳回注册申请。

此后不久，美国烟草公司委托中国国际贸易促进委员会向商标评审委员会申请复审，申请复审的主要理由是：“AMERICAN FULL FLAVOR”文字和图形商标是美国烟草公司用于烟草制品及烟具的商标，历史悠久，驰名世界，已在美国和世界许多国家获得注册，为公众所认可，获得了第二含义。中国和美国同为《巴黎公约》的成员国，该商标既

---

① 即使在上述三个地区，地域性也并未全面消失，只是进一步减弱了。

② 北京专利事务所，北京商标事务所，北京版权事务所．专利·商标·著作权法案例精析．3版．北京：中国政法大学出版社，1996：107－110.

然能在美国注册，那么也应在中国获得注册。

1992年6月5日，我国商标评审委员会经复审，以依据《巴黎公约》的商标独立性原则是否给予注册由接受申请国立法决定为由，再次驳回了美国烟草公司上述商标的注册申请。

著作权目前在世界绝大多数国家都是自动产生的，尤其是被TRIPS协定纳入的《保护文学艺术作品伯尔尼公约》也采用了著作权自动保护的原则。因此对《伯尔尼公约》以及WTO的一个成员而言，其国民创作完成一个作品，其著作权在本国或本地区产生的同时也在所有《伯尔尼公约》以及WTO成员产生，这些成员必须为该作品提供不低于公约水平的保护，意大利傲时公司诉上海申德系统技术公司等侵犯著作权及不正当竞争纠纷案[①]就充分说明了这点。

案　例

意大利傲时公司诉上海申德系统技术公司等侵犯著作权及不正当竞争纠纷案

意大利OSPANTOSRL（傲时）公司在意大利申请了傲时牌产品的商标注册，同时制作了各种不同版本的广告册，以图片、文字说明、示意图等形式介绍该公司的产品，涉案广告册在意大利于1986年正式出版。

1993年，傲时公司的中国授权代理商发现上海申德系统技术公司（以下简称“系统公司”）向其客户散发的“申德木材干燥设备用户报告”宣传画册中，有9张或者5张图片是从意大利傲时公司的中英文广告册中抄袭的。木业公司向其客户散发的广告画册中有一幅“干燥设备原理图”，系从意大利傲时公司广告画册中采用桌面拼接技术抄袭的。傲时公司遂向辽宁省高级人民法院以侵犯著作权和不正当竞争为由起诉。

辽宁省高级人民法院经审理认为：意大利傲时公司享有为推销产品而设计制作的广告画册的著作权，根据《保护文学艺术作品伯尔尼公约》及我国《著作权法》的有关规定，意大利傲时公司的上述广告画册的著作权受中国法律保护，系统公司、木业公司的行为构成对傲时公司作品著作权的侵犯。

二审中，最高人民法院进一步认定：意大利傲时公司于1986年设计制作的广告宣传画册，是文字作品与设备照片等摄影作品的编辑作品，其中有关设备的摄影作品，可以单独使用，也具有独创性。根据《保护文学艺术作品伯尔尼公约》和我国《著作权法》的规定，意大利傲时公司对其制作的广告画册编辑作品以及画册中照片等摄影作品享有著作权，该权利受我国《著作权法》保护。系统公司与木业公司未经著作权人同意，擅自复制、使用该画册中的摄影作品对其商品做宣传，侵犯了傲时公司的著作权，应当承担侵权法律责任。

二、知识产权国际保护的途径

目前，国际上保护知识产权的途径主要包括以下三种。

---

① 此案例案情来自辽宁省高级人民法院（1996）辽民初字第25号民事判决书和最高人民法院（1999）知终字第6号民事判决书。

（一）互惠保护

这是一种附条件的保护，其含义是指某一外国若承认并保护依本国法确认的知识产权，那么本国亦承认并保护依该外国法确认的知识产权。互惠保护主要为一些知识产权立法滞后或存在差异的国家采用。我国在参加《巴黎公约》前，也曾分别与许多国家在商标保护上实行互惠原则。

（二）双边条约保护

双边条约保护指两个国家之间通过签订双边协定的方式，相互保护对方的知识产权。此种保护方式在当代仍被广泛采用。如中国和美国就曾签订过三个涉及知识产权保护的双边协定，即1979年中美贸易关系协定、1992年中美政府关于保护知识产权的谅解备忘录以及1995年中美通过来往函件就知识产权达成的协议。

（三）多边条约保护

这是现今国际上保护知识产权最主要的途径。多边条约包括世界性条约和区域性条约两种。前者又称为国际公约，其适用范围没有区域限制，而且内容多是立法性的，规定各缔约国知识产权立法的最低水平，因此对知识产权国际保护影响最大；后者是为适应局部地区的特殊需要而产生的，其对于协调区域内各国知识产权保护制度，维持区域内相同的知识产权保护水平作用很大。目前，对知识产权国际保护起到重要作用的是数量众多、作用各异的知识产权国际公约。

三、知识产权国际公约概述

迄今为止，根据作用和保护客体的不同，知识产权国际公约可以概分为以下四类。

（一）为设立促进知识产权国际保护的政府间组织而签订的公约

此类公约就是指1967年签订、1970年生效的《建立世界知识产权组织公约》（Convention Establishing the World Intellectual Property Organization）。

（二）涉及工业产权保护的公约

此类公约根据作用不同又可以分为以下三个类别。

1. 规定工业产权实质性保护的公约

(1)《保护工业产权巴黎公约》（Paris Convention for the Protection of Industrial Property），于1883年3月20日缔结，1884年7月7日正式生效。之后曾进行过6次修订。目前绝大多数国家适用1967年的斯德哥尔摩会议通过的修订本。截至2019年2月，已有177个国家正式加入了《巴黎公约》。我国也于1985年3月19日成为该公约成员国。《巴黎公约》不仅是知识产权领域第一个世界性多边公约，而且是工业产权领域的一项基本公约，其基本原则和内容对其他工业产权国际公约都有指导意义。

(2)《关于集成电路知识产权华盛顿条约》（Washington Treaty on Intellectual Property in Respect of Integrated Circuits），1989年在华盛顿缔结，我国在该条约上签了字，但该条约至今尚未生效。条约共20条，填补了集成电路布图设计（拓扑图）国际保护的空白。

(3)《国际植物新品种保护公约》（International Convention for the Protection of New Varieties of Plants，UPOV Convention），1961年在巴黎签订，1968年8月10日生效。曾

于1972年、1978年和1991年3次修订，1991年修订本已于1998年4月24日生效。截至2019年2月，该公约的缔约国总数为75个。

(4)《关于制止产品虚假或者欺骗性产地名称马德里协定》(Madrid Agreement for the Repression of False or Deceptive Indications of Source on Goods)，于1891年缔结，之后曾于1911年、1925年、1934年、1958年、1967年多次修订。截至2019年2月，已有成员国36个。

(5)《保护奥林匹克标志的内罗毕条约》(Nairobi Treaty on the Protection of the Olympic Symbol)，于1981年缔结。根据该条约，所有缔约国必须保护奥林匹克标志（相互联结的五环），防止该标志在未经国际奥林匹克委员会许可的情况下被用于商业目的（广告中、商品上、作为商标等）。截至2019年2月，缔约国总数为52个。

2. 便于在多国获得工业产权保护的公约

(1)《专利合作条约》(Patent Cooperation Treaty，PCT)，是在遵循《巴黎公约》基本原则的基础上于1970年在华盛顿缔结的有关专利申请的国际公约，1978年6月1日正式生效。《专利合作条约》只对《巴黎公约》的成员国开放，截至2019年2月，已有152个成员国。我国于1993年9月15日向世界知识产权组织递交加入书，1994年1月1日正式成为公约的成员国。中国国家知识产权局（当时称专利局）同时成为该条约的受理局，并被指定为该条约的国际检索单位和国际初步审查单位。

(2)《商标国际注册马德里协定》(Madrid Agreement Concerning the International Registration of Marks)，是1891年在西班牙马德里签订的有关商标国际注册的重要协定，1892年生效。协定签订曾于1900年、1911年、1925年、1934年、1957年、1967年多次修订，并于1979年小有修改。《马德里协定》只对《巴黎公约》的成员国开放。截至2020年1月15日，已有106个成员国。中国于1989年10月4日正式加入该协定，适用协定1967年斯德哥尔摩文本。

(3)《关于商标国际注册马德里协定的议定书》(Protocol Relating to the Madrid Agreement Concerning the International Registration of Marks)，于1989年6月27日在马德里签订，其目的是消除一些国家加入《马德里协定》的困难，在执行方面对《马德里协定》进行补充。截至2019年2月，《马德里议定书》的缔约国总数为103个。中国已于1995年12月1日加入该议定书。

(4)《商标法条约》(Trademark Law Treaty)，于1994年缔结，其宗旨是通过简化和统一程序，使国家和地区商标注册制度更便于用户使用。截至2019年2月，该条约的缔约国总数为54个。

(5)《专利法条约》(Patent Law Treaty)，于2000年缔结，旨在协调、统一专利申请以及国家和地区专利的形式程序，除了申请日的要求外，还规定了缔约国主管局可适用的最大限度的要求，主管局不得对该条约所涉及的问题规定其他形式要求。截至2019年2月，《专利法条约》缔约国总数为40个。《专利法条约》在10个国家向总干事交存了批准书或加入书后3个月生效。

(6)《国际承认用于专利程序的微生物保存布达佩斯条约》(Budapest Treaty on the International Recognition of the Deposit of Microorganisms for the Purposes of Patent

Procedure），是为了建立国际合作制度，解决涉及微生物发明的专利申请中的特殊问题而于1977年签订，1980年生效的专门条约。该条约只对《巴黎公约》的缔约国开放，截至2019年2月，《布达佩斯条约》缔约国总数为81个。中国于1995年7月1日加入该条约，并有两个机构取得国际保存机构的资格。

（7）《保护原产地名称及其国际注册里斯本协定》（Lisbon Agreement for the Protection of Appellations of Origin and their International Registration），是1958年在里斯本缔结的有关原产地名称国际注册的协定，曾于1967年和1979年两次修订。其只对《巴黎公约》的成员国开放，截至2019年2月，已有28个国家参加了该协定。

（8）《工业品外观设计国际备案海牙协定》（Hague Agreement Concerning the International Registration of Industrial Designs），是为了实行国际合作以减少为获得不同国家的外观设计专利或注册而重复履行备案手续，于1925年缔结的协定，之后曾于1934年、1960年、1961年、1967年、1975年多次修订。协定只对《巴黎公约》成员国开放，截至2019年2月，共有70个成员国。

3. 建立工业产权国际分类的公约

（1）《国际专利分类斯特拉斯堡协定》（Strasbourg Agreement Concerning the International Patent Classification），1971年签订，1975年生效。协定每5年修订一次，目前使用该协定第七次的修订本。协定只对《巴黎公约》的成员国开放，截至2019年2月，《斯特拉斯堡协定》缔约国总数为62个，但事实上使用该协定规定的专利分类法的国家和地区性组织远远不止此数。为了能参与该协定分类法修订的讨论，中国已于1997年6月19日正式加入该协定。

（2）《建立工业品外观设计国际分类洛迦诺协定》（Locarno Agreement Establishing an International Classification for Industrial Designs），1968年签订，1971年生效，1979年小有修改。协定只对《巴黎公约》的成员国开放，截至2019年2月，《洛迦诺协定》缔约国总数为56个。中国于1996年9月19日正式加入该协定。

（3）《为商标注册目的而使用的商品和服务的国际分类尼斯协定》（Nice Agreement Concerning the International Classification of Goods and Services for the Purposes of the Registration of Marks），1957年签订，1961年生效，之后曾于1967年、1977年两次修订，1979年小有修改。协定只对《巴黎公约》的成员国开放，截至2019年2月，《尼斯协定》缔约国总数为85个。中国于1994年8月9日加入该协定，适用1977年日内瓦文本。

（4）《建立商标图形要素国际分类维也纳协定》（Vienna Agreement Establishing an International Classification of the Figurative Elements of Marks），1973年缔结，1985年生效，同年修订过一次。截至2019年2月，共有33个国家参加了该协定。

（三）涉及著作权及著作邻接权保护的公约

（1）《保护文学艺术作品伯尔尼公约》（Berne Convention for the Protection of Literary and Artistic Works），于1886年9月9日在瑞士首都伯尔尼签订，1887年12月5日生效。《伯尔尼公约》是开放性公约，截至2019年2月，已有176个成员国。该公约自签订后先后进行了8次修订，形成了1908年、1928年、1948年、1967年和1971年5个文本，最近一次修订是在1979年10月2日，但仍被称为1971年巴黎文本，该修订文本也是成员国较多采用的文本。我国于1992年10月15日正式加入《伯尔尼公约》，适用公约1971年巴黎文本。《伯尔尼公约》是著作权领域第一个世界性多边国际条约，也是至今影响最大的著作权公约。

（2）《世界版权公约》（Universal Copyright Convention），是继《伯尔尼公约》之后，为了协调实行自动保护原则的《伯尔尼公约》与实行注册保护制度的美洲国家地区性公约之间的差异，于1952年9月6日在日内瓦签订的另一个影响较大的著作权多边国际公约。该公约于1955年正式生效，1971年7月24日在巴黎进行过一次修订。截至2019年2月，共有102个国家加入了《世界版权公约》，其中一半以上的国家同时也是《伯尔尼公约》的成员国。中国于1992年10月30日正式加入该公约。

（3）《保护表演者、录音制品制作者和广播组织罗马公约》（Rome Convention for the Protection of Performers, Producers of Phonograms and Broadcasting Organizations），简称《罗马公约》，是第一个对著作邻接权实施保护的国际公约。1961年由国际劳工组织、联合国教科文组织和世界知识产权组织共同发起签订并实施管理，1964年生效。《罗马公约》是一个封闭式公约，只对《伯尔尼公约》或《世界版权公约》的成员国开放，截至2019年2月，只有94个成员国。但《与贸易有关的知识产权协定》（TRIPS协定）规定，世界贸易组织所有成员的国民，在其他成员的领域内，应理解为符合《巴黎公约》（1967年文本）、《伯尔尼公约》（1971年文本）、《罗马公约》和《关于集成电路知识产权条约》所规定的标准，有资格成为各该公约保护的自然人或法人。[①] 这就是说，就《罗马公约》而言，世界贸易组织有些成员即使没有加入，也被视为《罗马公约》的成员，应当遵守该公约的实体性规定。

（4）《保护录音制品制作者防止未经授权复制其录音制品日内瓦公约》（Convention for the Protection of Producers of Phonograms Against Unauthorized Duplication of Their Phonograms），简称为《录音制品公约》或《日内瓦公约》，于1971年10月29日在日内瓦签订，1973年7月18日生效。其缔约目的主要是弥补《罗马公约》对录音制品制作者保护的不足，尤其是对大量盗版制品进口和销售打击的不足。《录音制品公约》是一个开放性公约，截至2019年2月，已有80个成员国，中国于1993年4月30日正式加入该公约。

（5）《关于播送由人造卫星传播载有节目的信号的布鲁塞尔公约》（Brussels Convention Relating to the Distribution of Programme-Carrying Signals Transmitted by Satellite），也称《卫星公约》，于1974年缔结，也是由国际劳工组织、联合国教科文组织和世界知识产权组织共同管理，截至2019年2月，共有38个成员国。

（6）《视听作品国际登记条约》（Treaty on the International Registration of Audiovisual Works），是于1989年4月在日内瓦缔结并同时生效的一个程序性条约，截至2019年2月，共有23个国家参加了该条约。

（7）《避免对版权使用费收入重复征税多边公约》（Multilateral Convention for the

① 参见《与贸易有关的知识产权协定》第1条第3款。

Avoidance of Double Taxation of Copyright Royalties)，于1979年由联合国教科文组织和世界知识产权组织共同发起缔结，因至今只有9个参加国，故尚未生效。

(8)《世界知识产权组织版权条约》(WIPO Copyright Treaty，WCT) 和《世界知识产权组织表演和录音制品条约》(WIPO Performances and Phonograms Treaty，WPPT)，是为解决国际互联网络环境下应用数字技术而产生的版权保护新问题，由世界知识产权组织主持，于1996年12月20日在有120多个国家代表参加的外交会议上缔结的。因批准参加国已经达到法定数目，这两个条约先后于2002年3月6日和5月20日生效。截至2019年2月，WCT缔约国总数为98个，WPPT缔约国总数为98个，我国于2007年加入了这两个条约。

(9)《印刷字体的保护及其国际保存维也纳协定》(Vienna Agreement for the Protection of Type Faces and their International Deposit)，于1973年由欧洲11个国家发起在维也纳缔结，截至2019年2月，共有12个国家签署。这个协定是“半开放性”的，只对《伯尔尼公约》、《世界版权公约》或《巴黎公约》的成员国开放。由于协定规定印刷字体受保护的条件是具有新颖性或独创性，或二者兼有，并且权利内容主要为使用权和复制权，因此，这一协定是比较少见的具有“工业版权”保护特征的条约。[①]

(四) 因国际贸易产生的知识产权国际保护协定

(1)《与贸易(包括冒牌货贸易)有关的知识产权协定》(Agreement on Trade-Related Aspects of Intellectual Property Rights，TRIPS)，由世界贸易组织管理，涉及专利、著作权、集成电路布图设计等诸多知识产权客体的保护，其内容与《巴黎公约》、《伯尔尼公约》、《罗马公约》以及《关于集成电路知识产权条约》有诸多重叠之处，但其保护水平更高，并辅之以强有力的知识产权实施规则和争端解决机制。

(2)《反假冒贸易协定》(Anti-Counterfeiting Trade Agreement，ACTA)，于2007年10月23日，在美欧的倡导下开始谈判，其最终草案文本于2010年11月15日公布，自2011年10月1日起开放签署。该协定主要目的是设定新的知识产权执法国际标准，用以打击激增的盗版和假冒。根据协定第40条的规定，该协定于6个缔约国批准并提交批准书30日后方才生效。截至2019年2月，只有日本完成了国内批准程序，故该协定尚未生效。

(3)《跨太平洋伙伴关系协定》(Trans-Pacific Partnership Agreement，TPP) 和《全面与进步跨太平洋伙伴关系协定》(Comprehensive and Progressive Agreement for Trans-Pacific Partnership，CPTPP) 的知识产权政策。TPP协定涉及国际贸易的多个领域，其知识产权方面的成果体现在第18章共11节外加6个附件中，不管是在知识产权的保护范围上还是在保护程度上，TPP协定都比TRIPS协定更加严格。

根据TPP协定的规定，该协定自全部12个缔约国完成国内批准程序之日起60天后生效，而美国总统特朗普于2017年1月23日在白宫正式签署了宣布退出TPP的行政命

① 以上公约缔约国数据全部来自世界知识产权组织官方网站(https://www.wipo.int/portal/en/)，访问时间：2019年2月20日。

令，这标志着 TPP 协定的流产。[①] 2017 年 11 月 11 日，日本与越南共同宣布除美国外的 11 国就继续推进 TPP 正式达成一致，11 国将签署名为《全面与进步跨太平洋伙伴关系协定》的新贸易协定。CPTPP 协定保留了 TPP 协定超过 95%的内容，2018 年 12 月 30 日，CPTPP 协定正式生效。

总　　结

重要知识产权国际公约一览表

知识产权国际组织公约	《建立世界知识产权组织公约》	
工业产权国际公约	实体性公约	《保护工业产权巴黎公约》 《关于集成电路知识产权华盛顿条约》 《国际植物新品种保护公约》
	程序性公约	《专利合作条约》 《商标国际注册马德里协定》 《关于商标国际注册马德里协定的议定书》 《国际承认用于专利程序的微生物保存布达佩斯条约》
	国际分类性公约	《国际专利分类斯特拉斯堡协定》 《建立工业品外观设计国际分类洛迦诺协定》 《为商标注册目的而使用的商品和服务的国际分类尼斯协定》
著作权与著作邻接权国际公约	著作权公约	《保护文学艺术作品伯尔尼公约》 《世界版权公约》 《世界知识产权组织版权条约》
	著作邻接权公约	《保护表演者、录音制品制作者和广播组织罗马公约》 《保护录音制品制作者防止未经授权复制其录音制品日内瓦公约》 《关于播送由人造卫星传播载有节目的信号的布鲁塞尔公约》 《世界知识产权组织表演和录音制品条约》
与贸易有关的知识产权公约	《与贸易（包括冒牌货贸易）有关的知识产权协定》（TRIPS） 《反假冒贸易协定》（ACTA） 《跨太平洋伙伴关系协定》（TPP）和《全面与进步跨太平洋伙伴关系协定》（CPTPP）	

① TPP 相关资料和数据来自美国贸易代表办公室官方网站（https：//ustr.gov/tpp/），访问时间：2019 年 2 月 20 日。

第三节 国际知识产权组织

一、世界知识产权组织（World Intellectual Property Organization，WIPO）

（一）WIPO的成立

《保护工业产权巴黎公约》和《保护文学艺术作品伯尔尼公约》生效后，《巴黎公约》的缔约国组成巴黎联盟，《伯尔尼公约》的缔约国组成伯尔尼联盟，两个联盟分别设有秘书处，均称为国际局，在瑞士联邦政府的监督下分别管理两个公约。1893年，瑞士联邦政府将两个国际局合并，称为“保护工业产权和文学艺术产权联合国际局”，后来名称经过几次变化，最后叫作“保护知识产权联合国际局”（BIRPI）。联合国际局不仅管理这两个公约，而且也管理在《巴黎公约》框架内缔结的各“专门协定”。

第二次世界大战结束后，联合国于1945年成立，许多政府间国际组织相应发生变化。到20世纪60年代，为适应当时的国际形势，使保护知识产权联合国际局脱离瑞士联邦政府而独立，给予这个机构与其他政府间国际组织相同的法律地位，并且为其成为联合国专门机构准备条件，《巴黎公约》和《伯尔尼公约》的缔约国于1967年7月14日在斯德哥尔摩签订了《建立世界知识产权组织公约》，1970年4月26日该公约因批准国数达到了规定的要求正式生效，这也标志着世界知识产权组织的正式成立。截至2019年2月，世界知识产权组织共有191个成员国。我国于1980年3月3日递交了加入书，同年6月3日正式成为世界知识产权组织的第90个成员国。这也是我国加入的第一个知识产权国际公约。

《建立世界知识产权组织公约》曾于1979年10月28日对个别条文进行修订。公约简明扼要，共有21条，其中除第2条（8）给“知识产权”下了一个广义的定义外，其余内容均与建立世界知识产权组织有关，对其成立的宗旨、职责、成员资格、机构组成、法律地位以及权利与豁免等问题做了详尽的规定。

（二）WIPO的宗旨和职责

公约在序言中开宗明义地写道，缔约各国：希望在尊重国家主权和平等的基础上，为了相互的利益，在加强国与国之间的了解与合作方面做出贡献；希望鼓励具有创造性的活动，促进全世界对知识产权的保护；希望在充分尊重为了保护工业产权和文学艺术作品而建立的各联盟的独立性的同时，促使各联盟在管理上实现现代化和高效率。基于这种目的，世界知识产权组织的宗旨是：（1）通过国与国之间的合作，并在适当的情况下与任何其他国际组织进行协作，促进全世界对知识产权的保护；（2）保证各联盟之间在行政上的合作。

世界知识产权组织的职责是：（1）促进全世界对知识产权的有效保护并协调在这个领域内的国家立法；（2）执行巴黎联盟和与该联盟有关的各特别联盟，以及伯尔尼联盟的行政管理的任务；（3）承担或参与促进保护知识产权的任何其他国际协定的行政管理；（4）鼓励缔结有利于保护知识产权的国际协定；（5）对于要求在知识产权领域给予法律、技术援助的国家给予合作；（6）汇集并传播有关保护知识产权的情报，进行或促进这方面的研究，并公布研究的成果；（7）持续为促进知识产权的国际保护服务，在适当情况下提供这方面的注册，并公布注册的有关资料。

本着上述宗旨并为了履行职责，世界知识产权组织自成立以来，主要集中做了两个方面的工作：第一，促进更多的国家接受现有的公约，修订现有的公约使之提供更好的保护，并主持缔结新的公约。1967 年以后，在世界知识产权组织及其前身保护知识产权联合国际局的主持下，缔结了约 20 个新的条约，对《巴黎公约》《伯尔尼公约》等也适时进行了修订。第二，在知识产权保护方面，向发展中国家提供援助，主要目的是在这些国家内部以及在国际关系中促进它们对知识产权的尊重。具体工作包括：帮助发展中国家制定知识产权法律或使这种法律现代化；集体或个别地培训，使政府、工业和执法部门拥有更多的专家；提供专利信息服务；等等。这两方面的工作都积极地促进了对知识产权的国际保护。

（三）WIPO 的成员资格和组织机构

根据《建立世界知识产权组织公约》的规定，巴黎联盟、基于该联盟建立的特别联盟和协定、伯尔尼联盟以及 WIPO 承担行政管理的为促进保护知识产权而签订的任何其他国际协定（以上统称为“各联盟”）中任一联盟的成员国均可成为世界知识产权组织的成员。其他国家，只要具备下列三个条件之一，也都可以在向该组织总干事交存加入书之后，参加该组织：（1）联合国、联合国专门机构或国际原子能机构成员国；（2）国际法院规约参加国；（3）受 WIPO 大会邀请，参加 WIPO 公约的国家。

世界知识产权组织的总部设在瑞士日内瓦，其组织机构包括大会、成员国会议、协调委员会、国际局。

大会是世界知识产权组织的最高权力机构，由公约成员国并是各联盟中任一联盟成员的国家组成，每一国政府派代表一名（还可以有若干副代表、顾问、专家）行使大会的一票表决权。大会例会每两年召开一次，特别会议由总干事根据协调委员会或 1/4 成员国的请求召开。大会的职责是任命总干事、审批总干事和协调委员会的工作报告、通过各联盟共同开支每两年一次的财政预算、邀请非成员国参加公约等。

成员国会议由公约成员国而不论其是否为各联盟任一联盟成员的国家组成。成员国会议共同讨论知识产权领域普遍关心的问题，并通过有关的建议；通过该会议两年的预算；在该会议预算的限度内制定两年法律、技术援助规划；等等。成员国会议的例会由总干事召集，与大会同时间同地点召开。

协调委员会由公约成员国并是巴黎联盟执行委员会委员或伯尔尼联盟执行委员会委员的成员国组成，它既是解答问题的咨询机构，又是大会及成员国会议的执行机构。协调委员会每年举行一次例会，按投票简单多数发表意见和做出决议，弃权不作为投票计算。WIPO 的任何非协调委员会成员的成员国，均可以派观察员参加协调委员会的会议，有权参加讨论但无表决权。

国际局为 WIPO 的常设办事机构，即秘书处。国际局的负责人为总干事，是 WIPO 的行政首脑，每任任期不少于 6 年并可连任。总干事和国际局全体工作人员的职责是纯国际性的，即他们执行职务时，不得谋求或接受任何政府或 WIPO 以外的任何机构的指示。

（四）WIPO 作为联合国专门机构的地位

根据 1974 年《联合国和世界知识产权组织之间的协定》，联合国承认世界知识产权组织为知识产权领域的专门机构，但须受联合国和其他专门机构的权限和责任的限制。[①] 所谓“须受联合国和其他专门机构的权限和责任的限制”主要是因为在版权领域，《伯尔尼公约》虽由世界知识产权组织管理，但当时影响很大的《世界版权公约》却由联合国教科文组织管理，而且《保护表演者、录音制品制作者和广播组织罗马公约》也由世界知识产权组织和国际劳工组织、联合国教科文组织共同管理。

20 世纪八九十年代，随着美国退出联合国教科文组织、苏联解体以及美国和俄罗斯先后加入《伯尔尼公约》，联合国教科文组织逐渐减少了在版权领域的活动。但是，就在这个时候，关税与贸易总协定乌拉圭回合多边贸易谈判达成了《与贸易有关的知识产权协定》。这个协定的内容广泛，涉及的问题与世界知识产权组织管理的《巴黎公约》、《伯尔尼公约》、《罗马公约》以及《关于集成电路知识产权条约》有诸多重叠之处，而且其保护水平更高，强有力的执法规则和争端解决机制更加强了协定的约束力。由于这个协定由世界贸易组织管理，因此，在知识产权领域，不能说世界知识产权组织是主导的专门机构，但它确实是促进和加强知识产权国际保护的重要机构之一。

二、世界贸易组织（World Trade Organization，WTO）

（一）WTO 的成立

世界贸易组织的前身，是关税与贸易总协定。关税与贸易总协定有两个含义：它首先是一个国际协议，即于 1947 年签署、1948 年 1 月 1 日临时适用的《关税与贸易总协定》；其次，它也指管理该协定的国际机构。由于关税与贸易总协定并无组织性条款，没有组织机构、人员、预算，因此从严格意义上讲，关税与贸易总协定并不具有国际法上国际组织的地位。

关税与贸易总协定主持了八个回合的贸易谈判，在第八个回合，即乌拉圭回合的谈判中，谈判各国决定建立一个正式的贸易组织——世界贸易组织。根据乌拉圭回合达成的《建立世界贸易组织协定》，世界贸易组织于 1995 年 1 月 1 日正式成立并开始运作，总部设于瑞士日内瓦。世界贸易组织是根据各成员立法机关批准的世界贸易组织协定设立的永久性国际组织，具有国际法上的国际组织的地位。

世界贸易组织替代了关税与贸易总协定，从此，作为组织意义上的关税与贸易总协定不存在了。但是作为规则的《关税与贸易总协定》依然存在，经过修改补充后以《1994 年关税与贸易总协定》的形式，成为世界贸易组织协议的一部分。关税与贸易总协定的缔约方成为世界贸易组织的创始成员。

（二）WTO 的成员和法律框架

1. WTO 的成员

世界贸易组织的成员包括国家和单独关税区。单独关税区是指不具有独立完整的国家主权但在处理其对外贸易关系及世界贸易组织协定规定的其他事项方面拥有完全自主权的

---

① 参见《联合国和世界知识产权组织之间的协定》第 1 条。

地区，如中国的香港、澳门和台湾地区。截至 2016 年 7 月 29 日，WTO 共有 164 个成员。[①]

2. WTO 的法律框架

世界贸易组织的法律框架是一个以《建立世界贸易组织协定》为核心（章程）的统一的多边贸易法律制度。

《建立世界贸易组织协定》是世界贸易组织的章程性文件。其附件一、附件二和附件三统称为多边贸易协定，对所有成员具有约束力，各成员必须遵守；附件四称为诸边贸易协定，只适用于特别表示接受其约束的世界贸易组织成员，对不接受的成员则不具有约束力。

《建立世界贸易组织协定》的附件一属于世界贸易组织法律框架的“实体法”，其调整三种贸易：货物贸易、服务贸易及与贸易有关的知识产权。附件一 A 是调整货物贸易的多边协定，具体包括关于附件一 A 的总体解释说明、《1994 年关税与贸易总协定》（简称“GATT 1994”）以及 12 个与之配套实施的协定；附件一 B 为《服务贸易总协定》及相关的 8 个附件；附件一 C 为《与贸易有关的知识产权协定》。

《建立世界贸易组织协定》的附件二和附件三属于世界贸易组织法律框架的“程序法”，分别调整成员贸易争端解决的途径和程序，以及成员贸易政策的审议程序。

（三）WTO 的机构设置和决策程序

1. WTO 的机构设置

（1）部长级会议。部长级会议是世界贸易组织的最高决策机构，由世界贸易组织所有成员的代表组成，至少每两年举行一次会议。

（2）总理事会。总理事会是世界贸易组织的常设权力机构，由各成员代表组成，在部长级会议休会期间行使部长级会议的职能，根据情形召开会议。总理事会同时是争端解决机构和贸易政策审议机构。但是，争端解决机构和贸易政策审议机构有自己的主席，主席负责机构的运作。

总理事会下设 3 个部门贸易委员会[②]和 6 个综合委员会。[③] 它们各自行使有关协定赋予的职责及总理事会赋予的其他职责，并向总理事会报告工作。与贸易有关的知识产权理事会又称为“TRIPS 协定理事会”，其定期举行会议，以监督 TRIPS 协定的履行以及处理其他事务，包括就 TRIPS 协定“本身规定的”议程和各成员所提建议进行进一步磋商。根据其程序规则，TRIPS 协定理事会只能以协商一致同意的方式运作，不需要一致同意的问题必须提交总理事会。

（3）总干事和秘书处。总干事领导的秘书处是世界贸易组织的职能机构，总干事由部长级会议任命，秘书处设在日内瓦。总干事和秘书处的职员纯属国际性质，在履行职责方面，不应寻求和接受任何政府或当局的指示。

---

① 数据来自 WTO 官方网站（https：//www. wto. org/），访问时间：2019 年 2 月 21 日。

② 分别是货物贸易理事会、服务贸易理事会和与贸易有关的知识产权理事会。

③ 分别是环境与贸易委员会、收支平衡委员会、贸易与发展委员会、最不发达国家小组委员会、国际收支限制委员会和预算、财务与行政委员会。

2. WTO的决策程序

世界贸易组织的决策基本遵循协商一致优先、投票表决第二的原则。在部长级会议和总理事会会议上，世界贸易组织的每一成员都有一票投票权。

除非另有规定，部长级会议和总理事会的决定以简单多数票表决通过。修改《建立世界贸易组织协定》第9条（决策）和第10条（修正）、《1994年关税与贸易总协定》第1条（最惠国待遇）和第2条（减让）、《服务贸易总协定》第2条第1款（最惠国待遇）、《与贸易有关的知识产权协定》第4条（最惠国待遇），须由全体成员接受方始有效。对任何协定条款的解释，都需要世界贸易组织成员的3/4多数通过。一般条款的修改，须成员2/3多数通过。涉及权利义务的条款的修改，对接受修改的成员生效；不涉及权利义务的条款的修改，对所有的成员生效。豁免某成员的义务需要成员的3/4多数同意。接受新成员的决定需要成员的2/3多数通过。

WTO并非专门的知识产权国际组织，但其法律框架内重要协定之一的TRIPS协定不仅大大扩大和提升了知识产权国际保护的范围和水平，还借助于WTO强有力的争端解决机制，克服了国际法“软法”的弊端，在实质上强制性地促使成员落实协定项下的义务。

(四) WTO的争端解决机制

1. 争端解决机制的适用范围

WTO的争端解决机制具有统一性的特点，该机制适用于任何成员间因WTO任何协定产生的争端，其以构成世界贸易组织多边贸易制度一部分的《关于争端解决规则与程序的谅解》(The Understanding on Rules and Procedures Governing the Settlement & Dispute，DSU）为基础。因此，若WTO成员因履行TRIPS协定产生争端，也将适用统一的争端解决机制。本书将在以后的章节中多次提到WTO的知识产权争端，因此先了解WTO争端解决的类型和程序，有助于理解之后提到的各个争端。

2. 争端解决机构解决的争端类型

世界贸易组织争端解决机构解决的争端类型主要包括《关税与贸易总协定》第23条规定的三种类型：

（1）违反性申诉。这是最主要的争端类型。申诉方须证明被诉方违反了有关协定的条款。对这种争端的裁定，被诉方往往需要废除或修改有关措施。例如，2007年美国诉中国《著作权法》第4条违反了《与贸易有关的知识产权协定》就属于违反性申诉，中国败诉的结果是在2010年修改了被诉的《著作权法》第4条。

（2）非违反性申诉。对这种申诉的审查，不追究被诉方是否违反了有关协定条款，而只处理被诉方的措施是否使申诉方根据有关协定享有的利益受损或丧失。对这种争端的裁定，被诉方没有取消有关措施的义务，只需要做出补偿。例如，甲国诉乙国对其境内某种产品采取一系列促销及保护措施，使得甲国相关产品很难进入乙国市场，甲国因此在乙国损失若干市场。这项申诉就属于非违反性申诉。如果甲国申诉成功，乙国无须取消或修改其国内的促销及保护措施，但应当对甲国的利益受损做出补偿。

3. 其他情形

迄今为止，还没有出现过上述两种类型以外的类型的争端。

总　结

WTO 争端解决机制的特点和争端类型

<table>
<tr><td>特点</td><td colspan="2">统一性和独立性</td></tr>
<tr><td rowspan="2">争端类型</td><td>违反性申诉</td><td>①申诉方须证明被诉方违反协定；
②申诉成功，被诉方有义务改或废</td></tr>
<tr><td>非违反性申诉</td><td>①申诉方无须证明被诉方违反协定，只需证明自己利益受损或丧失；
②申述成功，被诉方无须改废，但需要补偿</td></tr>
</table>

4. 争端解决的基本程序

WTO 争端解决的基本程序包括：磋商程序、专家组程序、上诉机构审查程序、专家组和上诉机构报告的通过程序、裁决和建议的监督执行程序等。除上述基本程序外，还包括斡旋、调解、仲裁等非必经程序。

(1) 磋商。磋商是申请设立专家组的前提条件，但磋商的事项及磋商的充分与否，与设立专家组的申请及专家组将做出的裁定没有关系。磋商程序是保密的，包括过程保密和结果保密。

(2) 专家组程序。专家组程序是世界贸易组织争端解决机制的核心程序。自提出磋商请求之日起 60 天内磋商没有解决争端时，申诉方可以申请成立专家组。专家组是解决争端的非常设性机构，一般情况下由 3 人组成，如果各方同意，也可以由 5 人组成。专家组的成员一般由争端成员双方磋商后从世界贸易组织秘书处存有的专家组名单中选定，只有在双方不能达成一致时，才由世界贸易组织总干事任命。

无论是申诉方还是被诉方，对其所提出的诉求或主张，都承担相应的举证责任。在一方初步证明其诉求或主张的真实性后，另一方进行反驳，最后专家组决定采信哪些证据，并根据其对有关证据的评估，做出裁决。专家组基于申诉方在设立专家组的申请中确立的权限范围审理案件，对于争端方没有提出的主张，专家组无权进行审理并做出裁决。对申诉方根据不同规则提起的数个申诉请求，专家组可根据有效解决争端的必要性，在认为已经有效解决了争端的情况下，对其中的某些诉求不进行审查。这称为司法经济原则。

专家组的最后报告一般应当在 6 个月内提交争端各方，报告应列明对事实的调查结果、有关世界贸易组织规则的适用，以及裁定和建议的基本理由。

(3) 上诉机构审查程序。上诉审查制度是世界贸易组织争端解决机制的一大特色。在专家组报告发布后 60 天内，任何争端方都可以向上诉机构提起上诉。上诉机构是争端解决机构中的常设机构，上诉案件由上诉机构 7 名成员中的 3 人组成合议庭审理，但上诉最后报告由上诉机构集体审查、讨论。

上诉机构只审查专家组报告涉及的法律问题和专家组做出的法律解释。上诉机构可以推翻、修改或撤销专家组的调查结果和结论。在推翻有关裁定和结论时，为了使争端得到有效解决，如果专家组裁定的事实和专家组程序记录中记录的争端方无异议的事实比较充分，上诉机构可以继续对双方的争议进行审查，对争议问题做出裁定和结论。

（4）专家组和上诉机构报告的通过程序。专家组和上诉机构的报告都须经争端解决机构（Dispute Settlement Body，DSB）讨论通过，由此形成争端解决机构的裁决和建议。和关税与贸易总协定的争端解决机制相比，世界贸易组织的争端解决机构在通过专家组和上诉机构报告的程序上有了重大突破，将关税与贸易总协定的“协商一致原则”（俗称“一票否决”）改为“反向协商一致原则”（俗称“一票赞成”），即只有在争端解决机构全体成员均不赞成时方能否决专家组或上诉机构的报告。“反向协商一致原则”使得世界贸易组织争端解决机制的约束力大大加强，也赋予了专家组和上诉机构最大限度的独立审案权，是 WTO 争端解决机制独立性的体现。

（5）裁决和建议的监督执行程序。被裁定违反了有关协定的一方，应当在合理时间内履行争端解决机构的裁决和建议。如果被诉方在合理期限内没有履行裁决和建议，申诉方可以经争端解决机构授权交叉报复，对被诉方中止减让或中止其他义务。但中止减让或中止其他义务的水平和范围，应与受到的损害相当。所谓交叉报复是指报复首先应当在同产业部门实施，同产业部门不足以实现报复的水平时，可以跨产业部门报复，最后可以跨协议范围进行报复。

举例说明：甲国的违反性措施阻碍了乙国纺织品的进口，甲国被诉并败诉，WTO 裁决要求甲国限期取消其违反性措施。如果甲国不履行裁决，乙国可经争端解决机构授权对甲国报复。报复首先应针对甲国出口乙国的纺织品实施；如果甲国出口乙国的纺织品有限，乙国可在甲国出口到乙国的其他产品上报复；如果甲国出口乙国的货物有限，乙国可以在服务贸易或知识产权领域报复甲国。但无论是同产业部门、跨产业部门还是跨协议报复，报复程度应与乙国因甲国违反性措施而受到的损害程度相等。

总 结

WTO 争端解决的基本程序

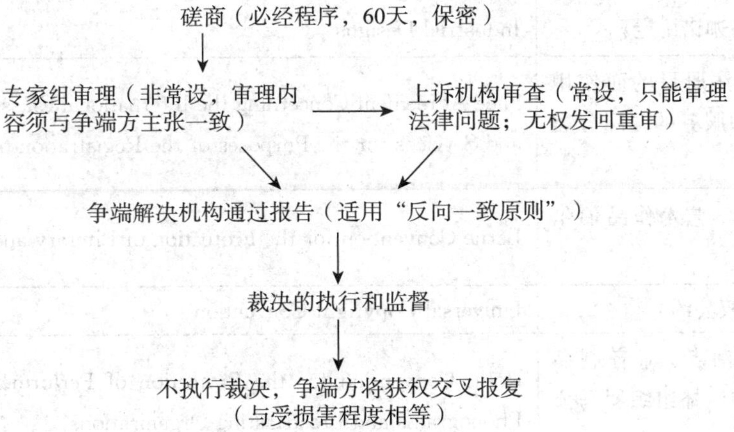

【重要术语提示与中英文对照】

序号	中文术语	英文对照
1	知识产权国际保护	International Protection of Intellectual Property Rights
2	世界知识产权组织	World Intellectual Property Organization，WIPO
3	世界贸易组织	World Trade Organization，WTO
4	关税与贸易总协定	General Agreement on Tariffs and Trade，GATT
5	《建立世界知识产权组织公约》	Convention Establishing the World Intellectual Property Organization
6	《保护工业产权巴黎公约》	Paris Convention for the Protection of Industrial Property
7	《关于集成电路知识产权华盛顿条约》	Washington Treaty on Intellectual Property in Respect of Integrated Circuits
8	《国际植物新品种保护公约》	International Convention for the Protection of New Varieties of Plants，UPOV Convention
9	《专利合作条约》	Patent Cooperation Treaty，PCT
10	《商标国际注册马德里协定》	Madrid Agreement Concerning the International Registration of Marks
11	《关于商标国际注册马德里协定的议定书》	Protocol Relating to the Madrid Agreement Concerning the International Registration of Marks
12	《国际专利分类斯特拉斯堡协定》	Strasbourg Agreement Concerning the International Patent Classification
13	《建立工业品外观设计国际分类洛迦诺协定》	Locarno Agreement Establishing an International Classification for Industrial Designs
14	《为商标注册目的而使用的商品和服务的国际分类尼斯协定》	Nice Agreement Concerning the International Classification of Goods and Services for the Purposes of the Registration of Marks
15	《保护文学艺术作品伯尔尼公约》	Berne Convention for the Protection of Literary and Artistic Works
16	《世界版权公约》	Universal Copyright Convention
17	《保护表演者、录音制品制作者和广播组织罗马公约》	Rome Convention for the Protection of Performers，Producers of Phonograms and Broadcasting Organizations
18	《保护录音制品制作者防止未经授权复制其录音制品日内瓦公约》	Convention for the Protection of Producers of Phonograms Against Unauthorized Duplication of Their Phonograms

续前表

序号	中文术语	英文对照
19	《关于播送由人造卫星传播载有节目的信号的布鲁塞尔公约》	Brussels Convention Relating to the Distribution of Programme-Carrying Signals Transmitted by Satellite
20	《世界知识产权组织版权条约》	WIPO Copyright Treaty，WCT
21	《世界知识产权组织表演和录音制品条约》	WIPO Performances and Phonograms Treaty，WPPT
22	《与贸易（包括冒牌货贸易）有关的知识产权协定》	Agreement on Trade-Related Aspects of Intellectual Property Rights，TRIPS
23	《反假冒贸易协定》	Anti-Counterfeiting Trade Agreement，ACTA
24	《跨太平洋伙伴关系协定》	Trans-Pacific Partnership Agreement，TPP
25	《全面与进步跨太平洋伙伴关系协定》	Comprehensive and Progressive Agreement for Trans-Pacific Partnership，CPTPP
26	《关于争端解决规则与程序的谅解》	The Dispute Settlement Understanding，DSU
27	争端解决机构	Dispute Settlement Body，DSB

【思考题】

1. 试述知识产权国际保护的理论背景。
2. 试述知识产权国际保护的含义及其在工业产权和著作权领域的作用。
3. 工业产权国际公约可以分为哪三大类？各类别中有哪些主要的公约？
4. 涉及著作权保护的国际公约主要有哪些？涉及著作邻接权保护的国际公约主要有哪些？
5. 试述 WTO 争端解决的类型和争端解决的基本程序。

【经典参考文献】

1. 汤宗舜．知识产权的国际保护．北京：人民法院出版社，1999.
2. 唐广良，董炳和. 知识产权的国际保护. 北京：知识产权出版社，2006.
3. 弗雷德里克·M. 阿伯特，托马斯·科蒂尔，弗朗西斯·高锐. 世界经济一体化进程中的国际知识产权法：第二版：上册. 北京：商务印书馆，2014：40－46.
4. Patrick F. J. Macrory，Arthur E. Appleton，Michael G. Plummer. The World Trade Organization：Legal，Economic and Political Analysis：Vol. Ⅰ. New York：Springer；2005：1041－1120.

第二章　专利权的国际保护

本章教学目的与要求

了解工业产权的范围，掌握工业产权国际保护的基本原则以及各原则的例外。理解《巴黎公约》和TRIPS协定对成员专利权保护的最低标准的要求。了解专利获权的途径，掌握通过PCT获取专利的途径。理解专利分类条约的作用并了解这些条约的适用实践。

第一节　工业产权国际保护概述

一、工业产权的概念和范围

工业产权（industrial property）一词源于法语中的“propriete industrille”，最早出现于法国1791年的《专利法》。在此之前，英国称专利权为“特权”或“垄断权”，而法国《专利法》的起草人德布孚拉认为，“特权”或“垄断权”的提法可能会遭到国民议会的反对，因而在《专利法》中采用了“工业产权”的概念，以迎合当时国民议会中占多数的新兴资产阶级所好。后来，“工业产权”一词逐渐为世界各国普遍接受，但其也不再是专利权的代名词，而成为与著作权相对的一种范围很广的知识产权。

根据1883年《保护工业产权巴黎公约》第1条第2款和第1条第3款的规定，工业产权的保护对象有“专利、实用新型、工业品外观设计、商标、服务标记、厂商名称、产地标志或原产地名称，以及制止不正当竞争”。“对工业产权应做广义的理解，它不仅适用于工业和商业本身，而且也应适用于农业和采掘业，适用于所有制成品或天然产品。例如酒类、谷物、烟叶、水果、牲畜、矿产品、矿泉水、啤酒、花卉和谷物的粉。”

鉴于工业产权有如此广的适用范围，有人认为现代意义的“工业产权”严格地说应被称为“产业产权”，因为它不仅包括与工业有关的知识产权，而且也包括与商业、农业、林业以及其他产业有关的知识产权。其确切的含义是指法律赋予产业活动中的知识产品的所有人对其创造性的智力成果所享有的一种专有权。①

目前，《巴黎公约》所确认的工业产权的范围已为世界多数国家认可，但随着科学技术的发展，又出现了一些新的知识产权保护客体，如集成电路布图设计、动植物新品种、网络域名等等，对于这些新的保护客体是否应划入工业产权的范围目前尚无定论，但基于对这些客体的保护与专利或商标保护制度更为近似，为完整了解工业产权国际保护的内容，本书将集成电路布图设计、植物新品种、网络域名等新兴知识产权客体均纳入工业产权的范围。

二、工业产权国际保护的基本原则

知识产权实体性公约一般包含三个方面的内容：第一，明确国际获权的基本原则，用以解决一缔约国国民在另一缔约国如何获得相关知识产权以及所获知识产权的相关待遇水平问题；第二，成员知识产权保护的最低水平，用以明确缔约国相关知识产权立法和执法的最低标准；第三，公约自身的程序性规定，例如公约生效和修正的条件、成员国的加入和退出等等。专利、商标、工业品外观设计等工业产权国际获权的基本原则基本上是相同的，因此本章本节对此予以概述，此后关于各工业产权客体的具体内容的论述主要针对第二的成员保护最低水平问题。

(一)《保护工业产权巴黎公约》的基本原则

国民待遇原则、优先权原则、临时性保护原则和商标专利独立性原则是《巴黎公约》的四项基本原则。

1. 国民待遇原则

国民待遇（national treatment）原则要求巴黎联盟任何国家的国民，在保护工业产权方面，在本联盟所有其他国家内应享有各该国法律现在授予或今后可能授予各该国国民的各种利益。

《巴黎公约》原本就是为解决外国人在本国取得知识产权保护的问题而签订的，因此国民待遇原则自然成为其首要的原则。根据公约第2条和第3条，该原则包含以下几方面的含义：

(1) 国民待遇的主体。有权享受国民待遇的外国人包括公约缔约国的国民和在一个缔约国领域内设有住所或真实有效的工商营业所的非缔约国国民。国民包括自然人和法人。1930年的《关于国籍法冲突若干问题的公约》第1条规定："每个国家依其本国法律决定何人为其国民，每个国家关于国籍的法律规定如与国际公约、国际惯例及普遍承认的关于国籍的法律原则不相冲突，其他国家应予承认。"根据各国国籍法的规定，个人国籍的取得方式包括出生取得和加入取得，法人国籍取得则采用自然人国籍原则、管理中心所在地原则、营业中心所在地原则、登记地原则和资本控制原则，其中登记地原则为多数国家采用。自然人或法人如果有两个或两个以上的国籍，只要有一个是公约缔约国国籍，就应认为是缔约国国民；如果工业产权的共同申请人并非全部具有缔约国国籍，那么严格地说他们不能要求适用公约，因为缔约国对无权享受公约利益的人没有适用公约的义务。但是，

---

① 孙晓民. 知识产权与技术贸易. 北京：中国青年出版社，1993：3.

对这个问题，《专利合作条约》有明确相反的规定，即只要多个申请人中有一人是条约缔约国国民，就应认为其有权提出国际申请。

除缔约国国民外，《巴黎公约》的国民待遇也给予在一缔约国内有住所或真实有效的工商营业所的非缔约国国民。所谓“住所”（domicile），对于法人来说可以认为是法人实际上的总部所在地，对于自然人来说，虽然按照某些国家的法律，自然人只有获得官方认可才能获得住所，但公约对住所的解释是不要求有严格法律意义的住所的，因此它的含义实际上与《伯尔尼公约》中的惯常居所（habitual residence）相当。①

（2）国民待遇原则的适用范围。《巴黎公约》的国民待遇原则适用于缔约国法律授予其国民在工业产权保护方面的一切利益。具体包括：1）获得各种工业产权的权利；2）这些权利的范围和期限；3）对侵犯这些权利的法律上的救济手段；4）国家法律为保护这些权利所采用的各种制裁手段。当然，上述待遇的享受以遵守缔约国对权利的获得、承认和执法所规定的一切条件和手续为前提。

（3）国民待遇原则的例外。《巴黎公约》允许各成员国在关于司法和行政程序、管辖权，以及选定送达地址或指定代理人的法律规定等方面，凡工业产权法有所要求的，可以明确地予以保留。例如，要求外国人必须委托本国的专利代理人代理申请专利（本国人可自行申请），要求外国人在本国提起知识产权诉讼时需要交纳诉讼费用担保（本国人诉讼无须交纳诉讼费用担保），等等。

值得注意的是，除上述三项一般性规定以外，《巴黎公约》的国民待遇原则还有一个重要的特别规定，即第 2 条第 1 款中的“一切都不应损害本公约特别规定的权利”。这也就是说，外国人除了享受国民待遇外，还有权享受公约在最低保护标准中特别规定的权利。《巴黎公约》除规定工业产权保护的基本原则外，另一个重要的成就是对工业产权保护的某些问题规定了缔约国必须遵守的最低保护标准。这些最低标准在各成员国的效力按照各该国的宪法或宪法制度而有所不同。在那些承认条约可“直接适用”的国家②，巴黎联盟其他国家的国民可以直接要求行政机关或司法机关适用公约最低保护标准；而在那些不接受条约“直接适用”的国家，就没有由行政机关或司法机关直接适用公约规定的可能性，但这些国家必须把这些最低保护标准纳入它们的本国法（公约第 25 条）。因此，这些最低保护标准便在国民待遇原则之内。③

2. 优先权原则

优先权（right of priority）原则是指在优先权期限届满前，在巴黎联盟的任何其他国家后来提出的任何申请，不应由于在这期间完成的任何行为，特别是另外一项申请的提出、发明的公布或利用、外观设计复制品的销售或者商标的使用而成为无效，而且这些行为不能产生任何第三人的权利或个人占有的任何权利。

《巴黎公约》的优先权原则体现在公约的第 4 条，其具体含义如下。

---

① 博登浩森. 保护工业产权巴黎公约解说. 北京：专利文献出版社，1984：28.

② 所谓“直接适用”是指行政机关和司法机关可以直接适用公约而不需要国家立法的进一步确认，甚至可能不顾国家立法的不同规定而将公约的规定直接适用于当事人。

③ 博登浩森. 保护工业产权巴黎公约解说. 北京：专利文献出版社，1984：25.

（1）优先权原则的适用范围。《巴黎公约》的优先权原则并不是对一切工业产权均适用，它只适用于发明专利、实用新型、外观设计和商品商标，对于商号、商誉、原产地名称等则不适用。对于服务标记，公约第 6 条规定：各成员国应保护服务标记，但不应要求各成员国规定对这种标记进行注册。此规定表明，公约没有把服务标记的注册作为对成员国国内法的硬性要求。因此，当成员国提供注册保护时，该国有权自行决定对服务标记是否适用优先权原则。

（2）优先权申请人的范围及申请的前提条件。已在一个成员国正式提出申请发明专利、实用新型、外观设计或商标注册的人或其权利的合法继受人（继承人或受让人），在规定的期限内享有在《巴黎公约》其他成员国提出申请的优先权。

主张优先权的前提条件是：已在一个成员国正式提出申请。所谓正式提出申请就是指能够确定在该国提交申请日期的一切申请，而不问申请结果如何。凡依照任何成员国国内法或成员国之间签订的双边或多边条约相当于正常国内申请的一切申请，包括地区申请、国际申请以及某些国家的临时申请，都应认为产生优先权。可见，优先权以“在先申请”为条件，不以“在先获权”为条件。

（3）优先权的法律后果。主张优先权的法律后果是：在规定的优先权期限内，任何后来在公约其他成员国内提出的申请，都不因在此期间内他人所做的任何行为，特别是另外一项申请的提出、发明的公布或利用、外观设计复制品的销售或商标的使用而失效。这具体又包含两层含义：其一，优先权期限内每一个在后申请的申请日均为第一次申请的申请日（优先权日）。例如，中国的王某在 2018 年 4 月 1 日在中国专利局就一项发明提出专利申请后，又于 2018 年 10 月 5 日向美国专利主管部门就相同主题的发明再次提出专利申请，如果王某向美国专利主管部门提出优先权申请，那么美国专利主管部门必须将 2018 年 4 月 1 日（优先权日）作为王某向美国提出专利申请的申请日。其二，优先权期限内每一个在后申请的新颖性检索都截止于优先权日，因此优先权期限内他人的相同专利申请、该发明创造内容的公开和使用等，均不影响该申请的获权。

案　例

“乙烯氧化制环氧乙烷高效银催化剂”发明专利申请案

1990 年 10 月 10 日，日本某公司向中国专利局提交了一份名为“乙烯氧化制环氧乙烷高效银催化剂”的发明专利申请，该发明已于 1990 年 5 月 13 日以相同主题的内容向日本提出专利申请，并在向中国专利局提交该专利申请的同时，提交了要求优先权的书面声明。1990 年 12 月 20 日，该公司又向中国专利局提交第一次在日本提出的专利申请文件的副本。

同年 7 月，中国某大学研究所也成功研制出乙烯氧化制环氧乙烷高效银催化剂，8 月 22 日，该研究所向中国专利局提交关于这项发明的专利申请。

由于日本和中国同为《巴黎公约》的成员国，根据公约第 4 条有关优先权原则的规定，该日本公司自1990年5月13日在日本提出专利申请时即享有优先权。因而其向中国专利局提出申请的申请日应为优先权日，而这早于中国某大学研究所提出专利申请的申请日。

鉴于此，中国专利局最终将该项发明专利权授予日本某公司。

（4）申请优先权的期限。发明专利和实用新型的优先权申请期限为12个月，外观设计和商标的优先权期限为6个月。上述期限从第一次提出申请之日起算，提出申请的当天不计入期限之内。如果期限的最后一天是提出保护请求所在国家的法定假日或主管机关当天不办理申请，则该期限应顺延至其后的第一个工作日。

作为优先权根据的申请必须是有关客体的第一次申请，而不能是可能改进的第二次申请。这是为防止申请人就同一客体提出一连串先后相继的申请，而大大延长优先权的期限而做的规定。但是，如果申请人在同一国家就与第一次申请相同的主题又提出后一申请，并且在提出后一次申请之前，前一次申请已被撤回、放弃或驳回，而没有提供给公众审阅，也没有遗留任何未定的权利，并且如果前一次申请尚未成为请求优先权的根据，那么在同一个成员国内就与前一次申请相同的主题所提出的后来申请，应认为是第一次申请，其申请日应为优先权期限的开始日。

根据实用新型申请取得优先权而在一个国家申请外观设计时，其优先权期限应与对外观设计规定的优先权期限一样；在一国根据发明专利申请优先权提出实用新型申请也是允许的，反之亦然，优先权期限以后一申请的期限为准。

（5）申请优先权的手续。任何人希望利用以前提出的一项申请的优先权的，必须提出声明，说明提出该申请的日期和受理该申请的国家。这个声明应当何时提出，公约规定由缔约国自行确定。我国《专利法》第三十条就规定："申请人要求优先权的，应当在申请的时候提出书面声明，并且在三个月内提交第一次提出的专利申请文件的副本；未提出书面声明或者逾期未提交专利申请文件副本的，视为未要求优先权。"

在先申请的日期、申请号以及申请国家等优先权事项，应在主管机关的有关出版物（如专利公报）中，特别是应在有关的专利证书和专利说明书中载明，以便于利害关系人查阅。此外，缔约国还可以要求申请优先权的人在提出在后申请的三个月内提交在先申请（包括说明书、权利要求书和附图等）的副本，并且可要求这个副本必须附有原受理申请机关出具的证明申请日期的证明书和译本。

《巴黎公约》还规定，各缔约国可以规定不遵守上述手续的后果，但这种后果不能超过优先权的丧失。也就是说，不遵守手续在任何情况下都不会使取得有关专利、实用新型、外观设计或商标的权利丧失。不过，如果没有优先权，有关申请可能会因新颖性的缺乏或他人已有在先注册或使用而最终不能获得上述权利。

（6）在后申请。在后申请一般要求享受一项优先权，但也可以要求享受多项优先权或部分优先权。

所谓多项优先权（multiple priorities），是指在后申请中的发明含有几个权利要求，这几个权利要求分别以不同的在先申请中的技术方案为根据，要求各该申请的优先权，只要符合发明的单一性条件（即一发明一专利原则）[①]，就是允许的。在这种情形下，在后申请的优先权期限，从最早的优先权日起算。作为多项优先权根据的多个在先申请也可以是在不同国家提出的。

举例说明：王某于 2002 年 1 月 5 日就一项“水磁化技术”向美国专利局提出了方法发明专利申请，又于 2002 年 3 月 5 日就一项“真空保温技术”向美国专利局提出了方法发明专利申请，再于 2002 年 6 月 5 日就一项“不锈钢密封技术”向日本专利局提出了方法发明专利申请。2002 年 10 月 5 日，王某就一项“不锈钢真空保温磁化杯”，向中国专利局提出产品发明专利申请和优先权申请，如果中国专利局认为此产品发明申请符合发明的单一性条件，中国专利局应以 2002 年 1 月 5 日作为该项“不锈钢真空保温磁化杯”产品发明专利的优先权日。

在后申请如果包含一个以上的发明，经过审查需要分案时，申请人可以将该申请分为若干申请，分案申请除可以保留原申请日外，享有优先权的，还可以保留优先权日。

举例说明：王某于 2002 年 1 月 5 日就一项“水磁化技术”向美国专利局提出了方法发明专利申请，又于 2002 年 3 月 5 日就一项“真空保温技术”向美国专利局提出了方法发明专利申请，再于 2002 年 6 月 5 日就一项“不锈钢密封技术”向日本专利局提出了方法发明专利申请。2002 年 10 月 5 日，王某就一项“不锈钢真空保温磁化杯”，向中国专利局提出产品发明专利申请和优先权申请，如果中国专利局认为此产品发明申请不符合发明的单一性条件，则王某若想获得专利权就必须分案申请。假设王某于 2003 年 2 月 15 日同时向中国专利局提出“水磁化技术”、“真空保温技术”和“不锈钢密封技术”三项方法发明专利申请并要求获得优先权，第一项“水磁化技术”因为已超过 12 个月的发明专利优先权期限，无优先权，申请日应为 2003 年 2 月 15 日，第二项“真空保温技术”和第三项“不锈钢密封技术”还在优先权期限内，可以获得优先权，优先权日分别是 2002 年 3 月 5 日和 2002 年 6 月 5 日。

所谓部分优先权，是指在后申请中加入了在先申请中所没有的、经过改进的技术内容，这些增加的新内容并不妨碍对在先申请中已有记载的内容要求享受优先权。这样，在后申请中，其权利要求的内容在在先申请的全文中已有明确记载的，应享有优先权，其权利要求的内容在在先申请中没有明确记载的则不能享有优先权，所以这是部分优先权。

举例说明：李某于 2006 年 3 月 8 日就一项“新型自动压力锅”向美国专利局提出了产品发明专利申请，又于 2006 年 12 月 8 日就一项“温控自动压力锅”向中国专利局提出了产品发明专利申请并要求获得优先权。经调查，2006 年 7 月中国市场上就已有该新型自动压力锅销售，但根据优先权原则，中国专利局应以 2006 年 3 月 8 日作为其“新型自动压力锅”专利申请的优先权日（新颖性检索的截止日期），故 2006 年 7 月以后的市场销售行为不导致该项产品发明新颖性的丧失。本案中李某“温控自动压力锅”产品发明专利申请中，仅“自动压力锅”这一部分享有优先权，“温控”这一部分因为在先申请中没有记

---

① 发明的单一性条件体现在我国《专利法》第 31 条中：“一件发明或者实用新型专利申请应当限于一项发明或者实用新型。属于一个总的发明构思的两项以上的发明或者实用新型，可以作为一件申请提出。”

载而无优先权，故本案李某享有的为部分优先权。

(7) 证书与优先权。《巴黎公约》规定，在申请人有权自行选择申请专利证书或发明人证书的国家，申请发明人证书也产生优先权，其条件和效力与申请专利证书一样。

(8) 外国优先权和本国优先权。由于我国在1985年即加入了《巴黎公约》，因此在我国最初制定的专利法和商标法中就已经包含了符合公约规定的优先权原则。而且，在专利保护领域，为了进一步为发明创造专利的申请人提供便利，我国1992年9月4日的专利法修正案还在原有外国优先权[①]的基础上增加了本国优先权。规定："申请人自发明或者实用新型在中国第一次提出专利申请之日起十二个月内，又向专利局就相同主题提出专利申请的，可以享有优先权。"这里所谓的"本国"，指的是同一主题的专利申请先后在同一个国家提出。

设置本国优先权可以给申请人带来下面的好处：第一，有机会完善在先申请。在优先权期间，申请人可以对首次申请补充实施例或增加新的要素，以完善在先申请，但不能改变在先申请的主题。第二，可以进行专利申请类型的转变。在优先权期间，申请人可将在先申请的发明专利转换为实用新型专利申请，反之亦可。这样做的目的在于确保申请被批准或扩大专利保护的范围并延长专利保护的时间。例如，在先申请是一项实用新型，如果在优先权期间申请人总结出该实用新型产品独特的生产方法，就可以就相同主题的产品及其生产方法向专利局提交发明专利申请。如获授权，不仅可以扩大专有权利的内容范围，而且可以延长权利保护期。第三，可以节省费用。因为在后申请一经提出，在先申请即被视为撤回，申请人只需支付在后申请的各项费用，而作为优先权基础的在先申请不再需要支付各项费用。

3. 临时性保护（temporary protection）原则

《巴黎公约》第11条规定，缔约国应按其本国法律对在任何一个成员国内举办的经官方承认的国际展览会上展出的商品中可以取得专利的发明、实用新型、外观设计和商标给予临时保护。在临时保护期内，不允许展品所有人以外的第三方以展品申请工业产权。如果展品所有人在临时保护期内申请了专利或商标注册，则申请案的优先权日不再从第一次提交申请案时起算，而从展品公开展出之日起算。缔约国如果认为必要，可以要求临时保护的展品所有人提交举办国际展览会的成员国的有关当局的书面证明，以证明公开展出的日期及展品的种类、名称。

举例说明：魏某完成了一项发明创造，2016年1月10—20日以该项发明创造参加了中国主办的国际新发明博览会。2016年2月20日魏某向中国专利局提出发明专利申请，2016年10月30日魏某就同一发明在日本申请专利。由于中日都是《巴黎公约》的缔约国，若魏某向日本专利主管部门提出临时性保护申请，日本专利主管部门应当以2016年1月10日作为魏某向日本申请专利的申请日。

需要特别提示的是：《巴黎公约》的优先权和临时保护都不是自动获得的，优先权和临时保护的获得均以申请人的申请和提交证明为条件。

---

① 即《巴黎公约》规定的优先权。所谓"外国"，指的是这种优先权适用于各成员国之间，即适用于同一主题的专利申请先后在不同成员国提出的情况。

对发明、实用新型和外观设计的临时性保护，我国专利法没有明确的规定。只是在《专利法》第二十四条关于不丧失新颖性的规定中有一项规定类似于临时性保护，即：申请专利的发明创造在申请日以前6个月内在中国政府主办或者承认的国际展览会上首次展出的不丧失新颖性。虽然提法不同，但给予上述专利客体临时性保护的作用是一致的。至于对商标提供临时性保护的内容，则体现在我国《商标法》第26条："商标在中国政府主办的或者承认的国际展览会展出的商品上首次使用的，自该商品展出之日起六个月内，该商标的注册申请人可以享有优先权。""依照前款要求优先权的，应当在提出商标注册申请的时候提出书面声明，并且在三个月内提交展出其商品的展览会名称、在展出商品上使用该商标的证据、展出日期等证明文件；未提出书面声明或者逾期未提交证明文件的，视为未要求优先权。"

4. 专利、商标独立性原则

专利独立性（independence of patents）原则体现在《巴黎公约》第4条之二，意指成员国国民向各成员国申请的专利权与其在其他成员国或非成员国就同一发明而取得的专利权相互独立、互不干涉。特别是在优先权期限内申请的各项专利，与专利权的无效原因、被撤销原因以及有效期限等方面是没有任何关系的。例如，黄某培育出一个兰花新品种。2015年1月10日向我国专利局申请发明专利，2015年8月20日就同一品种向美国申请发明专利。2016年10月15日，中国专利局以中国专利法不保护植物新品种为由驳回了黄某的专利申请。美国无权以该项发明在原属国被驳回为由驳回黄某的专利申请，而有义务根据美国专利获权的条件审查并授权或驳回。

商标独立性（independence of trademark）和专利独立性类似，意指关于外国人的商标申请和注册，应由各成员国的法律做出规定。对成员国国民在任何成员国中提出的商标注册申请，各成员国不能以未在本国申请、注册或续展为理由而拒绝或使其注册失效。

和专利独立性不同，商标独立性有一个例外，即在原属国正式注册的商标，除非属于下列情况之一，否则其他成员国应按照在其原属国的原样接受申请并给予保护：第一，商标具有侵犯第三人在申请受理国的在先权利的性质的；第二，商标缺乏显著特征，或者商标完全是商品的说明或商品的通用名称的；第三，商标违反道德或公共秩序，尤其是具有欺骗公众性质的；第四，商标的式样虽不属于上述情况，但构成不正当竞争行为的；第五，申请注册的商标，与其在本国注册的商标式样有实质性差别的。规定商标独立性的例外条款，是因为商标所有人和公众的利益要求在相同的商品上使用同一个商标，即使这种商品在不同国家销售也一样。否则，对商标权人来说不利于其创牌，对广大公众来说则容易引起对商品来源的误解。

上面提到的"原属国"，根据《巴黎公约》第6条之五A（2）款的规定，是指：申请人设有真实有效的工商营业所的成员国；或者如果申请人在成员国没有这样的营业所，则指他设有住所的成员国；或者如果申请人在成员国没有住所，但是他是某一成员国的国民，则指他有国籍的国家。对"原属国"做出如此严格的规定是因为对商标规定特殊的例外保护，只有构成此种保护基础的注册是在与注册人有某种关系的国家完成的，而不是在注册人自由选择的按照法律规定取得注册特别容易的国家完成的，才是正当的。

（二）TRIPS 协定对工业产权保护的基本原则

1. 纳入《巴黎公约》关于工业产权保护的四个基本原则

TRIPS 协定第 1 条第 3 款规定："各成员均应将本协定提供的待遇，赋予其他成员的国民。就有关的知识产权而言，其他成员的国民应理解为合乎《巴黎公约》1967 年文本、《伯尔尼公约》1971 年文本，《罗马公约》及《关于集成电路知识产权条约》所规定的标准，从而为可享有保护的自然人和法人，就此而言，世界贸易组织的全体成员亦应视为上述公约的全体成员。"作为补充，协定又在第 2 条、第 9 条第 1 款和第 35 条进一步明确了其与这四个知识产权公约的关系，即：将《保护工业产权巴黎公约》1967 年斯德哥尔摩文本第 1 条至第 12 条以及第 19 条，《保护文学艺术作品伯尔尼公约》1971 年巴黎文本第 1 条至第 21 条以及公约的附件（第 6 条之二关于精神权利的规定除外），《保护表演者、录音制品制作者和广播组织罗马公约》，以及《关于集成电路知识产权条约》第 2 条至第 7 条（第 6 条第 3 款关于强制许可的规定除外）、第 12 条及第 16 条第 3 款全部纳入 TRIPS 协定，使其成为世界贸易组织成员必须予以保护的最低标准。

由于 TRIPS 协定在工业产权保护方面首先将《巴黎公约》的实体性规定纳入其中，因此，可以认为《巴黎公约》的上述四个基本原则也构成 TRIPS 协定保护工业产权的基本原则。在此基础上，TRIPS 协定还将世界贸易组织基本原则之一的最惠国待遇原则首次纳入知识产权国际保护领域。

2. 最惠国待遇原则

最惠国待遇（most-favoured-nation treatment，MFN）原则作为 WTO 的基本原则之一，也体现在 TRIPS 协定的第 4 条，该原则要求"在知识产权的保护上，某一成员提供其他成员国民的任何利益、优惠、特权或豁免，均应无条件地适用于全体其他成员之国民"。

在确立最惠国待遇原则的同时，TRIPS 协定也明确了这一原则在工业产权国际保护方面允许存在三个例外。

（1）如果任何利益、优惠、特权或豁免是基于国际司法协助条约或基于一般性质的法律强制措施做出的，并不限于知识产权保护方面，那么它们就不适用最惠国待遇原则。这样规定是为了避免协定中最惠国待遇原则扩大到与贸易有关的知识产权范畴之外。例如，甲乙丙三国均为 WTO 成员，甲乙两国同时是《关于从国外调取民事或商事证据的公约》（《海牙取证公约》）的缔约国。甲乙两国法院在审理知识产权民事侵权纠纷时，有权依据《海牙取证公约》请求对方指定中央机关帮助调取相关证据，而丙国法院在审理知识产权民事侵权纠纷时，则无权请求甲乙两国帮助调取相关证据，这显然不符合最惠国待遇原则，但作为例外是允许的。

（2）基于在《建立世界贸易组织协定》生效前已生效的有关保护知识产权的国际协定的，只要该国际协定已通知过与贸易有关的知识产权理事会，并且对其他成员的国民不构成武断的或不公正的歧视性待遇，也不适用最惠国待遇。例如，如果 WTO 的两个成员同时是《国际植物新品种保护公约》的成员国，那么它们对对方的植物新品种须依据该公约提供高水平的知识产权保护，但是，对于其他虽是 WTO 成员却非《国际植物新品种保护公约》成员的植物新品种，则仅仅依据 TRIPS 协定提供国内水平的保护。这显然也不符合最惠国待遇原则，但作为例外是允许的。

(3) TRIPS 协定最惠国待遇的规定不适用于由世界知识产权组织主持缔结的多边协定中有关获得或维持知识产权的程序。[①] 这也就是说，这些多边协定中规定的给予缔约国在程序上的优惠待遇，没有加入这些多边协定的世界贸易组织的成员是不能依据国民待遇或最惠国待遇原则要求享受的。例如，如果一个成员是《国际承认用于专利程序的微生物保存布达佩斯条约》的缔约国，它的国民在该条约另一个缔约国申请微生物发明专利时，可以无须将微生物样品提交该缔约国的保藏单位收藏，而只要提交“国际保藏单位”收藏就可以了。但是，没有加入《布达佩斯条约》的成员的国民，不能要求享受这种程序上的优惠。

总　结

工业产权国际保护的基本原则

《巴黎公约》	TRIPS 协定
国民待遇原则 优先权原则 临时性保护原则 专利、商标独立性原则	《巴黎公约》的四个基本原则 最惠国待遇原则

第二节　专利权实体性保护的共同规则

一、《保护工业产权巴黎公约》对专利权的保护水平

《巴黎公约》中专利权的客体为发明，但下述内容中的（三）和（四）同样适用于实用新型。

（一）发明人的署名权（mention of the inventor）

依据《巴黎公约》第 4 条之三，发明人有权要求在专利证书上记载自己是有关发明的发明人。其行使这项权利的程序由成员国在其本国法律中予以规定。[②]

（二）法律禁止销售产品的专利性（patentability in case of restrictions of sale by law）

《巴黎公约》第 4 条之四要求成员国不得以专利产品或依专利方法制造的产品的销售受到本国法律禁止或限制为理由，而拒绝授予专利或使专利无效。这一规定是针对下面两种情形提出的：

第一种情形是一项发明与一种产品的制造有关，但这种产品因不符合缔约国法律规定

① 参见《与贸易有关的知识产权协定》第 5 条。

② 我国《专利法》第 17 条亦规定：“发明人或者设计人有权在专利文件中写明自己是发明人或者设计人。”

的安全或质量要求而被禁止销售。在这种情况下拒绝授予专利权或使专利无效很显然是不对的，因为该项发明可能已经证明禁止销售该项产品的法律规定已过时。例如，某种药品对某种疾病有不错的疗效，但同时对人体的肝脏有很大的副作用，因此该药品被禁止上市销售。若某人专门做出一项方法发明，用以消除或减少该种药品的此种副作用，如果因为该药品被禁止销售而不能授予该项方法发明专利权，显然是不合理的。

第二种情形是有关缔约国已经将这种制造或销售的垄断权或专属的特许权授予某个单位或组织，因而禁止他人制造或销售这种产品。在这种情形下拒绝授予专利权或使专利无效是不公正的，因为垄断权的权利人可能会得到利用该项发明的契约性许可或强制许可，因此不授予专利权也是没有道理的。①

（三）专利的进口和维持（import and maintenance of patent）

根据《巴黎公约》第 5 条 A（1）的规定，专利权人将在任何成员国内制造的物品输入到对该物品授予专利权的国家，不应导致该专利的取消（包括撤销和宣告无效）。这一规定主要针对过去不少发展中国家对外国专利权人只进口专利产品而不在本国制造有抵触情绪，因而在法律中做出不利于外国专利权人的规定。不过在目前世界经济、科技一体化和世界贸易自由化的进程加快，国际市场和国内市场逐步融为一体的情况下，由于进口专利产品而给予外国专利权人歧视待遇的情况已基本不存在，因而这项规定的作用也逐步减弱。

这种变化在我国 2000 年 8 月 25 日修订的《专利法》中表现尤为明显。这次修订明确将进口专利产品或依专利方法直接获得的产品视为专利实施的一种方式。② 既然进口也是实施，那么专利权因不实施而被取消（或者强制许可）无论如何不能针对只进口而不在本国制造的行为。

（四）强制许可（compulsory licenses）

《巴黎公约》有关强制许可的规定体现在第 5 条 A（2）～（5）。依据这些规定，《巴黎公约》的成员国都有权采取立法措施，规定颁发强制许可证，以防止由于行使专利所赋予的专有权而可能产生的滥用，例如不实施专利权。对于何为“实施”，公约没有做出解释，因此可由各成员国自行确定。

除非颁布强制许可证还不足以防止滥用专利权，否则不应规定专利权的取消。自颁发第一个强制许可证之日起 2 年期限届满前，不得进行取消专利权的诉讼。

自申请专利之日起 4 年内或授予专利权之日起 3 年内（以后满者的期间为准），不得以不实施或未充分实施专利为理由而申请颁发强制许可证；如果专利权所有者对其不作为能提出正当的理由，则应拒绝颁发强制许可证。

强制许可证不是独占性的，而且除与使用该许可证的部分企业或商誉一起转让外，不能转让，包括授予分许可证的形式在内。这样，专利权人自己或经其许可的第三人仍然可

---

① 博登浩森. 保护工业产权巴黎公约解说. 北京：专利文献出版社，1984：58－59.

② 2000 年 8 月 25 日修订后的《专利法》第十一条规定：“发明和实用新型专利权被授予后，除本法另有规定的以外，任何单位或者个人未经专利权人许可，都不得实施其专利，即不得为生产经营目的制造、使用、许诺销售、销售、进口其专利产品，或者使用其专利方法以及使用、许诺销售、销售、进口依照该专利方法直接获得的产品。”上述规定与修订之前的提法有所不同。

以实施其专利，这对获得强制许可证的人是有威慑作用的。

值得注意的是，《巴黎公约》对强制许可的限制条件是强制许可只针对滥用专利的行为。而在各国专利法中，颁发强制许可证通常还可能发生在国家军事安全或者公共卫生等重大利益需要时以及在所谓“从属专利”的情况下。而在这两种情况下颁发强制许可证时，成员国可以自由决定是否适用《巴黎公约》上述关于强制许可的限制性规定。例如在**英国抗生素药物专利的强制许可案**[①]中，英国专利总署就是因公共利益的需要而颁发了专利强制许可证。

案 例

英国抗生素药物专利的强制许可案

美国人帕克·戴维斯就一种抗生素药物在美国申请并获得专利，随后在英国也取得专利。该专利在自英国专利总署批准之日起未满 3 年时，英国药物委员会就向专利总署申请该项专利的强制许可。其申请的法律依据是英国 1949 年《专利法》第 41 条。根据该条规定，如果专利涉及（1）用作食品或药物或其生产过程中的物质，或（2）生产上述物质的工艺，或（3）用于或部分用于外科或医疗机械的发明，则专利总署在利害关系人申请的情况下有权做出强制许可的决定，而不管该专利自批准之日起是否已满 3 年。

对此，帕克·戴维斯则要求英国分区法院签发禁止令以阻止该专利的强制许可。其依据的法律是 1934 年《保护工业产权巴黎公约》第 5 条。该条 A 款（4）项规定，从专利批准之日起 3 年内不得被强制许可。

最终，英国分区法院驳回了帕克·戴维斯的要求，认为：《巴黎公约》关于强制许可的规定只针对为防止专利权人滥用权利而颁发的强制许可，并不适用于为国家安全和公共卫生等公共利益需要以及在所谓“从属专利”的情况下颁发的强制许可。而英国 1949 年《专利法》第 41 条涉及的即为为公共卫生等公共利益需要颁发的强制许可，这属于成员国自由立法的范围，不受《巴黎公约》第 5 条 A 款（4）项规定的影响。

帕克·戴维斯不服，提起上诉。上诉法院法官科亨赞同分区法院的意见，维持了原判。

我国《专利法》第 49 条和第 51 条规定了在两种情况下专利局有颁发强制许可的权力。第 49 条规定：“在国家出现紧急状态或者非常情况时，或者为了公共利益的目的，国务院专利行政部门可以给予实施发明专利或者实用新型专利的强制许可。”第 51 条规定：“一项取得专利权的发明或者实用新型比前已经取得专利权的发明或者实用新型具有显著经济意义的重大技术进步，其实施又有赖于前一发明或者实用新型的实施的，国务院专利行政部门根据后一专利权人的申请，可以给予实施前一发明或者实用新型的强制许可。”“在依照前款规定给予实施强制许可的情形下，国务院专利行政部门根据前一专利权人的申请，也可以给予实施后一发明或者实用新型的强制许可。”

---

① 王传丽．国际经济法案例评析．北京：中国政法大学出版社，1999：212．

（五）利用进口国的专利方法制造产品的进口（importation of products manufactured by a process patented in the importing country）

《巴黎公约》第5条之四规定，当一种产品输入到对该产品的制造方法给予专利保护的成员国时，专利权所有人对该进口产品应享有进口国法律对该制造产品所给予的方法专利的一切权利。

各国关于方法专利的效力有两种不同的规定：一种是规定方法专利的效力只包括方法本身的使用，不延伸及于依照该方法获得的产品；另一种则规定方法专利的效力不仅包括方法本身的使用，而且还延伸及于依照该方法直接获得的产品的使用、销售和进口。根据《巴黎公约》的上述规定，如果进口国的法律采取上述第一种规定，那么方法专利权人对进口的该产品不享有任何权利；如果进口国法律采用的是第二种规定，那么方法专利权人对该产品的使用、销售和进口享有专有权，未经其许可对该产品的使用、销售和进口构成侵权。

我国专利法关于专利进口权和对方法专利权延伸及于产品的规定是于1992年9月4日《专利法》第一次修订时同时增加的。因此在我国，在1993年1月1日（修正案施行之日）前方法专利权人对于依该方法直接获得之产品的进口不享有任何权利，而在1993年1月1日以后，未经方法专利权人的许可，进口依其专利方法直接获得之产品构成专利侵权。

举例说明：加拿大一基因研究所通过转基因的方法培育出一种新型的环保猪，2006年，其向中国专利局就此种环保猪的培育方法（为非生物方法）和品种提出发明专利申请。由于中国专利法尚不保护动植物新品种，因此，2008年6月，该研究所仅就该种环保猪的培育方法在中国获得发明专利权。2009年9月，该研究所发现中国某养殖场未经其许可从加拿大进口该种环保猪，于是向中国某地法院起诉该养殖场侵犯其专利权。而该养殖场却认为：加拿大该基因研究所获得的仅为方法专利，只有权禁止他人未经许可使用该方法，而无权禁止他人使用、制造、销售和进口相关的产品，因此自己的行为并未构成侵权。如果依据1993年修正案之前的专利法，中国该养殖场进口环保猪的行为并不侵犯加拿大该基因研究所的专利权；但依据1993年修正案以后的专利法，中国该养殖场进口环保猪的行为则侵犯了加拿大该基因研究所的专利进口权。

（六）构成船舶、飞机或陆上车辆一部分的专利器械（patented devices forming part of vessels，aircraft，or land vehicles）

按照一般原则，在一国领域内，未经专利权人许可，使用该国授予的专利发明的，除法律另有规定外，应认为侵犯专利权。《巴黎公约》从维护公共利益出发，在第5条之三对此做出例外规定：缔约国的船舶、飞机或陆地车辆临时或偶尔进入另一缔约国时，船身、机身或车身内部装有后一国家授予专利的装置的，无须得到专利权人的许可，也不认为侵犯专利权人在后一国家的专利权。这是为了维护国际运输自由而做的规定。这里所说的“临时”进入包括定期进入，“偶尔”进入则可能是因为迷航或船舶失事。在后一种情况下，即使船舶非暂时性地停留在该国领水，也不视为侵犯专利权。

（七）宽限期（period of grace）

《巴黎公约》第5条之二规定：对工业产权维持费（如专利年费等）的缴纳应给予不

少于6个月的宽限期。如果本国法律有规定，还应缴纳附加费。

在许多国家，若要维持某些工业产权则必须缴费，而且这种费用通常按年缴纳。为了使权利所有人不因迟缴此种费用而受到立即取消权利的处罚，公约同意给予一个不少于6个月的宽限期。在这个宽限期内，有关的工业产权应认为仍然暂时有效。如果期限届满时仍未缴纳费用，权利即终止。各国法律可以自由规定，在这种情况下，权利的终止是否追溯既往，即是否自应缴费之日起终止。

应该注意的是，宽限期的规定仅涉及工业产权维持费用的缴纳，而不适用于为获得权利所应缴纳的费用。此外，不是为了维持而是为了续展工业产权而缴纳的费用，也没有义务适用宽限期的规定。[①]

二、TRIPS协定对专利权的保护水平

（一）专利保护的客体范围

1. 可获专利的发明（patentable subject matter）

根据TRIPS协定第27条第1款，除了某些例外或条件，一切技术领域内具有新颖性和创造性，并能付诸工业应用的任何发明，不论是产品还是方法，均有可能获得专利。而且，专利的保护和专利权的享有，不能因发明地点、技术领域、产品是进口或在本地制造，而有任何歧视。

上述前半段的规定是针对在TRIPS协定之前，有相当一部分国家并不对一切领域的发明都授予专利，特别是对药品和化学物质不授予专利，而只授予药品和化学物质的制造方法专利权。[②] 而这使得美国等少数工业大国极为不满，它们认为这使自己的利益蒙受了巨大损失。上述后半段的规定则主要针对两种情况：一种是针对美国的，因为美国对他国国民在美国领土外做出的发明给予歧视，使他们不能像美国人那样适用发明在先原则；另一种则针对发展中国家，原因是许多发展中国家对进口的而非在本国制造的产品享有专利权的外国人在本国享有的专利给予歧视。协定的上述规定解决了所有这些问题，在某种程度上可以缓解有关国家由此可能发生的贸易摩擦。

关于是否要扩大专利的保护范围、加大保护力度一直是第二次世界大战后发展中国家和发达国家关于知识产权保护争论的焦点之一。作为主要的知识和技术的生产国和出口国，西方主要发达国家竭力想在世界范围内保护其知识产权以回收利润，因此它们主张强化知识产权的国际保护。这当中以美国的手段最为著名，其通过《综合贸易与竞争法》中的“超级301条款”，将知识产权的保护与国际贸易挂钩，借助健全有效的国际贸易法律机制来达到保护其知识产权的目的。而发展中国家为了发展本国的经济，自然只能降低对一些关系国计民生的重大技术的保护，如在药品、食品和农用化学制品上即是如此。因为如果提高投入化肥、药品的成本，专利保护将潜在地不利于一国的粮食安全（基本口粮供应不足），或不利于贫穷人口的健康（他们将为受专利保护的药品支付更多的金钱）。发展中国家与发达国家的这种对立也反映在乌拉圭回合的谈判中：发展中国家要求对医药、化

---

① 博登浩森. 保护工业产权巴黎公约解说. 北京：专利文献出版社，1984：73.

② 我国1992年9月4日《专利法》第一次修订之前也是如此。

工、食品和动植物品种允许有例外，可以不予以专利保护；而美国则在谈判期间对巴西、中国等挥舞其“特别301”大棒，以制裁相威胁以强迫发展中国家加大对知识产权的保护力度。在欧盟的同时加压下，发展中国家最终接受了除动植物品种外其他均予以专利保护的文本。不过，由于发展中国家的一再坚持，以及考虑到发展中国家的实际困难，TRIPS协定在“过渡性安排”部分给予了发展中国家将专利保护扩大适用于新技术领域一共10年的过渡期。但是，这项过渡性安排又受到TRIPS协定第70条第8款和第9款的限制。

TRIPS协定第70条第8款规定：如果在《建立世界贸易组织协定》生效之日，某成员尚未在药品及农用化学产品的专利保护上，符合本协定第27条（即专利保护的客体）规定的义务，则该成员不论协定第六部分（即过渡性安排）如何规定，均应自《建立世界贸易组织协定》生效之日起规定出使上述发明的专利申请案可以提交的措施。根据这一规定，对于那些原先专利制度不保护药品和农用化学产品的成员，即使根据协定“过渡性安排”可以延迟承担授予这些产品专利的义务，但也应从1995年1月1日起即建立一个“邮箱”，存放这一方面的专利申请，并保证存放在“邮箱”中的申请不会丧失新颖性。一旦这些国家的专利法开始保护药品和农用化学产品，存放在“邮箱”中的专利申请就立即进入专利审查阶段。在我国，由于1992年9月4日的专利法修正案已将食品、药品和化学制品列为专利保护的客体，且1997年10月1日《植物新品种保护条例》开始施行，因此TRIPS协定第70条第8款对我国的影响不大。

和建立“邮箱”制度相比，TRIPS协定第70条第9款更体现出TRIPS协定是有利于发达国家成员的一项协定。该条款规定：对于已由其一成员批准专利并且已在该成员方内销售的药品和农用化学产品，其他成员均应授予其在本方境内的“独占销售权”，而不管该成员是否根据协定“过渡性安排”尚不须承担授予这些产品专利的义务。TRIPS协定规定“独占销售权”的期限是获得市场准入后5年，或是持续到该产品的专利申请被授予或被驳回之日，两期限以较短的为准。在TRIPS协定之前，已有一些国家通过专利法授予发明人在专利申请至专利获权阶段“独占销售权”，其理由是发明人在申请专利后，由于有关技术资料按规定必须公开，因而其他竞争对手很容易利用这些技术资料并将其付诸工业、商业使用，所以有必要授予专利申请人一定的权利以保护其发明，这种权利一般被称为“专利申请案中的权利”。但是，和各国专利法中的“专利申请案中的权利”不同，TRIPS协定的“独占销售权”使在一国获得的专利权效力可以延伸到其他国家，这突破了知识产权的地域性，而这种突破并非因为法律进化，而是强力所加。因此，可以理解为这在一定程度上破坏了《巴黎公约》确立的“专利独立性原则”。

在TRIPS协定生效以后，围绕专利保护客体的争端时有发生。据统计，自1995年1月1日世界贸易组织成立至1999年12月31日5年间，WTO成员向争端解决机构（DSB）提起的知识产权纠纷案件共有19件，占5年间WTO国际贸易纠纷案件总数的10.3%。[①] 截至1999年12月31日，已经终结的案件有7件，其中5件通过调解解决，2件由专家组审结。这19件纠纷案均由发达国家成员提起，并且其中有6起纠纷涉及对药品

---

① 朱榄叶．世界贸易组织国际贸易纠纷案例评析．北京：法律出版社，2000．

和农用化学产品的专利保护问题，而由专家组审结的2件纠纷案均涉及印度对药品及农用化学产品的专利保护。① 其中，专家组就美国和印度之间关于药品和农用化学产品专利保护争端的报告进一步阐释了TRIPS协定的“邮箱”制度和“独占销售权”制度。

案 例

印度对药品及农用化学产品的专利保护案

根据TRIPS协定关于专利保护客体范围的规定，印度是在过渡期内无须为药品和农用化学产品提供专利保护但必须建立“邮箱”制度和“独占销售权”制度的发展中国家成员。由于在WTO协定生效时印度议会正在休会，因此为履行TRIPS协定第70条第8款和第9款项下的义务，印度总统曾于1994年12月31日根据印度宪法第123条发布了印度专利（修正）条例，在原专利法中加入专章保护食品、药品和农用化学产品的发明，明确规定这些产品发明可向专利机关提交专利申请，并且还规定了专利机关的随后审查程序以及建立一种制度授予这些产品独占销售权。印度还将这一条例通知了WTO的与贸易有关的知识产权理事会。然而，根据印度宪法，总统的上述临时行为在议会复会后6个星期到期，因此在1995年春印度议会复会后，条例在1995年3月26日失效。在议会复会以后，为能继续实施该条例，印度政府曾于1995年3月向议会提交了该修正案，但由于1996年5月20日议会被解散，专利法修正案也随之搁浅。在上述期间，印度从未向外界（包括与贸易有关的知识产权理事会）宣布过该专利修正条例的有效期。

1996年7月2日，美国依据DSU第4条和TRIPS协定第64条要求与印度进行磋商，理由是印度未建立“邮箱”制度以及可授予“独占销售权”制度，违反了它根据TRIPS协定承担的义务。1996年7月27日美印双方举行了磋商，但未能达成一致。11月7日美国要求DSB成立专家组以审查它所提交的事宜，1997年2月5日由三人组成的专家组成立。1997年4月15日和5月13日专家组举行了两次会议，并在第二次会议后给予各方机会，就美国在第一次会议上依TRIPS协定第63条的要求发表各方的书面意见。

在案件的审理过程中，印度引用了TRIPS协定第1条第1款（成员有自由确定以其域内法律制度及其实践实施本协定的恰当方式）和第70条第8款（1）项（根据印度的观点，该条没有规定必须选择特定的方式予以实施），认为成员可以自由决定本国提交“邮箱”申请的方式。由于通过法令及议会法案的方式加以规定均未取得成功，于是印度最后决定通过行政手段来解决，即命令专利局继续接受涉及药品和农用化学产品的发明专利申请并单独加以保存，以满足TRIPS协定第70条第8款的要求。而事实上从1995年1月1日至1997年2月15日，印度专利局一共接受了1 339件此类“邮箱”申请，这充分说明印度此前规定的提交申请的方式已经符合“邮箱”申请制度所有必须符合的条件。

在这个问题上，由于专家组认为知识产权制度中的程序必须具有一定的可预见性，以使成员能够做出合理的预测以及正确的贸易和投资决定，因此专家组最终认同了美国的观

① 此案例案情来自WT/DS50，WT/DS79的专家组报告和上诉机构报告，具体内容参见https：//docs. wto. org/。

点，认为印度确实有义务于1995年1月1日后采取法律手段实施第70条第8款，这样才能消除任何可能的对于“邮箱”申请是否会被驳回以及基于“邮箱”申请授予的专利权是否会被宣告无效的猜疑。专家组进一步指出，按照印度1970年的专利法第15条第2款，任何药品或农用化学产品的专利申请由于缺乏可专利性，应由印度专利局予以驳回。而通过行政手段建立起的“邮箱”申请制度显然与专利法的上述规定相冲突，因此这种“邮箱”制度的法律效力是不稳定的，它不能保障提交申请的其他成员国民的利益。

印美双方关于第70条第9款“独占销售权”制度的争论焦点是实施该条款的时间以及“独占销售权”的范围。印度认为其没有违反该条款的义务，理由是：第一，印度尚未收到任何要求“独占销售权”的申请，所以也未曾驳回任何要求这一权利的申请；第二，考虑到就药品获得专利权和市场准许所必需的时间，还需要有几年的时间才会有人真正需要获得这项权利，所以印度目前没有必要建立“独占销售权”制度；第三，由于第70条第9款要求成员授予“独占销售权”的期限最多不超过5年，所以成员只需在2000年1月1日之后建立该项制度，因为除非“独占销售权”的期限届满以后紧接着便得到专利权，否则获得5年的“独占销售权”没有任何商业价值。以印度为例，假如药品的发明人于1997年获得“独占销售权”，并使该产品在印度广为人知以及广为应用，则其竞争者在2002年“独占销售权”期限届满时便可以自由经营该产品，而直到2005年发明人才可能作为专利权人禁止该未经许可的经营行为。

专家组没有采纳印度的上述观点和理由。因为：首先，专家组认为是否需要建立“独占销售权”制度与是否实际存在此类请求无关，问题在于如果印度不明确地将这项制度规定在法律中，其他成员便不能做出合理的预测。其次，针对印度提出的“还需要有几年的时间才会有人真正需要获得这项权利”的观点，专家组举出了ELI LILLY公司的例子。该公司于1995年1月1日之后在美国就两个药品获得了专利权和市场准入。之后，该公司开始考虑是否在印度申请“独占销售权”，于是向美国政府要求获得有关程序的信息，而美国政府却表示无能为力，因为它对印度的制度也是一无所知。最后，针对印度的第三个观点，美国的答复是，对于任何其他公司而言，在“独占销售权”届满后专利获权之前经营该产品是毫无意义的，因为如果其在2002年开始经营，却要在2005年停止经营，将会付出更多的代价。专家组采纳了美国的这点看法。

针对双方关于TRIPS协定第70条第9款的争议，专家组总结说：第70条第9款等的义务与TRIPS协定的其他义务一样，都要求印度改变相关法律。因为如果印度不建立这样的制度，其他成员的国民即使有意也不可能申请这项权利，当然也就不会因为确信可以获得这一权利而采取任何贸易措施。

基于上述理由，1997年6月27日，专家组做出了临时报告并分发给各方，报告认为印度违反了其承担的TRIPS协定第63条第1款、第2款（关于透明度），第70条第8款（关于建立“邮箱”制度）以及第70条第9款（关于建立授予“独占销售权”制度）的义务。对此，美印双方均未提出再次举行会议，印度只是要求专家组重新审查报告中的部分内容。

1997年10月15日，印度向DSB提起上诉，并于10月27日提交了上诉报告。11月14日，美国和欧盟也分别提交了被上诉方材料和第三方材料。1997年11月14日，上诉庭举行了口头听证会，在会上双方及第三方均阐述了自己的理由并回答了相关提问。在分析听证会上各方提出问题的基础上，上诉庭于 1997 年 12 月 19 日公布其终局报告，推翻了专家组关于印度违反了 TRIPS 协定第 63 条第 1 款、第 2 款的调查结论，同时维持了专家组关于印度违反了 TRIPS 协定第 70 条第 8 款和第 9 款的调查结论。1998 年 1 月 16 日，DSB 通过了上诉庭的报告以及经修改的专家组报告。对上诉庭的报告，争端双方同意执行期为 15 个月，到 1999 年 4 月 16 日止。

1999 年 4 月 28 日，印度通告了它执行专家组报告的情况，宣布它已经通过立法建立了专家组建议的保护机制。

2. 可排除授予专利的发明

(1) 为了维护公共秩序或道德。TRIPS 协定第 27 条第 2 款规定："各成员可拒绝对某些发明授予专利权，如在其境内阻止对这些发明的商业利用是维护公共秩序或道德，包括保护人类、动物或植物的生命或健康或避免对环境造成严重损害所必需的，只要此种拒绝授予并非仅因为此种利用为其法律所禁止。"该款授权各成员可将违反公共秩序或道德的发明从专利中排除出去。

但要注意的是，TRIPS 协定第 27 条第 2 款的适用受两点限制：第一，只有为保护上述利益而需要防止发明的商业利用时，才可以将该发明排除在专利保护之外。一般而言，专利主管部门无权防止一项发明的商业化，但是，TRIPS 协定第 27 条第 2 款似乎要求专利主管部门就防止一项发明的商业化问题做出判断。简单地说，就是不允许在宣布特定客体不能申请专利的同时，又允许其进入商业流通领域。第二，该款中"只要此种拒绝授予并非仅因为此种利用为其法律所禁止"与《巴黎公约》规定的"不得以专利产品或依专利方法制造的产品的销售受到本国法律禁止或限制为理由，而拒绝授予专利或使专利无效"是一致的。

(2) 疾病的诊断、治疗方法和动植物品种。TRIPS 协定第 27 条第 3 款规定，各成员还可将下列各项排除于可获专利之外：第一，为人类或动物治疗所用的诊断方法、治疗方法和外科手术方法；第二，植物和动物（不包括微生物）以及生产植物或动物的主要是生物的方法。但是，各成员应以专利或有效的专门制度，或以专利和专门制度的组合，对植物新品种提供保护。实践中，包括我国在内的多数国家都采用专门制度对植物新品种提供保护。

需要注意的是，TRIPS 协定第 27 条第 2 款和第 3 款关于专利除外领域的规定都使用的是"可排除"（may exclude）的提法，因此第 27 条第 2 款和第 3 款都不是强制性规定，成员完全可以将这两款所涉及的客体纳入专利保护的范围。这种条文表述方式进一步说明知识产权实体性公约仅仅对成员知识产权最低保护水平做出要求，成员更高水平的保护是允许的。实践中，对于动物和植物品种是否授予专利，各成员的实际做法差异很大。**哈佛大学诉加拿大（专利局局长）案**[①]就是关于动物品种可专利性的典型案例。

① 此案例案情来自加拿大最高法院：《加拿大最高法院判例报告》2002 年卷，第 76 号案件，文件编号：28155。该案件 2002 年 5 月 21 日受理，2002 年 12 月 5 日判决。

案 例

哈佛大学诉加拿大（专利局局长）案

20 世纪 80 年代，哈佛大学两位科学家通过转基因技术培育出一种“肿瘤鼠”（又称“哈佛鼠”），该老鼠易患癌症，因此具有重大的科学使用价值。欧盟各国、美国、新西兰等已先后批准授予“哈佛鼠”专利权。

1993 年，加拿大知识产权办公室在审核“哈佛鼠”在加拿大的专利权时裁定，“哈佛鼠”作为动物品种不能被授予专利，但哈佛大学可以获得易致癌基因及相关试验的专利权。这一裁定引起哈佛大学的不满。加拿大专利申诉委员会和联邦法院均维持了加拿大知识产权办公室的裁定。

2000 年 8 月，加拿大联邦上诉法院以 2∶1 的表决结果，裁定“哈佛鼠”可以获得专利权，但联邦上诉法院的判决也没有让人信服，关于“哈佛鼠”专利权的官司一路打到加拿大联邦最高法院。

2002 年 12 月 5 日，加拿大联邦最高法院做出判决，认为加拿大专利法将可获专利的发明限制为任何“技巧、方法、机器、产品或者组合物”，而高等生物本身不能属于“技巧、方法、机器、产品或者组合物”，而且对高等生命形式授予专利权还会彻底背离传统的专利制度。因此加拿大成为没有授予“哈佛鼠”专利权的国家之一。

（二）所授予的权利（rights conferred）

TRIPS 协定第 28 条第 1 款规定，专利应赋予其所有人下列专有权：（1）如果该专利所保护的是产品，则有权制止第三方未经许可制造、使用、提供销售、销售或为上述目的而进口该产品；（2）如果该专利保护的是方法，则有权制止第三方未经许可使用该方法的行为，以及使用、提供销售、销售或为上述目的进口至少是依照该方法直接获得的产品。

和《巴黎公约》相比，TRIPS 协定在专利权内容方面增加了“专利进口权”和“提供销售权”，并且要求成员将对方法专利的保护至少延及依该方法而直接获得的产品。所谓“专利进口权”，指的是进口国的专利权人有权阻止他人未经许可进口与其专利产品相同的产品，不管进口的产品在国外是否享有合法的专利权。①

TRIPS 协定的“提供销售权”和我国现行《专利法》第 11 条中的“许诺销售权”含义相同，通常是指在非法销售行为实际进行前所进行的一些特定行为，包括发布广告、展览、公开演示、寄送价目表、拍卖公告、招标公告以及达成销售协议等表明销售专利产品意向的行为。在没有这项权利之前，专利法只赋予权利人以销售权，但仅仅凭借销售权专利权人尚不足以制止侵权行为。因为实践中专利权人对销售行为的控制是比较困难的，如果一定要等到销售行为完成才能采取措施，侵权产品可能早已扩散，要查明侵权产品的流向，控制侵权产品的流通，就将更加困难，即使能够了解侵权产品的流向，对善意的再销售者或使用者，专利权人恐怕也无法要求其承担赔偿责任。而且，非法销售专利产品的人

① 但是，根据 TRIPS 协定第 6 条“就本协定下的争端解决而言，在遵守第 3 和第 4 条规定的前提下，本协定不得用于处理知识产权的权利用尽问题”的规定，TRIPS 协定关于专利进口权的规定不得解释为禁止平行进口。

可能在完成销售行为后迅速撤离，专利权人又不知制造者是谁，因此其制止侵权行为的努力可能会两头落空。如果在销售行为未及实施，非法销售行为尚在准备阶段时即采取措施，控制侵权行为的膨胀和蔓延，将大大提高专利权人制止侵权的效率，降低制止侵权的成本，从而更加有效地维护专利权人的权利。鉴于此，TRIPS 协定和我国专利法都增加了“提供销售权”（“许诺销售权”），以增加专利权人制止侵权行为的机会，从而更好地维护其合法权益。

至于对方法专利的保护，《巴黎公约》仅禁止他人未经许可使用该方法本身，而不禁止他人使用或者销售依照该方法直接获得的产品。从实际效果上看，这样的专有权对权利人是没有多大意义的，因为专利方法是否被人使用，被什么人使用，专利权人是很难发现并制止的，而比较容易发现的对依专利方法直接获得之产品的使用和销售又不属于权利人的制止范围。因此，TRIPS 协定将对方法专利的保护扩大至依该方法直接获得之产品是非常必要的。此外，TRIPS 协定规定“至少是依照该方法直接获得的产品”，说明 TRIPS 协定的这项规定只是最低要求，成员还可以通过国内立法将对方法专利的保护进一步扩大，如扩大到依照该方法所直接获得的原始产品经过加工后所得到的产品。

2000 年 8 月 25 日我国《专利法》第二次修订时增加了“许诺销售权”，而在 1992 年 9 月 4 日《专利法》第一次修订时已经增加了进口权并将对方法专利的保护延及依该方法直接获得之产品，因此在专利权利内容方面我国已经达到了 TRIPS 协定的水平。

除上述专有权外，TRIPS 协定第 28 条第 2 款还肯定了专利权人享有的转让、自愿许可专利权以及通过继承转移专利权的权利。

（三）专利申请人的义务（conditions on patent applicants）

TRIPS 协定第 29 条规定：成员应要求专利申请人以足够清楚与完整的方式披露其发明，以使同一技术领域的技术人员能够实施该发明，并可要求申请人指明在申请日，或如果提出优先权要求在优先权日前该发明的发明人所知的最佳实施方案。由于专利制度的宗旨就是以一定期间的独占权换取发明内容的公开以促进整个社会科技的进步，因此要求专利申请人将其发明内容充分公开是非常必要的，事实上，在 TRIPS 协定之前，各国专利法都有申请时公开的要求。在这个问题上，TRIPS 协定一方面强调公开必须足够清楚与完整，另一方面还允许成员要求专利申请人指明该发明实施的最佳方案，以确保同一技术领域的技术人员确实能够实施该发明。

此外，如果专利申请人就相同主题的发明还在其他国家提出过专利申请，TRIPS 协定允许成员要求专利申请人提供其相应的外国申请及批准情况的信息，这样做的目的是成员的审查和授权可以以这些信息为参考。

（四）权利限制（restriction to right）

1. 授予权利的例外（exceptions to rights conferred）

TRIPS 协定第 30 条规定：“各成员可对专利授予的专有权规定有限的例外，只要此类例外不会对专利的正常利用产生无理抵触，也不会无理损害专利所有权人的合法权益，同时考虑第三方的合法利益。”很明显，TRIPS 协定允许成员对专利的保护规定有限例外，这种例外必须符合三个条件：其一，该例外必须是有限的；其二，该例外不能不合理地与专利的正常利用冲突；其三，考虑到第三方合法利益，且没有不合理地损害专利所有人的合法权益。

在 WTO 知识产权争端中，涉及 TRIPS 协定第 30 条的典型案例是 1997 年的欧共体诉加拿大药品专利保护案[①]，该案例中专家组对第 30 条的解释堪称经典。

案　例

欧共体诉加拿大药品专利保护案

根据加拿大《食品药品法》，加拿大卫生部治疗产品规划署负责确保“新药”满足健康和安全的要求。所谓“新药”，是指在加拿大还没有足够的销售时间、数量以确立安全性和有效性的物质的药品。按照这一定义，无论是专利药品还是仿制药品，只要其未确立安全性和有效性，都属于“新药”的范畴。因为仿制药品与其复制的专利药品类似但不相同，或者说仿制药品包含了与专利药品相同的成分，但剂量构成不同。

由于专利药品和仿制药品都属于“新药”，因此它们在进入市场前都需要向卫生部治疗产品规划署提出申请（这种申请的材料准备及审查期通常为 3～6.5 年）。如果在专利期内，专利权人的潜在竞争者不能够使用该专利，那么管理审查材料的启动需要从专利权到期的那一刻起，而这些潜在竞争者获得政府的生产许可至少需要 3 年时间，那么在这 3 年内专利权人依然可以独占市场份额，虽然其专利已经到期。

基于上述事实，加拿大《专利法》做出如下规定：55.2（1）纯粹为了提供国家、省或其他国家法律所需要的针对管制产品的制造、生产、使用或销售有关的信息，任何人制造、生产、使用或销售专利发明，不构成侵权。55.2（2）任何人，旨在对专利期满后销售的物品制造、存储，在规章规定的适用期内（6 个月），根据上述第（1）款制造、生产或使用发明而制造、生产、使用或销售获得专利的发明，不侵犯专利权。55.2（3）总督可以制定第（2）款内的规章，所规定的期限必须在专利期满前终止。

1997 年 12 月 19 日，欧共体及其成员以加拿大《专利法》55.2 违反 TRIPS 协定第 27 条第 1 款（专利可授予所有技术领域的任何发明，无论是产品还是方法，只要它们具有新颖性、包含发明性步骤，并可供工业应用）和第 28 条第 1 款（专利权人应享有的权利）的义务为由，要求与加拿大进行磋商，在两次磋商未果的情况下申请成立了专家组。

加拿大承认其《专利法》55.2 与 TRIPS 协定第 27 条第 1 款和第 28 条第 1 款的要求有所出入，但强调 55.2“管理审查例外”符合 TRIPS 协定第 30 条规定的“授予权利的例外”。因此本案的核心争点就是加拿大《专利法》55.2 的“管理审查例外”是否符合 TRIPS 协定第 30 条确立的获得例外应满足的三个标准：（1）该例外必须是有限的；（2）该例外不能不合理地与专利的正常利用冲突；（3）考虑到了第三方合法利益，没有不合理地损害专利所有人的合法权益。专家组认为这三个条件是累积性的，每一个条件都必须满足单独的、不同的要求。其中任何一个条件的不满足，都不能获得第 30 条的例外。

专家组经审理做出了如下认定。

（1）该例外是有限的。专家组认为“管理审查例外”属于“有限的例外”，因为“管

① 此案例案情来自 WT/DS114 的专家组报告，具体内容参见 https：//docs. wto. org/。

理审查例外”让“专利所有人的法律权利受到削弱的程度”是很小的——“管理审查例外”仅仅适用于对新药申请数据的准备，而不会导致产品流入市场，这就把专利权人的实质损害限制在了很小的范围内。

（2）该例外并不与专利的正常利用存在不合理的冲突。专家组认为专利权人行使专利排他权，禁止他人为提供管理性授权的材料使用专利，由这一行为创设的事实上的额外的市场独占期，不应被视为“正常”的，这实际上是专利法和产品管理法结合产生的结果。两者的时间要求相结合，结果是给予了比市场专有的正常期限更长的行使某些专利权利的期限。基于上述理由，专家组认为加拿大《专利法》55.2 的“管理审查例外”并不与专利的正常利用存在不合理的冲突。

（3）该例外考虑到了第三方的合法利益，且没有不合理地损害专利所有人的合法权益。专家组认为此处的合法利益是公共政策上的或其他社会规范支持的合法利益，第三方包括除了专利权人以外的所有人。只要例外所追求的第三方利益符合相关的公共政策或其他社会准则，该例外对专利权人造成的损害就是合理的。加拿大《专利法》55.2 的“管理审查例外”导致的专利权人的市场专有权事实上的削减，是确保和证明药品的安全性和有效性所需要时间的不可避免的后果，而利用专利权组织产品的开发和发起管理审查程序对竞争者施加的迟延，既不是产品安全所必要的，也不是专利权的适当使用。据此，专家组认为加拿大《专利法》55.2 的“管理审查例外”考虑到了第三方的合法利益，没有不合理地损害专利所有人的合法权益。

2000 年 3 月 17 日，专家组报告裁定加拿大《专利法》55.2 属于 TRIPS 协定第 30 条的例外，故不违反 TRIPS 协定第 27 条第 1 款和第 28 条第 1 款。争端双方均未对专家组报告提出上诉，DSB 于 2000 年 10 月 7 日通过了专家组报告。

我国《专利法》对专利权的限制主要体现在第 69 条：“有下列情形之一的，不视为侵犯专利权：（一）专利产品或者依照专利方法直接获得的产品，由专利权人或者经其许可的单位、个人售出后，使用、许诺销售、销售、进口该产品的；（二）在专利申请日前已经制造相同产品、使用相同方法或者已经作好制造、使用的必要准备，并且仅在原有范围内继续制造、使用的；（三）临时通过中国领陆、领水、领空的外国运输工具，依照其所属国同中国签订的协议或者共同参加的国际条约，或者依照互惠原则，为运输工具自身需要而在其装置和设备中使用有关专利的；（四）专为科学研究和实验而使用有关专利的；（五）为提供行政审批所需要的信息，制造、使用、进口专利药品或者专利医疗器械的，以及专门为其制造、进口专利药品或者专利医疗器械的。”其中第 5 项与上述欧共体诉加拿大药品专利保护案中被诉的措施近似，都属于“为提供行政审批所需要的信息”而对专利权进行的限制。

2. 专利的强制许可（compulsory licenses）

和《巴黎公约》一样，TRIPS 协定也允许成员批准对专利的强制许可。不过，《巴黎公约》只明文规定为了防止专利权滥用而批准强制许可的情况，对有关国家安全和公共利益的强制许可却丝毫没有提及，可以认为后两种强制许可属于成员国可以自由立法的范畴。和《巴黎公约》相比，TRIPS 协定明文规定的强制许可范围更广，条件也更为苛刻。

依据TRIPS协定，成员可以批准专利强制许可的情形有三种：（1）成员进入国家紧急状态或在其他特别紧急情况下；（2）为了公共利益的需要；（3）意图使用人已经努力向专利权人要求依合理的商业条款及条件获得许可，但在合理的期限内未获许可。在前两种情形下，无须事先以合理条件与专利权人协商，但有关人员应在获得强制许可后立即通知专利权人。

为了保护专利权人的权利，TRIPS协定规定规定了成员批准强制许可的更为苛刻的条件，包括：（1）强制许可的官方授权应该根据个案的具体情况分别予以考虑。（2）强制许可的范围和期限均应局限于原先允许使用时的目的之内，如果所使用的是半导体技术，则仅应进行公共的非商业性使用，或经司法或行政程序已确定为反不正当竞争行为而给予救济的使用。（3）强制许可必须不是独占的。（4）除非是与从事使用的那部分企业或商誉一并转让，否则强制许可不得转让。（5）强制许可的目的应主要为供应批准许可的成员域内市场之需，不能供出口。（6）在适当保护强制许可人的合法利益的前提下，一旦导致强制许可的情形不复存在并且又很难再发生，则应中止该强制许可。主管当局应有权主动要求审查导致强制许可的情况是否继续存在。（7）强制许可应该是有偿的。（8）强制许可的法律效力以及任何规范强制许可使用费的决定，均应接受司法审查或上级机关的其他独立审查。（9）为了开发一项专利（“派生发明”或“第二专利”）而批准对另一专利（“原发明”或“第一专利”）的强制许可必须符合下列条件：派生发明应当是具有相当经济效益的重大技术进步；原发明人应有权按合理条款取得派生发明的交叉许可；除非一起转让，否则强制许可是不能转让的。

值得一提的是，在上述对强制许可的诸多限制条件中，有关半导体技术专利的特别规定，并不见于1991年TRIPS协定的“邓克尔文本”，它是在最后文本上增加的。但是，对于为什么专门增加这一条，包括WTO知识产权部长奥登在内的专家也承认，该内容的增加并没有太多的道理好讲，只是美国代表认为美国的半导体技术较发达，在各成员获专利的机会较多，故成员要想强制实施这种专利，就应受到更多限制。因此美国代表坚持要加上这条特别的限制。在专利保护方面，TRIPS协定究竟在多大程度上满足了发达国家成员的要求，由此可见一斑。①

在上述权利限制的基础上，TRIPS协定还原则性地要求对于撤销专利或宣告专利无效的任何决定，均应提供机会给予司法审查。

（五）专利的保护期（term of protection）

TRIPS协定要求专利的保护期应不少于自提交专利申请之日起的20年年终。对于无原始批准制度的成员，保护期应自原始批准制度的提交申请之日起算。② 香港是无原始批准制度的成员，其在成为中华人民共和国的特别行政区后，它的专利有标准专利和短期专利两种。短期专利由香港知识产权署自行注册，标准专利由指定专利局（现为中国国家知识产权局，在过渡期为英国专利局和欧洲专利局）审查、授权后即在香港获得注册，标准

① 郑成思. WTO知识产权协议逐条讲解. 北京：中国方正出版社，2001：118.

② 参见《与贸易有关的知识产权协定》第33条注。

专利20年的保护期自在指定专利局提出申请之日起算。①

加拿大专利保护期案②是关于TRIPS协定专利保护期的典型案例。

案　例

加拿大专利保护期案

1987年加拿大议会通过《专利法》修正案，其第44条和第45条分别规定：在1989年10月1日修正案实施之日或之后提出的申请，专利保护期为自申请日起20年；在1989年10月1日前提出的申请，专利保护期为自申请日起17年。

1999年5月6日，美国以加拿大《专利法》第45条未能按TRIPS协定的要求为专利权提供最低保护期为由，要求与加拿大磋商，双方磋商后未达成一致。1999年7月15日，美国要求WTO设立专家组，指控加拿大《专利法》第45条违反了TRIPS协定第33条和第70条的义务。

TRIPS协定第33条要求所有成员对协定生效日时存在的专利提供最低限度的保护期为自申请日起20年。但第70条第1款规定："对在本协定对所涉成员适用之日前发生的行为，本协定不产生义务。"第70条第2款又规定："除本协定另有规定外，本协定成员均应对本协定实施之日前已有的客体承担义务。"因此，本案的焦点就是：加拿大是否应将其在TRIPS协定项下的义务适用于1989年10月1日以前提出申请并获准、到1996年1月1日（TRIPS协定对加拿大的适用日期）仍然有效的所有发明专利？

加拿大认为，专利不同于保护的客体，它产生于两个行为：提出专利申请的行为和专利委员会授予专利的行为。对于1989年10月1日以前申请的专利来说，这两个行为都发生在TRIPS协定适用于加拿大之前，因此应当适用TRIPS协定第70条第1款。美国则认为，根据TRIPS协定第70条第2款的字面意思，加拿大1989年10月1日以前申请的专利属于1996年1月1日TRIPS协定适用于加拿大之日仍然有效的所有发明专利。

2000年5月2日，WTO发布专家组报告。专家组认为："行为"和"客体"是不同的概念，专利毫无疑问是TRIPS协定保护的客体，而第70条第1款中的"行为"一词仅仅指协定适用前已经完成的行为，而不是指协定适用后发生或仍然持续存在的行为。在加拿大1989年10月1日前申请而到1996年1月1日仍然有效的专利就属于仍然持续存在的行为，不应适用第70条第1款确立的非追溯适用原则。WTO争端解决机构据此要求加拿大修改其《专利法》，使之与TRIPS协定的规定和要求相符，以避免在加拿大境内取得的专利权的保护期过早期满。

加拿大对专家组报告不服，提起上诉程序。2000年9月18日，WTO上诉机构做出上诉报告，维持了专家组的裁定和结论。

（六）侵犯方法专利的举证责任（burden of proof）

民事诉讼的一般举证原则是谁主张谁举证，根据这一原则，专利侵权诉讼的举证责任

---

① 汤宗舜．知识产权的国际保护．北京：人民法院出版社，1999。

② 此案例案情来自WT/DS170的专家组报告和上诉机构报告，具体内容参见https：//docs.wto.org/。

应当由专利权人承担。这对产品专利权人来说困难不大，因为通过分析侵权产品的组成部分，只要能说明其与专利产品的必要技术特征相同，侵权就能成立。但是，对于方法专利权人来说，由于无法进入侵权嫌疑人的生产地调查取证，因此只能通过分析被怀疑侵权的产品来判断嫌疑人是否使用了专利方法，而这几乎是不可能的。因此在 TRIPS 协定之前，各成员在方法专利侵权的审判实践中早已实行举证责任倒置的原则。

TRIPS 协定第 34 条第 1 款将上述举证责任倒置原则具体规定为：在专利所有人之权利的民事诉讼中，如果专利的内容系获得产品的方法，司法当局应有权责令被告证明其获得相同产品的方法不同于该专利方法。并且，TRIPS 协定还要求其成员规定，如无相反的证据，未经专利所有人许可而制造的任何相同产品符合下列情况之一的，均应视为使用该专利方法而获得：(1) 如果使用该专利方法获得的产品是新产品；(2) 如果该相同产品极似使用该专利方法所制造，而专利所有人经合理努力仍未能确定其确实使用了该专利方法。

上述第 (1) 种情况原来主要是西欧一些国家采用的做法，理由是如果涉及的产品是新的，那么这种产品是依专利方法获得的可能性极大，因此在无相反证据的情况下，认定侵权可进一步打击和预防侵权。第 (2) 种情况原来主要是美国的做法，其和第 (1) 种做法相比施加给侵权嫌疑人的举证责任更大。欧美国家这些关于举证责任倒置的实践做法最终被 TRIPS 协定吸纳，进一步体现出在专利保护这个问题上发达国家的主张的被肯定。

我国在 1992 年《专利法》修订时就参照了 TRIPS 协定的前身“邓克尔文本”，故那次修订后，我国专利法在保护范围、保护水平、保护期、侵犯方法专利的举证责任倒置等方面，已基本符合了 TRIPS 协定的要求。**美国伊莱利利公司诉江苏豪森药业股份有限公司侵犯专利权纠纷案**①就是典型的侵犯方法专利举证责任倒置的案例。

案　　例

美国伊莱利利公司诉江苏豪森药业股份有限公司侵犯专利权纠纷案

美国 Eli Lilly and Company（以下简称“伊莱利利公司”）在中国拥有关于吉西他滨抗癌药的三项方法发明专利。2001 年 4 月 17 日，伊莱利利公司向江苏省高级人民法院起诉江苏豪森药业股份有限公司（以下简称“豪森公司”），指控豪森公司生产吉西他滨的方法正是原告的方法专利，且豪森公司还积极促销其侵权产品。

被告豪森公司辩称：吉西他滨的制造方法不止一种，原告的专利方法只是其中之一，原告不能证明豪森公司生产吉西他滨的方法就是其专利方法，请求法院驳回原告诉讼请求。

江苏省高院认为，我国《专利法》(2000 年) 第 57 条第 2 款规定：“专利侵权纠纷涉及新产品制造方法的发明专利的，制造同样产品的单位或者个人应当提供其产品制造方法不同于专利方法的证明”。据此规定，在举证责任上，豪森公司有义务提供其产品制造方

---

① 此案例案情来自江苏省高级人民法院 (2001) 苏民三初字第 001 号民事判决书和最高人民法院 (2002) 民三终字第 8 号民事裁定书。

法不同于伊莱利利公司专利方法的证明。

豪森公司根据江苏省高院的要求提交了证明其生产工艺方法的资料，但同时主张这些资料涉及未公开的技术秘密，申请法院对该资料予以保密，不予提交原告。江苏省高院以保护豪森公司商业秘密为由未将上述资料提交原告质证，而是委托江苏省科技厅鉴定豪森公司提供资料的真伪，以及其与伊莱利利公司独立权利要求记载的保护方法是否相同。最终，江苏省高院根据江苏省科技厅的鉴定意见，认为豪森公司制造吉西他滨的工艺方法与伊莱利利公司三项独立权利要求所记载的保护方法不相同，驳回了伊莱利利公司的诉讼请求。

伊莱利利公司不服一审判决，向最高人民法院提起上诉。上诉称：一审法院剥夺了其正当的诉讼权利，在一审诉讼中拒绝其审查被告的侵权证据资料；一审法院以其内部文件为依据指定江苏省科技厅作为鉴定机构是不正确的，且鉴定机构的鉴定范围不清，所依据的证据前后矛盾，也未能认识原告专利发明的基本要点，鉴定结论错误。

最高人民法院认为，根据《专利法》第 57 条第 2 款的规定，豪森公司应当提供其吉西他滨制造方法不同于伊莱利利公司专利方法的证明，即使豪森公司提交的资料涉及商业秘密，也应当根据民事诉讼法的相关规定保证原告伊莱利利公司质证的权利，商业秘密的保护只需采用不公开审理的方式，并要求原告伊莱利利公司法定代表人、委托代理人以及其他参与诉讼的人员承担保密义务即可。只有在双方当事人对证据进行质证的基础上，才能够对被告侵权方法与专利方法是相同、等同还是不同做出正确的判断。

最高人民法院认为：一审法院采信未经双方当事人质证的证据，未能保障原告伊莱利利公司获得被告豪森公司吉西他滨制造方法不同于专利方法的有关技术信息的正当诉讼权利，并以未经质证的证据作为委托技术鉴定的依据，违反民事诉讼法关于证据应当经过庭审质证才能够作为定案依据的规定，一审判决认定事实不清，证据不足，适用法律错误。最终裁定：撤销一审判决，案件发回江苏省高院重审。

（七）TRIPS 协定的修订

前文已经提到，TRIPS 协定在平衡药品专利权与公共健康需要的冲突时存在一系列的妥协，但并未从根本上解决这种冲突。因此，在 TRIPS 协定生效后药品专利和公共健康之争也一直没有停止，这种争论的结果集中地体现在《多哈宣言》和《总理事会决议》以及 2005 年 12 月 6 日通过的《修改 TRIPS 协定的议定书》中。

2001 年 3 月，60 个发展中国家联合发表了一份声明，指出 TRIPS 协定对药品专利的保护法则“不应与世贸成员发展本国医疗卫生事业的愿望相抵触”。在此基础上，2001 年 11 月 14 日 WTO 第四次部长级会议通过了《TRIPS 协定与公共健康宣言》(简称《多哈宣言》)。宣言主要明确了以下几个问题：(1)“TRIPS 协定不会也不应阻止成员们采取保护公共卫生的措施”，WTO 成员有权充分使用 TRIPS 协定中为此规定的灵活性条款。这些灵活性条款包括：1) 在适用解释国际公法的习惯性规则时，TRIPS 协定每一条款都应根据该协定所表述的对象和目的予以理解，特别是其目标和原则中的对象和目的；2) 每一成员有权发放强制许可，并有权决定发放此类许可所依据的理由；3) 每一成员有权决定何种情况构成了国家紧急情况或其他极端紧急情况，各方理解公共卫生危机，包括与艾滋病、肺结核、疟疾和其他传染性疾病有关的危机，相当于国家紧急情况或其他极端紧急情况；4）TRIPS协定中与知识产权的权利用尽问题有关的规定的作用是，在符合第3条和第4条有关最惠国待遇和国民待遇规定的前提下，使每一成员有权为此种权利用尽建立自己的体制而不受质疑。[①]（2）对于医药制品，最不发达国家成员在2016年1月1日前，不必实施或适用TRIPS协定第二部分第5节和第7节或执行此两节下所规定的权利。（3）授权进行新一轮的关于药品专利和公共健康问题的谈判。

根据《多哈宣言》的上述授权，WTO多哈回合启动了针对TRIPS协定的谈判，2003年8月30日，WTO总理事会在瑞士日内瓦通过了《关于实施〈TRIPS协定与公共健康多哈宣言〉第6段的总理事会决议》（简称《总理事会决议》）。该决议的核心内容是：（1）允许"符合条件的进口成员方"[②] 可以以强制许可的方式，向"出口成员方"[③] 进口非专利药品；（2）当"符合条件的进口成员方"对同一产品行使强制许可时，只要"出口成员方"已因这些产品向专利持有人支付过报酬，进口成员方可不履行TRIPS协定第31条（h）项的义务，即不需要再支付报酬；（3）为了公共健康目的，发达国家成员方保证依照TRIPS协定第67条提供技术协作，包括与其他相关政府间组织协作；（4）承诺TRIPS理事会将于2003年年底启动修改TRIPS协定的准备工作，并争取在6个月内完成对TRIPS协定的修改。

2005年12月13日在香港举行的WTO第六次部长级会议上，各成员一致通过了《修改TRIPS协定的议定书》，修订了TRIPS协定第31条（f）项"利用强制许可生产的产品应当主要为供应授权成员的域内市场"的规定，即在TRIPS协定第31条后插入第31条之二，允许利用强制许可生产的药品出口到缺乏生产能力的成员。同时在TRIPS协定附件的附录里规定了关于医药行业生产能力的评估，明确了"没有或缺乏医药生产能力"的含义。

TRIPS协定的修正案于2017年1月23日正式生效，我国于2007年11月28日递交了通过该修正案的批准书。到目前为止，已经有成员适用TRIPS协定修正案将强制许可证下生产的药品出口到符合条件的成员方，**加拿大—卢旺达药品出口案**[④]就是成功适用的典范。

案　例

加拿大—卢旺达药品出口案

2007年7月17日，卢旺达常驻WTO代表团向TRIPS理事会提交了一份文件，请求根据《修改TRIPS协定的议定书》，于2007—2009年从加拿大Apotex公司进口强制许可

① 张娟. TRIPS协定下药品专利保护与公共健康危机的冲突与对策研究. 苏州：苏州大学，2004：16.

② "符合条件的进口成员方"指任何最不发达成员国家方，以及任何向TRIPS理事会发出通知，表明其希望使用此制度作为进口方意愿的成员方。见《总理事会决议》第1条（b）项。

③ "出口成员方"指使用本《决议》中确定的制度生产医药产品并将其出口到"符合条件的进口成员方"的成员方。见《总理事会决议》第1条（c）项。

④ 加拿大成为通知授权强制许可出口专利药品之普及产品的第一国. 上海经贸大学学报，2007（12）：36-37.

证下生产的26万剂治疗艾滋病的药物TriAvir。此外，由于难以预计公共健康方面的实际需求，卢政府将保留进一步调整进口数量的权利。

卢旺达政府还提交了以下文件：(1) 卢旺达公共健康评估的相关文件——联合国艾滋病规划署将发布的《2008全球艾滋病流行状况更新报告》。该报告显示，卢旺达属于全球艾滋病肆虐的主要地区之一，其800多万人口中约有94万人感染了艾滋病毒，其中约有14%的感染者年龄在15岁以下，此外该国还有16万名艾滋病遗孤。这份文件用以证明卢旺达有公共健康的需要。(2) TriAvir专利权属的相关证明。TriAvir是Apotex公司研制生产的，该药品主要成分的专利属于Apotex公司，但其中两种成分Zidovudine与Lamivudine的专利属于英国Glaxo SmithKlein (GSK) 公司，第三种成分Nevirapine由德国Boehringer Ingelehim (BI) 公司享有专利。同时提交了卢旺达在正常专利许可费用下将无此种药品生产能力（药品专利成本及专利协议许可药品价格与卢旺达人均收入水平的比较）的证明，这份材料用以说明卢旺达无相关药品的生产能力。(3) 加拿大接受《修改TRIPS协定的议定书》的相关声明及其国内专利法依照《议定书》修改的证明，这份文件用以证明出口国是接受了TRIPS协定修正案的WTO成员方。

2007年9月4日，按照修改后的加拿大专利法的规定，Apotex公司向加拿大政府提交了药品TriAvir强制许可申请，并于9月19日获得批准。2007年10月4日，加拿大常驻WTO代表团向TRIPS理事会通报了已针对卢旺达需求授权生产并出口的强制许可药品的情况，并通报了强制许可涉及的数量（第一批为26万剂）与条件（特殊包装以说明特殊用途）。

2007年8月和10月，英国GSK公司和德国BI公司先后发布声明，称只要加拿大Apotex公司对卢旺达供货是基于加拿大政府颁发的强制许可，两公司同意部分放弃专利权。

为了履行TRIPS协定修正案项下的义务，我国自2009年10月1日起施行的《专利法》修正案新增第50条规定：“为了公共健康目的，对取得专利权的药品，国务院专利行政部门可以给予制造并将其出口到符合中华人民共和国参加的有关国际条约规定的国家或者地区的强制许可。”这一规定允许强制许可下生产的药品出口到符合TRIPS协定的缔约方，以解决该国的公共健康问题。

总　结

《巴黎公约》和TRIPS协定对专利权保护的对比表

	《巴黎公约》	TRIPS协定 （提高保护水平的体现）
保护客体	法律禁止销售产品的可专利性	①扩大专利保护客体的范围 ②明确成员可为社会公共利益保留规定专利除外领域

续前表

	《巴黎公约》	TRIPS 协定 （提高保护水平的体现）
权利内容	①发明人的署名权 ②进口不影响专利的维持 ③方法专利权人对相关进口产品的权利	①增加提供销售权、进口权，并将方法专利权直接延及产品 ②方法专利诉讼中举证责任倒置
保护期	无规定	不少于自提交专利申请之日起的 20 年年终
权利限制	①国际交通工具上使用专利器械不构成侵权 ②针对滥用专利的强制许可	①明确专利申请人公开的义务 ②严格限制成员颁发强制许可证 （TRIPS 协定修正案允许利用强制许可生产的药品出口到缺乏生产能力的成员）

三、TPP 和 CPTPP 对专利权的保护水平

（一）纳入《巴黎公约》和 TRIPS 协定对专利权保护的内容

2015 年 11 月 5 日，新西兰政府在其网站上公布了 TPP 协定的正式文本。协定第 18 章知识产权政策的规定首先要求 TPP 成员在明确表示履行 TRIPS 协定（包括 2005 年 12 月的修改）项下义务的同时，还应该在协定生效之前确认其已经批准或加入以下 3 个国际公约：《专利合作条约》（包括 1979 年的修订版）、《保护工业产权巴黎公约》、《保护文学艺术作品伯尔尼公约》。在该协定对其正式生效之前，各缔约方都应当批准或加入以下 6 个国际公约：《商标国际注册马德里协定》、《布达佩斯条约》（包括 1980 年的修订版）、《国际植物新品种保护公约》、《商标法新加坡条约》、《世界知识产权组织版权条约》、《世界知识产权组织表演和录音制品条约》。可见，TPP 和 TRIPS 协定一样，都是在已有国际公约的基础上进一步"拔高"知识产权保护水平。也因此，《巴黎公约》和 TRIPS 协定对专利权的保护内容也构成了 TPP 和 CPTPP 的一部分。①

（二）进一步提高专利权保护水平

TPP 和 CPTPP 对专利权保护水平的提高主要体现在以下两个方面。

1. 拓宽可授予专利的客体范围

根据 TRIPS 协定第 27 条第 2 款的规定，成员可以拒绝对某些发明授予专利权，如为了保护公共秩序或公德，包括保护人类、动物或植物的生命或健康，或者为了避免对环境的严重破坏，可以不授予某些发明以专利权。基于此，TRIPS 协定第 27 条第 3 款进一步明确各成员可将疾病的诊断、治疗和外科手术方法，以及植物和动物（不包括微生物）及生产植物或动物的主要是生物的方法排除于可获专利之外。TPP 协定草案大大拓展了可授予专利的客体范围，规定成员可以对动物和植物以及人类或动物的诊断、治疗和外科手术方法授予专利。

---

① CPTPP 协定保留了 TPP 协定超过 95%的内容，专利权保护方面的内容与 TPP 协定完全相同。

2. 降低了发明可专利性的标准

TPP 协定草案规定，所有技术领域的发明，不论是产品还是加工工序，只要具有新颖性、创造性和实用性，都是可专利的客体。缔约方应当确认，任何已知产品的新形式、新用途或新使用方法均具有可专利性，即使该发明不会使该已知产品的功效增强（第 18.37 条）。为达到这一规定的目的，TPP 协定草案明确缔约方可以将“发明性步骤”和“工业应用能力”分别看作“非显而易见”和“实用性”的同义词。在决定一项发明是否具有发明性步骤时，缔约方应考虑要求保护的发明在其优先权日之前对于一个熟练的技术人员而言是否显而易见。①

四、工业品外观设计的国际保护

（一）工业品外观设计的含义及其保护概述

工业品外观设计（industrial design）是指关于产品的形状、图案、色彩或者其组合所提出的富有美感并适于工业上应用的新设计。与发明和实用新型都是一种技术方案、具有一定实用功能并能够解决一定的技术问题不同，外观设计所解决的不是技术问题，而是美学上的问题，因此在绝大多数国家的法律中以及《巴黎公约》、TRIPS 协定等涉及工业产权的国际公约中，工业品外观设计都是和专利并列的、独立的知识产权客体。但是，也有一些国家和地区与我国一样，将外观设计纳入专利法的保护范围，例如美国专利法的保护范围包括发明专利、植物专利和外观设计专利，我国台湾地区有关专利的规定也规定了发明、实用新型（称“新型”）、外观设计（称“新样式”）三种专利。② 我国在专利法立法之初就明确专利保护的对象包括发明、实用新型和外观设计。因此，为了和我国专利法相适应，同时也避免知识点的缺漏，本书将工业品外观设计的国际保护置于本章予以介绍。

从历史上看，工业品外观设计保护制度的产生是与工业化增长和大规模生产方式密切相关的。英国是最早制定设计法的国家，保护工业品外观设计的第一部法律是 1787 年的《纺织品、棉花制品、棉布和平纹细布设计和印刷法》，该法规定了 2 个月的保护期限。在纺织业日益发达的年代，设计的贡献和重要性在该法中得到了体现。随着工业化的进一步发展以及大宗生产方式适用于越来越多的制造领域，工业品外观设计的保护逐渐扩展到其他领域。于是，英国在 1842 年制定了设计法，将工业品外观设计的保护扩展到下列范围：“任何新颖性和原创性的设计，不管此种设计是否适用于任何制造的物品的装饰，不管是任何实在的、虚构的、自然的、部分虚构和部分自然的，也不管其是否适用于模型、形状或外观，或者装饰，不管是否为印刷的、绘制的……”③

法国对工业品外观设计的保护历史与英国近似，1793 年的《文学艺术财产法》只适用于特定情形的设计保护。随着纺织业的发展，法国于 1806 年制定了保护工业设计的专门法律，根据该法设立了一个专门委员会，负责收集设计并裁决工业设计争端。后来，经

① 国家知识产权局，国家知识产权培训（湖北）基地．国际贸易中的知识产权保护．北京：知识产权出版社，2014：215.

② 刘春田．知识产权法．北京：高等教育出版社，北京大学出版社，2001：128.

③ 孔祥俊．WTO 知识产权协定及其国内适用．北京：法律出版社，2002：216.

过司法解释，该法适用于所有工业活动领域的二维或者三维的设计。

一直到1883年的《保护工业产权巴黎公约》要求成员国均承担保护工业品外观设计的义务，工业品外观设计才正式成为国际知识产权保护的客体，其保护的水平和条件也不断细化。

（二）《保护工业产权巴黎公约》的保护水平

《巴黎公约》第5条B款和第5条之五明确成员国均有保护工业品外观设计的义务。至于外观设计的定义、有关评价其新颖性的规则以及最低保护期限等，公约没有涉及，也就是说，这些问题属于各成员国国内立法的范围。此外，公约对应为工业品外观设计提供何种保护手段也只字未提。因此，成员国既可以通过专门立法保护工业品外观设计，也可以通过专利法、版权法或制止不正当竞争法中的规定为外观设计提供保护。

对工业品外观设计的保护，《巴黎公约》只特别规定：在任何情况下，都不得以不实施或以输入物品与受保护的外观设计相同为理由，而予以取消。这点规定比专利权的相应规定更为广泛，因为在涉及外观设计的情况下，无论什么输入都不会引起取消保护，不论是由外观设计权利人输入还是由其他人输入，也不论这种输入的物品是否是在《巴黎公约》的成员国内制造。此外，不实施在任何情况下都不会引起对外观设计保护的取消；而专利权如果无正当理由不实施，那么在符合公约规定的严格的条件下，最终可能会被取消。

在我国，工业品外观设计可以通过申请专利获得10年的专利权保护，同时，如果该外观设计具有著作权意义的独创性，还可以同时获得著作权法至少50年的保护。

（三）TRIPS协定的保护水平

作为对成员国工业产权保护的最低标准，《巴黎公约》要求各成员国必须对工业品外观设计提供保护，但用什么样的法律保护、提供何种程度的保护，《巴黎公约》却没有具体规定。因此，在TRIPS协定之前，虽然世界上多数国家都保护工业品外观设计，但提供保护的法律不同，保护的标准也不一。例如，美国采取设计专利保护，日本1993年修订的《反不正当竞争法》特别对产品设计给予3年的保护，而由于设计在注册和认定侵权上的困难，欧盟时装界强烈呼吁通过版权和反不正当竞争法保护设计。

和其他知识产权客体相比，TRIPS协定对工业品外观设计仅仅规定了两个条文，这些规定在TRIPS协定中的地位并不太重要，主要原因是工业设计的国际侵权行为不如其他侵犯知识产权的行为严重，工业化国家集团不太重视工业设计的保护，且对工业设计的保护规定缺乏广泛的共识。尽管如此，TRIPS协定涉及工业品外观设计的两个条款的意义还是很大的，因为它首次在世界范围内统一了工业品外观设计的保护标准，并确定了这一领域的一些基本规则。

1. 保护的条件

TRIPS协定第25条第1款规定："对独立创作的、具有新颖性或原创性的工业品外观设计，全体成员均应提供保护。成员可以规定：非新颖或非原创，系指某外观设计与已知设计或已知设计特征之组合相比，无明显区别。成员可以规定：外观设计之保护，不得延及主要由技术因素或功能因素构成的设计。"

作为工业品外观设计受保护的必备条件，TRIPS协定提供给成员一个拼图式的标准，即或者具有独创性和新颖性，或者具有独创性和原创性。当然，如果成员采用 TRIPS 协定对“非新颖或非原创”的定义，新颖性和原创性是一个意思（其实就是新颖性的含义）。但 TRIPS 协定也允许成员对这两个概念确定不同的含义，在后者的情况下，成员也可以版权法所确定之原创性作为对工业品外观设计提供保护的条件。

TRIPS 协定允许成员排除“由技术因素或功能因素构成的设计”（designs dictated essentially by technical or functional considerations），这种设计可以简称为“功能设计”。工业品外观设计是用于吸引消费者的装饰设计，其设计本身不具有功能作用，这正是其与具有功能作用的实用新型（utility mode）的区别。TRIPS 协定没有当然地将功能设计排除在工业品外观设计的保护范围之外，而是给予成员以选择权，由其自由决定对具有功能性的外观设计是以实用新型保护还是以工业品外观设计保护。

对纺织品来说，外观设计的保护本来是很重要的，但由于各国规定的外观设计的授权所需时间较长，而市场竞争往往又要求纺织品设计迅速地更新换代，因此事实上纺织品的外观设计利用外观设计来保护的情况少之又少。为了满足纺织品工业的需要，TRIPS 协定第 25 条还特别规定：“各成员应保证其对保护纺织品外观设计的要求，尤其是对费用、审查或公布的要求，不应不合理地损害求得这种保护的机会。成员有自由选择用工业品外观设计法或用版权法去履行这一义务。”

这项规定是应快捷地保护纺织业大批量地使用外观设计的情况而制定的。就纺织品的外观设计而言，其创造、实施和使用的周期是较短的。而且，申请工业品外观设计保护的数量很大，但真正在商业上使用的却比较少。如果对纺织品的保护限制太多以及程序太复杂，就不适合纺织品工业设计保护的需要。此外，申请保护的费用太高和审查程序复杂，都会减少保护的吸引力。另外，公告也会增加模仿的机会，延长审查时间，因而公告也与保护直接相关。

当然，如果成员采用著作权法保护纺织品外观设计，依据著作权自动保护原则，上述因授权时间长影响纺织品外观设计保护的问题将不存在。

2. 对工业品外观设计的保护

（1）权利内容。TRIPS 协定第 26 条第 1 款规定：“受保护的工业品外观设计的所有人，应有权阻止第三方未经其许可，为商业目的而制造、销售或进口载有或体现有受保护的外观设计的复制品或实质上是复制品的物品。”从协定授予外观设计权人的权利来看，TRIPS 协定还是将外观设计作为工业产权进行保护的，因为权利内容是工业产权法中普遍规定的制造权、销售权和进口权，但与专利权内容不同的是，工业品外观设计的权利内容受“商业目的”的限制。

（2）权利限制。TRIPS 协定第 26 条第 2 款允许成员对工业品外观设计的保护规定有限的权利限制，但这种限制必须符合三个条件：其一，考虑第三方合法利益；其二，不与受保护设计的正常利用不合理地冲突；其三，没有不合理地损害受保护设计所有人的合法利益。

（3）权利保护期。成员可自行确定工业品外观设计的保护期限，但至少为 10 年。TRIPS 协定没有规定工业品外观设计保护期限的起算点，这就意味着成员可以自主决定期限的起算点。我国《专利法》第 42 条规定：“发明专利权的期限为二十年，实用新型专利权和外观设计专利权的期限为十年，均自申请日起计算”。

总 结

《巴黎公约》和 TRIPS 协定对工业品外观设计保护的对比表

	《巴黎公约》	TRIPS 协定 （提高保护水平的体现）
保护的条件	无规定	具有独创性和新颖性或者具有独创性和原创性
权利内容	不得以不实施或以输入物品与受保护的外观设计相同为理由，而予以取消	制造权、销售权和进口权
保护期	无规定	至少为 10 年
权利限制	无规定	明确了权利限制的三个条件

第三节 专利权的跨国取得

相对于著作权一经创作完成自动产生，专利权的获得具有非常严格的地域性。一项发明创造如果想在多国具有无形财产的价值并获得法律保护，就需要有一个多国获权的过程——专利权的跨国取得。而这种取得的方式又包括原始取得和受让取得两种。

一、专利权的跨国原始取得

专利权的跨国原始取得也就是一项发明跨国“包装”的过程。权利人可以通过自主研发、合作研发或者购买别人研发的发明创造首先成为该项发明创造的所有人，在此基础上向目标国家就该项发明创造申请且获得专利权。

（一）两种原始获权的途径

专利权的跨国原始取得包括逐一国家申请获权和通过程序性公约获权两种途径。

1. 逐一国家申请获权

在任何国家，专利权都需要通过向该国主管当局提出申请，经过主管当局授权，方可获得权利以及享有法律保护。所谓逐一国家申请获权就是指发明人逐一向目标国家的主管当局提出专利申请以获得相应的权利。

《巴黎公约》和 TRIPS 协定均规定了成员对专利权保护的最低标准，但都没有建立一套在各成员统一适用的专利获权程序，故专利申请、审查和授权等程序事项属于各成员自主立法的范畴。下文将以几个主要贸易大国为例，简单介绍这些国家的专利获权程序。

（1）美国。根据美国专利法，一项发明要想获得专利权大致要经过申请—审查—复审—授权四个步骤，具体程序比较复杂，如下图所示。

总　　结

美国专利申请流程图

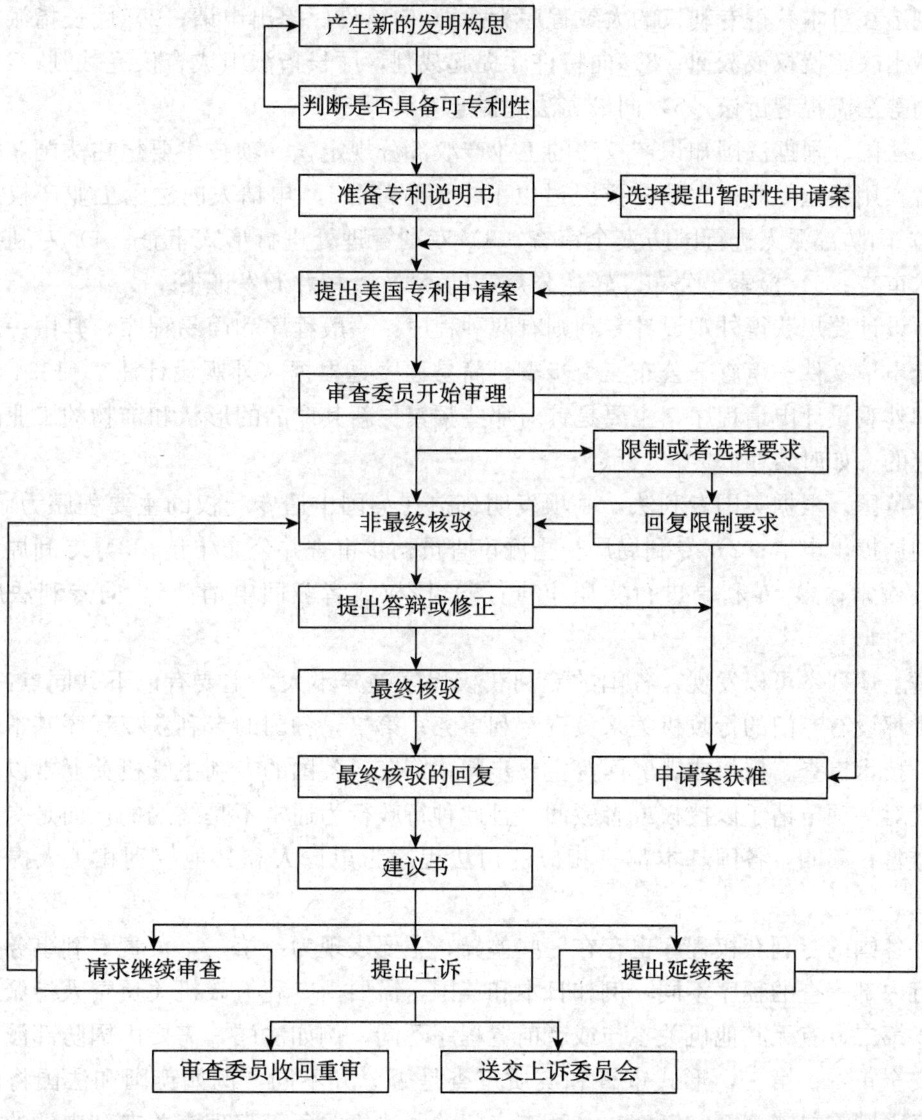

（资料来源：美国专利和商标局的网站（https：//www.uspto.gov/），访问时间：2018年10月17日。）

（2）德国。根据德国专利法，一项发明在德国获得专利权的主要程序为：1）向专利局提出申请；2）审查部进行审查，并决定授予专利或者驳回申请；3）向专利法院提起上诉；4）向联邦法院上诉。[①]

（3）韩国。根据韩国专利法，负责受理专利申请的机关为韩国知识产权局。一项发明创造要想获得韩国的专利权，大致需要经过以下程序：1）提出申请；2）知识产权局审查

① 具体内容参见德国专利商标局的网站（https：//www.dpma.de/english/index.html）。

及复审；3）授权或者驳回；4）韩国知识产权审判庭审判和复审；5）韩国专利法院审判；6）韩国最高法院审判。①

（4）日本。根据日本专利法的相关规定，负责受理专利申请的机关为日本特许厅。一项发明创造在日本获得专利权的大致程序为：1）向特许厅提出申请；2）厅长指派审查官审查，做出决定授权或驳回；3）向特许厅提起裁判，厅长指派组成合议庭裁判；4）向知识产权高等法院提起诉讼；5）向最高法院提起上诉。②

（5）法国。根据法国知识产权法的工业产权部分规定，一项技术要想在法国获得发明专利或者实用新型专利，大致需要经过以下主要程序：1）申请人向法国工业产权局提出申请；2）国防部派人进行国防安全审查；3）专利管理处进行形式审查；4）专利技术处进行技术审查；5）检索、公布、转达公众意见；6）授权并颁发证书。

一项设计要想获得外观设计专利则有两种程序：一般程序和简易程序。其中一般程序包括提交申请文件—审查—公布三个步骤。简易程序是根据《外观设计法》（1994 年）采取的一种外观设计申请程序，主要是针对那些频繁更新其产品的形状和饰物的工业品外观设计制定的，如时装业。③

（6）英国。根据英国专利法，一项发明创造在英国申请专利权的主要程序为：1）向英国专利局提出申请；2）专利局局长指派审查员初步审查并公布申请；3）专利局局长指派审查员检索；4）专利局进行实质审查；5）授权或者驳回申请；6）向专利法庭提起诉讼。④

通过上述列举可以发现，各国的专利获权程序差异不大，主要有以下共同点：第一，各国通常都设有专门的行政机关来负责专利事务；第二，各国的专利获权程序基本包含提出申请、技术审查、授权或者驳回等主要步骤；第三，各国的专利主管机关通常以行政行为的方式对一项申请予以授权或者驳回，且此种行政行为通常不是终局的，而是受到司法机关的监督；第四，各国基本都有相应的司法程序为申请人和其他权利相关人提供司法救济。

另外各国的专利获权程序也存在一些差异，主要表现为：第一，负责专利事务的行政机关进行内部审查的程序不同，例如日本和英国，需要由专利行政机关负责人指派专员进行审查；第二，有无其他机关参与或者前置程序不同，例如法国，需要由国防部派员对申请进行安全审查；第三，形式审查和实质审查是否分开不同，例如英国和法国将两者分开，而日本则将二者合一；第四，是否有专门的司法机关负责审理有关专利申请的行政案件不同，例如英国、日本和韩国都有专门的知识产权法院或者专利法庭等来负责此类案件。

需要特别提示的是，在逐一国家申请获权时，要充分利用《巴黎公约》的优先权原则和临时性保护原则。一旦发明人根据优先权原则或临时性保护原则所主张的优先权被受理

① 具体内容参见韩国知识产权局官方网站（http：//www.kipo.go.kr/）。

② 具体内容参见日本特许厅网站（http：//www.jpo.go.jp/）。

③ 具体内容参见法国工业产权局的网站（https：//www.inpi.fr/fr）。

④ 具体内容参见英国知识产权局的网站（https：//www.gov.uk/government/organisations/intellectual-property-office）。

国主管机关所认可，则对于在优先权期间所做的在后申请，受理国主管机关对其相关要件的认定均以优先权日作为判断的基准日，从而在一定期限内保护了发明的新颖性，并可以防止在因申请而公开发明的情况下，暴露发明的技术秘密。

采用逐一国家申请获权的方式的好处是目标国家明确，有市场针对性，这种方式适用于其产品的出口国较为集中的权利人。但是，如果发明人的目标市场国家比较分散且数量较多，那么逐一国家申请就会非常烦琐且效率不高，加之各国的申请程序和官方要求存在诸多差异，逐一国家申请不仅会给发明人带来诸多不便，而且会大大增加其海外获权成本。

2. 通过程序性公约获权

由于工业产权具有严格的地域性，因此，发明、外观设计或商标等想在多国获得工业产权，必须在多国逐一提出申请获得授权或注册。而由于各国语言以及相关手续多有不同，因此对于申请人来说，获得多国工业产权不仅手续繁杂而且费用不菲，这在一定程度上限制了工业产权的多国申请和获得。为了解决这个问题，简化同一客体多国申请工业产权所必经的烦琐程序并降低有关费用，在遵循《巴黎公约》基本原则的基础上，从 19 世纪末开始，一些关于工业产权申请的程序性公约应运而生。到目前为止，它们主要是《专利合作条约》《商标国际注册马德里协定》《关于商标国际注册马德里协定的议定书》《商标法条约》《专利法条约》《国际承认用于专利程序的微生物保存布达佩斯条约》《保护原产地名称及其国际注册里斯本协定》《工业品外观设计国际备案海牙协定》共 8 个国际公约。其中，《专利合作条约》和《国际承认用于专利程序的微生物保存布达佩斯条约》是目前普遍适用的与专利有关的程序性公约，我国是这两个专利程序性公约的缔约国，故我国的发明人可以通过这两个程序性公约向其他相关缔约方提出权利申请，以更加方便快捷的途径获得多国专利权。

（二）发明个案多国获权的路径选择

需要特别指出的是，上述两种原始获权途径并不是完全对立、非此即彼的。在一项发明多国获权的个案中，发明人需要首先拟定准备获权的国家名单，再进行程序性公约的国别检索，根据检索结果分别安排不同的路径，以获得不同目标国家的专利权。具体步骤如下。

1. 拟定准备获权的国家名单

获得专利权的第一步是要明确拟获权的国家，主要的考虑因素包括相关产品和技术在目标国家的既有状况和发展前景、在目标国家的获权成本、在目标国家获权的可能性、目标国家的相关产品市场潜力等等。

一项发明创造客观上并不能，实际上也不需要获得全世界所有国家或者地区的专利权，所以申请人在拟定目标国家时需要进行选择。例如，某手机生产企业的主要出口对象为非洲国家，那么该企业就没有必要去申请欧洲国家的专利权。再比如，某服装企业的产品主要销往某中亚国家，但是该国的工业品外观设计权申请程序非常烦琐且费用高昂，那么该企业就需要权衡收益与成本进而做出有利的决定。

2. 进行程序性公约的国别检索

确定了拟获权的国家名单之后，就需要检索该国是否为相关程序性公约的缔约国。如果目标国家是缔约国，则申请人可以通过程序性公约进行申请；如果目标国家不是程序性公约的缔约国，则只能采取逐一国家申请的方式获权；如果目标国家既非《巴黎公约》缔约国，也非 WTO 成员方，那么就基本上没有获权的可能。

前文所述的世界主要知识产权程序性公约均为世界知识产权组织框架体系下的国际公约，所以在 WIPO 的官方网站上均有上述公约的缔约成员名单及其他信息介绍。①

（三）《专利合作条约》

《专利合作条约》是在遵循《巴黎公约》基本原则的基础上，于 1970 年 6 月 19 日在美国首都华盛顿缔结的有关专利申请的国际公约。该公约于 1978 年 6 月 1 日正式生效，并于 1979 年、1984 年和 2001 年经过三次修改。《专利合作条约》只对《巴黎公约》的成员国开放，截至 2019 年 2 月，已有 152 个成员国。《专利合作条约实施细则》于 1970 年 6 月 19 日通过后，历经多次修订，现行有效的是 2018 年 10 月 2 日，2019 年 7 月 1 日施行的版本。

我国于 1993 年 9 月 15 日向世界知识产权组织递交加入书，1994 年 1 月 1 日正式成为《专利合作条约》的成员国。根据中国政府的声明，自 1997 年 7 月 1 日起，《专利合作条约》亦适用于中华人民共和国香港特别行政区。中国国家知识产权局（当时称专利局）同时成为该条约的受理局，并被指定为该条约的国际检索单位和国际初步审查单位。中文也是该条约规定的国际申请程序的工作语言之一。

《专利合作条约》是一个程序性的公约，只对专利申请案的受理和初步审查程序做出某种国际性统一规定。它不涉及专利的批准问题，因此不影响其成员国的专利实体法。但是，参加它的国家应当依照它的原则调整本国的专利申请的程序。

《专利合作条约》除前言、绪则外有 8 章，共 69 条，其主要程序规定在条约的第一章和第二章。第一章规定国际申请的提出、国际检索和国际公布，这是每个成员国都必须批准执行的，并且也是每个国际申请的必经程序。第二章规定国际初步审查，因为考虑到有些成员国可能不愿意接受该章规定，所以规定成员国可以按照本国专利制度的特点决定是否批准。不过，事实上现在所有的成员国都已经接受该章的约束。但是，即使是受条约第二章约束的成员国的国民或居民也可以在国际申请时自愿选择是否利用国际初步审查程序。

1. PCT 国际申请（international application）

（1）申请人。根据《专利合作条约》第 9 条，可以依据条约提交国际专利申请案的人是条约成员国国民或居住在成员国的居民，或者是经过条约成员国大会准许的提交国际申请案的任何《巴黎公约》成员国国民或居民。

根据《专利合作条约实施细则》第 18 条的解释，国民是指具有成员国国籍的人，包括按照某一成员国国内法组成的法人；居民指在成员国有惯常居所的人，包括在某一成员国内有真实有效的工商营业所的法人。关于某一申请人是否如他所称是某一成员国国民或居民的问题，应根据该国的本国法，由受理局决定。如果申请人有两人以上，那么只要其

① WIPO 官方网站为 http：//www. wipo. int/portal/en/。《专利合作条约》的缔约方国别检索链接为：http：//www. wipo. int/pct/en/pct _ contracting _ states. html，《国际承认用于专利程序的微生物保存布达佩斯条约》的缔约方国别检索链接为：http：//www. wipo. int/treaties/en/ShowResults. jsp? lang=en&treaty _ id=7。

中至少有一人有权提出国际申请，就认为申请人全体有权提出国际申请。

(2) 申请的客体范围。《专利合作条约》所称的“专利申请”是一个广义的概念，其含义是指要求保护一项发明的申请，包括请求颁发专利证书、发明人证书、实用证书、实用新型证书、增补专利证书或补充证书、增补发明人证书和增补实用证书等的申请。

《专利合作条约》所指的“专利”包括国家专利和地区专利。前者指成员国主管机关授予的在该国发生效力的专利；后者指一个成员国主管机关授予的在一个以上国家发生效力的专利（如瑞士授予的专利同时也在列支敦士登生效），以及一个由若干成员国组成的政府间当局授予的在一个以上国家发生效力的专利（如欧洲专利局授予的专利）。

(3) 申请文件。根据《专利合作条约》第 3 条（2）规定，国际申请文件应包括：请求书（a request）、说明书（a description）、一项或几项权利要求（one or more claims）、必要时的一幅或几幅附图（one or more drawings where required）和摘要（an abstract）。国际申请应使用规定的语言（中国国家知识产权局要求使用中文或英文），符合规定的形式要求，符合规定的发明单一性要求，并按照规定缴纳费用。

(4) 国际申请的提出。根据《专利合作条约实施细则》第 19.1 条，有权提出国际申请的人可以根据自己的选择，向申请人作为其居民或作为其国民的缔约国国家局，或向国际局，提出国际申请。在提出国际申请之前，如果申请人已经就同一客体向一个《巴黎公约》的缔约国提出过申请，他还可以在请求书中写明要求享受该在先申请的优先权。

中国的单位或个人提交 PCT 国际申请时，应注意下列事项：1）申请人可以委托中国国家知识产权局指定的专利代理机构办理。[①] 2）中国的单位或个人就其在国内完成的发明创造提出 PCT 国际申请的，可先向中国国家知识产权局提出中国专利申请再以此为优先权提出 PCT 国际申请，也可直接提出 PCT 国际申请。3）中国国家知识产权局作为受理局，将对申请人提交的 PCT 国际申请进行国家安全审查。4）国际申请文件应提交到“中国国家知识产权局专利局受理处 PCT 组”。各地方专利代办处不接收 PCT 国际申请，申请人可通过邮寄、面交、传真，或使用 CEPCT 网站、CEPCT 客户端、PCT-SAFE 软件提交电子形式的申请文件。以传真方式提交的，应在传真之日起 14 天内将传真件送到中国国家知识产权局专利局受理处 PCT 组。

(5) 国际申请的效力。国际申请将产生国际申请日。申请人可以在请求书中写明要求一个或多个缔约国受理局（包括跨国专利法所适用的地区）在其国际申请的基础上对发明给予专利保护，这些受理局被称为“指定局”（designated office）。根据《专利合作条约》第 22 条的规定，申请人不一定要在提交申请案时就最终确定指定局，一般可以在自优先权之日起的 20 个月内最终确定。不论指定局有多少个，申请人只需向受理局（receiving office）提交一份国际申请，并缴纳规定的费用。受理局进行形式审查认为国际申请合格后，就应对国际申请授予国际申请日。

被授予国际申请日的国际申请，自国际申请日起在每个指定国内都具有正规的国家申请的效力。这个国际申请日应认为是在每一个指定国的实际申请日。

对形式审查合格的申请案，受理局应复制两份，一份送交“国际申请案登记局”，即

---

① 专利代理机构名录可登录 http：//www.sipo.gov.cn/zldlgl/ 查阅。

世界知识产权组织在日内瓦的国际局，以备登记和作为“国际公布”时的材料；另一份则递交任何一个“国际申请案检索单位”。根据《专利合作条约》成员国大会的决定，瑞典、澳大利亚、美国、奥地利、西班牙、中国、俄罗斯、日本的国家局以及欧洲专利局都是国际申请案的检索局。

2. PCT 国际检索（international search）

每一个符合形式要求的国际申请都应经过国际检索，其目的是从现有的技术中查找是否有与申请专利的发明相同或类似的技术，以衡量国际申请是否具有“新颖性”（novelty）。

国际检索单位应在规定的期限内向国际局和申请人提交国际检索报告（international search report）。国际检索报告列出与国际申请的权利要求有关的现有技术的文件名称，并指出所引用文件与新颖性和创造性相关的程度，但不对发明的价值做出评估。申请人在看了检索报告后，能够对其国际申请在指定国获得专利的可能性有所估计，并据此决定是否值得在这些指定国继续寻求专利保护。

此外，根据《专利合作条约实施细则》第 45 条之二，申请人可以在优先权日起 22 个月期限届满前的任何时候，请求主管的国际检索单位对国际申请进行补充国际检索。该请求可向多个国际检索单位提出。补充检索须缴纳补充检索手续费。补充检索可降低在国家阶段发现新的专利文献和其他技术文献的风险，因为请求补充国际检索能够帮助申请人扩大检索的文献语言和/或技术范围。

3. PCT 国际公布（international publication）

根据《专利合作条约》第 21 条的规定，如果申请人不撤回国际申请，国际局应自优先权日起满 18 个月后将国际申请连同国际检索报告一起加以公布，并将申请案连同检索报告一并复制若干份，转交每一个指定国的国家局。申请人也可以要求提前公布国际申请。国际申请的公布在各国的效力，原则上与指定国的本国法对未经审查的国内申请在国内依法公布所规定的效力相同。

如果申请人在得到国际检索报告后决定进入指定国的国内阶段，他一般应当在自优先权日起第 20 个月届满之前，向他希望得到保护的指定国提交国际申请的译本，并缴纳国内费用。如果没有按期提交译本和缴纳费用，对指定国而言，国际申请被视为撤回。

国际申请在进入指定国的国内阶段后，就由该国的国家局适用其本国法律对国际申请进行处理。

4. 国际初步审查（international preliminary examination）

前文已述，国际初步审查不是国际申请的必经程序，是否利用这一程序，完全由申请人自由选择。实践中，如果申请人在接到国际检索报告并进行研究后，希望其发明获得专利的可能性更大，则申请人往往会选择对其申请进行初步审查。[①] 如果申请人做出这样的选择，国际申请在国际公布后就不立即进入指定国的国内程序。

初步审查要求书必须在国际申请提交国际局后，在自优先权日起 22 个月届满以前，提交国际初步审查单位。要求书应当写明申请人预定在哪些成员国的国家局使用初步审查结果。这些国家局被称为“选定局”（elected office），选定局只能由申请人在国际申

---

① 据统计，现在大约有 80%的国际申请选择进行国际初步审查。

请的指定局中选定，而且选定局所属国也必须是受《专利合作条约》第二章约束的成员国。

国际初步审查单位在对国际申请进行审查后，应当在规定期限内提出国际初步审查报告。国际初步审查报告不具有约束力，其主要针对每项权利要求，就其表面是否符合《专利合作条约》所规定的新颖性、创造性和工业实用性做出说明，供选定国国家局参考。此外，国际初步审查报告还可对申请人的修改是否超出了原始公开范围、公开是否足够以及是否缺乏发明单一性等问题发表意见。

国际初步审查报告提供了更好的基础以供申请人评估获得专利权的可能性，如果报告内容是正面的，申请人即有更充分的依据以继续进行国家和地区国家局程序。是否授予专利权由所进入国家阶段的国家或地区国家局自主决定，国际初步审查报告供这些国家局参考，但对其没有约束力。

申请人在自优先权日起第 28 个月届满之前可以得到一份国际初步审查报告。如果在此之后申请人愿意进入选定国的国内程序，他一般应当在自优先权之日起第 30 个月届满之前向全部或部分选定国提交国际申请的译本，并缴纳国内费用。若申请人没有提供国际申请译本和缴纳国内费用的选定国，他的国际申请的效力即告终结。

5. PCT 国家申请阶段

国家阶段是通过《专利合作条约》多国取得专利权的第二个主要阶段，发生于国际阶段之后。在每一指定局，国际申请具有与国家申请（或地区申请）相同的效力，对发明是否授予保护的决定由指定局做出。

国家阶段仅在申请人实施某些行为时启动，因此在有效期限内提出国家申请对申请人而言十分重要。根据《专利合作条约》第 22 条和第 39 条，申请人应在不迟于自优先权日起 30 个月内，向其申请的指定局提供国际申请的副本、国际申请的译本，并按照该国家的规定缴纳国家阶段的申请费用。

在实践中，发明人在国家阶段提交的国际申请译本会因为翻译水平等问题出现错误，在这种情况下指定局或管辖法院往往会参考涉案专利的 PCT 原始国际申请，给予修正性解释，澄清或修正疑问中的错误表述。这突出地表现在埃斯科公司诉宁波市路坤国际贸易有限公司侵害发明专利权纠纷案[①]中。

案　例

埃斯科公司诉宁波市路坤国际贸易有限公司侵害发明专利权纠纷案

原告 ESCO Corporation（以下简称“埃斯科公司”）于 2002 年 7 月 3 日通过 PCT 程序向中国国家知识产权局提交了名为“耐磨组件及耐磨构件”的发明专利申请，2006 年 9 月 13 日获得专利授权。2015 年 4 月 28 日，埃斯科公司向宁波市中院起诉，指控宁波市路坤国际贸易有限公司（以下简称“路坤公司”）未经许可制造和销售其“耐磨组件及耐磨构件”的发明专利产品。

① 此案例案情来自浙江省宁波市中级人民法院（2015）浙甬知初字第 626 号民事判决书。

原告请求保护的该项发明专利共有 34 项权利要求，法院在审理时发现专利公告文本中的第 20 项权利要求存在明显错误，与专利说明书附图等所标示位置关系存在矛盾，原告补充提交的涉案专利国际申请的外文原文也与专利公告文本中的第 20 项权利要求不同。

宁波市中院认为，结合涉案专利说明书附图以及专利国际申请的外文原文来看，专利公告文本中第 20 项权利要求出现错误是专利申请在进入中国国家阶段过程中一个明显语序翻译错误导致的，故此处对权利要求的解释，不属于权利要求技术内容不清楚时的澄清或者权利要求中的技术特征在理解上存在缺陷时的弥补，而是属于特定情况下对权利要求含义的修正。

《最高人民法院关于审理侵犯专利权纠纷案件应用法律若干问题的解释（二）》第 4 条的规定："权利要求书、说明书及附图中的语法、文字、标点、图形、符号等存有歧义，但本领域普通技术人员通过阅读权利要求书、说明书及附图可以得出唯一理解的，人民法院应当根据该唯一理解予以认定。"本案中，本领域普通技术人员通过阅读专利权利要求书、说明书及附图，以及参考涉案专利 PCT 国际申请时提交的原始说明书，均能得出唯一解释，经比对，被诉侵权技术方案已完全具备涉案专利权利要求记载的全部必要技术特征，落入了涉案专利权的保护范围。据此，宁波市中院做出被告侵权成立的判决。

本案的裁判要旨是：在侵害专利权案件中准确界定专利权的保护范围是给予专利权人恰如其分司法保护所面临的首要问题。对于一些存在明显错误的专利权利要求，法院可以通过合理的解释机制予以修正，在强调权利要求公示价值的同时，避免因权利要求撰写过程中的失误对专利权人科以过重惩罚。当权利要求中的技术特征之间存在矛盾，但本领域普通技术人员通过阅读权利要求书、说明书及附图，以及参考涉案专利 PCT 国际申请时提交的原始说明书，能够对实现要求保护的技术方案得出具体、确定、唯一的解释的，应当根据该解释来澄清或修正权利要求中的错误表述。但是，对于权利要求中错误表述的澄清或者修正，既不得包含超出权利人原始提交的申请内容的客体，也不得超出所授专利权的保护范围。①

《专利合作条约》对于希望在多个国家就同一发明获得专利保护的申请人来说，具有明显的好处，表现在：第一，简化手续、降低费用。申请人可以在本国使用规定的语言(在中国可以使用中文或英语)，按照统一的形式要求，提出一个国际申请。该申请一经提出即在申请指定的国家立即产生国内申请的效力，大大简化了成员国国民在其他成员国范围内申请专利的手续，降低了申请获权的费用。第二，延长了申请人按照《巴黎公约》可以享受的优先权期限。如果采用逐一国家申请程序，最迟自首次申请日（优先权日）起 12 个月，就必须进入外国的专利申请程序。但是按照 PCT 提出一个国际申请获得国际申请日后，可以延迟到自优先权日起 30 个月才进入外国的专利申请程序，这就比逐一国家申请程序多了 18 个月的时间以考虑是否进入外国的程序。第三，申请人有更充分的评估机会。在进入国家阶段之前，申请人可以通过国际检索报告和国际初步审查报告判断该申请

---

① 最高人民法院知识产权审判庭．中国知识产权指导案例评注：中国法院知识产权司法保护 10 大案件和 50 件典型案例全文及评述：第 9 辑．北京：中国法制出版社，2018：141.

在各国申请的前景，从而决定是否进入国家阶段。

《专利合作条约》除了有益于申请人，对各国国家局也有益处，可以减轻部分成员国专利审查的工作量，同时也使缺乏审查能力的国家能够满足实质性审查的要求。

当然，《专利合作条约》只是本质上简化了多国申请专利权的手续，最终能否在各国获得专利权还是要依各国国内法而定。

总　结

通过 PCT 多国取得专利权的流程图

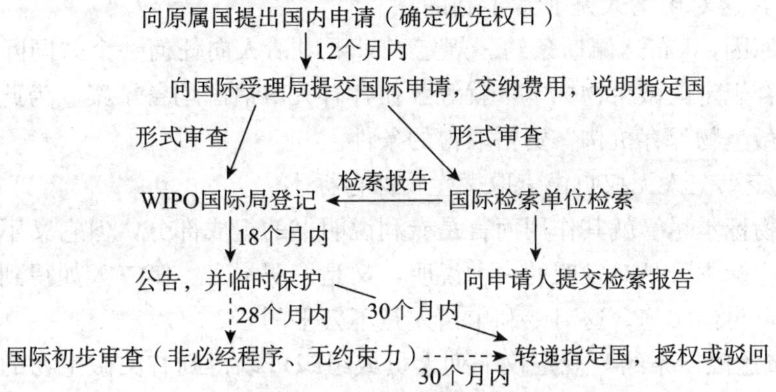

（注：所有时间均从优先权日起算）

(四)《国际承认用于专利程序的微生物保存布达佩斯条约》

作为自然界中物质转化和循环的一个重要环节，微生物在农业（如细菌肥料、发酵饲料等）、医药工业（如抗菌药物、疫苗等）、酿造工业、食品工业及石油工业（如探矿等）等方面，有广泛的意义和作用。

在绝大多数国家，无论是微生物使用方法发明还是微生物新品种发明，都是专利保护的客体。为了便于发明者在多国就同一微生物发明申请专利，1977 年通过了《国际承认用于专利程序的微生物保存布达佩斯条约》。该条约只对《巴黎公约》的成员国开放，截至 2019 年 2 月，其缔约国总数为 81 个。中国于 1995 年 7 月 1 日加入该条约，并且已有两个机构取得国际微生物保存机构的资格。[①]《布达佩斯条约》主要解决以下两个方面的问题：

1. 解决微生物发明多国申请专利的样品提交问题

由于专利技术实质是公开技术，因此各国专利法都要求专利申请人必须在申请案的说明书中对其发明做出清楚、完整的说明，以使同一技术领域的普通专业人员能够按照说明书去实施发明。在一般情况下，说明书由文字和附图组成，但当发明涉及微生物新品种时，文字和附图往往都说明不了问题，而必须有活的微生物标本才行，因此凡授予

① 这两个机构分别是设在北京的中国普通微生物菌种保藏管理中心（英文缩写为 CGMCC）和设在武汉的中国典型培养物保藏中心（英文缩写为 CCTCC）。

微生物品种专利的国家均有交存样品的规定（如我国《专利法实施细则》第25条）和保存样品的专门机构。如果申请人想要在多国就其发明的微生物新品种申请专利，就必须将活标本提交每一申请国的专门机构备案，而这至少会遇到几个难题：第一，如果距离申请国路途遥远，微生物标本在途中很难存活；第二，可能会遇到进出口限制；第三，各国对微生物标本的质量和形式要求不一，申请人可能经过千辛万苦送达了活标本却因质量和形式问题不被申请国主管机关认可；第四，微生物标本的作用在各国均被等同于专利申请案中的附图，而多数国家规定，在附图未提交到申请国主管机关之前，申请人不能确立自己的优先权日，由于微生物进出口的限制等，标本往往会迟于申请案到达，那么如果申请案提交的那个国家是申请人选择的第一个申请国，就必然会推迟申请人的优先权日，这对申请人是非常不利的。

鉴于上述原因，《布达佩斯条约》规定：只要申请人向任何一个“国际微生物保存机构”提交了符合规定的微生物标本，就等于在各有关申请国均备了案。为此，公约详细地规定了“国际微生物保存机构”资格取得的条件。

2. 特别规定第三人无权自由索取微生物保存标本

因为微生物标本尽管就其作用而言是专利说明书的组成部分，但它又不同于一般的专利文献，微生物标本既是对发明的一种说明，又是发明本身。第三人如得到，不需要任何特别努力，就可付诸实施。这对专利申请人是不公平的。

因此，《布达佩斯条约》规定仅下列人员或组织可以得到有关微生物的保存标本：提交保存人或者他授权的人；条约缔约国的工业产权局，如果为了进行有关专利程序需要该微生物；第三人，如果缔约国工业产权局根据法律证明他有权得到微生物样品。

二、专利权的跨国受让取得

跨国受让取得就是指通过转让的方式获得他人拥有的专利权或专利申请权。

TRIPS协定第28条第2款规定，专利所有者还应有权转让其专利。该条款从国际条约的层面明确了专利权具有可转让性，但并未明确专利权转让的条件。因此，专利权转让的条件问题属于各个成员可自主立法的范围。我国《专利法》第10条第3款规定：“转让专利申请权或者专利权的，当事人应当订立书面合同，并向国务院专利行政部门登记，由国务院专利行政部门予以公告。专利申请权或者专利权的转让自登记之日起生效。”因此，专利申请权或者专利权的转让只有经过国务院专利行政部门登记并公告之后才能生效，仅签订转让合同还不能产生专利申请权或者专利权转让的法律效力。

第四节 国际专利分类

各国都规定在为专利和外观设计提供权利保护之前，进行专利和外观设计的新颖性检索是必经程序，而当一个专利或外观设计想要在多国获得保护时，如果各国没有科学统一的分类法，有关的检索几乎是不可能的。因此，在为专利和外观设计提供国际保护的公约中，还有一类是关于建立专利和外观设计客体分类的专门协定，即《国际专利分类斯特拉斯堡协定》和《建立工业品外观设计国际分类洛迦诺协定》。这两个专门协定中国都已加入。

一、《国际专利分类斯特拉斯堡协定》

新颖性检索是专利获权的必经程序，而对各国的专利主管部门来说，为了实现检索，就必须对“现有技术”进行收集和分类。但是，长期以来，由于各国都使用自己的专利分类法，因此在对“现有技术”进行查找、收集和再分类时，各国都感到困难重重。为了解决这个问题，1954 年，荷兰、法国、英国、联邦德国等几个西欧国家在欧洲委员会的主持下，缔结了《发明专利国际分类欧洲公约》，这个公约所确定的专利国际分类法，经过几次修改，直到 1968 年才生效。然而，公约虽然规定其他国家也可以参加，但限制欧洲委员会成员国以外的国家参加对专利国际分类法的修改，所以其成员国一直很少。

为了重新制定一个不加任何限制的公约，世界知识产权组织的前身，即保护知识产权联合国际局着手准备一个世界性的统一专利分类法。1971 年，在法国召开的《巴黎公约》成员国外交大会上，终于缔结了以《发明专利国际分类欧洲公约》为基础的《国际专利分类斯特拉斯堡协定》(简称《专利分类协定》)，这个协定于 1975 年生效。协定中所规定的专利分类法，按照科学技术的发展和新技术领域的增加，每隔 5 年修订一次，目前使用的是 2001 年 1 月 1 日起生效的第七次修订本。协定只对《巴黎公约》的成员国开放，截至 2019 年 2 月，《专利分类协定》缔约国总数为 62 个，但事实上还有更多的国家专利局、地区专利局和世界知识产权组织的国际局采用此专利分类法。中国自 1985 年 4 月 1 日《专利法》施行起，即将协定中的国际专利分类法适用于发明专利和实用新型专利。为了能够参与该分类法修订的讨论，中国已于 1997 年 6 月 19 日正式加入该协定。

按照协定建立起来的专利分类法分为英文、法文两种版本，由 9 卷组成。第 9 卷是使用指南，指导人们如何使用专利分类法并指出专利分类法的作用。其余 8 卷把全部技术分为 8 个部、20 个分部、118 个大类、617 个小类和大约 69 000 个组，组下面还按不同情况分为小组。每个组都有一个由阿拉伯数字和拉丁字母组成的分类号。

按照《专利分类协定》第 4 条的规定，缔约国主管机关应将有关发明的完整分类号标明在该机关所颁发的专利证书、发明人证书、实用新型、实用证书及其有关的申请文件上，不论是公布的还是仅供公众查阅的，还应标明在官方期刊发表的关于上述文件的公布或供公众查阅的有关通知上。分类号前面应标明国际专利分类法的英文字头缩略语“IPC”，并应在其右上角标明一个阿拉伯数字，以表示其所根据的分类法的版次。

此外，协定规定，缔约国有权将国际专利分类法作为主要的分类系统，或者作为辅助的分类系统。这也就是说，缔约国可以保留其原有的分类制度，而将国际专利分类法作为辅助的分类制度。但事实上实行这种双轨制度的国家是很少的。

二、《建立工业品外观设计国际分类洛迦诺协定》

对工业品外观设计进行统一的国际分类与建立国际专利分类相同，都是为了便于各国审查时的新颖性检索以及国际间的合作与交流。《建立工业品外观设计国际分类洛迦诺协定》(简称《洛迦诺协定》) 于 1968 年由《巴黎公约》成员国大会在瑞士的洛迦诺缔结，于1971年生效，1979年小有修改。其只对《巴黎公约》的成员国开放，截至2019年2月，《洛迦诺协定》缔约国总数为56个。中国于1985年4月1日起，就将《洛迦诺协定》规定的国际分类法适用于外观设计的分类。为了便于参加该分类法修改的讨论，中国于1996年9月19日正式加入该协定。

工业品外观设计的分类法不是对外观设计本身的分类，而是对使用这种外观设计的商品进行的分类。根据《洛迦诺协定》建立起来的工业品外观设计国际分类法分为英文和法文两种版本，目前有效的都是第7版，其内容包括：第一，大类和小类清单，该分类法共列入32个大类，每一大类有数目不等的小类，共有233小类；第二，按字母顺序排列的使用外观设计的商品清单，并标明每种商品所属的大类和小类，表中共列出了6 600种不同的商品；第三，解释性说明。

为了便于使用上述国际分类法，世界知识产权组织国际局还根据上述两个清单，制定了一个按大类和小类依次排列的使用外观设计的商品清单。

《洛迦诺协定》对缔约国使用国际分类法的义务做出了与《专利分类协定》类似的规定，即缔约国主管机关必须在记载外观设计保存或注册的官方文件上，以及在正式公布这些文件时在有关刊物上，标明使用外观设计的商品所属的国际分类法的大类和小类号码。不过，各缔约国保留将国际分类法作为主要的分类体系或辅助的分类体系的自由。

【重要术语提示与中英文对照】

序号	中文术语	英文对照
1	工业产权	industrial property
2	国民待遇	national treatment
3	优先权	right of priority
4	临时性保护	temporary protection
5	专利、商标的独立性	independence of patents and trademark
6	最惠国待遇	most-favoured-nation treatment，MFN
7	强制许可	compulsory licenses
8	工业品外观设计	industrial design
9	国际申请	international application
10	国际检索	international search
11	国际公布	international publication
12	国际初步审查	international preliminary examination

【思考题】

1. 工业产权国际保护的基本原则有哪些？
2. 《巴黎公约》的优先权原则有什么作用？多国优先权和部分优先权各是什么含义？
3. TRIPS协定的最惠国待遇原则在工业产权领域有哪些例外？

4.《巴黎公约》和 TRIPS 协定在专利强制许可方面的规定有何不同?

5. TRIPS 协定规定方法发明专利举证责任倒置的原因何在?

6. 简述通过《专利合作条约》申请获得多国专利权的流程。

7. 专利分类公约都有哪些?这些公约的作用何在?

【经典参考文献】

1. 博登浩森. 保护工业产权巴黎公约解说. 北京:专利文献出版社,1984.

2. 弗雷德里克·M. 阿伯特,托马斯·科蒂尔,弗朗西斯·高锐. 世界经济一体化进程中的国际知识产权法:第二版:上册. 北京:商务印书馆,2014:223-438.

3. 唐广良,董炳和. 知识产权的国际保护. 北京:知识产权出版社,2006.

4. 张平,刘朝. WTO/TRIPS 知识产权争端成案及对策. 北京:法律出版社,2016:83-102.

5. 叶建川,王鸿,姚兵兵. 知识产权国际保护. 北京:知识产权出版社,2017.

6. 奚晓明. 法官评述 100 个影响中国的知识产权经典案例. 北京:知识产权出版社,2010.

第三章 商标权和其他商业标志的国际保护

本章教学目的与要求

理解《巴黎公约》和 TRIPS 协定对商标权保护的各项具体要求，掌握通过《马德里协定》多国取得商标权的程序，了解商品和服务分类公约的作用。理解地理标志的含义和作用，了解 TRIPS 协定对地理标志保护的基本要求。了解网络域名的作用及其知识产权属性的体现，以及域名和商标权冲突及解决途径。

第一节 商标权的国际保护

一、商标权实体性保护的共同规则

商标是国际知识产权公约保护的另一项重要的工业产权，本书第二章第一节述及的“工业产权国际保护的基本原则”既适用于专利，也适用于商标，因此本章对商标权保护的基本原则不再赘述，仅就相关公约对商标权保护的最低要求予以介绍。

(一)《保护工业产权巴黎公约》的保护水平

1. 驰名商标（well-known trademark）的特殊保护

（1）驰名商标的定义和特点。驰名商标一词最早由《巴黎公约》在 1925 年第三次修订时提出，但《巴黎公约》对驰名商标的定义及认定标准并未规定。TRIPS 协定第 16 条第 2 款明确：“确认某商标是否驰名，应当考虑相关公众对其的知晓程度，包括在有关地域内因宣传该商标而使公众知晓的程度。”由此，可以将驰名商标定义为：经过长期使用或大量商业推广与宣传，在市场上享有很高的知名度并为相关公众所熟知的商标。

和普通商标相比，驰名商标具有两个显著特点：第一，具有较强的识别功能。驰名商标通常使用时间较长并且为相关公众所熟知，因此它所产生的“认牌购物”的功能比普通商标强许多。第二，它所代表的商品或服务的质量优良、恒定。对商标所有者来说，如果其拥有的商标被认定为驰名商标，那么就意味着其商品或服务具有广泛占有市场的能力和强大的创利能力。驰名商标作为无形财产本身具有的价值一方面为其合法拥有者带来巨大的商业利润，但另一方面也使一些投机取巧之徒产生“搭便车”心理，因此冒用驰名商标以及利用驰名商标进行的种种不正当竞争行为随之产生，这极大地损害了驰名商标合法持有人的利益。

（2）《巴黎公约》对驰名商标的保护水平。由于驰名商标的功能特殊，《巴黎公约》要求成员国为驰名商标提供不同于普通商标的特殊保护。根据《巴黎公约》第6条之二，成员国应依职权或依有关当事人的请求，对商标注册国或使用国主管机关认为在该国已经属于有权享有公约利益的人所有而驰名，并且用于相同或类似商品的商标构成复制、仿制或翻译，易产生混淆的商标，拒绝或取消注册，并禁止使用。这些规定，在商标的主要部分构成对上述驰名商标的复制或仿制，易产生混淆时，也应适用。自注册之日起至少5年内，应允许提出取消这种商标的要求，允许提出禁止使用的期限可由各成员国规定。对以恶意手段取得注册或使用的商标提出取消注册或禁止使用的请求的，不应规定时间限制。

根据《巴黎公约》的上述规定，驰名商标享有的特殊保护包括以下三个方面的内容：第一，驰名商标的认定不以注册为前提，使用亦可成为认定的依据；第二，驰名商标所有人享有请求驳回注册申请权、请求取消注册权和请求禁止使用权，其中请求取消注册权的时效期不应少于自注册之日起5年，对以恶意手段取得注册或使用的商标提出取消注册或禁止使用的请求的，不应规定时间限制；第三，驰名商标所有人请求禁止的对象包括他人在同种或同类商品上使用或注册对驰名商标的复制、模仿或翻译（包括音译和意译）。

在我国，**美国菲利普·莫里斯产品公司诉中国重庆市大足餐巾纸厂驰名商标侵权案**[①]就是一起典型的适用《巴黎公约》为驰名商标提供特殊保护的案例。

案　例

美国菲利普·莫里斯产品公司诉中国重庆市大足餐巾纸厂驰名商标侵权案

1995年7月，美国菲利普·莫里斯产品公司（US Philip Morris Product U. S. A.）委托一名中国代理人就重庆市大足餐巾纸厂（Yilaoyangwu Deluxe Tissues Mill）（以下简称“纸厂”）侵犯其注册商标“Marlboro”（万宝路）一事向重庆市工商行政管理局提出了相关请求。这家美国公司认为中国纸厂侵犯了其注册商标“Marlboro”的专用权，要求重庆市工商行政管理局对此事展开调查，并做出相关的处理。重庆市工商行政管理局受理了此案，通过调查发现，纸厂用来包装其生产的餐巾纸的印有“Marlboro”字样的塑料袋是由重庆市大足镇塑料彩色印刷厂（以下简称“印刷厂”）按照其于1994年4月与纸厂达成的口头协议生产的。

重庆市工商行政管理局首先认定“Marlboro”是美国菲利普·莫里斯产品公司注册并在其生产的卷烟商品上使用的驰名商标，由于中美都是《保护工业产权巴黎公约》的缔约国，根据《巴黎公约》对驰名商标特殊保护的相关规定，大足餐巾纸厂在其生产产品的包装袋上印制与“Marlboro”商标相同或相似的商标的行为构成商标侵权，印刷厂未经商标注册权人许可，将注册商标“Marlboro”印制在塑料袋上的行为也违反了商标法的不得“伪造、擅自制造他人注册商标标识或者销售伪造、擅自制造的注册商标标识的”规定。

本案裁判要旨是：本案中的“Marlboro”商标是美国菲利普·莫里斯产品公司使用在其卷烟商品上的注册商标，经过商标所有人广泛的宣传及长期的使用，在中国享有较高的

---

① 国家工商行政管理局商标局. 商标侵权典型案例评析. 北京：工商出版社，1999：211-214.

声誉并已为消费者熟知，国家工商行政管理局商标局因此认定该商标为驰名商标。本案发生在1995年，当时我国国内法尚未对驰名商标的扩大保护做出明确的规定，因此处理该案件主要依据的是《巴黎公约》的基本原则以及行政法行政适当的基本原则。本案中纸厂将“Marlboro”商标用于其生产的餐巾纸商品包装，暗示其产品与“Marlboro”商标有联系，从而损害了“Marlboro”商标权人的权益。重庆市工商行政管理局受理本案及相关后续处理均符合法律规定。

对于《巴黎公约》有关驰名商标特殊保护的规定，不同国家的学者及评论家有着不同的认识和评价。但总的来说，这些不同的认识和评价可被归纳为两种：一种观点认为，《巴黎公约》第6条之二属于例外规定，其为驰名商标设定了优于普通商标的特殊权利，因而可称其为“特权”；另一种观点则认为，《巴黎公约》第6条之二并非例外规定，其所设定的也不是“特权”，而是为商标权的产生规定了除注册和使用以外的另外一种渊源，即“名气”。

不论学者和评论家的观点如何，毋庸置疑的是，《巴黎公约》第6条之二已经确立了一种特殊的商标保护制度。与一般商标保护制度相比较，这种特殊保护制度的突出特点表现为：第一，在一定程度上打破了知识产权保护严格的“地域性”限制，突破了公约本身确立的“独立保护”原则，开创了商标“跨国保护”的先河。这表现为《巴黎公约》各成员国一经请求，一般都给予其他国家（商标注册国或使用国）主管部门认定的驰名商标以特别保护，有关的商标是否已经在被请求国注册，甚至有关的商标是否在被请求国使用过都无关紧要。第二，不考虑各国商标法与商标制度之间的差异，要求各成员国在驰名商标保护领域实施相同的保护制度，即成员国必须按照公约规定的方式和标准保护驰名商标。

我国自1985年加入《巴黎公约》后，就开始在司法实践中积极保护驰名商标。1996年8月14日，国家工商行政管理局还特别颁布《驰名商标认定和管理暂行规定》(以下简称《暂行规定》)，首次通过立法对驰名商标提供特殊的保护。2001年10月27日的商标法修正案在总结《暂行规定》适用经验的基础上，专门增加了第13条和第14条的规定，将驰名商标的特殊保护上升到法律保护的高度。

2. 关于国徽、官方检验印章和政府间组织徽记的禁令（prohibitions concerning state emblems，official hallmarks，and emblems of intergovernmental organizations）

《巴黎公约》第6条之三要求成员国有义务拒绝将成员国的国徽、国旗和国家的其他徽记、各该国用以表明监督和保证的官方符号和检验印章以及从徽章学的观点看来的任何仿制用作商标或商标的组成部分予以注册，或使这种注册无效，并采取适当措施禁止使用。这些规定也适用于成员国参加的政府间组织的徽章、旗帜、其他徽记、缩写和名称。

为了实施上述规定，《巴黎公约》还规定，各成员国应将其希望完全或在一定限度内受公约保护的国家徽记与表明监督和保证的官方符号和检验印章的清单，以及以后对该项清单的一切修改，经由国际局相互通知。

3. 商标的转让（assignment of marks）

《巴黎公约》第6条之四规定：当依成员国法律，商标转让只有在与其所属商行或商誉同时转让方为有效时，如该商行或商誉坐落在该国的部分连同在该国制造或销售标有被转让商标的商品的专有权一起转让予受让人，即足以承认其转让有效。但是，如果受让人使用该商标事实上会引起公众对带有该商标的商品原产地、性质或重要品质等发生误解时，上述规定并不强使成员国承认该项商标转让为有效。

有关商标转让的规定各国法律差异很大；许多国家的法律允许转让商标而无须同时或一起转让商标所属的企业；也有少数国家的法律规定，商标转让是否有效须视该企业是否同时或一起转让而定；有些国家甚至把企业同时转让的要求解释为必须是企业的全部转让，即使企业的有些部分坐落在拟转让商标所属部分企业所在国以外的国家。基于这两种截然相反的规定，《巴黎公约》协调的结果是：各成员国可以自由要求转让商标是否必须同时转让商标所属的企业，但此项要求不适用于该企业坐落在其他国家的部分，除非受让人使用该商标事实上会引起公众的误解，比如一个商标的转让仅仅限于使用该商标的一部分商品，并且这些商品与其他商标没有转让的商品近似。

各国关于商标转让有三种不同的要求：（1）允许转让商标而无须同时转让商标所属的企业；（2）转让商标的同时必须转让该商标所属的境内外全部企业；（3）转让商标的同时必须转让该商标所属的位于本国境内的企业。举例说明：乙国是采用上述第（2）种规定的国家，甲国A公司在乙国设有B子公司，A、B公司分别为“老鹰”商标在甲国和乙国的商标权人，若B公司要转让其在乙国注册的“老鹰”商标给丙国C公司，因甲乙丙国都是《巴黎公约》的缔约国，乙国只能要求“老鹰”商标连同乙国的B公司一并转让，无权要求再一并转让甲国的A公司。

4. 未经商标权人同意而以代理人或代表人名义进行的注册（registration in the name of the agent or representative of the proprietor without the latter's authorization）

为保护外国商标所有人的利益，防止其代理人或代表人在任何国家（主要是代理人或代表人的本国）可能的滥用，《巴黎公约》第6条之七特别规定：如果成员国一个商标所有人的代理人或代表人，未经授权以自己的名义向一个或几个成员国申请注册该商标，商标所有人有权反对所申请的注册或要求取消注册，或者，如果该国法律允许，可以要求将该注册转让给自己，除非该代理人或代表人能证明其行为是正当的。此外，不论商标是否已提出申请或批准注册，商标所有人如果没有授权使用，他也有权反对其代理人或代表人使用其商标。成员国立法可以规定商标所有人行使上述权利的合理期限。

为符合《巴黎公约》的上述要求，我国2001年10月27日修正的《商标法》专门增加一条，作为第15条：“未经授权，代理人或者代表人以自己的名义将被代理人或者被代表人的商标进行注册，被代理人或者被代表人提出异议的，不予注册并禁止使用。”

5. 商品的性质和商标注册（nature of the goods to which the mark is applied）

根据《巴黎公约》第7条，使用商标的商品的性质绝不应成为该商标注册的障碍。这一规定在一定程度上可以和本书第二章提到的不得以申请专利的产品的销售受到禁止或限制为理由而拒绝授予专利权相比照。这两条规定的目的都在于使工业产权的保护不以这种保护所适用的商品在给予保护的国家是否可以自由销售为转移，即要求将知识产权保护和贸易保护分开来考虑。

6. 保护集体商标（collective marks）的义务

所谓集体商标，是指以团体、协会或者其他组织名义注册，供该组织成员在商事活动中使用，以表明使用者在该组织中的成员资格的标志。

《巴黎公约》第 7 条之二规定：如果社团的存在不违反其本国的法律，即使该社团没有工商营业所，各成员国也有义务按照自己规定的特别条件，接受该社团的申请，保护其所有的集体商标。各国自己规定的特别条件可以既适用于本国的集体商标，又适用于外国的集体商标。保护集体商标的条件可以涉及请求保护的社团的性质，也可以涉及集体商标本身的性质以及社团对正确使用该商标所提供的保证。成员国有禁止集体商标转让的自由，如果集体商标违反公共利益，成员国可以拒绝给予保护。

该条规定适用于属于社团的集体商标。此处所说的社团通常指某一国家或地区内具有共同属性或共同质量的产品的制造商或销售商所组成的团体。国家或其他公共团体的集体标记不适用该条的规定。各国对集体商标所下的定义不尽相同，但一般说来，集体商标不是用于把一个企业的商品或服务与其他企业的商品或服务区别开来的标记，而是用来标示在标记所有人监督下使用集体商标的各个企业的商品原产地或服务来源地或其他共同属性的标记。这些商标包含着质量的某种要求。①

我国对集体商标的注册保护始于 1993 年 7 月 15 日《商标法实施细则》第二次修订时②，为了进一步强化对集体商标的法律保护，2001 年 10 月 27 日修订的《商标法》在第三条专门增加了关于集体商标、证明商标这些特殊功能商标的内容，并且为集体商标下了一个非常明确的定义，规定："本法所称集体商标，是指以团体、协会或者其他组织名义注册，供该组织成员在商事活动中使用，以表明使用者在该组织中的成员资格的标志。"

7. 关于服务标记（service marks）

根据《巴黎公约》第 6 条之六的规定，成员国有保护服务标记的义务，但不要求各国对服务标记的注册做出规定。《巴黎公约》没有说明应如何保护服务标记，因此，成员国采用的保护方法可以不同于商标，例如可以用反不正当竞争法来保护服务标记，也可以用与商标保护完全相同的注册保护方法来为服务标记提供保护。

事实上，多数国家采用的是后一种方法。我国在 1993 年 2 月 22 日《商标法》第一次修订时将商标保护扩大及于服务标记以后，为服务标记提供的保护与商品商标完全相同。

（二）TRIPS 协定的保护水平

TRIPS 协定在其第二部分第 2 节做出了许多关于成员对商标保护最低标准的具体规定，其中多数规定是对《巴黎公约》相关内容的重申，但在以下几个方面提高了对商标权的保护水平。

1. 对驰名商标的特殊保护

TRIPS 协定对驰名商标的特殊保护体现在第 16 条第 2 款和第 3 款，主要内容如下。

（1）提高对驰名商标的保护水平。与《巴黎公约》相比，TRIPS 协定在客体范围和权利范围两方面提高了对驰名商标的保护水平，具体表现在两个方面：一方面，规定《巴黎公约》第 6 条之二关于驰名商标的保护原则上可以扩大适用于服务标记；另一方面，将

---

① 博登浩森. 保护工业产权巴黎公约解说. 北京：专利文献出版社，1984：119.

② 1993 年 7 月 15 日修订的《商标法实施细则》第 6 条第 1 款规定："依照《商标法》第三条规定，经商标局核准注册的集体商标、证明商标，受法律保护。"

《巴黎公约》确定的“相对保护”（comparatively protection）[①] 扩大为“绝对保护”（absolutely protection），即驰名商标特殊保护的规定还应比照适用于与该商标注册的商品或服务不相类似的商品或服务。

（2）明确驰名商标的认定标准。根据《巴黎公约》，一个商标是否驰名应由有关国家的主管机关认定，至于认定的标准如何公约却没有说明。作为对《巴黎公约》的补充，TRIPS 协定规定：“确定某商标是否系驰名商标，应顾及有关公众对其知晓程度，包括在该成员地域内因宣传该商标而使公众知晓的程度。”这个规定使有关主管机关在认定驰名商标时大体上有了一个可以遵循的标准。

我国最早涉及驰名商标保护的法律法规是《驰名商标认定和管理暂行规定》。在总结《暂行规定》适用经验和充分考虑 TRIPS 协定要求的基础上，2001 年的商标法修正案专门增加了第 13 条和第 14 条，规定驰名商标认定和保护。2013 年再次修正的《商标法》、2014 年 8 月 3 日生效的《驰名商标认定和保护规定》以及最高人民法院的相关司法解释将这些规定进一步地细化。

《商标法》第 14 条具体规定了驰名商标的 5 项认定标准：1）相关公众对该商标的知晓程度；2）该商标使用的持续时间；3）该商标的任何宣传工作的持续时间、程度和地理范围；4）该商标作为驰名商标受保护的记录；5）该商标驰名的其他因素。认定驰名商标时要综合考虑上述各个因素，不以必须满足全部条件为前提。

我国《商标法》第 13 条和相关司法解释则规定了驰名商标特殊保护的内容：1）对未注册驰名商标提供相对保护。就相同或者类似商品申请注册的商标是复制、模仿或者翻译他人未在中国注册的驰名商标，容易导致混淆的，不予注册并禁止使用。2）对已注册驰名商标提供绝对保护。就不相同或者不相类似商品申请注册的商标是复制、模仿或者翻译他人已经在中国注册的驰名商标，误导公众，致使该驰名商标注册人的利益可能受到损害的，不予注册并禁止使用。3）对已注册的驰名商标防止其被淡化。《最高人民法院关于审理涉及驰名商标保护的民事纠纷案件应用法律若干问题的解释》第 9 条第 2 款规定：“足以使相关公众认为被诉商标与驰名商标具有相当程度的联系，而减弱驰名商标的显著性、贬损驰名商标的市场声誉，或者不正当利用驰名商标的市场声誉的，属于《商标法》第 13 条第 2 款规定的‘误导公众，致使该驰名商标注册人的利益可能受到损害’。”4）对恶意注册驰名商标的行为请求撤销不受争议期限限制。我国《商标法》第 45 条承认了驰名商标具有较高商誉，将获得比普通商标更高程度的保护，恶意抢注人是无法依靠争议期限的限制将驰名商标据为己有的。

“谷歌中国”诉“北京谷歌”使用他人驰名商标的中文译名作为企业名称案[②]就是适用我国驰名商标“反淡化”规定的典型案例。

---

① 根据《巴黎公约》，驰名商标所有人有权请求禁止的对象仅仅包括他人在同种或同类商品上使用或注册对驰名商标的复制、模仿或翻译。

② 此案例案情来自北京市第一中级人民法院（2009）一中民终字第 4477 号民事判决书。

案 例

“谷歌中国”诉“北京谷歌”使用他人驰名商标的中文译名作为企业名称案

美国GOOGLE INC.（以下简称“美国GOOGLE”）是全球著名网络搜索引擎服务的商事公司，于2000年在中国注册了用于互联网信息服务的“GOOGLE”商标，2006年4月12日，美国GOOGLE正式公开发布其全球正式中文名称为“谷歌”。谷歌信息技术（中国）有限公司（以下简称“谷歌中国”）是美国GOOGLE的中国子公司，也是中国“GOOGLE”和“谷歌”商标的合法被许可使用人。

北京谷歌科技有限公司（以下简称“北京谷歌”）成立于2006年4月19日，经营网站搜索业务。2007年6月29日，谷歌中国的工作人员进入北京谷歌所经营的搜索网站，发现该页面显示有“GOOGLE”字样，并且该网站与谷歌中国网站页面在图案、颜色、字体方面颇为近似。2008年，谷歌中国以北京谷歌的行为违反了诚实信用原则和公认的商业道德，注册企业名称的行为侵犯了“GOOGLE”的商标权为由，诉至北京市海淀区人民法院，海淀区人民法院做出有利于原告的判决，北京谷歌不服，上诉至北京市第一中级人民法院。

二审法院经审查认定，一审判决事实基本清楚，判决结论正确，依法应予维持。

本案的裁判要旨是：“GOOGLE”商标为驰名商标，美国GOOGLE和谷歌中国对“GOOGLE”享有驰名商标权和翻译名称权，且该翻译名称“谷歌”根据在先受理原则享有了企业字号的合法权利，北京谷歌在企业名称中擅自使用“谷歌”的行为既存在主观上的故意，也造成了相关公众混淆误认的后果，侵犯了美国GOOGLE和谷歌中国对“GOOGLE”的商标意义上的翻译名称权和“谷歌”已被核准为企业字号的企业名称权，违反了公平、诚实信用原则和公认的商业道德，构成不正当竞争。[①]

2. 关于商标的注册

TRIPS协定在第15条“可保护的客体”（protectable subject matter）下，就商标的定义和有关注册的几个问题做了如下规定。

（1）商标的构成。根据TRIPS协定第15条第1款，任何能够将一企业的商品或服务与其他企业的商品或服务区分开的标记或标记的组合，包括人名、文字、字母、数字、图形要素、色彩的组合以及上述内容的组合，均应能够构成商标。同时允许成员将“标记应系视觉系统可感知”作为商标的构成要件，即允许成员将“气味商标”和“音响商标”排除在注册保护之外。

从TRIPS协定第15条第1款的规定可以看出三点：其一是商标的构成必须具有显著性，包括该商标本身必须具有显著性，或者有的标记虽然本来不能区分有关商品或服务，但通过使用获得了显著性。例如某些以地名作为商标的，其本身不具有显著性，但由于长期使用使该地名具有了“第二特征”，则也具有可注册性。其二是TRIPS协定对商标保护的种类大于《巴黎公约》规定的种类，服务商标也是成员必须保护的客体。其三是成员可

---

① 韩赤风，李树建，张德双，等. 中外知识产权法经典案例评析. 北京：法律出版社，2011：129－143.

将“标记应系视觉系统可感知”作为构成要件。

在商标构成这个问题上，我国商标法经历了三个阶段变化：第一阶段是 2001 年 12 月 1 日之前，那时的商标法要求商标只能由“文字、图形或者其组合”构成。第二阶段是 2001 年 12 月 1 日到 2014 年 5 月 1 日，商标构成的表述为：“任何能够将自然人、法人或者其他组织的商品与他人的商品区别开的可视性标志，包括文字、图形、字母、数字、三维标志和颜色组合，以及上述要素的组合，均可以作为商标申请注册。”“可视性标志”的提法就是对 TRIPS 协定相关规定的呼应，和以前的商标构成相比主要是增加了立体商标，例如意大利知名巧克力商标“费列罗”就是在我国获准注册的立体商标，商标构成包括其特有的金色球状纸质包装、贴有椭圆形的金边标签，以及透明的塑料材质的外盒等。第三阶段是 2014 年 5 月 1 日至今，商标构成的表述为：“任何能够将自然人、法人或者其他组织的商品与他人的商品区别开的标志，包括文字、图形、字母、数字、三维标志、颜色组合和声音等，以及上述要素的组合”。这其实就是将“可视性标志”进一步扩大为“可感知标志”，进一步增加了“声音商标”“气味商标”等虽然不具有“可视性”，但具有“可感知性”的商标。例如，2016 年 5 月 14 日，国家商标局核准注册的“中国国际广播电台节目开始曲”成为我国首例被注册的声音商标。

（2）可以拒绝注册的理由。TRIPS 协定第 15 条第 2 款规定：“第 1 款不得理解为阻止一成员以其他理由拒绝商标的注册，只要这些理由不背离《巴黎公约》（1967）的规定。”关于拒绝注册的理由，TRIPS 协定重申了《巴黎公约》第 6 条之五列举的三点理由，即构成对他人在先权利侵犯的、不具有显著性的以及违反道德或公共秩序的。与 TRIPS 协定第 15 条第 1 款联系起来理解就是：凡符合 TRIPS 协定第 15 条第 1 款规定的构成要件的商标，只要不存在《巴黎公约》第 6 条之五列举的三种情况，都应当给予注册。

（3）不应以使用作为提出申请或作为注册的条件。TRIPS 协定第 15 条第 3 款规定：“各成员可以将使用作为注册条件。但是，一商标的实际使用不得作为接受申请的一项条件。不得仅以自申请日起 3 年期满后商标未按原意使用为由拒绝该申请。”该款规定意味着成员可以将商标的使用作为可注册的依据，但不得将商标的使用作为提交注册申请的条件，且自申请之日起 3 年内没有使用不能成为驳回申请的理由。

但是，TRIPS 协定第 19 条第 1 款又规定：“如维持注册需要使用商标，则只有在至少连续 3 年不使用后方可注销注册”，很多人认为这两个条款前后矛盾，其实不然。第 15 条第 3 款的规定是说商标未使用不能成为驳回申请的理由，而第 19 条第 1 款的规定是说可将商标使用作为维持注册的条件。例如，我国商标法未将使用作为商标注册的条件，但已注册商标连续 3 年停止使用的，商标局可以责令改正或者撤销其注册商标。

（4）不能限定使用商标的商品或服务的性质。TRIPS 协定第 15 条第 4 款规定：“商标所适用的货物或服务的性质在任何情况下不得形成对商标注册的障碍。”这一点与《巴黎公约》第 7 条是完全一致的。该规定意味着，商品和服务的性质无论如何不应当妨碍商标的注册。常见的例子就是，尚未获得管理机关批准的药品也可以注册商标。

（5）商标的注册公告、异议和撤销。TRIPS 协定第 15 条第 5 款规定：“各成员应在商标注册前或在注册后迅速公布每一商标，并应对注销注册的请求给予合理的机会。此外，各成员可提供机会以便对商标的注册提出异议。”该条款要求成员应当在商标注册之前或者刚刚注册之后予以公告，其目的是允许第三人反对该注册（提出异议）或者撤销该注册商标。当然，在确定这些程序时，均应当遵守 TRIPS 协定第 41 条第 2 款和第 3 款“有关获得和维持知识产权程序”的一般原则，即知识产权的获得和维持程序应当公平合理，不得过于复杂和费用高昂，不能有不合理的时效或者无保障的拖延，等等。由此做出的行政决定，应当给予司法审查的机会。

3. 所授予的权利（rights conferred）和例外（exceptions）

（1）所授予的权利 。TRIPS 协定第 16 条第 1 款规定：“注册商标的所有权人享有专有权，以阻止所有第三方未经该所有权人同意在贸易过程中对与已注册商标的货物或服务的相同或类似货物或服务使用相同或类似标记，如此类使用会导致混淆的可能性。在对相同货物或服务使用相同标记的情况下，应推定存在混淆的可能性。上述权利不得损害任何现有的优先权，也不得影响各成员以使用为基础提供权利的可能性。”该条款包含两层意思：一是商标一旦批准注册，其所有人就应享有专有权，即有权防止任何第三人未经许可，在贸易活动中使用与其注册商标相同或近似的标记去标示相同或类似的商品或服务，如此类使用有造成混淆的可能；二是上述权利不应损害任何已经存在的在先权利，在承认根据使用可获得商标权的成员中，在先权利还包括根据使用获得的商标权。

需要注意的是，无论是商标的构成，还是商标权的行使，《巴黎公约》和 TRIPS 协定都强调不应损害任何已经存在的在先权利，但是所谓的“在先权利”具体包括哪些？如何才构成对在先权利的损害？两个公约都没有明确具体的规定，因此可以理解为这是成员有自主立法和认定的权利。“乔丹”商标争议行政纠纷系列案件[①]就是商标注册和使用侵犯他人姓名权的典型案例。

案　例

“乔丹”商标争议行政纠纷系列案件

乔丹体育股份有限公司（以下简称“乔丹公司”）于 2001 年 3 月 21 日获准注册“乔丹”商标（争议性商标），除争议性商标外，乔丹公司还申请注册有“侨丹”“乔丹王”等近 200 件其他文字商标。该争议性商标曾在第 3208768 号商标争议案中被国家工商行政管理总局商标局（以下简称“商标局”）认定为“足球鞋、爬山鞋”等商品上的驰名商标。

美国篮球明星迈克尔·杰弗里·乔丹以“乔丹”商标侵犯其在先的姓名权为由，向中国国家工商行政管理总局商标评审委员会（以下简称“商评委”）申请宣告该注册商标无效。2014 年 4 月 14 日，商评委裁定维持“乔丹”商标，迈克尔·乔丹因此向北京市第一中级人民法院针对商评委提起行政诉讼。一审法院以本案证据尚不足以证明单独的“乔丹”明确指向迈克尔·乔丹为由，判决维持被诉裁定，二审北京市高级人民法院维持了一审法院的判决。

---

① 此案例案情来自北京市第一中级人民法院（2014）一中行（知）初字第 9163 号行政判决书（一审）、北京市高级人民法院（2015）高行（知）终字第 1915 号行政判决书（二审）、最高人民法院（2016）最高法行再 27 号行政判决书（再审）。

迈克尔·乔丹不服二审判决，向中国最高人民法院申请再审，最高人民法院经审理认定争议性商标的注册损害了迈克尔·乔丹的姓名权，判决撤销二审判决、一审判决、商评委的“乔丹”商标争议裁定，并要求商评委对第6020569号“乔丹”商标重新做出裁定。

本案的裁判要旨是：在适用商标法的规定对他人的在先姓名权予以保护时，不仅涉及对自然人人格尊严的保护，而且涉及对自然人姓名，尤其是知名人物姓名所蕴含的经济利益的保护。未经许可擅自将他人享有在先姓名权的姓名注册为商标，容易导致相关公众误认为标记有该商标的商品或者服务与该自然人存在代言、许可等特定联系的，应当认定该商标的注册损害他人的在先姓名权，违反我国《商标法》第31条的规定。

在适用《商标法》第31条关于“不得损害他人现有的在先权利”的规定时，自然人就特定名称主张姓名权保护的，该特定名称应当符合以下三项要求：其一，该特定名称在我国具有一定的知名度、为相关公众所知悉；其二，相关公众使用该特定名称指代该自然人；其三，该特定名称已经与该自然人之间建立了稳定的对应关系。[①]

（2）保护商标权的例外。TRIPS协定第17条规定：“成员可规定商标权的有限例外，诸如对说明性词语的合理使用之类，只要这种例外考虑到了商标所有人及第三方的合法利益。”该条规定是对商标权人与第三人的一种利益平衡，合理地利用描述性词语，只要符合第17条的规定，即使与他人的商标相同或近似，也可能不构成侵权。

例如，某种产品确实来源于某一地区，并且产品的信誉、特性等与其地理来源直接相关，此时在产品上使用“来源地说明性词语”是“合理”的，如果这种“来源地说明性词语”与他人的注册商标相同或者近似，也不构成商标侵权。举例说明：“茅台”是贵州茅台酒股份有限公司的注册商标，但产自茅台镇的“王茅”“赖茅”等在自己的产品上标注“茅台镇酒”是合理的，并不构成对贵州茅台酒股份有限公司“茅台”注册商标的侵权，因为茅台镇是“王茅”“赖茅”等品牌酒的真实产地，而且这一产地与酒的信誉、特征等直接相关。

4. 商标权的保护期（term of protection）

TRIPS协定第18条规定：“商标首次注册以及每次续展，其期限均不得少于7年。商标的注册应可无限地续展。”当然，商标无限期续展必须以不违反商标国内立法的有关规定为条件，如符合关于使用的要求、按期办理续展手续以及缴纳续展费等。

我国和世界上绝大多数国家一样，赋予注册商标10年的保护期，期满还允许续展，每次续展期仍为10年。

5. 关于商标使用的要求（requirement of use）

（1）使用对维持注册的影响。关于商标的使用要求，《巴黎公约》有原则性的规定，即任何要求注册商标必须使用的成员国，只有某一注册商标经过适当的期间不使用，并且有关人员也不能证明其不使用有正当理由时，才可以取消该商标的注册。TRIPS协定首先肯定了《巴黎公约》的这项原则性规定，并在第19条进一步规定：1）注册商标只有至少

---

① 最高人民法院知识产权审判庭. 中国知识产权指导案例评注：中国法院知识产权司法保护10大案件和50件典型案例全文及评述：第9辑. 北京：中国法制出版社，2018：3.

连续3年不使用，才能被注销注册；2）经商标权人许可，他人对商标的使用也属于为维持注册所要求的使用；3）如果因不依赖商标所有人的意愿的情况而构成使用商标的障碍，诸如进口限制或政府对该商标所标示的商品或服务的其他要求，则应认为其为“不使用”的有效理由。例如，使用特定商标的商品在上市前需经批准（如农业食品或者药品），该批准或者展期程序就是这里所说的障碍。

（2）商标的使用不得受特殊要求的无理妨碍。TRIPS协定第20条规定：“在贸易过程中使用商标不得受特殊要求的无理妨碍，例如要求与另一商标一起使用，以特殊形式使用或要求以损害其将一企业的货物或服务区别于另一企业的货物或服务能力的方式使用。此点不排除要求将识别生产该货物或服务的企业的商标与区别该企业的所涉具体货物或服务的商标一起使用，但不将两者联系起来。”需要注意的是，第20条所指的“商标”，既包括注册商标，也包括未注册商标。该条规定的目的是避免在贸易过程中商标的使用遭遇困难或者不可能实现的特殊要求。

澳大利亚烟草平装法案WTO系列争端案[①]涉及WTO诸多协议，其中涉及TRIPS协定有关商标权的是第15条“可保护的客体”、第16条“所授予的权利”和第20条“使用的要求”。

案　例

澳大利亚烟草平装法案WTO系列争端案

澳大利亚2011年烟草平装法案（The Tobacco Plain Packaging Act 2011）规定除非实施规则许可，否则须符合以下要求：(1) 烟草商品零售包装必须为同一颜色（单一的深棕色）和无光表面；(2) 烟草商品包装必须有图示的健康警告，该图应占整个包装正面面积的75%，占背面面积的90%；(3) 香烟上不得出现任何商标；(4) 烟草商品包装上不得出现任何商标，除非是以标准的罗马字体和字号印刷的品牌名称、厂商名称（或公司名称）、变异名称。

2012年3月15日，乌克兰政府就澳大利亚烟草平装法案向澳政府提出WTO磋商请求，此后匈牙利、多米尼加、古巴、印度尼西亚也就相同问题向澳政府提出WTO磋商请求。

2015年5月28日，乌克兰依据DSU第12.12条（专家组可随时应起诉方的请求中止工作，期限不超过12个月）向专家组提出了中止审理DS434[②]的请求。专家组于2015年5月29日接受了乌克兰的请求并中止了审理工作。因此，针对澳大利亚烟草平装法案形成的专家组报告只有WT/DS435、WT/DS441、WT/DS458和WT/DS467四个案号（且四个案号下专家组报告的结论和理由基本相同）。本案涉及的争点较多，此处只综合解析涉及商标权保护的TRIPS协定第15条第4款、第16条第1款、第16条第3款、第20条。

---

① 此案例案情来自WT/DS435、WT/DS441、WT/DS458和WT/DS467的专家组报告，具体内容参见https://docs.wto.org/。

② WT/DS434指乌克兰向澳政府提出WTO磋商请求的案件号，因专家组就该案的审理工作已中止12个月以上，应申请方乌克兰请求，设立专家组的授权终止。

一、澳大利亚烟草平装法案是否违反 TRIPS 协定第 15 条第 4 款

TRIPS 协定第 15 条第 4 款规定：商标所适用的货物或服务的性质在任何情况下不得形成对商标注册的障碍。

申诉方指控：烟草平装措施严格限制和禁止在烟草制品及其零售包装上使用不具备固有显著性的标记，导致此类标记无法获得显著性，既而不能注册成为商标。此外，由于烟草平装措施禁止非文字性烟草商标的使用，这就意味着与其他商标相比，澳大利亚对此类烟草商标提供的保护较低。

澳大利亚抗辩：第 15 条第 4 款规定中的“商标”一词并不包括“在将来可能通过使用而获得显著性的标记”，该条款也没有对成员方施加一项“必须允许使用尚不具备固有显著性的标记”的义务。

专家组的结论是：(1) 本案中，申诉方声称烟草平装措施禁止和严格限制在烟草制品及其零售包装上使用特定“标记”，但该“标记”即使目前不具有显著性，也能够在将来通过使用而获得显著性；(2) 第 15 条第 4 款规定中的“注册”一词只意味着注册行为本身，并不包括注册之后对注册商标提供的保护。故烟草平装措施并未因此违反 TRIPS 协定第 15 条第 4 款规定。

二、澳大利亚烟草平装法案是否违反 TRIPS 协定第 16 条第 1 款

TRIPS 协定第 16 条第 1 款规定：注册商标的所有权人享有专有权，以阻止所有第三方未经该所有权人同意在贸易过程中对与已注册商标的货物或服务的相同或类似货物或服务使用相同或类似标记，如此类使用会导致混淆的可能性。在对相同货物或服务使用相同标记的情况下，应推定存在混淆的可能性。上述权利不得损害任何现有的优先权，也不得影响各成员以使用为基础提供权利的可能性。

申诉方指控：商标所有人自身使用商标是其有效行使消极权利的前提。“显著性”或者通过使用而获得，或者通过使用而得到维护。烟草平装措施的实施使得特定烟草商标的使用受到了限制和禁止，此类商标的显著性必将减损或丧失。显著性的减损或丧失，使得商标所有人主张混淆的可能性降低，既而使得商标所有人对第三人行使消极权利的可能性降低。

澳大利亚抗辩：第 16 条第 1 款授予的是消极权利，而非积极的使用权利。尽管商标所有人享有使用商标的权利，但该权利并未被第 16 条第 1 款所保护。烟草平装措施的目的在于限制和禁止特定烟草商标的使用，该措施并未损害商标所有人的消极权利。

专家组的结论是：(1) 与“显著性的获得与维护”相关的“商标使用”并不限于在商品及其包装上使用，此种使用还包括在商业活动、宣传和推广活动中的使用。烟草平装措施虽然限制和禁止在烟草制品及其零售包装上使用特定商标，但是并未限制其他形式的商标使用，比如在宣传和推广活动中使用此类商标。通过其他形式来使用商标，也同样可以达到获得与维护其显著性的目的。(2) 第 16 条第 1 款规定各成员方负有对商标所有人提供排他性消极权利的义务，烟草平装措施限制了在烟草制品及其零售包装上使用商标的范围，这实际上就降低了造成混淆的可能性，既而降低了商标所有人对第三人行使排他性消极权利的可能性。但是，商标所有人行使此项权利的可能性被降低，并不等同于商标所有人并不享有此项权利。故烟草平装措施并不违反 TRIPS 协定第 16 条第 1 款。

三、澳大利亚烟草平装法案是否违反 TRIPS 协定第 16 条第 3 款

TRIPS 协定第 16 条第 3 款规定：《巴黎公约》(1967) 第 6 条之二（驰名商标特殊保护——引者）在细节上做必要修改后应适用于与已注册商标的货物或服务不相类似的货物或服务，只要该商标在对那些货物或服务的使用方面可表明这些货物或服务与该注册商标所有权人之间存在联系，且此类使用有可能损害该注册商标所有权人的利益。

申诉方指控：烟草平装措施在如下两个方面违反了第 16 条第 3 款：第一，该措施阻止了烟草驰名商标维持其驰名状态；第二，该措施阻止了其他已注册的烟草商标通过使用而成为驰名商标。

澳大利亚抗辩：第 16 条第 3 款并未对成员方施加一项义务，即授予商标所有人通过使用其商标来获得或维持驰名商标状态的权利。

专家组的结论是：(1) 从对驰名商标提供保护的澳大利亚国内法来看，一个商标可能基于其在海外的使用而在澳大利亚获得驰名地位。同理，如果一个商标在澳大利亚的使用被限制或禁止，但该商标也可以通过其在海外的使用而维持其在澳大利亚的驰名地位。故烟草平装措施并不必然降低特定烟草商标在澳大利亚被了解的程度，无论此类烟草商标是否已经在澳大利亚获得了驰名地位。(2) 只要商标所有人满足相关条件，澳大利亚就会对其提供驰名商标的跨类保护。烟草平装措施并未禁止和限制澳大利亚对满足条件的驰名商标提供跨类保护。故烟草平装措施并未违反 TRIPS 协定第 16 条第 3 款项下的义务。

四、澳大利亚烟草平装法案是否违反 TRIPS 协定第 20 条

TRIPS 协定第 20 条规定：在贸易过程中使用商标不得受特殊要求的无理妨碍。

专家组在判断烟草平装措施是否违反 TRIPS 协定第 20 条时，采取了如下分析步骤：首先，分析了烟草平装措施对商标使用造成妨碍的本质和程度；其次，分析了适用烟草平装措施的原因；最后，分析这些原因是否为妨碍提供了足够的支持。

1. 关于烟草平装措施对商标使用造成妨碍的本质和程度

首先，专家组承认商标所有者享有为实现不同目的而使用商标的合法权益。

其次，专家组认为在烟草制品及其零售包装上使用具有设计特征的商标，有利于促进烟草制品的宣传和推广。烟草平装措施禁止在烟草制品及其零售包装上使用具有设计特征的商标，这就禁止了商标所有人在贸易过程中通过使用此类商标来获取经济价值的可能性。但由于烟草平装措施允许烟草制品的制造商使用文字商标以区分商品来源，而且申诉方并没有举证证明烟草平装措施使得消费者在事实上无法区分烟草制品的来源，因此其禁止使用具有设计特征的商标所产生的影响实际上是被部分减轻的。

再次，专家组认为申诉方有关烟草平装措施会导致烟草制品的销售价值和进口总价值降低，以及有关优质烟草产品的消费和进口数量减少是由于其被非优质烟草产品所取代的主张并不成立。

最后，专家组认为烟草平装法案第 28 部分保留了商标所有者保护商标、注册和维持商标的能力。

2. 关于适用烟草平装措施的原因

专家组认为澳大利亚通过烟草平装措施所欲实现的目的是：通过减少烟草制品的使用来促进公共健康的发展。而 TRIPS 协定第 8 条第 1 款阐明了社会利益的类型，这为判断

第20条项下的措施是否具有合理性提供了依据。此外，第8条第1款也明确承认了公共健康是社会利益的组成部分。WTO成员方在《多哈宣言》第4段进一步强调了公共健康作为正当公共政策的重要性。

3. 关于这些原因是否为妨碍提供了足够的支持

为了判断实施烟草平装措施所欲实现的目的是否为其所造成的妨碍提供了充足的支持，专家组认为需要评估实施烟草平装措施所欲实现的公共健康利益与其对贸易过程中商标使用造成的影响。

专家组特别指出根据其所掌握的证据，禁止在烟草制品及其零售包装上使用具有设计特征的标记能够减少烟草制品对消费者的吸引力。这表明实施烟草平装措施所欲实现的目的，能够为其对商标使用造成的妨碍提供足够的支持。因此，烟草平装措施对贸易过程中的商标使用造成的妨碍并非不合理。

专家组重申了《烟草控制框架公约》第11条和第13条，澳大利亚是《烟草控制框架公约》的成员国，澳大利亚采取烟草平装措施以实现保护公共健康目的的重要性，被其在《烟草控制框架公约》项下做出的承诺所进一步加强。

对于替代性措施，专家组承认如果替代性措施对贸易过程中的商标使用并未造成妨碍或者造成的妨碍更小，且该替代性措施能够与被诉方采取的措施对公共政策目的的实现产生至少相同的后果，那么就可以对被诉方采取措施的合理性质疑。但是，与烟草平装措施相比，申诉方提出的替代性措施无论单独实施还是联合实施，都不能对澳大利亚所欲实现的保护公共健康的目的产生明显更强的作用。

因此，尽管烟草平装措施确实限制了商标所有者通过使用特定商标以获取经济价值的可能性，但基于前述原因，此种在贸易过程中对商标使用造成的妨碍并没有超出合理的范围。故烟草平装措施并未违反TRIPS协定第20条项下的义务。

6. 商标的许可和转让（licensing and assignment）

商标的许可和转让是商标使用过程中两个很重要的问题。和《巴黎公约》一样，TRIPS协定也允许各成员自行确定商标的许可和转让条件，禁止成员采用商标的强制许可制度。但在商标的转让问题上，TRIPS协定的规定比《巴黎公约》更为灵活，对商标权人更为有利。因为《巴黎公约》还允许成员国要求转让商标的同时必须一同转让该商标所属的坐落在该国的商行或商誉，而TRIPS协定第21条则完全允许商标权人自行决定在转让商标时是否连同商标所属的企业一道转让。可以说TRIPS协定的规定进一步肯定了商标作为一种独立的无形财产的法律地位，这也是知识产权理论发展的一个体现。

在我国，商标一直是可以作为无形财产独立地进行转让的，只不过为了保护广大消费者的利益，《商标法》第42条要求："转让注册商标的，转让人和受让人应当签订转让协议，并共同向商标局提出申请。受让人应当保证使用该注册商标的商品质量。""转让注册商标的，商标注册人对其在同一种商品上注册的近似的商标，或者在类似商品上注册的相同或者近似的商标，应当一并转让。""对容易导致混淆或者有其他不良影响的转让，商标局不予核准，书面通知申请人并说明理由。""转让注册商标经核准后，予以公告。受让人自公告之日起享有商标专用权。"

总 结

《巴黎公约》和 TRIPS 协定对商标权保护的对比表

	《巴黎公约》	TRIPS 协定 （提高保护水平的体现）
商标的构成	只规定了禁止性构成： ①国徽、官方检验印章和政府间组织徽记 ②构成对他人在先权利侵犯的 ③不具有显著性的 ④违反道德或公共秩序的	①任何能够将一企业的商品或服务与其他企业的商品或服务区分开的标记或标记的组合 ②允许成员将“标记应系视觉系统可感知”作为构成要件
商标的注册	①使用商标的商品的性质绝不应成为该商标注册的障碍 ②禁止未经商标权人同意而以代理人或代表人名义进行的商标注册	不应以使用作为提出申请或作为注册的条件
商标种类	必须保护商品商标和集体商标，可以保护服务标记	将服务标记纳入必须保护的范围
驰名商标的特殊保护	①不以注册为认定驰名的条件 ②相对保护	①驰名的服务标记也应享有特殊保护 ②绝对保护
保护期	未规定	商标首次注册以及每次续展，其期限均不得少于 7 年。
权利限制	不得对商标强制许可	注册商标只有至少连续 3 年不使用，才能被取消注册
商标的转让	可要求转让商标必须同时转让商标所属的企业，但此项要求不适用于该企业坐落在其他国家的部分，除非受让人使用该商标事实上会引起公众的误解	完全允许商标权人自行决定在转让商标时是否连同商标所属的企业一同转让

（三）TPP 和 CPTPP 对商标权的保护水平

1. 纳入《巴黎公约》和 TRIPS 协定对商标权保护的内容

2015 年 11 月 5 日，新西兰政府在其网站上公布了 TPP 协定的正式文本。协定第 18 章知识产权政策的规定首先要求 TPP 成员在明确表示履行 TRIPS 协定（包括 2005 年 12 月的修改）项下义务的同时，还应该在协定生效之前确认其已经批准或加入以下 3 个国际公约：《专利合作条约》（包括 1979 年的修订版）、《保护工业产权巴黎公约》、《保护文学艺术作品伯尔尼公约》。在该协定对其正式生效之前，各缔约方都应当批准或加入以下 6 个国际公约：《商标国际注册马德里协定》、《布达佩斯条约》（包括 1980 年的修订版）、

《国际植物新品种保护公约》、《商标法新加坡条约》、《世界知识产权组织版权条约》、《世界知识产权组织表演和录音制品条约》。可见，TPP 和 TRIPS 协定一样，都是在已有国际公约的基础上进一步“拔高”知识产权保护水平。也因此，《巴黎公约》和 TRIPS 协定对商标权的保护内容也构成了 TPP 和 CPTPP 的一部分。①

2. 进一步提高对商标权的保护水平

TPP 和 CPTPP 对商标权保护水平的提高主要体现在以下两个方面。

（1）扩大了商标的构成范围，不再把视觉可感知性作为商标注册的一个条件，声音和气味也可以被注册为商标。

（2）进一步强化了对驰名商标的特殊保护。即使商标并没有在某一国境内完成注册或没有被及时收录到该国驰名商标目录中，或者该国缺乏对这类驰名商标的认知，但只要该国是 TPP 的成员国，就应当对此驰名商标进行必要的救济和保护。各方都应当及时采取有效手段和措施，来制止因驰名商标相似商标的使用而造成混淆，避免对驰名商标所代表的商品或服务产生负面影响。

二、商标权的跨国取得

商标权和专利权一样，在权利的取得和保护方面都具有非常严格的地域性。一项商标如果想在多国具有无形财产的价值并获得法律保护，就需要有一个多国获权的过程——商标权的跨国取得。和专利权相同，商标权跨国取得的方式也包括原始取得和受让取得两种。

（一）商标权的跨国原始取得

商标权的跨国原始取得也包括逐一国家获权和通过程序性公约获权两种途径。

1. 逐一国家获权

目前，各国商标权原始取得的方式大体上可以分为三种：使用在先原则、注册在先原则以及混合原则。

（1）使用在先原则。使用在先原则是指按照商标使用的先后来确定商标权的归属，也就是说谁先使用商标，商标权就归谁，而注册这种行为仅仅是对已经产生的商标权的一种行政确认。英美法系国家早期商标的保护一般以使用为基础，美国虽然现在引入了注册原则，但是还部分保留着使用在先原则。如《兰汉姆法》在注册商标时将注册商标申请分为两类，一类是已经使用的商标的申请注册，另一类是有真诚意图使用商标的申请注册。②而且美国在商标注册的除外情形中规定，与他人在先使用且并未放弃的商标（不要求已注册）相似易于造成混淆的不予注册。③

加拿大商标法规定，已在加拿大使用商标，使商标为人所知，或准备在加拿大使用该商标者，或者已经在其他国家注册的同时使用该商标者，可以申请注册商标。从这些规定都不难看出其中的使用在先原则。

---

① CPTPP 协定保留了 TPP 协定超过 95%的内容，商标权保护方面的内容与 TPP 协定完全相同。

② 美国《兰汉姆法》第 1051 条（a）（b）。

③ 美国《兰汉姆法》第 1052 条（d）。

使用在先原则更符合法理及公平的价值判断，但是由于缺少公示极易发生商标重合的情况，对后注册使用的商标权人也不公平，在发生纠纷时会遭遇很高的诉讼成本，这也使得多数国家都不再采取单纯的使用在先原则。

（2）申请在先原则。申请在先原则是指商标所有人通过向商标主管机构申请注册而取得商标权。申请在先原则最大优点在于建立了商标公示制度，使商标的归属一目了然，可以避免纠纷。目前多数国家的商标权取得方式采用申请在先原则，如欧盟成员国和中国等。

（3）混合原则。混合原则是在商标权的取得上采取折中处理的办法：商标权原则上属于商标的注册人所有，但是商标在先使用人可以在法律规定的一定期限内提出异议，请求撤销该注册商标，若法定期限内无人提出异议或指控，商标注册人始取得无可争辩的商标权。在混合原则之下，商标注册首先只起推定商标权成立的作用，只有在法定期限届满后才成为确立商标权的根据；而商标使用也并非像使用在先原则那样确立商标权，而只是使先使用人获得对抗注册商标之权利。英国、德国都是采用混合原则制度的国家。[①]

尽管各国商标权获权方式存在差异，但是注册商标获权的程序却大同小异，即便是在混合制度的国家商标使用也不影响商标注册程序的进行，只不过在公示期内可能会产生根据在先使用权人的申请撤销商标注册的情况。因注册而取得商标权的流程大都包括申请、审查、公告以及核准注册这些环节，故不再一一列举各国的获权程序。

2. 通过国际注册或区域注册多国获权

（1）国际注册。国际注册指的是马德里国际商标注册。马德里国际商标注册体系是基于 WIPO 国际局管理的两个独立的国际条约建立的，这两个条约分别是 1891 年的《商标国际注册马德里协定》（以下简称《马德里协定》）和 1989 年的《关于商标国际注册马德里协定的议定书》（以下简称《马德里议定书》）。这两个条约都只向《巴黎公约》成员国开放，成员国可以选择加入任一条约或同时加入这两个条约，这两个条约的成员国组成了马德里联盟。我国是这两个商标程序性条约的缔约国，故我国的商标权人可以通过这两个程序性条约向其他相关缔约方提出权利申请，以更加方便快捷的途径获得多国商标权。

（2）区域注册。区域注册是指向一些区域性知识产权组织进行的商标注册，包括欧共体、非洲知识产权组织（OAPI）、非洲地区知识产权组织（ARIPO）、比荷卢知识产权组织（BOIP）等的商标注册。这些区域性的知识产权组织也是马德里国际商标注册申请可以指定的区域机构，权利人也可以通过这些组织进行马德里国际商标注册。

欧共体注册是指向欧盟机构之一的内部市场协调局（Office for Harmonization in the Internal Market，OHIM，也称“欧盟商标与工业设计注册局”）申请的商标注册，该局设在西班牙的阿利坎特。与马德里注册不同，欧共体注册体制不仅包括实体审查，还能直接核准注册，该机构核准注册的商标称为共同体商标（Community Trade Mark，CTM），在所有欧盟成员国均受保护。欧共体商标注册与成员国商标注册是平行的。

非洲知识产权组织（OAPI）是依 1977 年《班吉协定》（Bangui Agreement）设立的，由 16 个非洲中西部主要官方语言为法语的国家成员组成。《班吉协定》涉及知识产权多项

---

① 德国《商标和其他标志保护法》第 12、13 条。

客体，商标注册按照《班吉协定》及其附件3进行商标注册申请、审查和公布。申请向该组织（总部设在喀麦隆首都雅温得）提出，如果是某一成员国的居民，也可以向该成员国提出，非该组织成员国的居民则必须通过其成员国的代理机构进行，在申请时要指定希望得到注册的成员国。通过非洲知识产权组织注册的商标在其指定的成员国同等地受到保护。

非洲地区知识产权组织（ARIPO）是依1976年《卢萨卡协定》（Lusaka Agreement）设立的，由非洲主要官方语言为英语的国家成员组成。商标注册申请可以通过成员国提出，也可以直接向位于津巴布韦哈拉雷的ARIPO总部提出。ARIPO的审查仅限于形式，实质审查则由申请人指定的成员国进行。因此ARIPO并不进行商标授权，只涉及多国注册申请的程序方面。

比荷卢经济联盟是依1958年《比荷卢经济联盟条约》组成的，成员国仅比利时、荷兰、卢森堡三国，比荷卢知识产权组织（The Benelux Office for Intellectual Property, BOIP）作为该联盟一个组成部分，负责商标与工业设计的注册。

3.《商标国际注册马德里协定》

19世纪后半叶，随着商标注册制度在越来越多的国家建立起来，商标权所具有的严格的地域性开始显示出其在国际交往中的阻碍作用。那时，商标所有人想在多国获得保护就必须分别在每个国家履行一遍注册手续，寻找一次代理人，缴纳一次注册费。1883年的《巴黎公约》虽然为工业产权的国际保护确定了基本原则和最低标准，但并未涉及取得工业产权的程序问题。

到19世纪末，随着国际市场的扩大，重复履行商标注册手续的诸多弊端愈加明显，许多国家都意识到必须通过国际合作以简化多国注册手续和降低相关费用。1891年4月14日，法国、比利时、西班牙、瑞士等国发起，在西班牙马德里签订了《商标国际注册马德里协定》。协定于1892年7月生效，此后经过6次修改，产生出1900年布鲁塞尔文本、1911年华盛顿文本、1925年海牙文本、1934年伦敦文本、1957年尼斯文本和1967年斯德哥尔摩文本，1979年也有一次少许的修订。《马德里协定》只对《巴黎公约》的成员国开放。截至2020年1月15日，已有106个成员国。中国于1989年10月4日正式加入该协定，适用1967年斯德哥尔摩文本。《马德里协定》共有18条，其主要内容如下。

（1）协定的适用范围。根据协定第2条和第3条的规定，有权向世界知识产权组织国际局申请商标注册的包括缔约国国民和在任何一个缔约国领土内有真实有效的工商营业所或住所的非缔约国国民。就协定的客体适用范围而言，协定适用于商品商标和服务商标。

（2）国际注册的申请（application for international registration）。按照《马德里协定》申请和取得国际注册的程序如下。

首先，有关商标必须已经在原属国（country of origin）取得注册。关于原属国，《马德里协定》规定：是指申请人设有真实有效的工商营业所的协定缔约国；在缔约国中没有这样的工商营业所的，指他有住所的缔约国；如果他在缔约国内没有住所，但是他是某个缔约国国民的，则指他有国籍的那个缔约国。协定规定确定原属国的这个顺序是为了防止申请人随意选择容易取得注册的国家作为原属国。

其次，申请人向原属国主管机关提交国际注册的申请案，同时交纳费用。费用包括国际注册基本费，应向其他指定国交纳的有关费用、附加费（如果一个商标在三种以上的商品上申请注册，必须交纳附加费）。申请案应说明要求商标保护的商品或服务项目及其根据《为商标注册目的而使用的商品和服务的国际分类尼斯协定》的相应类别。原属国主管机关经审查核实，确认国际申请案中的商标与申请人在国内已经获得注册的商标完全一致的，应在接到国际注册申请的两个月内，向知识产权国际局转交该申请，并注明该商标在本国的申请日期、注册日期和号码以及国际注册的申请日期。

最后，如果经过形式审查，申请案符合《马德里协定》及其实施条例的规定，国际局应立即对商标予以国际注册，并以原属国主管机关收到国际注册申请的日期作为国际注册日期。如果申请案未能通过形式审查，国际局将通知原属国主管机关，要求申请人在三个月内修改申请案，否则将申请予以驳回。

（3）国际注册的效力（effects of international registration）。

第一，空间效力。《马德里协定》采用普遍性原则，即国际注册的效力自动地延伸及于原属国以外的所有缔约国。但由于大多数申请人并不想在所有缔约国使用该商标，因此规定在协定第 1 条第 2 款中的这一原则遭到许多缔约国的反对。1957 年在尼斯修订会上，虽然经过讨论仍没有达成一致意见而维持了普遍性原则，但在第 3 条之二中加入了“领土限制”（territorial limitation）的规定作为对普遍性原则的补充。所谓“领土限制”，指的是任何缔约国可在任何时候书面通知世界知识产权组织总干事，通过国际注册所得到的保护，只有在商标所有人明确要求时，才得以延伸至该国。后来的事实说明，所有的缔约国都利用了“领土限制”。因此，现在国际注册仅在申请人明确提出保护请求的国家有效。

第二，法律效力。根据协定第 4 条第 1 款的规定，经过国际注册的商标，从在国际局生效的注册日期开始，在每个有关缔约国的保护，应如同该商标直接在那里提出注册一样。值得注意的是，这里说的是“直接提出”，而不是“直接注册”，这是因为《马德里协定》还规定，缔约国主管机关在接到国际局关于某一商标国际注册的通知后，根据其法律有权声明，不能在其领土上对该商标给予保护。但这种声明连同全部理由，应当在其本国法律规定的期限内，或最迟在国际注册后一年以内，通知国际局。

关于拒绝保护的理由，《马德里协定》规定，应当与同一商标直接向该国申请注册时，根据《巴黎公约》拒绝给予保护的理由一致。而《巴黎公约》规定，在原属国正规注册的每一商标（申请国际注册的商标肯定是在原属国已正规注册的商标），其他缔约国应按照原样接受申请并给予保护，除非属于下列几种情况之一：其一，商标具有侵犯第三人在被要求保护国的既得权利的性质的；其二，商标缺乏显著特征，或者完全是商品的说明或商品的通用名称的；其三，商标违反道德或公共秩序，尤其是具有欺骗公众性质的。[①]

在我国，意大利费列罗公司“图形（三维标志）”商标领土延伸保护申请案[②]就涉及国际注册的商标效力如何延伸到缔约国国内的问题。

---

① 参见《保护工业产权巴黎公约》第 6 条之五。

② 我国司法认定立体商标第一案：费列罗立体商标保护获准领土延伸. 法制日报，2007 - 11 - 23.

案　例

意大利费列罗公司“图形（三维标志）”商标领土延伸保护申请案

注册地在意大利的费列罗有限公司（以下简称“费列罗公司”）的“图形（三维标志）”商标于2001年12月3日在意大利首次提出注册申请，并于2002年5月23日在该国被核准注册，商标权人为费列罗公司，该商标指定使用在巧克力等商品上。

2002年9月28日，费列罗公司通过WIPO国际局向我国提出了对申请商标的领土延伸保护申请，申请商标为一个三维标志，由一个包在金黄色纸里的球形三维形状组成，在该三维标志的上半部分，有一个白底椭圆形小标记，带有一条金边和一条白色细边，该三维形状放置在一个栗色和金黄色的底座上。

2003年3月19日，中国国家工商行政管理总局商标局以该商标缺乏显著性为由，对其在我国的领土延伸保护申请予以驳回。2003年5月6日，费列罗公司向商标评审委员会提出复审申请。2006年10月9日，商标评审委员会以申请商标作为立体商标，仅有指定使用商品较为常用的包装形式，难以起到区分商品来源的作用，缺乏商标应有的显著特征为由，做出了驳回申请的复审决定。

费列罗公司不服商标评审委员会的决定，向北京市第一中级人民法院提起行政诉讼，请求撤销商标评审委员会决定，并对申请商标在中国的领土延伸保护请求予以支持并核准申请商标的注册。

北京市一中院经审理认为：我国《商标法》第11条规定，缺乏显著特征的标志不得作为商标注册，但经过使用取得显著特征并便于识别的除外。本案申请商标对于色彩和商品包装形式的选择均不在本行业和指定使用商品包装形式的常规选择的范围之内，申请商标的独特创意已经使之成为原告产品的一种标志性设计，使得消费者在看到申请商标时就能够清楚地判断出该商标所附着商品的来源，申请商标已经具有了商标所应具备的显著性，应当在我国被作为注册商标予以保护，被告对申请商标的领土延伸保护申请亦应予以核准。

鉴于申请商标已经具备了显著特征，被告对其在中国的领土延伸保护申请应当予以核准，北京市一中院一审判决撤销了被告中华人民共和国国家工商行政管理总局商标评审委员会做出的《关于国际注册第783985号“图形（三维标志）”商标驳回复审决定书》。费列罗因此成为中国首例通过司法程序认定的立体商标。

此外，根据《马德里协定》第4条之二的规定，如某一商标已在一个或多个缔约国提出注册，后来又以同一所有人或其权利继承者的名义经国际注册，该商标国际注册应视为已取代原先的国家注册，但不损及基于这种国家注册的既得权利。

第三，时间效力。不管各国规定的注册期限如何，国际注册的商标有效期为20年，并可无限制地续展，续展期仍为20年。有效期届满前6个月，国际局应发出非正式通知，提醒商标所有人或其代理人确切的届满日期。对国际注册的续展还可给予6个月的宽限期。

第四，国际注册与原属国注册的关系。根据《马德里协定》第6条第2款至第4款，自国际注册的日期开始满 5 年时，国际注册即与在原属国注册的国家商标相互保持独立。但是，自国际注册日期开始 5 年内，国际注册不独立于其在原属国的注册。这种“非独立性”（dependence of international registration）表现在两个方面：一方面，如在原属国注册的国家商标已全部或部分不复享受法律保护时，国际注册所得到的保护，不论其是否已经转让，也全部或部分不再产生权利。在 5 年期限届满前，因引起诉讼而停止法律保护时，国际注册也同样不产生权利。另一方面，在国际注册之日起 5 年内，如原属国注册的国家商标自愿注销或依据职权被撤销，原属国的注册当局应要求撤销在国际局的商标，国际局应予以撤销。当引起法律诉讼时，原属国注册当局应依职权或经原告请求将起诉书或其他证明文件的副本以及法院的终局判决寄给国际局，国际局应在国际注册簿上予以登注，但不撤销国际注册。

（4）国际保护的放弃（renunciation in respect）。根据协定第 8 条之二的规定，以自己的名义取得国际注册的人，可在任何时候放弃在一个或多个缔约国的保护。办法是向其本国注册当局提交一份声明，要求通知国际局，国际局再依此通知放弃保护涉及的国家。对放弃保护不收任何费用。

（5）所有人国家变更引起的国际注册商标的转让（transfer of international mark entailing change in country of proprietor）。《马德里协定》第 9 条之二规定，当在国际注册簿上注册的一个商标转让给一个缔约国的人，而该缔约国不是此人以其自己的名义取得国际注册的国家时，转让方国家的注册当局应将该转让通知国际局。国际局对该转让予以登记，通知其他注册当局，并在刊物上予以公布。如果转让是在国际注册后未满 5 年内进行的，国际局还应征得新所有人所属国的注册当局的同意。凡将国际注册簿上注册的商标转让给一个无权申请国际商标的人的，均不予注册。

在因新所有人的所属国拒绝同意，或因转让给一个无权申请国际注册的人，因而不能在国际注册簿上登记转让时，原所属国家的注册当局有权要求国际局在国际注册簿上撤销该国际商标。

总　结

通过《马德里协定》国际注册的基本程序

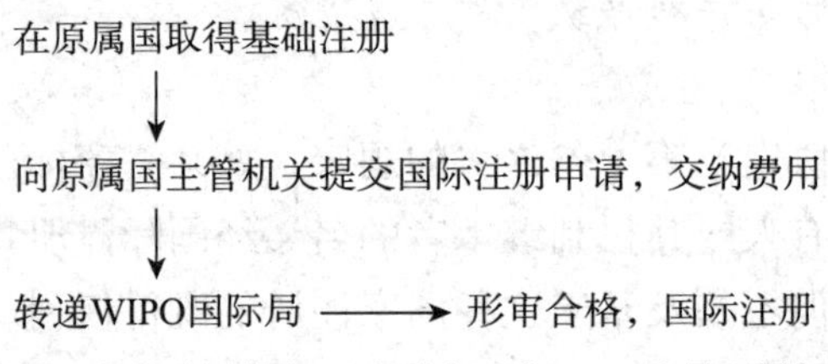

（6）《马德里协定》国际注册的特点。概括而言，《马德里协定》提供的商标国际注册制度具有如下特点：第一，国际注册具有非独立性，表现为国内注册是国际注册的基础，以及国际注册后 5 年内其效力不独立于其国内注册；第二，各国国内审查的权力被限制，表现为在原属国被正式注册的商标，其他缔约国应按照原样接受申请并给予保护，除非该商标与该国内其他在先权利相冲突，或者缺乏显著特征，或者违反道德或公共秩序。

由于具有上述特点，《马德里协定》在为申请人向多个国家申请商标提供便利、减少成员国主管机关工作量的同时，其非独立性规定也使申请人感到诸多不便，而且过于简单的审查规定，也使得该公约的参加国并不广泛，尤其是实行严格审查制度的国家更难接受该公约。为了弥补《马德里协定》的不足，并把一些新内容纳入《马德里协定》之下的商标国际注册体系，1989 年 6 月 27 日，在马德里又签订了《关于商标国际注册马德里协定的议定书》，以消除一些国家加入《马德里协定》的困难。

4.《关于商标国际注册马德里协定的议定书》

《马德里议定书》和《马德里协定》的原则相同，执行机构也相同，但在具体内容上，前者对后者做出了一些修改和补充，其具体内容如下。

(1) 在适用范围上，为了保障《马德里协定》的适用，《马德里议定书》第 9 条之六对其与《马德里协定》的关系做出规定，即就某一国际申请或者某一国际注册而言，原属国既是《马德里协定》又是《马德里议定书》的缔约国的，议定书的规定在任何其他的既是《马德里协定》又是《马德里议定书》的缔约国不发生效力。这就是说，对该国际申请或者该国际注册仍须适用《马德里协定》的规定。对《马德里议定书》适用范围的这一规定，实践证明是非常不明智的，因为《马德里协定》的缔约国加入议定书的目的，就是希望适用议定书，而根据上述条款的规定，其对既是协定又是议定书的缔约国仍须适用协定，这就会事与愿违。[①] 因此关于议定书适用范围的这项规定，事实上会起到阻碍《马德里协定》缔约国加入《马德里议定书》的作用，这与议定书制定的初衷是相悖的。

(2) 关于申请国际注册的前提，《马德里协定》要求必须以在原属国主管机关的正式注册为前提，而《马德里议定书》对此有所放松，规定申请人不仅可以以原属国主管机关的正式注册（称为“基本注册”）作为前提，而且可以以其向原属国主管机关提交的注册申请（称为“基本申请”）作为前提，提出国际申请。

(3) 关于申请人原属国的确定，《马德里协定》规定了严格的顺序：首先是有工商营业所的缔约国，其次是有住所的缔约国，最后才是有国籍的缔约国。而《马德里议定书》则规定上述三者只要有其一即可，无须严格按照顺序。

(4) 关于国际注册的空间效力，《马德里协定》以普遍性原则为基础，补充以“领土限制”；而《马德里议定书》取消了普遍性原则，规定只在申请人指定要求保护的国家得到保护，原属国除外。

(5) 关于国际注册的法律效力，《马德里协定》规定，缔约国主管机关接到国际局关于某一商标的国际注册延伸及于该国的通知后，根据规定的理由可以拒绝给予保护，但这种拒绝声明必须在国际注册后一年内通知国际局；《马德里议定书》在第 5 条第 2 款对此做出了修改，将上述一年的期限延长为 18 个月，并且在有异议的情况下，声明还可以在 18 个月届满后的更长期间内通知国际局。

(6) 关于国际注册的时间效力，《马德里协定》规定为 20 年，《马德里议定书》改为 10 年，期满也可以无限制续展，续展期仍为 10 年。

(7) 关于国际注册与原属国注册的关系，《马德里议定书》对《马德里协定》的国际

---

① 汤宗舜．知识产权的国际保护．北京：人民法院出版社，1999：273－274．

注册后 5 年内“非独立性”的原则做出了修改，具体表现为以下两个方面。

第一，议定书在第 9 条之五规定，在由于作为国际注册根据的原属国的基本申请被驳回或者基本注册被宣告无效，国际注册根据原属国主管机关的请求而被国际局撤销时，国际注册的持有人可以在原国际注册生效的各个缔约国，提出将该注册转变为同一商标注册的国家申请，并以国际注册之日为申请日，国际注册享有优先权的，还可以享有优先权。

第二，根据议定书的第 6 条第 3 款，如果自国际注册之日起 5 年内，对作为国际注册根据的原属国的基本申请以及由该申请而产生的注册，或者对作为国际注册根据的原属国基本注册提起申诉、诉讼或异议，在 5 年期满以后做出驳回、撤销、无效等终局决定或判决的，应撤销国际注册。而在相同的情况下，《马德里协定》只要求国际局予以登注，而不要求其撤销国际注册。

除了在上述 7 个方面对《马德里协定》的主要内容进行了补充和修改之外，《马德里议定书》还在有关费用和使用文字方面做出了不同规定。《马德里协定》规定每一缔约国只能收取很低的指定国费用，而《马德里议定书》则规定指定费用的数额由各缔约国自行确定，因此各缔约国可以收取比较高的指定费用，以阻止一些不必要的商标国际注册。此外，根据《马德里协定》提出的国际注册申请只能用法文撰写，而根据《马德里议定书》提出的国际注册申请可由法文或英文撰写，这为申请人提供了很大的便利。

（二）商标权的跨国受让取得

前文已经提到，在商标的转让问题上，TRIPS 协定的规定比《巴黎公约》的规定更为灵活，对商标权人更为有利。TRIPS 协定第 21 条规定：各成员方可以确定商标转让的条件，已注册商标的所有者有权将商标所属企业与商标一同转让或只转让商标不转让企业。这实质上就是肯定了商标作为一种独立的无形财产可以单独转让的法律地位。

在我国，商标一直是可以作为无形财产独立地进行转让的，只不过为了保护广大消费者的利益，《商标法》第 42 条要求：“转让注册商标的，转让人和受让人应当签订转让协议，并共同向商标局提出申请。受让人应当保证使用该注册商标的商品质量。”“转让注册商标的，商标注册人对其在同一种商品上注册的近似的商标，或者在类似商品上注册的相同或者近似的商标，应当一并转让。”“对容易导致混淆或者有其他不良影响的转让，商标局不予核准，书面通知申请人并说明理由。”“转让注册商标经核准后，予以公告。受让人自公告之日起享有商标专用权。”

由于商标具有非常严格的地域性，因此在商标跨国受让取得时要特别注意在不同的国家（或地区）商标权人可能是不同的，因此事先查询权利人等信息是非常重要的环节，与此相关比较典型的案例是**苹果公司、IP 申请发展有限公司诉唯冠科技（深圳）有限公司商标权权属案**。①

① 此案例案情来自广东省深圳市中级人民法院（2010）深中法民三初字第 208、233 号民事判决书。

案　例

苹果公司、IP申请发展有限公司诉唯冠科技（深圳）有限公司商标权权属案

唯冠国际控股有限公司（以下简称“唯冠控股”）于1989年在中国香港地区设立。唯冠控股在中国大陆、中国台湾等11个国家和地区设有子公司或分公司。唯冠电子股份有限公司（以下简称“台湾唯冠”）是唯冠控股在中国台湾设立的子公司。唯冠科技（深圳）有限公司（以下简称“深圳唯冠”）是唯冠控股在中国大陆设立的子公司。IP申请发展有限公司（以下简称“IP公司”）是美国苹果公司在英国注册的子公司。

2011年，深圳唯冠在中国大陆获得2个“IPAD”相关注册商标专用权，2001年至2004年，台湾唯冠分别在欧盟、韩国等国家和地区共计获得8个“IPAD”相关注册商标专用权。

2009年12月23日，IP公司与台湾唯冠签署商标转让协议，台湾唯冠向IP公司转让包括中国大陆的“IPAD”商标在内的共10个“IPAD”商标。2010年4月7日，IP公司与苹果公司签署协议，转让其取得的所有“IPAD”商标相关权益。苹果公司在其生产的平板电脑产品上使用“IPAD”商标，并向包括中国大陆在内的市场销售上述商品。

深圳唯冠获悉苹果公司销售标有“IPAD”商标的平板电脑的消息后，向苹果公司提出，深圳唯冠为该商标的真正权利人，并要求苹果公司停止侵权，赔偿损失。2010年6月，苹果公司、IP公司向深圳市中级人民法院提起诉讼，认为苹果公司依法取得了涉案商标的专用权，要求确认其为涉案商标专用权人，并以此为由申请保全了涉案商标。

深圳市中院经审查认定：台湾唯冠转让商标权人为深圳唯冠的中国大陆“IPAD”商标并没有得到深圳唯冠的授权，台湾唯冠和深圳唯冠之间的表见代理亦不成立，因此IP公司与台湾唯冠的商标转让协议对深圳唯冠不产生任何约束力。在本案中，作为涉案商标专用权人的深圳唯冠没有和IP公司签订任何书面协议，更没有履行任何申请审批和公告程序，商标专用权也没有发生任何变动，因此IP公司不能要求享有涉案商标专用权，苹果公司也不能请求确权。

2012年1月5日，苹果公司和IP公司不服一审判决，向广东省高级人民法院提起上诉。2012年7月2日，广东省高级人民法院下达了民事调解书，苹果公司向深圳唯冠支付6 000万美元以获得后者在中国大陆地区的两个“IPAD”商标。

三、国际商品或服务分类

在绝大多数国家的商标注册制度中，都规定实行“申请在先原则”，即如果相同或相近的商标由不同的申请人申请在同种类的商品或服务项目上获得注册，注册机关只能给予最先申请的人以商标注册。为此，一国的商标注册主管机关必须建立一套注册商标的检索制度，把那些在某类商品或服务项目上已经获得注册或已经申请的商标，按商品或服务项目的类别归档或储入计算机，以便在接到新的申请案时，查看是否已有人获得了有关的注册权或提出了在先申请。所以，和对专利适用的不同工业领域需要做详细的分类一样，对商标所属的不同商品或服务项目也需要有详细的分类，而且为了商标多国注册的便利，建立统一的商标国际分类法也势在必行。

为了解决上述问题，1957年6月，一些国家在法国的尼斯缔结了《为商标注册目的而使用的商品和服务的国际分类尼斯协定》（简称《尼斯协定》），该协定于1961年4月生效，后来于1967年在斯德哥尔摩、1977年在日内瓦做了两次修订。至于根据《尼斯协定》建立起来的商标与服务国际分类法，则由成员国的专家委员会经常修订。《尼斯协定》只对《巴黎公约》的成员国开放，截至2019年2月，《尼斯协定》总共有85个缔约国家，但实际上更多国家的商标主管机关采用这一国际分类法。中国于1994年8月9日加入该协定，适用1977年日内瓦文本。

根据《尼斯协定》建立起来的商品和服务国际分类法包括英文和法文两个版本，目前有效的是2017年生效的第11版，其主要内容包括两个清单：一是商品和服务分类清单。其中商品34类，服务11类，每一类都有一个号码。分类的标准是商品或服务的共同属性，所谓商品的共同属性，主要指功能、用途或原料等，而服务的共同属性则指的是提供服务的行业的特征。二是按字母顺序排列的商品和服务清单，在每一个商品或服务的名称后都标明了其所属的类别。

为了便于使用上述国际分类法，世界知识产权组织国际局也根据上述两个清单另行编制了一个按分类顺序排列的商品和服务表，在这个表中，商品和服务的名称是在每一类标题下再按字母顺序排列的。

《尼斯协定》规定，缔约国保留将国际分类法作为主要制度或辅助制度的权利。但是，商标注册的申请人根据《马德里协定》或《马德里议定书》提出国际注册的申请时，在其申请书中必须列出使用其商标的商品或服务的名称，并按照商品和服务的国际分类法标明其所属类别。

第二节 地理标志的国际保护

一、地理标志的含义及相关概念辨析

（一）地理标志的含义和特点

依据TRIPS协定第22条第1款的规定，地理标志（geographical indications）是指表示一种商品的产地在某一成员领土内，或者在该领土内的某一地区或地方的标志，而某种商品的特定品质、名声或者其特色主要与其地理来源有关。我国《商标法》第16条亦规定："地理标志，是指标示某商品来源于某地区，该商品的特定质量、信誉或者其他特征，主要由该地区的自然因素或者人文因素所决定的标志。"

从上述规定可以看出，地理标志具有如下特点。

（1）地理标志是商品的产地，其标志方式有三种：第一种为某一成员的领土，如"中国丝绸"；第二种为某一成员领土内的某一地区，如"中国新疆葡萄干"；第三种为某一成员领土内某一地区内的一个地方，如"中国江西景德镇瓷器"。

（2）该种商品的特定品质、名声或特色与其地理来源有关，即地理标志与特定商品的品质、名声或特色有内在本质的联系，因此对地理标志的滥用或者足以使人产生误解的利

用不仅可能导致消费者的误认误购，而且可能产生与有权使用人之间的不正当竞争。

地理标志是TRIPS协定要求成员必须保护的知识产权客体之一，其重要性不言而喻。但是，目前在相当多的关于地理标志知识产权保护的文章中，对地理标志及相关概念（其中主要包括产地标志、原产地名称、第二含义商标等）在内涵、外延及相互关系上都没有能够严格界定，甚至出现了严重的混淆，这些都极大地影响了对TRIPS协定相关规定的理解。在探讨对地理标志的法律保护之前，先将其和相关概念进行辨析是非常必要的。

（二）地理标志与原产地名称、产地标志概念辨析

在地理标志和相关概念的关系中，目前混淆得最为厉害的是地理标志和产地标志（indications of source）、原产地名称（appellations of origin）。这种混淆主要表现为两种：其一是将地理标志作为原产地名称和产地标志的总称或统称来理解和适用。例如："地理标记是由货源标记（即产地标志，下同。——引者）和原产地名称共同组成的"①，"产地标志或原产地名称，是与商品有关的区别标志，在知识产权协议中统称为地理标志"②，"在知识产权领域，根据产品质量或声誉与产地之间存在的不同联系，将地理标志分为货源标记和原产地名称"③。其二是认为地理标志与原产地名称在内涵、外延上完全相同，是可以相互替代的概念。例如："所谓地理标志，或称为原产地名称，通常是指那些与有关商品的质量、功能或其他特性有密切联系的地理名称"④，"地理标志又称原产地名称，是用来标识商品于特定国家、地区、地方所生产、制造或者加工而使用的区别性标志"⑤。

在TRIPS协定之前，有关的知识产权公约以及关贸总协定从未有过"地理标志"的提法，但是存在两个和产地标志、原产地名称有关的国际公约，即1891年《关于制止产品虚假或者欺骗性产地名称马德里协定》（Madrid Agreement for the Repression of False or Deceptive Indications of Source on Goods，以下简称《产地名称马德里协定》）和1958年《保护原产地名称及其国际注册里斯本协定》（Lisbon Agreement for the Protection of Appellations of Origin and their International Registration，以下简称《原产地名称里斯本协定》），此外，与这两个公约关系密切的《巴黎公约》也把"产地标志或原产地名称"作为其保护的工业产权的客体之一。⑥ 为了弄清地理标志及与其相关的产地标志、原产地名称之间的关系，有必要追本溯源，沿着《巴黎公约》—《产地名称马德里协定》—《原产地名称里斯本协定》—TRIPS协定这一发展脉络，首先分析各个概念在各个条约中的原意，然后探究它们在演化和继承关系中形成的相互关系。

《巴黎公约》是最早规定保护与地理标志相关知识产权的国际公约。《巴黎公约》没有使用"地理标志"的概念，而是在第1条（2）中界定工业产权的具体保护客体时提到了

---

① 张今．知识产权新视野．北京：中国政法大学出版社，2000：266.

② 吴汉东，胡开忠．无形财产权制度研究．北京：法律出版社，2001：472.

③ 黄勤南．知识产权法学．北京：中国政法大学出版社，2003：386.

④ 刘成伟．加强地理标志的商标保护．知识产权，2002（2）.

⑤ 张翔飞，张炳生，蒋万来．知识产权新论．北京：人民法院出版社，2002：455.

⑥《巴黎公约》第1条（2）规定："工业产权的保护对象有专利、实用新型、外观设计、商标、服务标记、厂商名称、产地标志或原产地名称，和制止不正当竞争"。

产地标志和原产地名称，至于这两个概念的内涵，公约未予界定。博登浩森[①]在其所著的《保护工业产权巴黎公约解说》中将这两个概念解释为："货源标记一般包括用来表明产品或服务来自一个国家或一组国家、地区或地方的所有标志或表达方式。对这种标记进行虚伪的或使人误解的使用，通常是禁止的"；"原产地名称的定义可以说是用来表明产品所来自的国家、地区或地方的地理名称，而产品的质量或特点完全是或主要是由于地理环境所致，包括自然的或人为的因素在内"[②]。从上述解释可以看出，《巴黎公约》提及的"产地标志"和"原产地名称"是内涵完全不同的两个概念，二者的主要区别在于：产地标志仅仅用于标识产品或服务来自某个国家、地区或者特定地点；原产地名称除了标识产品或服务来自某个国家、地区或者特定地点外，还表明该地域的地理环境，包括该地域的特殊气候、土壤或者传统的生产方式、工艺等，造就了其独有的质量或特性。

从表述上看，《巴黎公约》在这两个概念间使用了"或"（or），这似乎表明二者之间是相互独立、外延不重合的概念，许多学者由此出发，得出"产地标志和原产地名称统称为地理标志"的结论。但是，如果不仅仅从表述上，而是结合公约其他相关规定来考察，所得出的结论会完全不同。《巴黎公约》第 10 条专门规定了保护产地标志，第 10 条之三强化了第 10 条的规定。这两个条款的规定表面上只针对产地标志，但实质上也应当适用于原产地标识[③]，因为每个原产地标识都会构成产地标识，亦即产地标志涵盖了原产地标识。[④] 由此可以看出，"原产地名称"是"产地标志"这一上位概念的一个下位概念，其特点是和从来源地得到的品质或特点有联系的。[⑤]

《产地名称马德里协定》是在巴黎联盟中对《巴黎公约》给予产地的保护范围狭窄和保护规定模糊的状况不满的国家之间签订的。《产地名称马德里协定》没有区分产地标志和原产地名称，但该协定是在《巴黎公约》的框架内制定的，且其在第 1 条第 1 款即规定："凡带有虚假或欺骗性标志的商品，其标志系将本协定所适用的国家之一或其中一国的某地直接或间接地标作原产国或原产地的，上述各国应在进口时予以扣押。"由此可以看出，《产地名称马德里协定》中的"产地名称"是与《巴黎公约》中的"产地标志"一脉相承的，是在内涵及外延方面完全相同的概念。

《原产地名称里斯本协定》在第 2 条第 1 款规定："原产地名称系指一个国家，地区或地方的地理名称，用于指示一项产品来源于该地，其质量或特征完全或主要取决于地理环境，包括自然和人为因素。"由此可以看出，《原产地名称里斯本协定》中的"原产地名称"是与《巴黎公约》中的"原产地名称"一脉相承的，是在内涵及外延方面完全相同的概念。

TRIPS 协定在第 22 条首次使用了"地理标志"，并在该条第 1 款将地理标志定义为："其标示出某商品来源于某成员地域内，或来源于该地域中的某地区或某地方，该商品的

---

① 博登浩森，荷兰人，保护知识产权联合国际局（BIRPI）——世界知识产权组织（WIPO）前身——的局长，其所著的《保护工业产权巴黎公约解说》（原名《保护工业产权巴黎公约适用指南》）是解释《巴黎公约》的权威之作。

② 博登浩森. 保护工业产权巴黎公约解说. 北京：专利文献出版社，1984：17.

③ "这个规定大概仍然主要适用于地理来源的虚伪标记，其中包括原产地名称。"同②127.

④ 孔祥俊. WTO 知识产权协定及其国内适用. 北京：法律出版社，2002：199.

⑤ 同②.

特定质量、信誉或其他特征，主要与该地理来源相关联”。从该条款的表述可以看出，TRIPS协定主要是在原产地名称的意义上定义地理标志内涵的，但与《巴黎公约》及《原产地名称里斯本协定》的“原产地名称”相比，地理标志在外延上又有所拓展。首先，地理标志外延的一部分等同于原产地名称的外延，其对应的内涵是：一个国家、地区或地方的地理名称，用于指示一项产品来源于该地，其质量或特征完全或主要取决于该地域的地理环境。其次，地理标志的外延相对于原产地名称的外延又有所扩大，其扩大的这部分外延对应的内涵为：一个国家、地区或地方的地理名称，用于指示一项产品来源于该地，其声誉主要归因于其地理来源。[①]

在沿着《巴黎公约》—《产地名称马德里协定》—《原产地名称里斯本协定》—TRIPS协定这一发展脉络分析“产地标志”、“原产地名称”和“地理标志”这三个概念的内涵和外延之后，我们可以得出这样的结论：“产地标志”是这三个概念中的上位概念，其内涵是用来表明产品或服务来自一个国家、地区或地方的所有标志或表达方式，其外延在这三个概念中是最大的；“地理标志”是这三个概念中的中位概念，其内涵是“标示出某商品来源于某成员地域内，或来源于该地域中的某地区或某地方，该商品的特定质量、信誉或其他特征，主要与该地理来源相关联”，其外延被包含在“产地标志”的外延之中，但比“原产地名称”的外延要广；“原产地名称”是这三个概念中的下位概念，其内涵是用来表明产品所来自的国家、地区或地方的地理名称，而产品的质量或特点完全或主要由地理环境所致，包括自然的和人为的因素在内，其外延在这三个概念中是最小的。

总　结

产地标志、原产地名称和地理标志概念辨析

上位概念	产地标志	表明产品或服务的产地或来源
中位概念	地理标志	表明商品的产地，以及该商品的特定质量、信誉或其他特征主要与该产地相关联
下位概念	原产地名称	表明产品的产地，以及产品的质量或特点完全或主要由地理环境所致，包括自然的和人为的因素在内

（三）地理标志与第二含义商标概念辨析

第二含义商标（secondary meaning trademark）是英美普通法通过判例创造的一个概念，但目前已为大多数国家商标法所确认。

商标最主要的功能是其具有识别性，能够引导消费者将使用该商标的商品或服务从同类商品或服务中区别开来。为实现此功能，各国商标法均要求商标具有显著性（significance），不具有显著性的标识，如商品的通用名称、图形、型号、产地标志或者直接表示商品的质量、主要原料、功能、用途、重量、数量及其他特点的标识等，不能注册为商标。但是，在现实生活中，一个本身不具有显著性的标识却可能因为长期使用，对消费者

① 吴春岐．地理标志及原产地名称等相关概念的探究．山东大学学报（哲学社会科学版），2003（4）．

而言其与特定的商品联系在了一起，而具备了超出原始含义的第二含义。例如，“茅台”的本来含义是地名，即贵州省仁怀市茅台镇，其作为商标使用因其直接表示该商品的产地，原本是不符合商标法，不应当获得注册的。但是由于茅台酒闻名遐迩，只要一提到“茅台”二字，消费者首先联想到的不是茅台镇，而是茅台酒，于是“茅台”二字因为与一种特定的酒联系在一起并将该酒与其他酒区别开来，具有了识别特定的酒的新的含义。其作为一种特定品牌的酒的标识意义为第二含义，其茅台镇的地名意义为第一含义，从市场认知程度来看，其第二含义显然已经超过第一含义。

第二含义商标的外延是比较广的，商品的通用名称、产地标志、描述性标志等都可能因为长期使用，具备超出原始含义的第二含义而被允许作为商标注册使用，但其中可能与地理标志重叠的部分仅为由地名名称构成的第二含义商标。二者的共同性主要表现在两个方面：其一，地理标志和由地名构成的第二含义商标本来都是缺乏显著性的地理名称；其二，地理标志和由地名构成的第二含义商标都是在使用过程中获得了识别性，使消费者能够将其与其他生产者的同类商品区分开来，二者都与特定商品的特定质量、信誉或其他特性有一定的联系。

由地名构成的第二含义商标因为与地理标志具有上述共同特征，在实践中很容易混淆。因此，实践中常常错误地将第二含义商标认定为地理标志，或者错误地将地理标志作为第二含义商标注册，甚至出现了将同一地理名称既作为第二含义商标由特定生产者所有，又作为地理标志被符合该地域要求的所有生产者自由使用而导致的法律纠纷。因此一个特定的地理名称究竟应当作为第二含义商标还是作为地理标志获得保护，是必须严格界定的。在仔细分析第二含义商标和地理标志的内涵和外延之后，我们发现，地理标志和第二含义商标在表征某一商品时存在以下四个方面的区别。

第一，使用地理标志的商品必须产于该地理标志所标示的地域，且其质量或者特征完全或者主要取决于当地的地理因素，这里所说的地理因素包括自然资源、地理环境、该地悠久的传统工艺等。而由地名构成的第二含义商标虽然以地理名称命名，但其产品的质量与当地的地理因素并无关系，有些甚至不是在该地域内生产的，但由于在长期的使用过程中，这种商品以其优异稳定的质量获得消费者的认可，因此相关的地名具有了第二含义，这种商标也就演化成了第二含义商标。如20世纪80年代著名的“北京”牌电视机的原产地并非北京，而是天津，该电视机的质量、特征也和“北京”这一地名毫无关系，因此“北京”商标只能是第二含义商标而不能成为地理标志。

第二，在一个普通的地理名称演化为地理标志和第二含义商标的过程中，地理标志的形成往往凝聚了这一地域众多生产者的智慧和劳动，而第二含义商标的形成通常是由一个生产者完成的。[①] 前者如享誉四方的金华火腿。自宋代以来，金华地区世代劳动者通过不断改进工艺，从而形成了金华火腿稳定的质量和特性。但是，20世纪80年代“金华”二字却被浙江省某食品公司作为普通商标注册，一夜之间这一地区祖祖辈辈生产金华火腿的生产者被“合法”地剥夺了生产金华火腿的权利，而“合法”注册人生产的火腿即使与金华火腿风马牛不相及也可堂而皇之地宣称只有其产品才是唯一正宗的金华火腿。这种可笑

① 段冰，王勤秀，杜少南．地理标志与第二含义商标比较研究．培训与研究（湖北教育学院学报），2003（4）．

的现象就是误把地理标志作为第二含义商标注册造成的。后者如关于“东阿阿胶”的争议。早在1978年，东阿阿胶集团就在阿胶上申请并注册了“东阿”商标。东阿阿胶虽以出自山东东阿县而得名，但其独特的品质并不取决于东阿县的地理环境，而是取决于东阿阿胶集团独创性的生产工艺，因其生产的阿胶质量、信誉良好，“东阿”二字开始具有了超出原始地名含义的第二含义，“东阿”商标成为一个典型的第二含义商标。但是，2002年2月25日，国家质量监督检验检疫总局发布2002年第17号公告，认定“东阿阿胶”为原产地标志并予以保护，同时，“东阿牌”“福牌”“东阿镇牌”都被纳入东阿阿胶原产地标志保护之列。此公告发布不到一个月，东阿阿胶集团即对此提出异议，理由是该公告侵犯了东阿阿胶集团对“东阿”注册商标依法享有的专有权利。根据我国商标法，东阿阿胶集团有权禁止他人未经其许可在同一或类似商品上使用与其注册商标“东阿”相同或近似的商标。而有关部门对“东阿阿胶”原产地标志的认定，使得他人可以堂而皇之地在相同商品上使用“东阿”注册商标，从而不正当地使用了东阿阿胶集团的无形资产。2002年4月14日中央电视台《焦点访谈》栏目曝光山东福胶集团为了牟取暴利，用马头皮、马腿皮生产阿胶。由于“福胶”也属于与“东阿阿胶”一并受到保护的系列原产地标志，因此该企业的行为无疑会给“东阿”的商标信誉带来损害。

第三，地理标志主要以集体商标或证明商标的形式或者作为原产地域产品标识而由某一地区所有符合条件的企业使用，其所有者和使用者是分离的，并且没有保护期的限制；由地名构成的第二含义商标通常以普通商标的形式由创造和使用该商标的一个企业独占使用，它的保护期与普通商标一样，到期如果要继续使用必须履行续展手续。

第四，地理标志和第二含义商标对消费者的标识作用是不同的。地理标志直接并且仅仅标示商品的产地，对于产地内的相同或类似商品则没有区别作用；第二含义商标则将某一生产者的商品从同种类商品中识别出来，第二含义商标往往是具有相当知名度的商标，消费者在提及该商标时首先联想到的是该商标所标识的商品或服务，对其本身所代表的地理名称并不看重。从这个角度看，前述提及的“茅台”商标就是典型的第二含义商标，其不具有地理标志的特征，如果将其同时作为地理标志保护反而容易引起混乱。

二、地理标志国际保护的共同规则

(一)《巴黎公约》对产地标志的保护

《巴黎公约》对产地标志的保护体现在第10条和第10条之三。成员国在直接或间接使用虚假的产地标志的商品进口到该国时，应依检察官或其他主管机关或利害关系人的请求予以扣押。如果该国法律不允许在进口时扣押，应代之以禁止进口或在国内扣押。如果该国法律也不允许这样做，那就应按照国民待遇原则，采用该国国民在同样情况下依法可以采取的诉讼或救济手段。此外，各成员国还应保证其他成员国国民获得适当的法律上的救济手段，以有效地制止使用虚假的产地标志的交易。

所谓直接使用假冒的产地标志，就是在交易的商品上直接标注一个虚假的地方、该地方所在的地区或国家名称作为商品的产地。间接使用假冒的产地标志，就是在对产地进行了虚假的宣传之后在交付的商品上没有标明产地，或者是以图形的方式暗示虚假的商品产地。

我国自 1985 年加入《巴黎公约》就开始为其他成员国的产地标志及原产地名称提供保护。例如在 20 世纪 80 年代风行中国的“香槟”酒，在 20 世纪 90 年代全部消失，这就是因为“干邑”“香槟”是经法国有关原产地标志主管部门认定的产地标志。

（二）TRIPS 协定对地理标志的保护水平

尽管 WIPO 体系内有一些公约早已涉及原产地名称、产地标志等与地理标志相关的客体的保护，但是，为真正意义的地理标志提供知识产权保护却是 TRIPS 协定确立起来的。TRIPS 协定对地理标志的保护主要包含以下三个方面的内容。

1. 地理标志国际保护的基本规则

首先，TRIPS 协定规定，成员应在地理标志方面提供法律措施以使利害关系人阻止下列行为：（1）不论以何种方式，在商品的称谓或表达上，明示或暗示有关商品来源于并非真正来源地，并足以使公众对该商品来源误认的。这一点是对《巴黎公约》关于产地标志保护的重申，而所谓“明示或暗示有关商品来源于并非真正来源地”，其实也就是《巴黎公约》中的直接假冒或间接假冒产地标志的行为。（2）构成《巴黎公约》1967 年文本第 10 条之二所规定的不正当竞争的任何做法。作为最低要求，《巴黎公约》规定了三项必须予以禁止的不正当竞争行为：1）具有不择手段地对竞争者的营业所、商品或工商业活动造成混乱性质的一切行为；2）在商业经营中，具有损害竞争者的营业所、商品或工商业活动的信用性质的虚假说法；3）在商业经营中使用容易使公众对商品的性质、制造方法、特点、用途或数量产生误解的一切表示或说法。

其次，TRIPS 协定要求成员打击利用商标作为虚假的地理标志暗示的行为。具体规定为：“如果某商标中包含有或组合有商品的地理标志，而该商品并非来源于该标志所标示的地域，于是在该商标中使用该标志来标示商品，在该成员地域内即具有误导公众不去认明真正来源地的性质，则如果立法允许，该成员应依职权驳回或撤销该商标的注册，或者依一方利害关系人的请求驳回或撤销该商标的注册。”我国《商标法》第十六条规定：“商标中有商品的地理标志，而该商品并非来源于该标志所标示的地区，误导公众的，不予注册并禁止使用；但是，已经善意取得注册的继续有效。”这就是 TRIPS 协定该项要求的国内法转化。

最后，TRIPS 协定在第 22 条第 4 款，还有一个令人费解的对地理标志的特殊规定：如果某地理标志虽然逐字真实指明商品之来源地域、地区或地方，但仍误导公众以为该商品来源于另一地域，则成员亦可禁止其使用。既然真实地指明商品来源，又怎么会产生误导公众的后果呢？这里试举一例以说明：美国是一个移民国家，出于对故乡的思念，移民用家乡的名字来给新开拓的城市命名非常普遍，比如在得克萨斯州就有一个城市叫“巴黎”。假设在得克萨斯州的巴黎市有人生产香水，并在商品包装上注明“巴黎”字样出口，对普通消费者来说，其首先联想到的是负有盛名的法国巴黎的香水，因此在这种情况下真实地指明商品来源的地理标志仍会产生误导公众的后果。

2. 对葡萄酒和白酒地理标志的补充保护（additional protection for geographical indications for wines and spirits）

酒类商品一直是世界上多数国家利润较高的商品之一，而且酒的品质、特色常常与酿造地的水质、土壤、气候等地理环境以及传统酿造技术有关。因此，对酒类商品地理标志的保护具有特别重要的意义。鉴于此，TRIPS 协定以极大的篇幅特别要求各成员采用法律手段对酒类地理标志提供比对其他商品地理标志更具体、更严格的保护。此外，由于西欧一些国家酿造葡萄酒的历史非常悠久并且在葡萄酒地理标志的使用上有深厚的社会和历史背景，因此，对葡萄酒地理标志的使用和保护，TRIPS 协定还做出了一些较为特殊的规定，包括要求成员对诸多葡萄酒使用的同音字或同形字的地理标志均给予保护以及建立葡萄酒地理标志的通告和注册制度（multilateral system of notification and registration of geographical indications for wines）等。

3. 对地理标志保护的例外

TRIPS 协定在第 24 条第 4 款至第 9 款，规定了对地理标志提供保护的六种例外。

（1）在先使用和善意使用。如果某成员之国民或居民已连续在该成员地域内，于相同或有关的葡萄酒或白酒商品或服务上，使用了另一成员用于标示有关商品或服务的地理标志，同时，其于部长级会议结束乌拉圭回合谈判（即 1994 年 4 月 15 日）之前已使用至少 10 年，或在该日前系善意使用，那么该成员无须制止其以同样方式继续使用该地理标志。

（2）商标的善意申请、注册或使用。如果在一成员根据协定第六部分“过渡协议”（Transitional Arrangements）的规定适用协定之前，或在有关地理标志于来源国获得保护之前，某商标已善意申请或获得注册，或已通过善意使用获得商标权，那么不应因为该商标与地理标志相同或近似，而损害该商标注册的利益或效力，或损害该商标的使用权。

（3）地理标志作为商品或服务的惯用名称。如果在某一成员的地域内，某种商品或服务的惯用名称与任何其他成员有关商品或服务的地理标志相同，该成员无须制止此种商品或服务惯用名称的使用。例如，“china”是“瓷器”在许多英语国家的通用名称，那么不能因为它在读音上与“中国”的英文相同，就不允许一般人将其作为瓷器的名称使用。

（4）作为商标注册或使用已超过一定时间。如果地理标志被作为商标注册或使用，有关利害关系人必须在受保护地理标志不被作为地理标志使用在该成员地域内已经为人所共知后的 5 年内提出请求，或者如果该商标在注册之日已被公布，并且公布之日早于上述“人所共知”之日，则请求应在该商标注册后 5 年内提出，条件是对该地理标志的使用或注册不是恶意的。

（5）姓名或名称的使用权。对地理标志的保护不得损害任何人在贸易活动中对其姓名或其继续用之营业名称的使用权，但以误导公众的方式使用除外。

（6）任何在来源国不受保护或中止保护的地理标志、或在来源国已废止使用的地理标志，成员均无义务提供保护。

4. TRIPS 协定对地理标志保护的发展

在地理标志的保护上，TRIPS 协定留下了两个问题：一是协定规定应当谈判建立一个葡萄酒地理标志的通告与注册多边体系，二是协定只强制性地要求成员保护葡萄酒和白酒的地理标志。①

---

① 就知识产权来说，关于 TRIPS 协定与公共健康的关系，另行通过的《公共健康宣言》已经对有关问题做出了明确规定。这样，在知识产权方面列入世界贸易组织新一轮谈判的议题就只有一个，即葡萄酒和白酒地理标志的通告与注册多边体系的建立。

关于第一个问题，现行的 TRIPS 协定虽然强制性地要求成员保护葡萄酒和白酒的地理标志，但又只规定成员应就葡萄酒地理标志的通告与注册多边体系进行谈判，至 1996 年世界贸易组织的新加坡部长会议上，才决定将白酒地理标志的通告与注册也纳入谈判的范围。目前，除澳大利亚等少数成员外，大部分成员都对建立有关多边通告与注册框架不持异议，同意就建立框架的标准细节进行进一步讨论与研究。但是，在葡萄酒和白酒地理标志的通告与注册体系上，欧盟的建议与美国、加拿大和日本等国的联合建议有着重大的区别。欧盟建议的主要内容是，就葡萄酒和白酒地理标志来说，各成员可以通过一个多边注册机构来通告和注册其地理标志；同时这种通告和注册对所有成员都有约束力，在发生侵权时权利人可以通过诉讼实施其权利。美国、加拿大和日本等国的联合建议则主张葡萄酒和白酒地理标志的通告与注册多边体系，只是一个信息性的数据库，只具有公告的作用，而不具有对成员的约束力。

关于第二个问题，TRIPS 协定对地理标志的保护过于狭窄，在很大程度上忽视了广大发展中国家和最不发达国家的利益。因为恰恰是在这些国家，由于历史传统悠久、地理环境和区域文化差异较大，许多地方性产品具有鲜明的民族文化特色和地域特征，因而也有很多应当受到保护的地理标志。早在多哈会议之前，捷克和印度等国就已经提出，对于地理标志的保护不应当局限于葡萄酒和白酒，而应该延及其他类别的产品。根据多哈《部长宣言》第 12 段、第 18 段中的有关授权，以及《关于 WTO 现有决议实施有关问题的谅解》的有关规定，TRIPS 理事会讨论了将对葡萄酒及白酒等产品的地理标志保护水平扩大到其他产品的问题。欧盟、瑞士及许多成员都拥有一些本地特产，如瑞士、欧盟的奶酪、巧克力等产品，斯里兰卡的绿茶，古巴的烟草、雪茄等，所以，出于保护自身传统产品的需要，近年来不少成员一直积极推动这项议题的进展，坚决要求在 TRIPS 协定下在对葡萄酒、烈性酒的地理标志提供保护的基础上根据授权就扩大地理标志保护范围进行谈判。在共同利益的基础上，印度、印度尼西亚、巴西等许多国家组成了地理标志共同利益俱乐部以统一和协调立场。而美国、澳大利亚、新西兰等国由于属于欧洲移民成员，很多产品的生产和欧洲大陆有历史渊源关系，由于担心欧盟、瑞士将成为此项议题谈判的最大受益者，将地理标志保护范围扩大可能对其同类产品的生产和出口造成严重损害，因此坚决反对地理标志保护范围的扩大，并以地理标志需重新定义、地理标志保护扩大成本过高为由来拖延有关议题的谈判进展。拉美成员对此持谨慎态度。

上述两个问题，多哈会议通过的《部长宣言》均有涉及。[①]《部长宣言》第 18 条宣称，葡萄酒和白酒地理标志的通告与注册多边体系属于下一轮多边谈判的议题。《部长宣言》还说，已经注意到将地理标志的保护延及其他产品的问题，因而指示 TRIPS 理事会就此问题进行讨论。至于之后的谈判能否将其他产品的地理标志的保护也纳入谈判的范围，以及最后所确定的是欧盟式的具有约束力的通告与注册多边体系，还是美国式的信息性的通告与注册多边体系，至今尚未达成一致。

---

① 李明德. 新一轮世贸谈判中的知识产权. 中国知识产权报，2002-01-31.

总　结

TRIPS 协定对地理标志保护的相关规定

保护的基本要求	①禁止直接或间接地使用虚假的地理标志 ②禁止利用商标作为虚假的地理标志暗示 ③如果地理标志是商品真实的产地，但仍有误导公众可能的，成员可禁止此种真实地理标志的使用 ④要求成员对酒类地理标志提供更加具体、严格的保护
保护的例外	①在先使用和善意使用 ②商标的善意申请、注册或使用 ③地理标志作为商品或服务的惯用名称 ④作为商标注册或使用已过异议时效 ⑤不得妨碍姓名权或名称权 ⑥起源国不予保护的地理标志
待讨论的新议题	①葡萄酒地理标志的通告与注册多边体系的性质和约束力 ②是否建立更大范围的地理标志通告和注册多边体系

三、地理标志权的取得方式

无论是《巴黎公约》还是 TRIPS 协定，对地理标志权的取得方式和程序都没有规定。地理标志权的取得方式和程序与各国对地理标志权的保护模式有关，大致可以分为商标注册取得和专门注册取得两种。

（一）商标注册取得模式

在商标注册取得模式下，地理标志权的合法持有人或受托人（一般为对商品的特定品质具有检测能力和监督能力的本地区的法人组织或行业协会），可以将该地理标志申请注册为集体商标或证明商标，按其注册的章程使用该集体商标或证明商标。美国采取的是典型的商标注册取得模式。在中国也可以通过注册集体商标或证明商标的方式取得这种地理标志权，2015 年 8 月 10 日，百色市发展水果生产办公室将“百色芒果”申请注册为证明商标就是典型的例子。

（二）专门注册取得模式

在专门注册取得模式下，地理标志权要通过专门的注册取得，这又可分为国内地理标志注册和区域地理标志注册两种。

1. 国内地理标志注册

以法国地理标志注册为例，其申请注册程序如下：（1）相关地理标志保护机构收集相关资料，准备申请材料；（2）向法国原产地保护国家委员会（INAO）和政治经济委员会（DPEI）递交申请；（3）原产地保护国家委员会审查后提交国家委员会，国家委员会成立调查委员会进行审查；（4）调查委员会得出结论，国家委员会据此批准或推迟或驳回申请。该注册一般历时较长（5 年左右），仅在法国有效。[①]

我国于 2005 年发布实施了《地理标志产品保护规定》，依据该规定的地理标志国内注册程序如下。

（1）申请。地理标志产品保护申请，由当地县级以上人民政府指定的地理标志产品保护申请机构或人民政府认定的协会和企业提出，并征求相关部门意见。申请保护的产品在县域范围内的，由县级人民政府提出产地范围的建议；跨县域范围的，由地市级人民政府提出产地范围的建议；跨地市范围的，由省级人民政府提出产地范围的建议。

（2）受理。出口企业的地理标志产品的保护申请向本辖区内出入境检验检疫部门提出；按地域提出的地理标志产品的保护申请和其他地理标志产品的保护申请向当地（县级或县级以上）质量技术监督部门提出。省级市场监管局和直属海关出入境检验检疫部门，按照分工，分别负责对拟申报的地理标志产品的保护申请提出初审意见，并将相关文件、资料上报国家质检总局（现市场监督管理总局）。

（3）形式审查与公告。国家质检总局（现市场监督管理总局）对收到的申请进行形式审查。审查合格的，由国家质检总局（现市场监督管理总局）在相关公报、政府网站等媒体上向社会发布受理公告；审查不合格的，应书面告知申请人。有关单位和个人对申请有异议的，可在公告后的 2 个月内向国家质检总局提出。

（4）实质审查与公告。国家质检总局（现市场监督管理总局）按照地理标志产品的特点设立相应的专家审查委员会，负责地理标志产品保护申请的技术审查工作。国家质检总局（现市场监督管理总局）组织专家审查委员会对没有异议或者有异议但被驳回的申请进行技术审查，审查合格的，由前者发布批准该产品获得地理标志产品保护的公告。

地理标志产品产地范围内的生产者使用地理标志产品专用标志，应向当地质量技术监督部门或海关出入境检验检疫部门提出申请，申请经省级市场监管局或直属海关出入境检验检疫部门审核，并经国家质检总局（现市场监督管理总局）审查合格注册登记后，发布公告，生产者即可在其产品上使用地理标志产品专用标志，获得地理标志产品保护。获准使用地理标志产品专用标志资格的生产者，未按相应标准和管理规范组织生产的，或者在 2 年内未在受保护的地理标志产品上使用专用标志的，国家质检总局将注销其地理标志产品专用标志使用注册登记，停止其使用地理标志产品专用标志并对外公告。

2. 区域地理标志注册

（1）欧盟的地理标志注册。

欧盟地理标志注册的主要依据是 1992 年通过、1993 年 6 月 1 日生效的《农产品食品地理标志和原产地名称保护条例》（欧盟理事会第 2081/92 号规则）。根据该条例的地理标志申请注册程序如下：1）申请。协会或贸易商向成员国主管机构提出申请，成员国主管机构形式审查后转送到欧盟委员会（具体主管机构为欧盟委员会农业分部质量政策处）。2）审查。欧盟委员会形式审查并公布，同时通过其任命的欧盟科学委员会对相关因素进行技术审查，包括名称的通用性、产品的传统性、市场竞争的公平性、消费者可能被误导的风险性及与商标的冲突等方面。3）公告。在 6 个月的审查和异议期内，成员国或利害

---

① 冯汉桥. 国际贸易中知识产权的取得与保护. 北京：知识产权出版社，2011：97.

关系方可提出异议，如果审查通过或虽然有异议但异议不成立，则该地理标志将被注册并在官方公报（OJ）上公布。在欧盟获准注册的地理标志无期限限制，任何人只要其产品符合既定的要求，均有资格使用该标志。

欧盟地理标志注册体系极大地方便了欧盟成员国内地理标志的注册和保护，但对起源于欧盟以外第三国的地理标志，《农产品食品地理标志和原产地名称保护条例》设置了不少的障碍。针对这些障碍，在2003年**美国和澳大利亚诉欧共体商标及地理标志保护案**①后，欧盟根据WTO专家组报告的要求进行了适当的调整，起源于欧盟以外第三国的地理标志自此享有与欧盟内地理标志相同待遇的注册和保护。

案　例

美国和澳大利亚诉欧共体商标及地理标志保护案

本案的争点主要涉及如下两个方面。

第一，《农产品食品地理标志和原产地名称保护条例》（以下简称《条例》）关于“起源于第三国的地理标志”注册的规定，是否违反了TRIPS协定第3条第1款的国民待遇原则？

被控对象认为，《条例》第12条做了三项规定：(1) 起源于第三国的地理标志必须在证明起源国为来自欧盟的食品和农产品提供了互惠的保护，并具备与欧盟同等水平的地理标志保护体系的条件下才能在欧盟取得注册；(2) 起源于第三国的地理标志注册申请必须先交由起源地有关当局，如果该当局认为满足《条例》的要求，就可以将申请转交欧盟委员会，该当局还必须提交有关地理标志在该国的保护和确立的法律规定及其实施状况的说明，以及其领土上已经建立了地理标志保护制度的声明；(3) 对地理标志申请或注册有异议的，异议者须先将异议提交给其住所或营业所所在地国家（可能是欧盟成员国也可能是第三国）的有关当局，由该当局审查并提交或转交给欧盟委员会。

美澳主张：《条例》第12条关于保护的条件、申请程序和异议程序的规定构成了对其他WTO成员国民的歧视，违反了TRIPS协定的国民待遇原则。

专家组经审理认为：(1)《条例》第12条根据地理标志的起源不同，规定了不同的受保护的条件、申请程序和异议程序，这些规定使得其他成员的国民在申请程序、异议程序和受保护上面临更多的障碍，因为其他成员没有义务受理转交（注册或异议）申请并提供其地理标志保护状况（是否满足互惠条件，是否具有同等水平）的声明；(2) 根据现有的记录和数据，在一个WTO成员境内生产、加工和制造相关地理标志产品的绝大部分自然人和法人都是该成员的国民，欧盟也不例外。因此，《条例》表面上是针对地理标志的起源国，实际上是在希望获得地理标志保护的其他成员的国民和欧盟国民之间进行了歧视。

专家组做出结论：《条例》第12条的上述规定损害了其他成员国民获得地理标志注册和保护的实质平等的机会，违反了TRIPS协定第3条第1款的国民待遇原则。

第二，《条例》关于商标使用和地理标志注册的规定，是否违反了TRIPS协定第16条关于“所授予的权利”的规定？

---

① 此案例案情来自WT/DS174和WT/DS290的专家组报告，具体内容参见https：//docs.wto.org/。

被控对象认为，《条例》第 14 条做了两项规定：(1) 如果商标的申请、注册或通过使用取得商标权，发生在有关地理标志取得其起源国的保护之前，或者在向委员会提交地理标志注册申请之前，该商标可以继续使用；(2) 考虑到在先商标的信誉与知名度以及使用时间的长短，如果地理标志的注册会使消费者对产品的真实身份产生误解，则不能被注册。

美澳主张：《条例》第 14 条的上述规定，使得在先商标只能阻止混淆性地理标志的注册，但不能阻止混淆性地理标志的使用，这减损了 TRIPS 协定第 16 条第 1 款赋予商标权人的专有权。

欧盟主张：《条例》第 14 条的上述规定虽然减损了商标权人的专有权，但符合 TRIPS 协定第 17 条，而第 17 条是对第 16 条第 1 款的“例外”规定。

专家组经审理认为：(1) 根据 TRIPS 协定第 16 条第 1 款，商标专有权可以阻止任何没有取得所有人同意的第三方使用相同或近似标记（包括地理标志）去标志相同或近似的商品或服务；(2) 但 TRIPS 协定第 17 条允许成员对商标所授予的权利规定有限的例外，包括第 16 条授予的专有权；(3) 此类例外须顾及商标所有人和第三人的合法权益。欧盟的《条例》规定了对地理标志注册的异议程序，被诉规则中也考虑到了消费者权益，满足 TRIPS 协定第 17 条“顾及……合法权益”的要求。

专家组做出结论：根据 TRIPS 协定第 16 条第 1 款，商标专有权禁止可能导致混淆的在后地理标志的使用，但根据第 17 条，成员可以在例外情况下允许二者共存，只要这种例外是有限的，并且顾及了商标所有人和第三人的合法权益。故《条例》第 14 条的上述规定不具有 WTO 违反性。

(2) 非洲知识产权组织的地理标志注册。

《班吉协定》附件 6 规定了成员国地理标志的注册和保护制度。根据该附件的规定，其申请注册程序如下：1) 申请。任何自然人或法人或其联合，如果是申请中所指定地区的指定产品的生产者均可提出申请，有关机关也可提出申请。申请可以向非洲知识产权组织或者通过成员国主管机关提出。2) 审查与公布。该组织将对申请进行形式和实质审查，审查通过的将在地理标志特别登记表上登记，该组织将公布该登记并向申请人颁发注册证。3) 从公布之日起 6 个月内，利害关系人均可提出书面异议，如果异议成立，将撤销该注册。[①]

第三节　网络域名的国际保护

一、网络域名和互联网域名系统

(一) 网络域名的含义和构成

网络域名（domain name）是互联网上识别和定位计算机的具有唯一性的地址符号，

---

① 冯汉桥. 国际贸易中知识产权的取得与保护. 北京：知识产权出版社，2011：99－100.

类似于国际电话网络的电话号码。当某人想给他人打电话时，他需要拨打该人的电话号码；在互联网上，当某一用户想访问网页时，他需要在浏览器中键入访问的网络地址，即域名。

在我国，互联网域名由英文字母或者中文字符、阿拉伯数字和半角连接符（-）以及实点（.）构成。一个完整的域名通常由左右两部分构成：左边是 TCP/IP 协议种类，例如超文本网络协议 http；右边是由实点（.）依次隔开的顶级（一级）、二级、三级甚至四级域名代码所构成的域名代码部分，例如中国政法大学的域名为 http：//www. cupl. edu. cn/，其中顶级域名代码为 cn，二级域名代码为 edu，三级域名代码为cupl。

（二）互联网域名系统（domain name system）

在互联网产生之初，网上计算机的地址是用以实点（.）隔开的阿拉伯数字（如 222. 106. 787. 64）表示的，这种地址结构称为 IP（internet protocal）地址。对普通用户来说，IP 地址既不方便识别记忆，也不方便上网查询，因此一种新的、便于识别记忆的互联网地址系统就被设计出来，这就是互联网域名系统（domain name system，DNS）。

由于互联网起源于美国国防部并在美国完成了商业化运作，并且由此制定出 . com 等顶级域名标准，有关顶级域名的注册与管理一直由美国负责。1998 年，美国政府通过和互联网名称与数字地址分配机构（Internet Corporation for Assigned Names and Numbers，ICANN）签署谅解备忘录，授权 ICANN 管理全球域名系统、协调互联网数字地址的分配以及管理根服务器。此后，国家和地区代码顶级域名和通用顶级域名就由 ICANN 管理。其实 ICANN 只是管理其授权的域名商，在 ICANN 和域名商之间还有一个 VERISIGN 公司，域名商相当于从 VERISIGN 公司批发域名，而管理域名商的机构是 ICANN。

域名是有区域和层次的。依现行域名管理规则，顶级域名代码主要有两类：一类为国别顶级域名代码，分别对应各个国家或地区，如中国为 cn，美国为 us，日本为 jp，中国香港为 hk 等，此类国家顶级域名由各国或各地区政府指定的机构负责注册。另一类为类别顶级域名代码，具体分为. com(工商业实体)、. net(网络服务实体)、. org(组织机构)、. int(国际组织)、. mil(军事机构)、. edu(教育机构)、. gov(政府机构)等。在类别顶级域名代码下注册的域名通常为两级域名代码结构，而在国别顶级域名代码下注册的域名通常为三级或四级域名代码结构。

中国互联网络信息中心（China Internet Network Information Center，CNNIC）负责管理和注册中国顶级域名 . cn，以及在 . cn 下的二级域名、三级域名。三级以下的域名采取逐级授权的原则，由三级域名注册单位进行登记和管理。域名注册服务原则上实行“先申请先注册”，我国 2017 年 11 月 1 日起施行的《互联网域名管理办法》建立了互联网域名的实名注册制，要求域名注册申请者提供域名持有者真实、准确、完整的身份信息等域名注册信息。

二、网络域名的知识产权属性

从技术角度讲，域名只是联入网络的计算机“易被人记忆和识别”的特定标识符，或者说是计算机 IP 地址的外部代码。但是，随着互联网的日益普及和商业化，越来越多的人认识到了域名具有的日益显著且不可估量的商业价值。企业和商家开始有意识地利用域名、宣传自己的域名来创造网络交易环境下的利润，但随之出现的域名抢注、贩售域名牟利以及利用域名淡化他人商标等行为也使相当一部分企业蒙受损失，因此它们开始寻找法律为域名提供保护。但随之产生的问题是：域名具有何种法律价值？它是否属于一种新兴的知识产权？如果属于知识产权，那么它能否归入某种传统知识产权客体的范畴？还是应该成为一种单独的知识产权客体？

1. 域名是否属于知识产权的保护客体？域名专有权是否属于知识产权？

否定性观点的主要理由是：（1）域名只是一种技术参数，不属于创造性的智力成果。知识产权是人们对其创造性的智力成果享有的专有权，而域名是为识别网上计算机地址而设计的一种标志符号，是一种技术参数，不属于创造性的智力成果，因而域名也就不应该属于知识产权保护的对象。（2）知识产权排他性的专有权是法律赋予的，而域名的排他专有权是技术赋予的。知识产权是根据法律规定产生的一种“法权”，其排他性的专有权是法律赋予的，而域名是网上计算机 IP 地址的外部代码，本身就具有唯一性，因此其注册人的专有权不是法律赋予的，而是技术赋予的。（3）知识产权具有严格的地域性，而域名没有以国家为界的地域限制。知识产权的特点之一是具有严格的地域性，而域名专有性没有以国家为界的地域限制，即在整个无国界的网络空间具有唯一性，这种地域性的缺乏使域名难以纳入传统知识产权的范畴。①

肯定性观点的主要理由是：（1）域名具有无形财产的价值。域名是网上用户寻找、认知和评价网站及网页的重要标志符号，因此具有类似商标的商业价值。对域名无形财产特征的认可，美国 Umbro 公司诉 James Tombas 域名注册侵犯其商标权案的判决具有代表性。在该案中弗吉尼亚州 Fairfax 县巡回法院最终判决 Umbro 公司胜诉，并要求域名注册机构冻结 James Tombas 的其他域名，将其拍卖后赔付 Umbro 公司的律师费。法庭认为，域名和房屋或贵重的珠宝一样，都属于财产，并可以用来还债。（2）域名具有排他的专有性。域名是网上计算机的对应地址符号，同一等级内域名具有事实上的唯一性，当然也就只能由其注册人专有，虽然这种排他的专有权是域名的技术本质决定的而不是法律赋予的，但这并不否定其专有的特点和知识产权属性。（3）域名具有时间性。各国域名注册和管理法规一般都要求域名取得注册并经过一段时间后要申请续展，如果不续展则失去注册专用权。（4）地域性是某些知识产权客体的特点，但不是知识产权客体的构成要件之一。而且随着国际经济贸易一体化的发展和有关知识产权国际公约的签订，传统知识产权严格的地域性正不断地被弱化，因此，域名地域性的缺乏不应成为它作为知识产权客体得到保护的障碍。（5）域名具有法定性。域名在各国都是依法注册取得的，在我国域名注册需符合 2017 年 11 月 1 日起施行的《互联网络域名管理办法》，实行实名在线申请，经审查合格后予以注册。

经过一段时间的讨论，到现在，理论界和实务界已基本认同域名具有知识产权的本质特点，域名专有权应当属于知识产权。

2. 域名能否归入商标、商号等传统商业标识？

---

① 唐广良．域名注册环节存在的问题及国内外的相关规定．电子知识产权，2000（12）；李剑．试论我国域名问题规制体系的构建．法律适用，2001（2）．

随着网络经济的发展，域名已具备了超出其技术参数价值的新功能，在一定程度和一定范围内充当了商业标志符号，具有了一定程度的识别性。域名客观上具有的商业标识功能，决定了人们可将之用于广告宣传、产品包装、服务标记等各种场合，并可以之表明域名所有人与特定商品或服务及其他域名使用人之间的特定关系。这一功能与商标、商号（厂商名称）、地理标志等现有知识产权的标识性功能并无本质不同。因此，实践中企业通常会将自己知名度较高的商标或商号注册为域名，使域名成为商标或商号在互联网上的延伸。

但是，域名和商标及商号等其他标识性权利存在以下几个方面的较大差异，因此，域名无法被纳入商标、商号等传统的商业标识的范畴。

（1）构成和识别性上的差异。

商标和商号的构成都要求具有显著性，否则它们难以起到区分商品或服务来源的功能。商标须具有识别性，不具有识别性的字母或图形不能作为商标来使用，如简单的线条、未经设计的阿拉伯数字、未经设计的常见的姓氏、地名、年份、商品的名称等。而域名多以英文字母或数字组成，并无特殊图形的表现，且数字也多不具有特殊意义。域名构成的显著性要求明显低于商标，任何形式的不完全相同或任何程度的相似，只要计算机能够识别均可注册为独立的域名。此外，同已有的商标相同或近似的商标注册申请会被驳回，而域名只要稍微变换一下字母、数字或者连接符，尽管与已有的域名相似，仍可以注册。

（2）注册方式上的差异。

商标要求按照类别注册，因此相同的文字、数字商标可以由不同企业使用或注册于不同种类的商品或者服务上，如“长城”商标可以由几家不同的企业分别注册于服务类商品、电器类商品、饭店上。而域名实行“一名一位”，在同一个域级下，如在 .cn 下，不存在两个 greatwall. cn 的域名。

（3）使用上的差异。

商标和商号注册的目的是商业使用，而域名的注册目的未必是商业使用，依我国商标法的规定，无正当理由未使用或继续停止使用满 3 年的，即应构成商标权撤销的原因。而申请注册的域名并非商标注册，故不受商标法中使用要求的限制。如美国的 Toeppen 一案中的 Toeppen 即占用了将近 240 个商标名称，向美国域名注册机构——网络方案公司（NSI）注册域名而未使用。①

（4）地域性上的差异。

商标权的保护一般采用属地主义原则，外国注册的商标如未在本国注册则不能受到本国的保护，即除驰名商标外的普通商标仅在其注册或使用的法域内得到保护。而域名并无国界的限制，域名一经注册即可以在世界范围有效使用，域名的注册无法采用属地主义的管理，于是就会出现在世界范围有效使用的域名与在某一地域受保护的商标冲突的问题。

---

① Carl Oppedahl. Remedies in Internet Domain Name Trademark Lawsuits. [2006 - 08 - 06]. http: //www. patents. com/nylj8. sht.

(5) 注册和使用的关系不同。

域名是网络中计算机的地址，任何域名都需经过注册。先申请，先注册，不注册就不能在互联网上使用，此原则为各国所普遍遵循。商标则有所不同，商标未经注册只是不具有排他效力而已，并非完全无法使用。在采用先使用原则或混合原则的国家，商标虽未经注册只要能证明其使用者是先使用者，仍可在一定范围内受法律的保护，驰名商标更是未经注册也可能受到保护。此外，商标的注册机构在注册时通常负有检索责任，而域名的注册机构则不负检索责任。***Data Concepts Inc. v. Digital Consulting Inc. and Network Solutions Inc.* 案**[①]就充分地说明了域名和商标在注册和使用方面的不同。

案　例

Data Concepts 公司诉 Digital Consulting 公司和网络方案公司案

原告 Data Concepts 公司自 1982 年起即实际使用 DCI 商标，用于其从事的商业资料管理及工业程序控制软件的跨州及国际交易上，但该商标并未申请注册。被告 Digital Consulting 公司自 1986 年 12 月 2 日即取得 DCI 的商标注册，并使用于商业管理软件及相关服务上。

在 Data Concepts 公司向美国域名注册机构——网络方案公司（Network Solutions Inc.，NSI）申请注册 dci.com 的域名时，Digital Consulting 公司向 NSI 提出异议，认为 Data Concepts 公司申请注册的 dci.com 域名侵犯了其注册商标专用权。NSI 因此驳回了 Data Concepts 公司的域名注册申请。

Data Concepts 公司于是针对 Digital Consulting 公司和 NSI 提起诉讼，以其为商标先用人为由要求获得 dci.com 的域名注册。最终其商标先用人的权利受到了保护，但 dci.com 域名注册的要求未得到法院的支持。

由于域名和商标、商号等传统商业标识存在以上区别，域名无法归入任何一种传统商业标识的范畴，而应作为一种新型的商业标记，和商标、商号等并列成为各国知识产权法保护的客体。

三、网络域名和商标等传统商业标识权的冲突

随着互联网经济的兴起和蓬勃发展，域名的商业价值也在不断攀升。对于那些希望在各个领域追逐尽可能多的利润的企业来说，如果想从事电子商务就必须建立自己的网站，它们可能会首先想到将自己或者他人有一定知名度的商标或商号注册为域名，这样就可以利用消费者一般首先访问二级或三级域名为商标或商号的网站的习惯，宣传和推销自己的产品或服务。而且，由于各国域名注册和商标注册管理由不同的政府部门负责，受不同的法律规范调整，因此将知名商标注册成域名是完全可行的。基于上述原因，域名与商标权

---

① Data Concepts Inc. v. Digital Consulting Inc. and Network Solutions Inc., No. 396－0429 (M. D. Tenn. Filed) May 8, 1996.

的冲突即成为有关域名争议的主要类型。

实践中，网络域名和商标等传统商业标识权的冲突主要包括以下四种情况。

(一) 单纯的权利冲突及其解决途径

除了驰名商标外，普通注册商标在各国都只享有相对的保护，因此，就同一商标而言，可能在不同地域或领域内存在着多个权利人，这种权利的多重性与域名的唯一性之间不可避免地会发生冲突。实践中，常常有相同的商标被不同类型的企业合法拥有，如果这些使用同一商标的企业都想将自己的商标原封不动地注册为域名，就难免出现商标权与域名的冲突。

单纯的商标权与域名的冲突，一般是由传统商业经营模式和网络环境下的经营模式的不同引发的。传统的商业经营模式是分行业、分地域的，故而与传统商业经营模式相适应的商标、商号等商业标识的权利设置也分行业、分地域。于是，不同的人在不同的行业或不同的地域就可以就同一商标或商号享有权利。但是，在互联网环境中，形成的是一个全球性的统一大市场，在这里行业和地域的局限性被打破了，任何商家无论远近，和消费者都只有一“键”之遥。因此，确定网上商业者身份的域名自然也只能是唯一的。随着商业市场从传统交易环境中的分割状态向网络环境下的整合状态的转变，原来相安无事的权利势必会发生碰撞和冲突。

由此可见，单纯的商标权与域名权利冲突的是由权利配置状况发生变化而引起的，不存在任何人主观上的恶意，因此就谈不上对任何权利的侵犯。实践中，各国主要采用“先来后到原则”解决此种冲突，典型案例是**英美“prince”域名注册之争**。[①]

案　例

英美“prince”域名注册之争

英国电脑服务公司 Prince PLC（以下简称“英国王子公司”）自 1985 年起即开始使用“PRINCE”的商号名称，但没有将其注册为商标。该公司于 1995 年 2 月向美国 NSI 注册取得 prince. com 及在英国注册取得 prince. co. uk 两个域名，并利用这两个域名所在的网站从事大量业务活动。而美国运动用品集团公司 Prince Sports Group（以下简称“美国王子公司”）已在美国及英国分别注册“PRINCE”商标。

1997 年美国王子公司通过律师警告英国王子公司，称其域名注册及使用构成了对美国王子公司商标权的侵犯，并要求英国王子公司将该域名转让给美国王子公司，美国王子公司还向 NSI 提交了其送交英国王子公司的函件及其取得美国注册商标的证明。

美国 NSI 基于其争议处理政策要求英国王子公司于 30 天内选择下列之一：(1) 取消其 prince. com 域名；(2) 另提出其也有有效注册同一商标的证明；(3) 向美国任何一个有管辖权的法院提起诉讼；(4) 暂停使用 prince. com 的域名，等候处理。

英国王子公司没有依 NSI 的上述要求办理，而是于 30 天期限届满的前一天向英国伦

---

① Prince PLC v. Prince Sports Group，Inc.，1998，FSR21. Prince Sports Group，Inc. v. Prince PLC，et al.，No. 97CV03581 [D. N. J. filed Jul. 3，1997].

敦高等法院起诉，请求依英国商标法判定其并未侵害美国王子公司的商标权，被告是不正当地以商标侵权诉讼相威胁。

英国法院经审理认为，原、被告的业务范围差别很大，美国王子公司要求英国王子公司停止使用 prince. com 的域名，就等于阻止英国王子公司在任何国家使用该标志，因此，美国王子公司的要求超出了其权利的合理界限，构成了对英国王子公司的不正当威胁。英国王子公司得以因在先申请而保留注册域名 prince. com。

在英国法院审结该案后，美国王子公司又向美国法院起诉英国王子公司不正当竞争和商标淡化，英国王子公司以美国法院对本案缺乏管辖为由，要求法院驳回美国王子公司的起诉，1997 年美国王子公司撤回了起诉。

（二）域名盗用商标纠纷及其解决途径

域名盗用是指行为人没有商标，或者其商标知名度低，于是将与他人有一定知名度的商标相同的设计抢先注册为域名的行为。而真正的商标权人试图将自己的商标作为域名使用和注册时，发现已不能获得注册。域名盗用纠纷的解决途径因被盗用的商标是否驰名而不同。

1. 盗用驰名商标纠纷的解决途径

如果被盗用的商标属于驰名商标，商标权人可以通过各国驰名商标特殊保护或反淡化的规定寻求法律保护。例如美国 1996 年 1 月生效的《联邦商标反淡化法》（Federal Trademark Anti-Dilution Act）规定：驰名商标的所有人有权获得禁令救济，阻止他人在其商标或商号驰名后商业性地使用这些标记，并阻止其导致这些标记所具有的特殊区别性质产生淡化效应。当注册的域名与某人的驰名商标相同或近似时，驰名商标权人只要能证明域名注册者是在“商业性地使用”域名，并且因其使用而使驰名商标被淡化或者有被淡化的可能，就可以援引上述《联邦商标反淡化法》的规定阻止其继续使用该域名甚至撤销该域名的注册。适用《联邦商标反淡化法》解决商标和域名之争的典型案例是 Panavision International 诉 Toeppen 案。①

案　例

Panavision International 诉 Toeppen 案

原告 Panavision International 公司（以下简称“Panavision 公司”）是两个摄影器材注册商标 Panavision 和 Panflex 的商标权人，Panavision 公司资助了好莱坞一些电影的制作，其公司和产品的名称出现在多部电影的致谢名单中，除此之外该公司还做了一些其他形式的广告宣传以提高其商标的知名度。

1995 年 12 月，Panavision 公司提出域名注册申请时发现，Toeppen 已经注册了以 Panavision 和 Panflex 商标为域名的网站。Panavision 公司向 Toeppen 发出律师函，以商标权人的名义要求 Toeppen 停止使用与其两个商标相同的域名。Toeppen 则提出，可以

---

① Panavision International v. Toeppen，945 F. Supp. 1296，1996 U. S. Dist. LEXIS 19698 (C. S. Cal. 1996).

13 000美元的价格转让域名的使用权。Panavision 公司因此向法院针对 Toeppen 提起商标淡化侵权之诉。

一审地区法院经审理认为，Toeppen 注册并使用 Panavision. com 及 panflex. com 的域名构成对知名商标的淡化行为。

Toeppen 不服一审判决上诉后，联邦第九巡回上诉法院维持了一审判决，并对网络环境中商标的商业使用及商标淡化的含义进一步做出解释。

法院认为：(1) 在商业使用上，单纯用他人的注册商标名称注册取得域名而无其他行为的，不构成对该商标的商业使用。但如注册域名是为了妨碍真正商标权人使用该域名，以使其不得不付费换取该域名的，则构成对该商标的商业利用，构成对商标权的侵害。(2) 在商标淡化方面，法院认为，依规定淡化是指减弱知名商标用以辨认及区别其产品与服务的功能，但在网络环境中的商标淡化不必限于传统的将商标模糊的情形。由于网络上的顾客通常是使用知名商标名称找寻该商标权公司网站的，因此凡是妨害商标权人以其自有商标作为域名使用的利益的，即应认为是减弱商标权人由网络达到识别及区别其产品或服务功能的行为，构成商标淡化。

在我国，无论是商标法还是《驰名商标认定和保护规定》都没有“商标淡化”的提法，但是，作为驰名商标特殊保护的一部分，中国国家工商行政管理总局在 1998 年专门以行政文件的方式禁止将他人的驰名商标设计为域名注册，同时，国家商标局将国内 32 个驰名商标的英译名称和汉语拼音名称作为域名在 CNNIC 注册，预留给有关企业使用。这为我国驰名商标权人禁止他人将其商标注册为域名提供了一定的法律依据。实践中，也不乏认定将他人驰名商标注册域名构成不正当竞争的案例，“IKEA”（宜家）驰名商标域名注册案①是其中最为典型的案例之一。

案　　例

“IKEA”（宜家）驰名商标域名注册案

荷兰因特艾基系统有限公司（以下简称“荷兰公司”）是“IKEA”及图形组合的商标权人，该商标已经在 90 多个国家和地区的多种商品和服务项目上注册，荷兰公司在 29 个国家和地区已开设“IKEA”大型连锁专卖店经营家具及家居用品。

1983 年，荷兰公司在中国商品分类和国际商品分类以及服务上分别获得“IKEA”、“IKEA”及图形组合商标和中文“宜家”的注册商标。该公司准备在中国互联网上注册域名时，发现北京国网公司已于 1997 年 11 月 19 日在中国互联网络信息中心申请注册了 www. ikea. com. cn 的域名。荷兰公司因此将北京国网公司诉至北京市第二中级人民法院。

北京市二中院经审理首先认定了“IKEA”（宜家）是驰名商标，北京国网公司注册的域名与“IKEA”商标相同。法院认为：由于域名已逐渐成为重要的商业标识，北京国网公司的行为易误导消费者认为该域名的注册人也是“宜家”驰名商标的所有人或是与商标

---

① 中国首例涉外域名案一审：本案首次将对商标的保护权延伸到互联网域名上．法制日报，2000－06－21.

权人有合作关系的人，进而误认为通过该域名可以查到“宜家”相关商品的情况，从而提高了北京国网公司网站访问率。同时，北京国网公司注册“宜家”后并没有按主页设置实际使用。因此，法院认定北京国网公司构成不正当竞争，其注册“IKEA”域名无效，责令撤销。

2. 盗用非驰名商标纠纷的解决途径

如果被盗用的商标是非驰名商标，商标权人在不同国家可能获得的法律保护是不同的。

在我国，商标权人可以直接要求有关的域名管理机构停止与其商标相冲突的域名服务。《中国互联网络域名注册暂行管理办法》第 23 条规定：“当某个三级域名与在我国境内注册的商标或者企业名称相同，并且注册域名不为注册商标或者企业名称持有方拥有时，注册商标或者企业名称持有方若未提出异议，则域名持有方可以继续使用其域名；若注册商标或者企业名称持有方提出异议，在确认其拥有注册商标权或者企业名称权之日起，各级域名管理单位为域名持有方保留 30 日域名服务，30 日后域名服务自动停止，其间一切法律责任和经济纠纷均与各级域名管理单位无关。”**“juventus”域名争议案**①是我国涉及非驰名商标域名盗用的典型案例。

案　例

“juventus”域名争议案

2003 年 6 月 3 日原告南京奕讯科技有限公司（以下简称“奕讯公司”）注册了域名 juventus. com. cn，并利用该域名建立了“中国尤文图斯球迷俱乐部”网站，经过 3 年的运行，该球迷网站已经拥有 6 000 多名注册会员并在国内具有一定知名度。

被告尤文图斯公司是一家主要经营尤文图斯足球俱乐部及相关业务的意大利公司，juventus为该公司的字号。尤文图斯足球俱乐部始建于 1897 年，是国际上知名度较高的足球俱乐部。1996 年起，尤文图斯公司的“JUVENTUS”文字商标及文字加图形商标陆续通过国际注册获得在中国的领土延伸保护。2005 年 3 月，尤文图斯公司在中国开通尤文图斯中文官方网站，网址为 http：//cn. juventus. com。

2006 年 3 月，尤文图斯公司向中国国际经济贸易仲裁委员会域名争议解决中心投诉奕讯公司不正当地域名抢注。域名争议解决中心裁决，将争议域名 juventus. com. cn 转移给尤文图斯公司。2006 年年底，奕讯公司不服域名争议解决中心裁决，诉至北京市第一中级人民法院。

北京市一中院经审查认定：原告网站存在大量商业广告及“球衣专卖店”“正版足球装备专卖”等商业性网站的链接，故其注册使用域名的行为具有商业目的；原告网站首页标注了“JUVENTUS”字样及相关的图标，论坛由“尤文论坛即时聊天”“尤文图斯球迷世界”“缤纷体坛”等几个部分组成，这些内容极有可能令意图访问被告网站的用户错误

① “juventus”中国域名被判侵权：法院一审责令其转让给意大利尤文图斯俱乐部. 京华时报，2007－10－18.

地访问争议域名的网站，从而导致混淆误认。

基于上述理由，法院最终判决驳回原告奕讯公司要求继续使用 juventus 域名的诉讼请求。

和我国做法不同，绝大多数的国家没有处理域名盗用纠纷的直接法律规定，当出现域名盗用纠纷时，处理争端的法院或有关机构会根据域名注册人是否有明显的利用他人商标的意图、盗用是否实际产生混淆商品和服务的来源和提供者等具体情况做出不同的判决或裁定，典型的案例是 1996 年的**美国 Comp Examiner Agency 诉 Juris，Inc. 案**。[①]

案　例

美国 Comp Examiner Agency 诉 Juris，Inc. 案

Juris，Inc.（以下简称“Juris 公司”）是一家专门设计、制造办公自动化软件的公司，其主要用户是美国的各大律师事务所。该公司于 1988 年将公司名称“Juris”在美国注册为商标。Juris 公司申请注册与其商标相同的域名时，发现“Juris. com”已经于 1993 年被主要市场面向律师行业的网络出版社 Comp Examiner Agency（以下简称“Comp”）注册了。Juris 公司立刻向域名注册机构申请停止 Comp 的“Juris. com”域名服务，而 Comp 同时向美国联邦地区法院起诉，要求撤销 Juris 公司的注册商标，Juris 公司随即提起了反诉。

审理该案的美国联邦地区法院最终认定 Comp 注册“Juris. com”域名的行为构成对 Juris 公司商标权的侵犯。理由是原、被告都以律师为主要服务对象，Comp 将 Juris 公司注册商标注册为二级域名，并在该网址创建网站，向 Juris 公司服务的律师市场宣传和推销自己的商品和服务，客观上可能使消费者将其域名和 Juris 公司的注册商标相联系，从而混淆这些商品和服务的来源和提供者。

（三）域名抢注纠纷及其解决途径

域名抢注是指注册与他人在先的商标、商号等商业标志相同或相近似的域名，但自己并不使用，目的是阻止权利人的注册，或者通过出售或出租域名赢利。我国关于域名抢注的报道最早出现在 1996 年底，当时北京一家网络经销商发现并在新闻媒体上透露，有 400 多家中国知名企业和城市的名称被他人在国外抢注为域名。1998 年 7 月《网络报》报道，在中国互联网络信息中心管理的顶级域名 . cn 和二级域名 . com. cn 之下，也有大量被抢注的域名，包括国际驰名商标如 bmw、nike、cocacola 等，知名企业和机构的名称如 kfc、btv 等，以及特定的电话号码如 110、114 等。

不论国内还是国外，域名抢注基本上具备如下几个特征：第一，被抢注的域名与他人知名的商标、商号或者其他商业标志相同或近似；第二，抢注的域名数量众多；第三，域名抢注通常与域名贩售相连，即抢注者或者公开出租或出售抢注的域名，或者以此为要

① Comp Examiner Agency v. Juris，Inc.，No. 96-0213WMB（C. D. Cal.，1996）.

挟，迫使知名商标、商号或其他商业标志的权利人高价买回被抢注的域名。

从上述特征不难看出，域名抢注行为具有明显的非正当性，对被抢注的权利人的合法权益构成危害，对社会的正常市场竞争秩序造成不良影响，应当说具有违法性，但问题是，域名抢注到底违反了什么法律？属于什么性质的违法行为呢？

如果被抢注的是商标，那么除非该商标是驰名商标，可以依据各国对驰名商标的特殊保护或"反淡化"的规定对抢注行为予以制止，否则很难通过商标法寻求保护。如果被抢注的是商号，那么处理的难度更大。因为各国几乎都在法律中规定（我国主要是《反不正当竞争法》第6条第2款第2项），追究侵犯商号权的构成要件之一是擅自"使用"了他人的商号，而对于恶意抢注人来说，其目的只是贩售获利或待价而沽，其无心可能也无力在互联网上实际使用抢注的域名。因此，对这种只"注"不"用"的行为很难直接依据保护商标、商号的法律规定追究侵权责任。

然而，尽管商标法和保护商号权的直接法律规定不能制止域名抢注行为，但并不意味着抢注者可以逍遥法外，因为其行为至少违反了各国民法中的诚实信用原则。而各国反不正当竞争的法律均以诚实信用原则为基础，因此，各国主要通过民法或反不正当竞争法的基本原则规制域名抢注行为。例如，我国首例正式的域名抢注纠纷案**科龙公司诉吴永安域名注册案**①，就是适用《民法通则》的相关规定认定域名抢注行为的性质的。

案　例

科龙公司诉吴永安域名注册案

广东科龙（容声）集团有限公司（以下简称"科龙公司"）是一家拥有8家中外合资公司、13个子公司的大型企业集团，"Kelon"是该企业集团使用多年、并在20余类商品上获准注册的商标。1997年9月，科龙公司在向中国互联网络信息中心申请注册"Kelon"域名时，发现吴永安的永安制衣厂（个体工商户）已抢先注册了"Kelon. com. cn"域名。

1997年12月，吴永安主动联系科龙公司要价100万元转让"Kelon. com. cn"域名，几番交涉后，价格一路降到5万元。科龙公司不满自己注册使用了多年的商标被别人注册为域名，并且自己成为被"敲诈"的对象，于是向北京市海淀区人民法院起诉，请求法院认定吴永安的域名抢注属于恶意侵权行为。

北京市海淀区人民法院经审理认为：民事主体为一定的民事行为应以诚信原则为基准，方可保证该民事行为具有合法性。纵观本案全部证据，吴永安向中国互联网络信息中心申请注册"Kelon"域名后，将域名注册后的网页闲置，使得社会公众享有网络信息、获取公共信息的需求无法实现。吴永安得知科龙公司以注册商标"Kelon"申请注册域名未果后，向其要价转让"Kelon. com. cn"域名。吴永安的上述行为构成我国《民法通则》规定的以合法形式掩盖非法目的的无效民事行为，法律应予以禁止。

在本案公开缺席审理后，吴永安向中国互联网络信息中心申请撤销了其注册的

① 贾柏岩. 因特网域名是否应受到法律保护：国内首例域名抢注诉讼案评析. 中国律师，1999（11）.

"Kelon"域名，科龙公司亦提出撤诉申请。此后，科龙公司以自己的名义向中国互联网络信息中心申请注册了"Kelon.com.cn"域名。

除了可以适用民法的诚实信用原则规制域名抢注行为，还可以将域名抢注行为认定为反不正当竞争法中的不正当竞争行为加以禁止。我国《反不正当竞争法》第2条规定："经营者在生产经营活动中，应当遵循自愿、平等、公平、诚信的原则，遵守法律和商业道德。""本法所称的不正当竞争行为，是指经营者在生产经营活动中，违反本法规定，扰乱市场竞争秩序，损害其他经营者或者消费者的合法权益的行为。""本法所称的经营者，是指从事商品生产、经营或者提供服务的自然人、法人和非法人组织。"由此可以看出，不正当竞争行为的构成要件有三：第一，主体是经营者；第二，行为具有违反诚实信用原则的不正当性；第三，行为的结果具有危害性。域名抢注人往往试图借用抢注而牟利，因此也属于某种意义上的"经营者"，域名抢注行为的非正当性及危害性也是显而易见的。因此，构成不正当竞争要件的域名抢注行为可以通过反不正当竞争法进行制裁。

（四）域名反盗用纠纷及其解决途径

在电子商务发展的初期，传统商业模式向互联网扩张，企业的普遍做法是将与其已注册使用的商标、商号相同的标志符号注册成域名，因此早期发生的纠纷多是域名注册者被商标权人、商号权人指控侵权，在审判实践中形成了上述三种纠纷种类及解决途径。但是，随着互联网的迅速普及和电子商务的蓬勃发展，近几年来域名反盗用纠纷频发。所谓域名反盗用，指的是擅自使用他人有一定影响的域名主体部分、网站名称、网页等，引人误认为是域名注册者的商品或服务，或者与域名注册者存在特定联系。

为了规范此种行为，维护网络环境的正常竞争秩序，我国《反不正当竞争法》第6条规定："经营者不得实施下列混淆行为，引人误认为是他人商品或者与他人存在特定联系：（一）擅自使用与他人有一定影响的商品名称、包装、装潢等相同或者近似的标识；（二）擅自使用他人有一定影响的企业名称（包括简称、字号等）、社会组织名称（包括简称等）、姓名（包括笔名、艺名、译名等）；（三）擅自使用他人有一定影响的域名主体部分、网站名称、网页等；（四）其他足以引人误认为是他人商品或者与他人存在特定联系的混淆行为。"其中第3项就是直接针对域名反盗用的最新规定。

四、网络域名争议的行政解决方式

（一）ICANN的《统一域名争议解决规则》

由于域名超出设计者们预计地表现出知识产权属性和不可估量的商业价值，以及域名与传统商业标识的权利尤其是商标权冲突频发，有关域名的争议种类、争议数量日益增多。在美国，最初负责域名注册的网络方案公司（NSI）并不处理域名纠纷，故而众多的域名案件就出现在了美国法院，这使得美国法官不堪重负，声称其"面临将已有世纪之久的商标法适用到最新的通讯媒体——Internet上这一负有挑战性的任务"。

为了解决域名争议单一司法保护途径带来的诸多问题，1998年10月26日，互联网名称与数字地址分配机构（ICANN）取代NSI在美国加利福尼亚州组建成立，作为一个非营利性的私营组织从事分配IP地址、提供稳定的Internet根服务器、管理域名系统等工作。在美国做出上述努力的同时，世界知识产权组织（WIPO）也积极谋求域名争议的行政解决途径，于1999年4月30日公布了名为《国际互联网名称与地址的管理及其知识产权问题》的研究报告，对域名系统的改革和域名纠纷行政处理程序提出建议。在此报告的基础上，ICANN于1999年8月26日发布了《统一域名争议解决规则》（Uniform Domain Name Dispute Resolution Policy，UDRP），同年12月又公布了《统一域名争议解决规则实施细则》，作为处理国际顶级域名“. com”“. net”“. org”下的域名争议的依据。1999年11月29日，ICANN指定WIPO为“纠纷处理服务提供者”并受理由ICANN委任的有关域名注册组织注册的域名争议。12月1日，WIPO又公布并实施了《世界知识产权组织统一域名争议解决办法补充规则》，对解决争议的程序问题进行了规定。域名争端在原有司法途径之外有了一种崭新的、更加高效的行政解决办法。

依上述《统一域名争议解决规则》规定，在满足下列三个条件时，域名注册机构可认定某域名的注册属于抢注，并有权撤销、变更和转让域名注册，同时规定法院对域名争议拥有最终的司法管辖权：（1）该域名与异议人拥有权利的某商标或服务标志相同或类似而容易引起混淆；（2）域名持有人不享有涉及该域名的任何权利或合法利益；（3）该域名已经被恶意注册和使用。UDRP同时规定了恶意的具体认定标准，包括：注册域名是为了向商标或服务标志的所有人或其竞争对手允诺出售、出租、转让该域名，为了妨碍商标所有人将自己的商标注册为域名，为了干扰竞争对手的正常经营，或者为了获取商业利益而故意制造混淆以吸引用户访问其网站，等等。

此外，为防止商标、企业名称等的所有人利用其商标或企业名称随意威胁域名持有人及反向盗用域名，UDPR规定以下几种情形下域名持有人依法享有域名权利及相关权益：（1）域名持有人在收到异议通知之前已经善意使用或有证据证明准备善意使用域名或与域名有关的其他名称；（2）域名持有人虽未取得商标或服务标志的权利，但作为域名持有人，其域名已为公众所熟知；（3）域名持有人正在合法地使用域名，该种使用非以商业营利为目的，并且不具有误导消费者或者破坏商标或服务标志的图谋。

（二）我国域名争议的行政解决途径

在我国，域名争议的行政解决途径的现行法律依据是《中国互联网络信息中心域名争议解决办法》（CNNIC Domain Name Dispute Resolution Policy）及其程序规则规定。

任何人认为他人已注册的域名与其合法权益发生冲突的，均可向中国互联网络信息中心认可的争议解决机构提出投诉。争议解决机构受理投诉后，应当按照程序规则的规定组成由一名或三名掌握互联网络及相关法律知识，具备较高职业道德，能够独立并中立地对域名争议做出裁决的专家组成的专家组，专家组根据《中国互联网络信息中心域名争议解决办法》及程序规则，遵循“独立、中立、便捷”的原则，在专家组成立之日起14日内对争议做出裁决。

我国域名争议行政解决机制的特点是：采用了在先案件管理系统，域名争议解决机构通过在线方式公布可供投诉人和被投诉人选择的专家名册，争议案件的投诉、审理及裁决等程序性事项都通过网络进行，从而大大提高了域名争议行政解决机制的效率。

【重要术语提示与中英文对照】

序号	中文术语	英文对照
1	驰名商标	well-known trademark
2	集体商标	collective marks
3	服务标记	service marks
4	地理标志	geographical indications
5	产地标志	indications of source
6	原产地名称	appellations of origin
7	第二含义商标	secondary meaning trademark
8	《关于制止产品虚假或者欺骗性产地名称马德里协定》	Madrid Agreement for the Repression of False or Deceptive Indications of Source on Goods
9	《保护原产地名称及其国际注册里斯本协定》	Lisbon Agreement for the Protection of Appellations of Origin and their International Registration
10	域名	domain name
11	域名系统	domain name system，DNS
12	互联网名称与数字地址分配机构	Internet Corporation for Assigned Names and Numbers，ICANN
13	中国互联网络信息中心	China Internet Network Information Center，CNNIC
14	《统一域名争议解决规则》	Uniform Domain Name Dispute Resolution Policy，UDRP
15	《中国互联网络信息中心域名争议解决办法》	CNNIC Domain Name Dispute Resolution Policy

【思考题】

1. 和《巴黎公约》相比，TRIPS 协定在哪些方面提高了对驰名商标的保护水平？

2.《巴黎公约》和 TRIPS 协定关于商标转让的规则有何不同？

3. 如何通过《商标国际注册马德里协定》进行商标国际注册？马德里注册有哪些优点和缺点？

4. 什么是地理标志？它和产地标志、原产地名称、第二含义商标有何区别和联系？

5. TRIPS 协定对地理标志的保护有哪些主要的规定？

6. 什么是网络域名？如何理解它的知识产权属性？

【经典参考文献】

1. 博登浩森. 保护工业产权巴黎公约解说. 北京：专利文献出版社，1984.

2. 佛雷德里克·M. 阿伯特，托马斯·科蒂尔，弗朗西斯·高锐. 世界经济一体化进程中的国际知识产权法：第二版：上册. 北京：商务印书馆，2014：439－660.

3. 张平，刘朝. WTO/TRIPs知识产权争端成案及对策. 北京：法律出版社，2016：83－102.

4. 刘澎. 美国知识产权要案精编. 北京：京华出版社，2007.

5. 冯汉桥. 国际贸易中知识产权的取得与保护. 北京：知识产权出版社，2011.

6. 奚晓明. 法官评述100个影响中国的知识产权经典案例. 北京：知识产权出版社，2010.

第四章　著作权和著作邻接权的国际保护

本章教学目的与要求

掌握《伯尔尼公约》保护著作权的基本原则，了解《伯尔尼公约》和《世界版权公约》对著作权保护的要求有哪些不同，理解TRIPS协定如何提高了著作权的保护水平。掌握《罗马公约》对著作邻接权保护的最低要求，理解TRIPS协定在哪些方面提高了对表演者权、录音制品制作者权和广播组织权的保护水平。了解数字网络技术对传统著作权和著作邻接权保护的影响，掌握WCT和WPPT对向公众传播的权利、技术措施和权利管理信息的相关规定。

第一节　著作权的国际保护

著作权（copyright）亦称版权，和工业产权一样是知识产权的重要组成部分。在我国，著作权指的是作者或其他著作权人依法对文学、艺术和科学作品所享有的专有权利，包括人身权和财产权两个部分。

在历史上，英美法系国家和大陆法系国家在著作权的概念认定上曾有很大的分歧。英美法系的国家使用“版权”的概念来描述著作权人所享有的基本权利，其本意是禁止他人对附载作品之物质实体进行复制，其目的是保护版权所有人禁止他人未经授权复制或使用该物质载体，版权主要是著作权人的经济权利。所以，版权的主体既可以是自然人，也可以是法人等组织。和英美法系国家的做法不同，大陆法系国家使用“作者权”（法语为droit d'auteur）的概念来描述著作权人所享有的基本权利。这种理论认为，作品是作者人格的一部分，并且与作者人身相连，它只能为作者享有。所以，作者只能是自然人，不能是法人等组织。大陆法系国家所建立的“作者权”制度是名副其实的保护作者利益的制度，不仅作者的财产权利在上述国家可得到保护，而且作者的精神权利也是受保护的对象之一。

我国使用的“著作权”概念，据史料记载，最早是由日本学者在翻译西文“版权”一词时引入该国，并于20世纪初传入我国的。我国1910年颁布的《大清著作权律》首次正式采用了“著作权”的概念。在新中国成立以后颁布的法律文件中，有时使用“版权”的概念，有时使用“著作权”的概念。[①] 为了避免发生歧义，我国 1990 年颁布的《著作权法》规定：“本法所称的著作权与版权系同义语。”

上述“版权”“作者权”“著作权”三个概念的使用，反映出不同国家著作权法在保护对象、保护内容以及保护重点上的不同。但是，在著作权保护国际化潮流的推动下，随着各国先后加入著作权国际公约，“版权”体系的英美法系国家和“作者权”体系的大陆法系国家，以及像我国这样引进外来著作权保护制度的国家，在著作权保护的基本原则和基本制度等方面都出现了不同程度的融合。因此，在本书中，我们不再探讨各国著作权保护制度的微妙差异，而是通过对有关国际公约内容的阐述来反映各国著作权保护的共同要求以及随着现代科学技术的进步而出现的著作权国际保护制度的新发展。

一、《保护文学艺术作品伯尔尼公约》

《保护文学艺术作品伯尔尼公约》由英国、法国、瑞士、比利时、意大利、德国、西班牙、利比里亚、海地和突尼斯 10 个国家发起，于 1886 年 9 月 9 日在瑞士首都伯尔尼正式签订，简称为《伯尔尼公约》。《伯尔尼公约》是开放性公约，截至 2019 年 2 月，已有 176 个成员国。该公约自签订后先后进行了 8 次修订，形成了 1908 年、1928 年、1948 年、1967 年和 1971 年 5 个文本，最近一次修订是在 1979 年 10 月 2 日，但仍被称为 1971 年巴黎文本，该修订文本也是成员国较多采用的文本。我国于 1992 年 10 月 15 日正式加入《伯尔尼公约》，适用公约 1971 年巴黎文本。根据中国政府的声明，自 1997 年 7 月 1 日起，该文本也适用于中华人民共和国香港特别行政区和澳门。

根据 TRIPS 协定第 9 条第 1 款的规定，世界贸易组织的成员即使不是《伯尔尼公约》的缔约国，也必须遵守《伯尔尼公约》1971 年巴黎文本的实质性条款，即第 1 条至第 21 条及公约的附录，但非《伯尔尼公约》缔约国的世界贸易组织成员，不受《伯尔尼公约》第 6 条之二的精神权利条款的约束。

《伯尔尼公约》是著作权领域第一个世界性多边国际条约，也是至今影响最大的著作权公约，共有 38 条，其实体规定主要有以下内容：

(一)《伯尔尼公约》的基本原则

国民待遇原则、自动保护原则和版权独立性原则是《伯尔尼公约》的三项基本原则。

1. 国民待遇（national treatment）原则

《伯尔尼公约》现行文本中关于国民待遇原则的规定，受《巴黎公约》的影响很大，其最终形成于 1967 年。国民待遇原则贯穿于《伯尔尼公约》的大部分实体条文中，又集中体现在公约第 3 条、第 4 条和第 5 条第 1、3、4 诸款中。根据上述条款，可享有国民待遇的是下列几种人。

(1) 公约成员国的国民或者在成员国有惯常居所的非成员国国民，其作品无论是否已

---

① 如文化部 1985 年颁布的《图书、期刊版权保护试行条例》及其实施细则采用“版权”的概念，而 1985 年颁布的《中华人民共和国继承法》则使用了“著作权”的概念。

出版[①]，均应在一切成员国中享有国民待遇。这是公约的“作者国籍（nationality of author）标准”，又称为“人身标准”。例如，中国和甲国都是《伯尔尼公约》的成员国，但乙国不是《伯尔尼公约》的成员国。甲国国民彼得创作完成的作品，无论是否出版，中国应当给予其作品以国民待遇；定居在甲国的乙国国民丽萨创作完成的作品，无论是否出版，中国也应当给予其作品以国民待遇。此两种情况下的国民待遇都是因为作者身份而给予，因此称为“作者国籍标准”或“人身标准”。

（2）非公约成员国国民[②]，其作品只要首先在任何一个成员国出版，或在一个成员国和非成员国同时出版（30 天内），也应在一切成员国中享有国民待遇。这是公约的“作品国籍（nationality of work）标准”，又称为“地点标准”。例如，中国和甲国都是《伯尔尼公约》的成员国，但乙国不是《伯尔尼公约》的成员国。居住在乙国的乙国国民彼得创作完成的作品，如果首次出版在甲国，中国应当给予该作品以国民待遇。居住在乙国的乙国国民丽萨创作完成的作品，如果在乙国出版后的 30 日内又在甲国出版，中国也应当给予该作品以国民待遇。此两种情况下的国民待遇都是因为作品身份（出版地点）而给予，因此称为“作品国籍标准”或“地点标准”。

（3）对于电影作品的作者来说，只要有关电影的制片人的总部或惯常居所在公约成员国中，其作者也被视同上述（2）中应享有国民待遇的人。例如，中国和甲国都是《伯尔尼公约》的成员国，但乙国不是《伯尔尼公约》的成员国。甲国 A 制片公司拍摄了一部电影，居住地在乙国的乙国人彼得为这部电影创作了主题曲，中国应当给予彼得的电影主题曲以国民待遇。

（4）对于建筑作品及建筑物中的艺术作品的作者来说，只要有关建筑物位于公约成员国地域内，其作者也被视同上述（2）中应享有国民待遇的人。例如，中国和甲国都是《伯尔尼公约》的成员国，但乙国不是《伯尔尼公约》的成员国。甲国一栋建筑物内有一幅壁画，该壁画为居住在乙国的乙国人彼得创作完成，中国应当给予彼得的壁画以国民待遇。

和《巴黎公约》类似，《伯尔尼公约》中的“国民待遇”也包含两方面的含义：第一，享有公约各成员国依本国法现在给予和今后可能给予其本国国民的权利；第二，享有公约特别授予的权利，即公约提出的最低保护要求。[③]

此外，作为国民待遇原则的例外，《伯尔尼公约》第 6 条允许成员国在特殊情况下以近似互惠的原则取代国民待遇原则的适用。规定在非成员国版权保护水平太低的情况下，对其国民因“作品国籍”原本应享有的国民待遇，可以代之以近似互惠的保护，即成员国对因“作品国籍”而应予保护的作品无须给予比首次出版国所给予的更广泛的保护。做出这一规定的原因是，依据《伯尔尼公约》的“双国籍国民待遇原则”中的“作品国籍标

① 根据《伯尔尼公约》第 3 条第 3 款，“已出版作品”一词指得到作者同意后出版的作品，而不论其复制件的制作方式如何，只要从这部作品的性质来看，复制件的发行方式能满足公众的合理需要。戏剧、音乐戏剧或电影作品的表演，音乐作品的演奏，文学作品的公开朗诵，文学或艺术作品的有线传播或广播，美术作品的展出和建筑作品的建造不构成出版。

② 根据《伯尔尼公约解说》（1978 年英文版），公约所说“非成员国国民”包括无国籍人和难民。

③ 参见《伯尔尼公约》第 5 条第 1 款。

准”，对作者为非成员国国民而首次出版于某一成员国的作品，成员国应为其提供国民待遇。而该作品作者所在国有的版权保护水平极低，有的甚至连版权法都没有，因此成员国的作品在这些国家可能被肆无忌惮地“盗版”。在这种情况下要求成员国为这些国家的国民的作品提供完全的国民待遇似乎太不公平，因此公约做出上述以近似互惠取代国民待遇的规定。之所以采用“近似互惠”的提法，是因为如果完全互惠，则成员国提供的保护应与作者所在国给予成员国国民的保护相当，这样对无版权法之国的国民的作品将完全不予保护，而不是公约要求的“无须给予比首次出版国所给予的更广泛的保护”。

2. 自动保护（automatic protection）原则

《伯尔尼公约》第 5 条第 2 款规定：享有及行使依国民待遇所提供的有关权利时，不需要履行任何手续。按照这一原则，公约成员国国民及在成员国有惯常居所的人，在作品创作完成时即自动享有著作权；既非成员国国民又在成员国无惯常居所者，其作品首先在成员国出版时即享有著作权。

作为对自动保护原则的补充，《伯尔尼公约》第 2 条第 2 款允许成员国在国内法中保留“固定要求”（requirement of fixation），即版权的享有及行使虽不需要履行任何手续，但成员国仍然可以“将所有作品或任何特定种类的作品以某种物质形式固定下来”作为获得版权保护的前提。“固定要求”与自动保护原则并不矛盾，因为这项要求仅仅使成员国可以通过国内法排除对某些类型作品（如口述作品或即兴表演作品等）的版权保护，而并不是要求履行任何手续。

值得注意的是，《伯尔尼公约》第 17 条规定：“如果本同盟任何成员国的主管当局认为有必要对于任何作品或制品的发行、演出、展出，通过法律或条例行使许可、监督或禁止权利，本公约的条款绝不应妨碍本同盟各成员国政府的这种权利。”这一条款赋予了成员国在著作权领域进行公共秩序保留的权利，即享有通过法律或条例行使许可、监督或禁止著作权的权利。此条规定是否与著作权自动保护原则相抵触？2007 年**中美 WTO 知识产权争端中关于“中国版权审查制度”的争点**[①]就是对这一问题的最佳阐释。

案　例

中美 WTO 知识产权争端中关于“中国版权审查制度”的争点

中国的版权审查制度主要体现在《电影管理条例》《音像制品管理条例》《出版管理条例》《电子出版物出版管理规定》的某些规定中，这些规定要求必须通过有关部门的审查，电影、音像制品、出版物、电子出版物才能出版、发行、放映等，且根据当时有效的《著作权法》第 4 条第 1 款：“依法禁止出版、传播的作品，不受本法保护。”即未能通过审查的作品或审查时被删节的内容，其整体著作权被剥夺。

美方认为：中国上述法律法规使得（1）未报审查的作品著作权不受保护；（2）处在

① 此案例案情来自 WT/DS362 的专家组报告，具体内容参见 https：//docs. wto. org/。该案例涉及三个主要争点：（1）中国版权审查制度中没有通过出版审查作品的版权保护问题；（2）海关对侵犯知识产权物品的处置措施问题；（3）刑事追诉假冒商标或盗版的“门槛”问题。其中涉及著作权保护的只有争点（1），争点（2）和（3）将在本书第六章详细阐释。

审查期间的作品著作权不受保护；(3) 未通过审查的作品以及审查后被删节的作品内容的著作权不受保护。美方进而指控中国版权审查制度违反《伯尔尼公约》的版权自动保护原则，以及中国在《伯尔尼公约》下应承担的基本义务。

一、未报审查的作品的著作权问题

中方举证：(1) 中国《著作权法实施条例》第 6 条规定："著作权自作品创作完成之日起产生"，在中国著作权并非通过审查才产生；(2) 2006 年 6 月和 10 月国家版权局针对三所大学未经授权复制、分发教科书的行为进行了行政处罚。

美方对此没有举出相应反证。

专家组结论：美方证据不足，对美方"未报审批的作品著作权不受保护"的指控不予支持。

二、处在审查期间的作品的著作权问题

中方举证：(1)《著作权法实施条例》第 6 条规定："著作权自作品创作完成之日起产生"，在中国著作权并非通过审查才产生；(2) 针对动画电影《怪物史莱克 2》正版被批准进入市场之前采取的"特殊"的行政执法活动；(3) 2001 年 11 月国家版权局通告对其罗列的 788 部外国电影（不管是否送审或通过审查）要加强执法活动。

美方对此没有提供相应反证。

专家组结论：美方证据不足，对美方"处在审查期间的作品著作权不受保护"的指控不予支持。

三、未通过审查的作品以及审查后被删节的作品内容的著作权问题

中方观点：(1)《伯尔尼公约》第 17 条规定："如果本同盟任一成员国的主管当局认为有必要对任何作品的流通、演出或展出，通过法律或法规行使许可、控制或禁止的权利，本公约绝不能以任何方式妨碍成员国权利的行使。"依此，成员国有权在著作权领域进行公共秩序保留。(2) 中国《著作权法》第 4 条第 1 款规定："依法禁止出版、传播的作品，不受本法保护。"依此，中国只是对此类作品的著作权"不予保护"，但并不意味着此类作品"没有著作权"。

美方观点：(1)《伯尔尼公约》第 17 条并未明确给予成员国在版权领域公共秩序保留的权利；(2)"不受著作权法保护"就是意味着其"著作权整体被剥夺"。

专家组结论：(1)《伯尔尼公约》第 17 条明确成员国政府拥有许可、控制或禁止作品流通、演出或展出的权利，基于《伯尔尼公约》产生的时间背景以及该条特别提到的"流通、演出或展出"，其实就是授权成员国可依公共秩序保留限制作品的某些传播权项（随着传播方式的增加著作权法中的传播权项也不断增加），因此中国通过版权审查制度限制作品出版、发行、放映等（传播权项的行使）不违反《伯尔尼公约》，中国版权审查制度本身不具有 WTO 违反性；(2) 但是，《伯尔尼公约》第 17 条仅仅赋予成员国对作品传播权项限制的权利，并不赋予成员国剥夺作品所有著作权保护的权利。因此中国《著作权法》第 4 条第 1 款违反了《伯尔尼公约》第 5 条第 1 款及 TRIPS 协定第 41 条第 1 款。

2010 年 2 月 26 日通过、4 月 1 日起施行的《著作权法》修正案，对第 4 条做了修改，现行《著作权法》第 4 条规定："著作权人行使著作权，不得违反宪法和法律，不得损害公共利益。国家对作品的出版、传播依法进行监督管理。"

3. 版权独立性（independence of copyright）原则

《伯尔尼公约》第5条第2款还规定：享有国民待遇的作者在公约任何成员国所得到的著作权保护，不依赖其作品在来源国（country of origin）受到的保护。在符合公约最低要求的前提下，该作者的权利受到保护的程度以及为保护作者权利而向其提供的司法救济方式等，均完全适用提供保护的成员国的法律。版权独立性原则清楚地表明，《伯尔尼公约》并没有取消版权的地域性特征。

版权独立性原则在实践中主要体现为如下三种情形：第一，在公约成员国中，有些国家的版权法要求其国民的作品要履行一定的手续才能获得保护，那么这些国家的作者在其他成员国要求版权保护时，其他成员国不能因其本国要求履行手续而专门要求其也履行手续；第二，对作者居住地和作品首次出版地都在某一成员国的作品，在该国规定以某种方式利用不构成侵权，但在另一成员国以相同的方式利用却构成侵权，那么后一国不能因这种利用方式在作品来源国不视为侵权而拒绝受理有关的侵权诉讼；第三，不能因为作品来源国的保护水平低，其他成员国就降低对有关作品的保护水平。

（二）《伯尔尼公约》的保护客体

1. 受保护的作品

《伯尔尼公约》明确规定的受保护客体包括文学艺术作品、演绎作品以及实用艺术作品和工业品外观设计。

（1）文学艺术作品（literary and artistic works）。所谓“文学艺术作品”，根据公约第2条第1款，必须包括“文学、科学和艺术领域中的一切成果，不论其表现的方式或形式如何”。公约继而列举出一个受保护的作品清单，包括：书籍、小册子和其他的文字作品；讲课、演讲和其他同类性质的作品；戏剧或歌剧作品；配词或未配词的乐曲；舞蹈作品；电影和以类似方法表现的作品；绘画、建筑、雕塑作品；摄影作品；实用艺术作品；地图、技术图纸。这只是一个以举例方式列出的清单，并不以此为限。例如，计算机程序现在也作为文字作品保护，但并未在上述清单中列举出来。

值得注意的是，虽然公约规定，作品无论其表现方式或形式如何都应获得保护，但由于公约同时允许成员国保留“固定要求”，因此，如果某一成员国国内法中有“固定要求”的规定，那么其对那些未以某种物质形式固定下来的作品类型不给予版权保护也并不违反其所承担的保护文学艺术作品的公约义务。

（2）演绎作品（derivative works）。根据《伯尔尼公约》第2条第3、第5款的规定，演绎作品也是公约的保护客体。所谓演绎作品，指的是对其他已存在的文学艺术作品进行翻译（translations）、改编（adaptations）、乐曲改编（arrangements of music）以及其他变动（other alterations）而形成的新作品。从性质上讲，演绎作品仍然属于文学艺术作品，只不过是经过再创造所形成的新的文学艺术作品而已。根据公约的规定，演绎作品应得到与原作同等的保护，但不得损害原作的版权。

将已有的文学和艺术作品进行汇编所形成的汇编作品（collections of works），诸如百科全书和选集，也属于演绎作品的一种，但对这种汇编作品的保护，公约规定了特殊的条件。即只有对材料的选择和编排构成智力创作的，才能得到相应的、但不损害汇编内每一作品的版权的保护。这就是说，汇编者必须在汇编材料的选择和编排上具有某种创造性，如果仅仅是一些作品或摘录的汇集，是不能获得版权保护的。

（3）实用艺术作品和工业品外观设计（works of applied art and industrial designs）。在《伯尔尼公约》列举的作品清单中，实用艺术作品与绘画、建筑、雕塑等美术作品是分开列举的，这说明实用艺术作品和美术作品是有区别的。在各国实践中，一般以创作目的不同来区分这两种作品，即认为实用艺术作品是为实际使用而创作的，而美术作品则仅仅是为观赏目的而创作的。至于工业品外观设计，有的国家将其等同于实用艺术作品，而有的国家法律中只有实用艺术作品或只有工业品外观设计。①

《伯尔尼公约》在第2条第7款中规定，各成员国应通过国内立法规定其法律在何种程度上适用于实用艺术作品以及工业品平面设计和立体设计，以及此种作品和平面与立体设计受到保护的条件。在来源国仅仅作为平面与立体设计受到保护的作品，在其他成员国只享受各该国给予平面与立体设计的那种专门保护；但如在该国并不给予这种专门保护，则这些作品将作为艺术作品得到保护。

《伯尔尼公约》的上述规定说明，实用艺术作品和工业品外观设计是公约各成员国必须保护的客体，但和上面两种保护客体不同，公约并没有要求成员国必须给予这二者以版权保护。这也就是说，只要保护期不低于自作品完成时起25年②，各成员国可以自行规定不依版权法，而依其他法律（专利法或专门法等）保护实用艺术作品和工业品外观设计，并且还可以规定特殊的受保护条件（如新颖性和实用性等）。

在我国，实用艺术作品如果具有原创性，可以自动获得著作权保护。并且，如果其创作者将其作为工业品外观设计向专利局申请获得了外观设计专利权，它还将获得专利权的保护。1999年英特莱格公司诉可高（天津）玩具有限公司、北京市复兴商业城侵犯著作权案③就充分表现出实用艺术作品在我国受著作权法和专利法重叠保护的特点。

案　例

英特莱格公司诉可高（天津）玩具有限公司、北京市复兴商业城侵犯著作权案

瑞士英特莱格公司属于乐高集团。1998年2月25日乐高系统公司出具的著作权转让确认书载明：将乐高系统公司及乐高未来公司的雇员及设计人员的作品在中国的著作权，以及包括全部相关续展权在内的所有权及利益，以不可撤销的方式转让给英特莱格公司。

1999年1月19日，英特莱格公司的委托代理人在北京市复兴商业城（以下简称“复兴商业城”）公证购买了可高（天津）玩具有限公司（以下简称“可高公司”）制造的可高玩具。9月15日，英特莱格公司以可高公司侵犯其56件乐高玩具积木块实用艺术作品的著作权为由，向北京市第一中级人民法院提起民事诉讼。11月10日，英特莱格公司放弃就其中3种玩具积木块的侵权指控。

可高公司曾于1996年就其制造的部分玩具积木块申请了中国外观设计专利。英特莱

① 汤宗舜．知识产权的国际保护．北京：人民法院出版社，1999：85.
② 参见《伯尔尼公约》第7条第4款。
③ 此案例案情来自北京市高级人民法院（2002）高民终字第279号民事判决书。

格公司曾请求中国专利局撤销上述外观设计专利，中国专利局经审查维持上述专利权有效。可高公司为证明其生产的玩具积木具有合法来源，提交了其与韩国公司就可高积木玩具的模具、半成品及技术转让签订的协议以及权利转让证书。可高公司为证明英特莱格公司不享有著作权，还提交了韩国专利厅审判所的判决书。该判决书驳回了乐高未来公司关于宣告相关外观设计无效的请求。

北京市一中院经审理认为，英特莱格公司是本案涉及的53种乐高玩具积木块实用艺术作品在中国的著作权及相关权益的所有者。英特莱格公司所在国瑞士及中国均为《伯尔尼公约》成员国，依《伯尔尼公约》第2条的规定，公约保护的文学艺术作品包括实用艺术作品，故中国对起源于《伯尔尼公约》成员国国民的实用艺术作品负有保护义务。该外国实用艺术作品在中国应自作品完成起25年受中国著作权法律、法规的保护。

实用艺术作品是指具有实用性、艺术性并符合作品构成要件的智力创作成果。实用艺术作品应当具有实用性、艺术性、独创性和可复制性。英特莱格公司主张权利的53种玩具积木块中有3种不具有独创性和艺术性，其余的则符合实用艺术作品的构成条件，应受法律保护。构成实用艺术作品的50种玩具积木块中，可高公司产品与之实质性相似、构成侵权的有33种。

可高公司关于其玩具产品模具系从韩国引进、韩国专利厅审判所已判定该产品不侵权及可高公司产品已获得中国外观设计专利的主张均不影响本案侵权的认定，其抗辩理由不能成立。复兴商业城从可高公司进货时已履行了必要的审查手续，主观上并无过错，其行为不构成侵权，但复兴商业城应负有停止销售侵权产品的义务。

被告可高公司不服北京市一中院的上述判决，向北京市高级人民法院提起上诉。

北京市高院经审理认为，本案的争议焦点在于英特莱格公司主张权利的53种乐高玩具积木块能否作为实用艺术作品在中国受到法律保护以及受到保护的范围和程度如何。当时没有证据表明中国法律对外国人的实用艺术作品排斥著作权和专利权的双重保护。可高公司关于英特莱格公司的玩具组件已申请外观设计专利，不应再受著作权法保护的主张，不予采信。可高公司的产品确有抄袭之嫌，但同时也应看到英特莱格公司的上述玩具积木块艺术创作程度确实不是很高，与典型的实用艺术作品在艺术创作程度上尚有一定差距，一审法院出于平衡利益关系的考虑，做出上述认定是合理的。北京市高院于2002年12月18日做出终审判决，驳回可高公司的上诉，维持原判。

2. 成员国可以选择给予保护的作品

（1）官方文件（official texts)。《伯尔尼公约》第2条第4款规定，各成员国对立法、行政或司法性质的官方文件以及这些文件的正式译本的保护，由其国内立法确定。事实上，对于这些官方文件，绝大多数国家（包括我国）都不给予版权保护，其目的是使法律、法规等官方文件及其正式译文的复制不受任何限制，可以广为传播。

（2）讲课、演说和其他同类性质的作品（lectures，addresses and other works of the same nature)。这类作品规定在《伯尔尼公约》列举的文学艺术作品清单中，原则上是应予保护的。但由于这类作品表现形式（不符合“固定要求”）和作用特殊，公约又在第2条之二补充规定：各成员国可以通过国内立法对这些作品的保护进行限制。具体来讲，第一，政治演说和诉讼过程中发表的言论是否全部或部分地排除于版权保护之外，属于各成员国国内立法的范围；第二，公开发表的讲课、演说和其他同类性质的作品，如为新闻报道的目的有此需要，在什么条件下可由报刊登载、进行广播或以有线方式向公众传播，也属于成员国本国立法确定的范围；第三，作者享有将上述作品汇编的专有权利。

在我国《著作权法》中，讲演、演说和其他同类性质的作品全部属于口述作品，是明确作为受保护的客体享有与普通文学艺术作品同样保护的。[①] 从这个角度看，我国著作权法是没有“固定要求”保留的。

（3）民间文学艺术作品（folk literature and art works）。民间文学艺术作品是每个民族的重要文化遗产，同时又是许多版权保护作品的创作之源，因此对它的保护虽然意义重大，但保护起来的难度也很大。正因为这样，直到 1967 年，《伯尔尼公约》才加入涉及民间文学艺术作品保护的规定。《伯尔尼公约》尽管没有使用“民间文学艺术作品”的名称，但其第 15 条第 4 款的规定实际上是将民间文学艺术作品中的一部分，作为“不知作者姓名而又未曾出版过”（unpublished works of unknown authorship）的特殊作品来对待。

公约的这一条款并没有把对这部分民间文学艺术作品的保护作为对各成员国版权法的最低要求，也就是说，成员国可以自由选择是否保护这类作品。而且，如果成员国保护这类作品，还必须符合两个条件：第一，对作者的身份不明又未出版的作品，必须有充分理由推定该作者是某一成员国国民时，该国法律指定的主管机关才能代表该作者，维护和行使作者在各成员国的权利；第二，如果成员国选择保护这类作品，在指定出主管机关后，应当以书面声明将此事通知世界知识产权组织总干事，总干事应将该声明立即通知其他所有成员国。

《伯尔尼公约》在 1967 年加入上述规定以后，虽然对促进各国民间文学艺术作品的保护有一定的积极作用，但由于这一规定并不完善，因此在对民间文学艺术作品的保护问题上各成员国之间还有很多争议，而争议的焦点集中在以下三个问题上。其一，如果这类作品出版了，那么有关权利是否应转由出版者行使？在《伯尔尼公约指南》中，世界知识产权组织的专家认为此时这类作品已不再符合“未出版”的条件，因此权利不能由主管部门行使，而应由出版者行使，但这种观点遭到许多国家的反对。其二，如果有足够理由推定这类作品的作者出自某一地区，而该地区跨两个或两个以上成员国的地域，那么应由哪国主管机关行使有关权利并通知总干事？其三，是否应用“表达方式”的提法来取代“作品”一词？其原因是《伯尔尼公约》规定只有构成“作品”才能获得保护，这对完全具备作品形式的诗歌、传说等是适用的，但对尚不完全具备作品必要条件的“表达形式”，如民间宗教仪式、民间建筑风格、民间游戏、民间舞蹈等却不适用，而对后者的保护意义同样很大。

我国《著作权法》在 1991 年施行时就已将民间文学艺术作品列为著作权保护的客体之一，并规定这类作品的著作权保护办法由国务院另行规定。但是，由于民间文学艺术作品通常具有创作者不明、多为口头流传、常经多人修改的特点，并且通常作为许多版权作

---

① 口述作品是我国 1991 年 6 月 1 日起施行、2001 年 10 月 27 日修订的《著作权法》所称的作品之一。参见该法第三条。

品的创作之源，民间文学艺术作品如被过度保护还将阻碍文化传播和发展。由于保护难度较大，因此到目前为止，我国尚无专门保护民间文学艺术作品的法规出台。

3. 不受保护的作品

《伯尔尼公约》第2条第8款规定，公约的保护不适用于日常新闻（news of the day）或纯属报刊消息性质的社会新闻（miscellaneous facts having the character of mere items of press information）。这样规定的原因是这类东西缺乏构成作品条件的创造性因素，因而不是版权保护的客体。

(三)《伯尔尼公约》保护的权利主体

在《伯尔尼公约》中，涉及保护的权利主体，即“版权人”的规定只有下面的几个条款。首先，在公约第1条中明确：公约缔结的目的在于保护作者对其文学和艺术作品享有的权利。其次，第2条第6款规定：“本条所提到的作品在本同盟所有成员国内享受保护。此种保护系为作者及其权利继承人的利益而行使。”最后，关于“作者”，公约第15条第1款推定为：“受本公约保护的文学艺术作品的作者，只要其名字以通常方式出现在该作品上，在没有相反证据的情况下，即视为该作品的作者并有权在本同盟成员国中对侵犯其权利的人提起诉讼。即使作者采用的是假名，只要根据作者的假名可以毫无疑问地确定作者的身份，本款也同样适用。”从上述规定中我们找不到公约对“版权人”和“作者”所下的明确的定义，也不能推论出公约所说的“版权人”和“作者”的具体范围，能够明确的只有两点：第一，作者及其权利继承人毫无疑问是版权人；第二，在无相反证据的情况下，在作品上署名的人被视为作者。

其实，不光是《伯尔尼公约》，《世界版权公约》以及TRIPS协定在“版权人”和“作者”的定义与范围问题上，也采取了回避的态度。这就意味着，只要成员国的法律不与公约的上述规定冲突，“版权人”与“作者”的定义和范围，属于成员国国内立法的范围。而实际上，各成员国的国内法关于这些问题的规定差异是很大的。

作为权利主体的“版权人”，在理论上的争论并不大。因为版权人既可以是作者，也可以是从作者手中受让版权的其他人。所以版权人既可以是自然人，也可以是法人，这几乎是一切有版权法的国家都承认的。在中国，版权人甚至可以是非法人的“其他组织”。但是，对于“原始版权人”（original copyright owner 或 first owner of copyright），各国的规定就有些不一样了。大致而言，英美法系国家认为：原始版权人既可以是自然人，也可以是法人；既可以是作者，也可以是依法享有版权的非作者。而欧洲大陆法系的国家通常只承认原始版权人是作为作者的自然人。不过，欧洲大陆法系国家的这种观点并不是不可变通的，例如作为典型的欧洲大陆法系国家的法国，为使“集体作品”① 的版权便于行使，就毫不犹豫地把它的原始版权依法授予了法人。② 而中国《著作权法》规定，除自然人和法人外，原始版权人还包括非法人的“其他组织”，这在世界上还是少有的。

至于何谓“作者”，法人能否成为作者，各国立法的差距就比较大了。一部分成员国

---

① 法国版权法中的特有术语，即collective work。

② 见法国《知识产权法》(1995年修订本) 第一部分第113～115条。日本《著作权法》第15条 (2) 款也有类似规定。同时参见郑成思. 知识产权法. 北京：法律出版社，1997.

规定只有自然人可以是作者，不过这些国家的规定方式也不尽相同。有些国家是在法律中予以明确，如西班牙、俄罗斯等；有的是通过法律中的某个条文可以做出这样的推论，如法国；有的国家法律中既无明确规定，又无可据以推断的条文，但可以从该国具有权威性的版权法学者的论述中肯定，如德国。一部分成员国明确规定法人也可以被视为作者，如日本、中国等。还有一部分成员国给“作者”下了详细的定义，却不直接回答作者仅仅是自然人还是也包括法人，如英国。有学者认为①，尽管《伯尔尼公约》没有明确规定法人能否成为作者，但如果仔细分析一下公约提及“作者”的各个条款，可以看出公约实际上在暗示作者的自然人特征。这些暗示包括只提作者的“惯常居所地”而不像《巴黎公约》那样提及“营业所”或“营业地”，包括提到作者的“讲演、演说”，包括权利保护期为“有生之年”加“死后”若干年计算，等等。此外，世界知识产权组织在其《伯尔尼公约指南》中，也只是说：该公约没有为“作者”下明确定义的原因，在于一部分国家把原始版权授予了自然人作者，另一部分国家则把法人也视为原始版权人。却未曾说另一部分国家把法人也视为作者。

我国和日本的做法相同，都在著作权法中明确规定作者可以是自然人也可以是法人(在我国，作者还可以是非法人的“其他组织”)。因此，在两国的著作权法中都有“法人作品”和自然人创作完成但依法由法人享有版权的“职务作品”的区别，并且两国都把集体创作现象的实际存在作为承认法人作者的主要理由。但有不同规定的其他国家以及不少学者却认为，这种理由并非实际的立法理由。因为“集体”再大，其中真正从事创作的人与未从事创作而只是承担组织工作、提供物质条件的人，无论在实践中，还是在中日两国的著作权法中，都是应当也是能够分得清的。而且，法人作者的认定，无疑也有悖于版权制度鼓励创作的宗旨，因此是不可取的。

(四)《伯尔尼公约》保护的权利内容

《伯尔尼公约》赋予作者以精神权利和经济权利。

1. 精神权利 (moral rights)

作者的精神权利是在1928年《伯尔尼公约》的罗马修订会上增加的内容。根据公约第6条之二第1款的规定，作者享有的精神权利的内容至少应包括两方面：一方面是作者有主张其作品作者身份的权利；另一方面是他有反对对其作品进行任何有损其声誉的歪曲、割裂或其他更改，或者其他损害行为的权利。这两方面的精神权利都可以独立于财产权利单独存在。

上述第一方面的权利，可以理解为与我国著作权法中的“署名权” (right of authorship) 相当。具体包括：(1) 作者有权以任何方式在自己的作品上署名，包括署真名、笔名、假名或匿名；(2) 作者有权禁止他人在并非其所作的作品上署其名，即禁止“冒名”；(3) 作者有权反对非创作意义上的合作者强行作为“合作作者”在作者的作品上署名；(4) 作者尤其有权反对他人剽窃或抄袭自己的作品并署上他人的姓名。第二方面的权利，则可以理解为与我国著作权法中的“保护作品完整权” (right of integrity) 相当。

与《伯尔尼公约》规定的精神权利相比，我国著作权法对人身权的规定不同之处表现

---

① 如我国知识产权法学家郑成思、德国版权法学家迪茨等。

为如下。

首先，根据我国著作权法，享有著作人身权的主体是版权人，而非公约以及绝大多数国家版权法中所说的仅仅是“作者”，因此，在我国，著作人身权也理所当然地授予法人。中国法与公约以及多数外国法在这点上的差别，究竟是特色还是失误，多年以来众说纷纭。但多数对此持反对观点，其理由包括：第一，也是最主要的一点，作品中不可能反映出法人的“个性”。第二，授予法人精神权利不利于促进精神产品的生产。因为在集体中真正从事创作的自然人，即使依法获得经济权利与精神权利的保护，在许多情况下也不享有经济权利，其部分精神权利也受到限制（如被认定为职务作品时）。其部分精神权利可能由集体的代表，有时即是法人代表行使。但反过来，在任何情况下都不可能在经济权利与精神权利直接授予法人以后，又实际上由自然人去享有经济权利和代为行使“法人精神权利”。所以，不将精神权利授予法人，并不会使法人一无所有；但不授予自然人，他们就真的将一无所有。这只会不利于法人集体中真正从事创作的自然人发挥自己的才智，去为法人出成果。[①] 第三，如果承认法人享有精神权利、那么当法人被解散、合并、撤销或破产之后，由谁来维护其精神权利、如何维护其精神权利（尤其是保护作品完整权）是一个实践中难以解决的问题，因为很难确定在法人作品中法人的“创作”以及体现在“创作”中的“人格”何在。

其次，在我国著作权法中，还有《伯尔尼公约》中没有的两项人身权，即“发表权”（right of publication）和“修改权”（right of alternation）。在1928年《伯尔尼公约》补充精神权利的规定时，曾有人提出增加“作者有决定其作品是否公之于众的权利”，即“发表权”，但后来因成员国意见不一致，这个提议没有通过。但这并不妨碍成员国在国内法中规定这一权利内容。事实上，虽然发表权对作者非常重要，但许多保护精神权利的国家，在版权法中恰恰不承认作者享有发表权。其原因有二：一是有些国家认为作者是否享有发表权，应当在发生版权纠纷时由法院依照具体情况去处理，而不应作为不可变通的权利立于法中。《伯尔尼公约》至今未写入“发表权”，主要也是因为这一点。二是有些国家认为，赋予作者发表权会使许多版权纠纷难以解决，甚至影响版权制度的有效性。例如，如果作者在生前没有明确表示自己的某一作品是否发表，则代表其行使权利者无论是发表还是不发表它，都可能违背作者的意愿。而且，即使作者生前明确表示过某部作品不发表，但他死后的形势起了根本变化，这种变化倘若作者在世，可推定该作者也将决定发表其作品。所以，严格遵照作者的生前表示，可能反倒违背作者的意愿。此外，合作作品的作者之一，如果在作品完成后行使起自己的发表权来，例如坚持以其他合作者不同意的形式发表，后果也是不堪设想的。[②] 我国著作权法中的“修改权”，严格说来与保护作品完整权是一个事件的正反两方面。即：从正面上讲，作者有权修改自己的作品；从反面上讲，作者有权禁止他人修改、割裂甚至歪曲自己的作品。因此，我国著作权法中出现《伯尔尼公约》中见不到的“修改权”，并不能说明我国对精神权利的保护水平高于《伯尔尼公约》。也鉴于此，多数国家的版权法中没有像我国这样同时规定“修改权”和“保护作品

---

① 郑成思．知识产权法．北京：法律出版社，1997：446.

② 同①372－373.

完整权”。不过在极少数国家的版权法中还承认作者享有“收回权”（right of retraction），即对已进入流通领域的（已发行的）、并尚在流通之中的本人的作品在修改前有先收回的权利。由于行使这种权利存在实际困难，如怎样补偿出版、发行人因作者“收回”作品而产生的经济损失等不易确定，《伯尔尼公约》和多数国家的版权法都不曾规定这项权利。

除上述精神权利具体含义之外，《伯尔尼公约》在1967年的斯德哥尔摩修订会上又增加了两款关于精神权利的补充规定，即公约第6条之二的第2款和第3款。其中第2款规定：作者的精神权利，在其死后应至少保留到作者经济权利期满为止，并由被要求给予保护的国家本国法所授权的人或机构行使之。但在批准或加入本公约文本时其法律中未包括有保证在作者死后保护作者精神权利的各国，有权规定对这些权利中某些权利在作者死后不予保留。后一句话的含义是：在批准或加入《伯尔尼公约》的1971年巴黎文本时，有的国家法律如果并未规定在作者死后仍保护其精神权利，则可以规定公约所列举的精神权利中的某些权利在作者死后不予保留。这是考虑到具有盎格鲁撒克逊法律传统的缔约国的实践而做出的规定，因为在这些国家，精神权利的保护主要是普通法的事，而依普通法，在被毁谤的人死后是不允许起诉的。①

公约第6条之二第3款则规定：“为保障本条所承认的权利而采取的补救方法由被要求给予保护的国家的法律规定。”这就是说，作者或者在作者死后国家授权维护其精神权利的人或机构在权利遭到侵害时可以采用何种救济方法（行政程序、民事诉讼或刑事控诉）应依据有关国家国内法的规定，此外，对侵权人采用何种制裁方式（行政处罚、民事损害赔偿或刑事制裁）也属于各成员国国内立法的范畴。

2. 经济权利（economic rights）

《伯尔尼公约》与《世界版权公约》以及多数国家的版权法相同，都是不分版权客体而将经济权利中可能有的项目一并开列，至于这些经济权利由哪些客体享有，实践中一般是容易推定的。② 总的来说，版权法中的经济权利可以概括为三大类，即复制权、演绎权和传播权。不过，无论是现有的《伯尔尼公约》以及《世界版权公约》，还是多数国家的版权法，都并未以这三大类为基础对经济权利做出规定，而是根据各国或各公约的不同情况及立法或缔约时的背景，将这三大类中的某一类或两类展开，做出细致的规定。较多的情况是像《伯尔尼公约》那样将后两类展开，即在复制权后列出属于演绎权类的翻译权、改编权、电影权等和属于传播权类的发行权、公演权、公开朗诵权、播放权、录制权等。只有少数一些一开始由出版机关主管版权的国家，或一些出版业在该国仍旧是复制作品的主要产业的国家，在版权法中还将复制权展开，以便详细地对出版权做出规定。

根据《伯尔尼公约》，各成员国必须保护的经济权利共有下列8项。

（1）复制权（right of reproduction）。版权的英文名称copyright原意就是制作复制本的权利，因此可以说复制权是版权中最基本的内容，应作为经济权利之首。但奇怪的是，《伯尔尼公约》直至1967年在斯德哥尔摩修订会上才将复制权定入公约，而且将其置于翻

① 汤宗舜．知识产权的国际保护．北京：人民法院出版社，1999：91．

② 少数国家的版权法（如英国1952年的版权法）依照不同的版权客体，分别对经济权利做出规定。

译权之后。其含义是“授权以任何方式和采取任何形式复制作品的专有权利”。

对于何谓“复制”，公约并无具体解释，只是列举了在1967年已相当普遍，但在公约前几个文本形成时尚不存在或普及的两种复制方式——录音和录像（sound or visual recording）。公约这样做的原因可能是因为对复制权的解释往往因案件的不同情况而异，而一般性的解释反而有可能引起误解。不过，随着著作权国际保护的加强，国际社会已经就《伯尔尼公约》第9条规定的复制权的概念达成了基本的共识，即复制就是作品被固定下来，保持充分稳定的状态，使之能直接或者借助机器或装置被公众观看、复制或向公众传播。世界知识产权组织和联合国教科文组织1982年的报告就对这一定义予以了认可。因此，界定复制权的关键就在于作品是否被“固定”（fixation），是否能够保持充分稳定状态，以便让公众观看、复制或者向公众传播。①

在我国《著作权法》及其实施条例中，均没有复制权明确的定义，但《著作权法》第10条第5款有一个关于“复制权”的非穷尽的列举性解释，明确“复制权，即以印刷、复印、拓印、录音、录像、翻录、翻拍等方式将作品制作一份或者多份的权利”。

（2）翻译权（right of translation）。在《伯尔尼公约》中，翻译权被列为作者所享有的若干专有权利的第一项。公约第8条规定：“受本公约保护的文学艺术作品的作者，在对原作享有权利的整个保护期内，享有翻译和授权他人翻译其作品的专有权利。”翻译权不是所有受保护的作品都享有的一种权利，严格地说只是文字作品和计算机软件涉及的权项。②

（3）改编权（right of adaptation, arrangement and other alteration）。《伯尔尼公约》第12条规定：“文学艺术作品的作者享有授权对其作品进行改编、音乐改编或其他变动的专有权利。”何谓“改编”，公约没有做出解释，中国《著作权法》对此的解释为“即改变作品，创作出具有独创性的新作品的权利”③。这里的关键词为“创作”，即和原作相比，改编后的作品明显加入了改编者的创造性劳动，因此改编作品毫无疑问地属于享有版权的演绎作品。

我国《著作权法》在2001年修正以前，和改编同时并列规定的还有编辑、注释和整理。所谓编辑更确切地说应叫作汇编（compilation），因为其指的是“根据特定要求选择若干作品或者作品的片断汇集编排成为一部作品”④。编辑权（汇编权）和改编权一样是原作作者享有的一项专有权利，未经其许可将其作品或作品的片断作为汇编作品的一部分将构成版权侵权。但是，汇编作品是否也像改编作品一样成为享有版权的新作品呢？对此，各国的司法实践普遍认为：简单地把原作汇集在一起，并不能形成享有版权的新作品；只有在汇编的同时又明显地注入了汇编者的创造性劳动，汇编作品才能享有版权。

注释权和整理权是我国著作权法特有而《伯尔尼公约》及多数国家版权法中见不到的

---

① 薛虹．网络时代的知识产权法．北京：法律出版社，2000：147.

② 对计算机软件的翻译，实践中指的是将外文的软件“汉化”或将一种高级语言写成的源程序译为另一种高级语言写成的源程序等等。

③ 参见我国《著作权法》第10条第14项。

④ 我国《著作权法》在2001年10月27日修正以后将“编辑权”改称为“汇编权”，以和多数国家的版权法保持一致。

权利。在《伯尔尼公约》的改编权中使用了 arrangement（有整理的含义）一词，但这也仅仅限于音乐作品中除词以外的乐曲的改编。而我国著作权法中的整理则广泛涉及“对内容零散、层次不清的已有文字作品或者材料进行条理化、系统化的加工，如古籍的校点、补遗等”。和《伯尔尼公约》相比，我国的整理权恰恰不涉及对音乐作品的“整理”。而且，由于法律明确列举出的只有对古籍的整理，但古籍的作者是谈不上任何著作权的，因此，作为著作财产权之一将整理权列出似乎显得画蛇添足，也难怪许多版权法学家纷纷指出《著作权法实施条例》中整理权的规定是“一个版权理论上与历史唯物论上的差错”[①]。实际上，根据对整理对象整理程度的不同，整理权完全可以包含在汇编权或改编权中。前者指整理者仅仅对整理材料的选择或编排具有独创性的整理工作，后者则指整理者不仅对整理材料进行了有独创性的选择或编排，并且在此基础上还有进一步的创造性劳动。注释权原则上也可以归入《伯尔尼公约》的改编权之中，因为经注释以后形成的新作品也属于在原作基础上加入注释者创造性劳动的演绎作品，这种演绎作品的完成受原作者注释权的限制，而完成之后将享有完整的版权。

基于上述理由，我国 2001 年 10 月 27 日通过的著作权法修正案最终取消了整理权和注释权的概念，将其内容一并归入了改编权和汇编权之中。

(4) 电影权（cinematographic and related rights）。电影权严格地说应称为摄制权（right of making of cinematographic，television and video works），因为其不仅涉及普通意义的电影，还涉及电视剧以及录像电影。这一权利规定于《伯尔尼公约》第 14 条，即“文学艺术作品的作者享有下列专有权利：1）授权将这类作品改编和复制成电影作品，以及发行经过如此改编或复制的作品；2）授权公开表演、演奏以及向公众有线传播经过如此改编或复制的作品。”上述两项权利是各自独立的但行使是有先后的，也就是说，作者在同意将其作品拍成电影时，可以限制放映的地区和国家，也可以不同意以有线方法向公众传播。

值得注意的是，电影权作为演绎权的一项，不是指电影或电视剧作品的版权人享有的权利，而是指原作品能否以及怎样被制片人使用的权利。至于影片被制成后，它作为新的受保护客体另享有完整的版权。但是，由于电影作品绝大多数情况下是根据享有版权的作品而产生的演绎作品，因此在使用电影作品时还应尊重原作品的版权。对此《伯尔尼公约》第 14 条第 2 款的规定是：“根据文学或艺术作品制作的电影作品以任何其他艺术形式改编，在不妨碍电影作品作者授权的情况下，仍须经原作作者授权。”

(5) 公演权（right of public performance）。公演权不是一切版权客体都享有的，这项经济权利主要为戏剧作品、音乐戏剧作品和音乐作品的作者享有。根据《伯尔尼公约》第 11 条第 1 款，其具体包括：“1）授权公开表演和演奏其作品（包括译作），包括用各种手段或方法公开表演和演奏；2）授权用各种手段公开播送其作品（包括译作）的表演和演奏。”

和电影权一样，公演权的上述两项权利也是相互独立但有先后的。首先，表演者的现场公开表演需要作者的授权；其次，公开播送对作品的表演和演奏也须得到作者的授权。

---

① 郑成思．知识产权法．北京：法律出版社，1997：413.

公演权不同于表演权：公演权由作者享有，是著作财产权的一项；表演权由表演者享有，属于著作邻接权的内容。

(6) 公开朗诵权（certain rights in literary works）。这项权利只为文字作品的版权人享有。根据《伯尔尼公约》第 11 条之三，其具体包括："1) 授权公开朗诵其作品（包括译作），包括用任何手段和方法公开朗诵；2) 授权用任何手段公开播送其作品（包括译作）的朗诵。"在许多国家（如英国、新加坡等）的版权法中，公开朗诵权被归入公演权中，《伯尔尼公约》也是直至 1948 年，才将公开朗诵权与公演权并列作为一项独立的经济权利。

(7) 广播权（broadcasting and related rights）。《伯尔尼公约》第 11 条之二规定："文学艺术作品的作者享有下列专有权利：1) 授权广播其作品，或以任何其他无线传送符号、声音或图像的方法向公众传播其作品；2) 授权原广播组织以外的另一组织通过有线传播或转播的方式向公众传播广播的作品；3) 授权通过扩音器或者传送符号、声音或图像的任何其他类似设备向公众传播广播的作品。"公约的上述规定实际上是将三大类广播行为都纳入广播权的控制范围。

第一类是无线广播，即通过空间传播电磁波进行的广播，电台、电视台以及广播卫星的广播均属此类。实践中，广播卫星的广播分为间接广播卫星的广播和直接广播卫星的广播。间接广播卫星的广播需要地面接收站接收后再播出，其与一般电台或电视台广播无异；直接广播卫星的广播则需要特殊的接收天线及特殊的收听收看装置才能接收到，因此很可能接收者寥寥无几，但这并不影响作者广播权的行使。因为这一权利和所有其他版权权利的行使一样是不问目的的，尤其是与侵权者是否具有商业目的无关。

第二类是有线广播，主要包括各有线电视台（CATV）通过电缆线或光缆线进行的广播，旅店、饭店、火车、飞机以及其他公共场所通过有线麦克风广播系统或闭路电视系统进行的广播，以及激光定向广播、微波定向广播，等等。

第三类是通过扩音器或类似设备进行的广播，这种广播效果与某些有线广播相同。

上述三类广播行为都受版权人广播权的控制，但和公演权、公开朗诵权不同的是，《伯尔尼公约》允许成员国通过国内立法对广播权规定权利限制，这一点将在下文"权利限制"中详加阐述。

在《伯尔尼公约》第 11 条之二第 3 款，对广播权还有一补充规定：除另有规定外，公约关于广播的授权并不意味着授权利用录音或录像设备录制广播的作品。但成员国法律得确定一广播机构使用自己的设备并为自己播送之用而进行临时录制的规章。成员国法律也可以由于这些录制品具有特殊文献性质而批准由国家档案馆保存。这项补充规定包含三层内容：其一，广播权和录制权是两项不同的、相互独立的经济权利，授权广播不意味着广播组织有权利录制广播作品。其二，考虑到广播组织往往有重播的需要，公约做出一个协调作者与广播组织利益的规定，即成员国可以自己立法规定广播组织是否可以利用自己的设备临时录制广播作品以为自己所用。事实上，所有的成员国都有相应的立法，并且对"临时"的期限规定为自录制时起 1 个月至 1 年不等。至于这种录制应该在事先还是广播时，录制的目的必须是非商业性的还是可以是商业性的，录制是否须付费等问题，由于公约没有规定，因此统统属于成员国国内立法的范畴。其三，对于具有文献性质的广播作品，成员国可以通过立法规定对它的录制不仅是为临时使用，还可作为官方档案予以保存。

我国《著作权法》在2001年10月27日修订以前使用的是“播放”的概念，并且在实施条例中将“播放”定义为“通过无线电波、有线电视系统传播作品”的行为。由于“播放”的范围小于《伯尔尼公约》的“广播”的范围，并且也为了和适应互联网络出现而增加的信息网络传播权相区分，修订后的《著作权法》取消了播放的概念，代之以相互独立的广播权和信息网络传播权，并给予广播权完全相同于《伯尔尼公约》的含义：“即以无线方式公开广播或者传播作品，以有线传播或者转播的方式向公众传播广播的作品，以及通过扩音器或者其他传送符号、声音、图像的类似工具向公众传播广播的作品的权利”。

(8) 音乐作品及有配词的音乐作品的录制权（right of recording of musical works and any works pertaining thereto）。根据《伯尔尼公约》第9条第3款“所有录音或录像均应视为本公约所指的复制”的规定，录制权原则上已经包含在复制权中。但由于公约又在第13条第1款规定，“成员国可就其本国情况对音乐作品作者及允许其歌词与音乐作品一同录音的歌词作者授权将上述音乐作品以及有歌词的音乐作品进行录音的专有权利规定保留及条件；但这类保留及条件之效力严格限于对此做出规定的国家，而且在任何情况下均不得损害作者获得在没有协议情况下由主管当局规定的合理报酬的权利”，因此，可以认为，音乐作品作者和与音乐作品一同录音的歌词作者还依据公约享有专门的录制权，但和广播权类似，音乐作品的作者以及歌词作者的录制权也可能因有关成员国的国内法规定而受到限制，这一点也将在下文权利限制中详加阐述。

除上述8项必须保护的经济权利外，《伯尔尼公约》在对经济权利的列举中，还有一项“追续权”(Droit de suite)①，其含义是：“对于艺术作品原作和作家与作曲家的手稿，作者或作者死后由国家法律所授权的人或机构享有不可剥夺的权利，在作者第一次转让作品之后对作品进行的任何出售中分享利益。”对于追续权保护与否，公约规定成员国有选择的自由，因此这项权利不是公约的最低要求。而且，与版权的其他权利不同，追续权的享受取决于互惠而非国民待遇原则。因为公约在第14条之三第2款规定：只有在作者本国法律承认追续权的情况下，才可以在本同盟的其他成员国内要求追续权的保护，而且保护的程度应限于被要求给予保护的国家的法律所允许的程度。

3. 权利限制（restriction to right）

权利限制指的是有的行为本来应属侵犯版权人权利的行为，但由于法律把这部分行为规定为侵权的“例外”，从而不再属于侵权。因此，有些国家的版权法把权利限制称为“专有权所控制的行为之例外”。从本质上讲，版权法中的权利限制是对版权人利益和广大公众利益加以平衡的结果，因为为鼓励和促进人们的创造积极性，版权人的利益需要得到保护，但为使这种创作成果广为传播以及鼓励和促进在这些创作成果基础上的再创造，版权人的利益不应是无止境的。鉴于此，各国的版权法均程度不同地对版权人的专有权利做出限制。但是，各成员国如果无限扩大权利限制的范围，又会使有关公约提供的最低限度

---

① 参见《伯尔尼公约》第14条之三。

的保护水平受影响。因此，《伯尔尼公约》以及所有实质性版权公约都在对成员国提出最低要求的同时，把各国版权法权利限制的条款限定在一定范围内。在《伯尔尼公约》中，这种对权利限制的限制表现为下列几种情形。

（1）对合理使用范围（free uses of works）的限制。划定合理使用范围是各国版权法对版权的一种普遍限制，《伯尔尼公约》对合理使用范围的限制表现为对复制权的限制、对引用的限制、对为教育目的利用作品的限制、对复制报刊或广播上文章的限制以及对报道时事时使用作品的限制五种情形。

第一，公约第 9 条在规定复制权的同时，又规定成员国法律可以允许在某些特殊情况下复制文学艺术作品，只要这种复制不损害作品的正常使用也不致无故侵害作者的合法利益。所谓“某些特殊情况”，各国版权法通常规定为：个人为学习、研究或欣赏的需要，图书馆为保存版本的需要，为教学和科研的需要，等等。只要符合法律的这些一般性规定，复制可不经许可，也无须付费。但是，成员国版权法允许的复制必须符合公约的两个条件：其一是“不损害作品的正常使用”，比如小说的正常使用是通过作者的自愿许可将其出版发行，因此，成员国如果立法允许对小说复制权的合理使用就违反了公约的这项条件；其二是“不致无故侵害作者的合法利益”。由于任何复制事实上都会给作者的利益造成一定的侵害，所以公约在侵害前加了一个限制词“无故”，这即意味着不能大量复制，特别是不能借复制以牟利。

第二，对引用作品的限制。公约第 10 条第 1 款规定：“从一部合法公之于众的作品中摘出引文，包括以报刊提要形式引用报纸期刊的文章，只要符合合理使用的惯例，在为达到目的的正当需要范围内，就属合法。”引用通常指的是从他人的作品中摘录一段文字放在自己的作品中，目的是说明某个论点或者评价或介绍所引用的作品。《伯尔尼公约》对引用规定了三个限制：其一，引用必须来自合法公之于众的作品，没有发表或仅仅在内部流通的作品不能引用；其二，引用必须符合合理使用的惯例并且必须在为达到目的的正当需要范围内，这主要指被引用部分占原作品的比例以及在引用作品中所占的比例问题，对此如有争议，一般由法院最终判定；其三，引用时应注明作品出处，如果原出处上有作者姓名，也应同时注明。

第三，对为教育目的利用作品的限制。公约第 10 条第 2 款规定：“各成员国法律以及成员国之间现有或将要签订的特别协议可规定，可以合法地通过出版物、无线电广播或录音录像利用文学艺术作品作为教学的解说的权利，只要是在为达到目的的正常需要范围内，并符合合理使用的惯例。”这里所说的“利用”包括的范围很广，复制、翻译、表演、朗诵、改编、广播等均包含在其中。《伯尔尼公约》对为教育目的利用作品的限制与对引用的后两个限制相同，即须符合合理使用的惯例以及须指明出处。

第四，对复制报刊或广播上文章的限制。《伯尔尼公约》第 10 条之二第 1 款规定：“成员国的法律可以允许通过报刊、广播或向公众有线传播，复制报纸、期刊上的讨论经济、政治或宗教的时事性文章，或者具有同样性质的广播作品，但以对这种复制、广播或有线传播未明确予以保留的为限。并且，均应说明出处。”根据公约的上述规定，成员国可以将复制报刊或广播上的文章进行报刊转载、广播或有线传播规定为对作品的合理使用。但这种规定受公约四个条件的限制：首先，复制的作品只限于时事性作品；其次，作品内容必须是有关政治、经济或宗教的，单纯的文学艺术作品等不应属于此种合理使用的范围；再次，作者没有明确的保留，这种明确的保留实践中也包括特别声明作品“享有版权”；最后，转载、广播或有线传播时应指明出处。

第五，对报道时事时使用作品的限制。《伯尔尼公约》第 10 条之二第 2 款规定：“在用摄影或电影手段，或者通过广播或对公众有线传播报道时事新闻时，在事件过程中看到或听到的文学艺术作品在为报道目的正当需要范围内予以复制和公之于众的条件，由各成员国的法律规定。”在广播、电影或摄影报道时事新闻时，常常会看到或听到受版权保护的作品，如在对奥运新闻的报道中常常会听到国歌，在画展的报道中会看到许多绘画作品，在对音乐会的报道中会听到许多乐曲，等等，而报道这些时事新闻时，对这些版权作品的复制和公之于众是不可避免的，如果要求这些复制必须事先得到版权人的许可必将对正常的新闻报道产生极大的负面影响。因此，各国版权法均将报道时事时使用作品纳入合理使用的范围。对此，《伯尔尼公约》的限制条件只有一个，即这种复制必须是在为达到新闻报道的目的的正当需要范围内。

(2) 对强制许可（compulsory licenses）的限制。《伯尔尼公约》中的强制许可和我国著作权法中的法定许可（legal licenses）意思相当，都是指在符合法定条件的情况下可以不经权利人许可使用其作品，但事后需要支付费用。《伯尔尼公约》允许成员国对广播权和录制权予以强制许可（法定许可），但需要满足下列限制性条件。

第一，对广播权强制许可的限制。广播权是《伯尔尼公约》规定的版权人享有的经济权利之一，但在规定这项权利时，公约还规定：行使广播权的条件由成员国的法律规定，但这些条件的效力严格限于对此做出规定的国家。在任何情况下，这些条件均不应有损于作者的精神权利，也不应有损于作者获得合理报酬的权利，该报酬在没有协议情况下应由主管当局规定。

《伯尔尼公约》的上述规定包含两方面的含义：首先，允许成员国立法以强制许可取代版权人享有的广播专有权，即成员国可以通过立法规定广播版权作品的条件，广播组织可以事先不经版权人许可，只要按法律规定的条件广播版权作品，就视为已得到版权人的许可，不视为侵权；其次，对成员国立法规定的强制许可条件进行限制，包括只有本国广播组织可以利用强制许可的条件，不得损害作者的精神权利和获得合理报酬的权利，在作者和广播组织就报酬不能达成协议的情况下，该报酬应由主管机关确定。

第二，对录制权强制许可的限制。录制权是《伯尔尼公约》规定的音乐作品作者和有关歌词作者享有的一项经济权利，对这一权利公约也有补充规定，即第 13 条第 1 款中的“成员国可就其本国情况对音乐作品作者及允许其歌词与音乐作品一同录音的歌词作者授权将上述音乐作品以及有歌词的音乐作品进行录音的专有权利规定保留及条件；但这类保留及条件之效力严格限于对此做出规定的国家，而且在任何情况下均不得损害作者获得在没有协议情况下由主管当局规定的合理报酬的权利”。和对广播权强制许可的限制一样，公约对成员国通过国内立法规定录制权强制许可也规定了严格的地域性和不应损害作者合理获酬权利的条件，但没有专门提到对作者精神权利的维护。

和《伯尔尼公约》的上述规定相对比，我国著作权法关于权利限制的规定有的比公约更严格，有的却与公约有明显的差距，没有达到公约的最低保护要求。

我国著作权法比公约更为严格的权利限制规定表现在三个方面：其一，《伯尔尼公约》对可以被合理使用的作品，并未一概限于“已发表”，但我国著作权法则对全部合理使用加了这一限制。其二，《伯尔尼公约》只要求在引用作品、为教育目的利用作品和复制报刊和广播上的作品时需要指明出处，而我国著作权法则要求全部合理使用都应当指明作者姓名和作品名称。其三，作为法定许可的情况之一，我国《著作权法》第 23 条规定：“为实施九年制义务教育和国家教育规划而编写出版教科书，除作者事先声明不许使用的外，可以不经著作权人许可，在教科书中汇编已经发表的作品片段或者短小的文字作品、音乐作品或者单幅的美术作品、摄影作品，但应当按照规定支付报酬，指明作者姓名、作品名称，并且不得侵犯著作权人依照本法享有的其他权利。”而根据《伯尔尼公约》，为教育目的使用作品是合理使用的一种。

我国著作权法与《伯尔尼公约》有明显差距的规定主要表现为：其一，对于受保护的作品，《伯尔尼公约》仅承认在有限条件下，以复制（包括摘录）、翻译与广播三种方式使用，才可能构成“合理”使用，但我国著作权法没有做这种限制，反而有与公约完全相悖的“合理”使用方式，例如《著作权法》第 22 条第 1 款 9 的“免费表演已经发表的作品”等。其二，《伯尔尼公约》仅允许对广播权和录制权规定法定许可，但我国著作权法规定法定许可适用于为实施九年制义务教育和国家教育规划而编写出版教科书，报刊转载或作为文摘、资料刊登已经刊登的作品，广播电台和电视台播放他人已经发表的作品或已经出版的录音制品三种情形。其中的报刊转载或作为文摘、资料刊登已经刊登的作品的法定许可方式在《伯尔尼公约》中是找不到依据的。

（五）作品的保护期

对作品的保护期，《伯尔尼公约》在第 7 条针对不同作品做出不同规定：（1）一般作品的保护期限为作者有生之年及其死后 50 年。（2）电影作品的保护期限为自作品在作者同意下公之于众后 50 年。如果自作品完成后 50 年内尚未公之于众，则自作品完成后 50 年期满。（3）不具名作品（anonymous works）和假名作品（pseudonymous works）的保护期限为自其合法公之于众之日起 50 年。如果根据作者采用的假名可以毫无疑问地推定作者的身份，或者如果在作品公之于众后 50 年内作者身份公开，则保护期限为作者有生之年及其死后 50 年。但是，成员国没有义务保护有充分理由推定其作者已死去 50 年的不具名作品或假名作品。（4）摄影作品（photographic works）和作为艺术作品保护的实用艺术作品的保护期限不应少于自该作品完成之后算起的 25 年。

上述保护期是《伯尔尼公约》规定的最低期限，成员国可以规定给予更长的保护期。但公约同时规定，虽然原则上期限由被要求给予保护的国家的法律加以规定，但是除该国的法律另有规定者外，这种期限不得超过作品来源国规定的期限。从公约的这一规定可以看出，作品来源国对确定作品的保护期具有重要意义。根据前述的国民待遇原则，公约确定作品来源国的标准有三个，即国籍、惯常居住地和作品首次出版地。这在多数情况下是容易适用的。但是，有时同一个作品按照几个标准可能都受公约的保护，比如一个具有中国国籍的作者惯常居住在英国，但首次在美国出版一部作品，这时，作品的来源国应如何确定呢？根据公约第 5 条第 4 款，作品的来源国应当按照下列情形分别确定：（1）对于首次在公约某一成员国出版的作品，以该国为来源国；对于在分别给予不同保护期的几个成员国同时出版的作品，以立法给予保护期最短的国家为来源国。（2）对于同时在成员国和非成员国出版的作品，以该成员国为来源国。（3）对于未出版的作品或首次在非成员国出版而未同时在成员国出版的作品，以作者为其国民的成员国为来源国。但有两个例外：第一，对于制片人总部或惯常居所在某一成员国的电影作品，以该国为来源国；第二，对于建造在某一成员国内的建筑作品或建筑物中的艺术作品，以该国为来源国。

从公约的上述规定不难看出，确定来源国的三个标准在适用时是有顺序的，首先是首次出版地，然后是国籍，最后才是惯常居住地。① 因此，在上面的例子中，作品的来源国应当是美国。

（六）《伯尔尼公约》的追溯力（retroactivity）

《伯尔尼公约》第 18 条第 1 款规定："本公约适用于所有在本公约开始生效时尚未因保护期满而在其来源国进入公有领域的作品。"这一规定使《伯尔尼公约》对于新加入它的国家具有了追溯的效力，即一个国家对其加入公约之前已进入该国公有领域的作品，只要在加入时该作品在来源国仍受保护，该国就有保护这些作品的义务。

《伯尔尼公约》的这个追溯力条款，使一些本身经济和文化不发达的国家在参加公约后会感到突然因支付外国版税而增加的外汇负担，这也是一些国家至今没有参加《伯尔尼公约》的原因之一。不过，为使这种突然增加的负担有可能减轻，公约允许成员国之间通过现有的或将要缔结的双边或多边条约来限制公约追溯力在它们相互间的适用。

（七）《伯尔尼公约》为发展中国家提供的强制许可的优惠

《伯尔尼公约》基本上是按照欧洲工业发达国家的要求和标准缔结的，因此自始就具有比较高的保护水平。但是，第二次世界大战结束以后，许多新独立的发展中国家为了自身的发展，需要利用发达国家享有版权的作品进行教育、学习和研究。所以，为了在尊重作者权利的同时又能给予发展中国家利用这些作品的便利，在 1967 年斯德哥尔摩知识产权会议上，对《伯尔尼公约》做了修订，并签订了一个作为公约文本一部分的"关于发展中国家的议定书"。但事后不久，许多发达国家觉得议定书给予发展中国家的优惠有些过头，因此拒绝批准该文本，所以，斯德哥尔摩文本就没能生效。到 1971 年，《伯尔尼公约》再次被修订，其结果是《伯尔尼公约》本身的修订与 1967 年一样，但"关于发展中国家的议定书"则做了修改，并成为公约的"附件"②。该附件共有 6 条，其中心内容是允许发展中国家的版权主管机关在符合公约规定条件和程序的情况下授予对外国作品翻译权和复制权的强制许可。其具体内容包括：

1. 有权获得优惠的国家

根据附件第 1 条的规定，根据联合国大会惯例被视为发展中国家的任何国家，凡已批准或已加入由本附件作为其组成部分的此公约文本，由于本国的经济状况及社会或文化的需要，而又不能立即规定对公约所规定的全部权利提供保护的，可以在提交批准书或加入书时，或在不违反附件第 5 条第 1 款（c）项的条件下，在以后任何时间，在向总干事提

---

① 在上述三项规定中没有提到惯常居住地，但根据《伯尔尼公约解说》，在不是国民时一般以惯常居所代替国籍作为享受国民待遇的条件，因此可以认为在顺序上应先考虑国籍，然后才是惯常居住地。

② 汤宗舜．知识产权的国际保护．北京：人民法院出版社，1999：112．

交的通知中声明，将利用附件第2条所规定的权利，或利用附件第3条所规定的权利，或同时利用该两条所规定的权利。这种通知的声明在自公约文本实质性条款生效起的10年内有效，期满可以续展。如果有关国家按照联合国大会惯例不再是发展中国家，则该国不能续展。

2. 翻译权强制许可

根据附件第2条，有权获得优惠的发展中国家的版权主管机关有权发给非独占的和不可转让的许可证以代替公约第8条规定的专有翻译权，但必须遵守下列条件。

（1）翻译权强制许可只适用于以印刷形式或其他类似的复制形式出版的作品，电影作品和音像作品等不在其内。

（2）颁发翻译权强制许可证的目的只限于教授、学习或研究之用。

（3）只有一部作品自首次出版日起3年届满，版权人没有授权在一发展中国家以该国通用语文出版译本，或虽有译本但已绝版的，该国主管机关方可颁发翻译权强制许可证。如果译文不是缔约国中一个或数个发达国家的通用语文，则可以用1年来代替3年。应当注意这里所说的是“通用语文”，而非“法定语文”，例如在一些以前是英属殖民地的国家，英语是通用语文。

（4）在颁发强制许可证后，版权人仍可以授权他人出版同一作品的译本，如果其价格与国内同类作品通行的价格相当，则原强制许可证应即终止，但强制许可的被许可人的库存复制品仍可以销售。

（5）对主要由图画组成的作品的翻译，必须具备翻译文字和复制图画的两种许可证。

（6）广播组织为用于教育广播或向特定专业的专家传播专门技术和科研成果的广播，也可以申请翻译权强制许可证。

3. 复制权强制许可

根据附件第3条，有权获得优惠的发展中国家的版权主管机关有权发给非独占的和不可转让的许可证以代替公约第9条规定的专有复制权，但也必须遵守下列条件。

（1）复制权强制许可证适用于以印刷形式或任何其他类似的复制形式出版的作品以及专为系统教育活动制作和出版的视听制品。

（2）颁发复制权强制许可证的目的在于适应广大公众或系统教育活动的需要。

（3）作品的某一版本自首次出版之日起在规定期间届满后，版权人仍没有在某一发展中国家以该国同类作品的通行价格销售该版复制本的，该国主管机关可以颁发强制许可证，准予复制并出版该版本。强制许可前需要经过的期间根据作品的性质而有不同：一般作品为5年，与自然科学和物理学（包括数学）以及与技术有关的作品为3年，小说、诗歌、戏剧和音乐作品以及美术书籍为7年。

（4）在颁发强制许可证后，版权人仍可以授权他人复制并出版同一作品，如果其价格与国内同类作品通行的价格相当，则原强制许可证应即终止，但强制许可的被许可人的库存复制品仍可以销售。

4. 对翻译权强制许可和复制权强制许可的程序性规定

根据附件第4条的规定，颁发翻译权强制许可证和复制权强制许可证时还必须遵守下列程序。

（1）强制许可证的申请人在提出申请时，必须证明自己已经与版权人联系，要求取得使用许可而未能得到授权，或者自己已经努力，但仍然无法找到有关权利人。

（2）在经翻译或复制强制许可而出版的所有作品上，均应注明作者的姓名和作品的名称。如果是译本，还应注明作品的原名。

（3）强制许可的被许可人应向版权人支付合理的报酬，这种报酬应符合两国之间在自由版权贸易情况下通常支付的数额，并且必须支付国际上可自由兑换的货币。

（4）除非符合附件第 4 条第 4 款的特殊规定，所有译本或复制本均限于在颁发强制许可证的国家使用而不得出口。

由于有上述严密而又复杂的条件和程序规定，《伯尔尼公约》给予发展中国家的翻译权和复制权强制许可的优惠在很大程度上只有理论上的意义，多年来的实践表明，利用附件条款获得强制许可证的情形非常之少。

二、《世界版权公约》

《世界版权公约》是继《伯尔尼公约》之后，于 1952 年 9 月 6 日由联合国教科文组织主持在日内瓦签订的另一个规定版权实质性保护的多边国际公约。公约于 1955 年正式生效，1971 年 7 月 24 日在巴黎进行过一次修订。截至 2019 年 2 月，共有 102 个国家加入了《世界版权公约》，其中一半以上的国家同时也是《伯尔尼公约》的成员国。中国于 1992 年 10 月 30 日正式加入该公约，并在加入时声明，根据公约第 5 条之二的规定，利用第 5 条之三和第 5 条之四有利于发展中国家的关于翻译和复制的规定。

《伯尔尼公约》以自动保护为基本原则，要求保护作者的精神权利，并规定了比较长的保护期，这与大多数美洲国家的国内版权保护制度不同，因此，在《伯尔尼公约》出现后，美洲大部分国家都未加入，而是相继签订了一系列地区性公约，这就与《伯尔尼公约》形成了两套完全不同的版权国际保护制度。为了将这些国家纳入世界版权保护体系，通过缔结新的协调性公约建立一套比较统一的国际版权制度的设想随之产生。为了实现这一设想，联合国教科文组织于 1947 年着手起草《世界版权公约》的工作，1952 年公约文本获正式通过。但是，由于原有的两种版权保护制度差异太大，《世界版权公约》缔结后最终并没有像预期设想的那样取代《伯尔尼公约》以及美洲国家间地区性的版权公约，而实际上成为与《伯尔尼公约》并存的保护水平比较低的另一套版权体系，为版权保护尚达不到或不愿达到高水平的国家提供了一种选择。由于为数众多的美洲国家以及发展中国家的加入，《世界版权公约》在从其缔结到 20 世纪 90 年代的三十多年时间里，曾与《伯尔尼公约》并驾齐驱，成为影响同样很大的版权国际保护制度。但自从美国 1986 年退出联合国教科文组织、1989 年加入《伯尔尼公约》，苏联 1991 年解体、俄罗斯联邦于 1995 年加入《伯尔尼公约》，联合国教科文组织以《世界版权公约》的名义在版权领域的活动已大为减少。而且，由于 TRIPS 协定将《伯尔尼公约》中的实质性内容纳入，因此即使原来只加入《世界版权公约》的世界贸易组织成员，也不得不将其版权保护水平提高到《伯尔尼公约》的水平。由于上述两方面的原因，《世界版权公约》的作用和影响力都已日益衰微。

《世界版权公约》共 21 条，除部分规定与《伯尔尼公约》相同外①，大部分规定与《伯尔尼公约》不同，主要内容如下。

(一) 国民待遇原则

根据《世界版权公约》第 2 条，有权享有国民待遇的人包括：(1) 任何成员国国民的无论是否已出版的作品，在其他成员国中均享有各该国给予其本国国民的作品同等的保护，以及公约特别授予的保护。(2) 非成员国国民在成员国有住所的，该成员国为实施公约，可以依本国法律将他们视为本国国民。(3) 非成员国国民在成员国没有住所但其作品首次在成员国出版的，在其他成员国中享有各该国给予其国民在本国首次出版作品同样的保护。

以上 (1) 和 (2) 的规定与《伯尔尼公约》的“人身标准”大体相当，(3) 与《伯尔尼公约》的“地点标准”一致。这两个公约在国民待遇原则上的不同主要体现在该原则的例外规定上。《伯尔尼公约》中可以用互惠原则来取代国民待遇原则的例外情况较多，而《世界版权公约》只规定了一个例外。因为过多的例外规定允许以互惠原则代替国民待遇原则，对版权保护水平低的国家十分不利。

(二) 非自动保护原则

《世界版权公约》的非自动保护原则是协调《伯尔尼公约》的自动保护原则和美洲国家采用的注册保护制度（履行法定手续是获得版权保护的条件）的结果。依据这一原则②，任何成员国依其国内法要求履行手续，如缴送样书、注册登记、刊登启示、办理公证文件、偿付费用或在该国国内制作出版等，作为版权保护的条件的，对于根据公约加以保护并在该国领土以外首次出版，而其作者又非本国国民的一切作品，只要经作者或版权所有者授权出版的作品的所有复制本上，自首次出版之日起，标有©的符号，并注明版权所有者的姓名、首次出版年份等，而且其标注的方式和位置应使人注意到版权的要求，就应认为符合本国法履行手续的要求，根据《世界版权公约》给予保护。这里所谓“出版”(publication)，根据公约第 6 条，指的是以有形形式复制，并将作品的复制本在公众中发行，使公众能够阅读或以其他方式看到。首次出版必须是经版权人授权的出版。

作为对上述原则的补充，《世界版权公约》还有以下规定。

首先，上述关于要求载有版权标记的规定，不妨碍任何成员国要求凡在其领域内首次出版的作品或其国民在任何地方出版的作品为（在该国）获得和享有版权而履行手续或要求其他的条件。这意味着，公约关于版权标记的规定并不取代成员国国内的版权注册制度，实行这种制度的国家对本国国民以及在本国首次出版的作品可以依其国内法要求履行严格的手续方能获得版权，但对于其他公约成员国国民非首次出版于该国的作品，则只能要求其根据公约进行版权标记。

其次，上述关于要求载有版权标记的规定，也不得妨碍任何缔约国做出如下规定：凡要求司法救助者，必须在起诉时履行程序性要求，诸如起诉人须通过本国辩护人出庭，或由起诉人将争讼的作品送交法院或行政当局，或兼送两处；但未能履行上述程序性要求，

① 两个公约相同的规定有：版权独立性原则、对发展中国家复制权和翻译权的优惠等。

② 参见《世界版权公约》第 3 条第 1 款。

不应影响版权的效力，而且如对要求给予版权保护的所在地国家的国民不做这样的要求，也不应将这种要求强加于另一成员国国民。

再次，成员国应有法律措施保护其他成员国国民尚未出版的作品，而无须履行手续。

（三）保护的客体

《世界版权公约》第 1 条规定：各成员国承允对文学、科学、艺术作品，包括文字、音乐、戏剧和电影作品，以及绘画、雕刻和雕塑的作者及其他版权所有者的权利提供充分有效的保护。与《伯尔尼公约》相比，《世界版权公约》对保护客体的规定相当概括，并且其所明确列举的文学、科学、艺术作品的表现方式较少，这样做的目的是有利于一些保护范围较窄的或刚刚建立国内版权保护制度的国家加入公约。

在《伯尔尼公约》中，除对保护客体有详细规定外，还对成员国可选择保护和不应保护的客体有明确规定，而这两方面的内容《世界版权公约》均未涉及。这可以理解为《世界版权公约》允许各成员国在不违反其对保护客体的原则性规定的基础上，自行确定哪些作品不能获得版权保护。

（四）保护的权利内容

1952 年《世界版权公约》缔结时，只在第 1 条原则性地规定“各成员国承允对文学、科学、艺术作品……的作者及其他版权所有者的权利提供充分有效的保护”，但所谓的“权利”究竟包含什么内容并没有具体的解释。

1971 年，在《世界版权公约》的巴黎修订会议上，为对第 1 条中的“权利”做出具体解释，公约增加了两条补充规定。其一是在第 4 条之二中规定：“本公约第 1 条所述的权利，应包括保证作者经济利益的各种基本权利，其中有准许以任何方式复制、公开表演及广播等专有权利。本条的规定可扩大适用于受本公约保护的各类作品，无论它们是原著形式还是从原著演绎而来的任何形式。”其二是在第 5 条第 1 款中明确作者享有翻译权，即“翻译和授权他人翻译受本公约保护的作品，以及出版和授权他人出版上述作品的译本的专有权利”。

从上述两条补充规定可以看出，《世界版权公约》要求成员国必须予以保护的只有 4 项经济权利：复制权、公演权、广播权以及翻译权。此外，为了与美国等一些国家不保护精神权利的国内法规定相适应，《世界版权公约》也没有明确要求成员国保护作者的精神权利。但是，在公约 1971 年巴黎修订本中增加的对发展中国家给予优惠待遇的第 5 条、第 5 条之二、第 5 条之三和第 5 条之四诸条款中，却规定对作品的翻译要求准确，凡经出版的译本复制品均应刊印原著名称及作者姓名，要求复制出版的复制品应准确复制，并刊印作者姓名和原版名称等。这些规定均包含了部分保护作者精神权利的内容。做出这些规定的原因大概是这些条款与《伯尔尼公约》的附件是在同时同地制定的，因此内容实质相同。

（五）作品的保护期

根据《世界版权公约》第 4 条的规定，作品的版权保护期限应由该作品要求给予版权保护的成员国的法律予以确定。但成员国对作品保护期的规定必须符合下述公约的最低要求。

（1）原则上，受公约保护的作品的保护期不应少于作者有生之年及其死后的 25 年。

（2）如果任何成员国在公约对该国生效日前已经将某些种类作品的保护期限规定为自

作品首次出版以后的某一段时间，则该成员国有权保持其规定，并可将这些规定扩大应用于其他种类的作品。对所有这些种类的作品，其版权保护期自首次出版之日起，不得少于25年。

（3）任何成员国如在公约对该国生效之日尚未根据作者有生之年确定版权保护期限，则该成员国有权根据情况，从作品首次出版之日或从出版前的登记之日起算版权保护期，但条件是从作品首次出版之日或从出版的登记之日起算的版权保护期不少于25年。

（4）如果某一成员国的法律将保护期间分为两期或两期以上，则第一期的期间不应少于上述（2）和（3）所规定的最短期间。

（5）上述规定不适用于摄影作品和实用艺术作品。成员国将摄影作品或实用艺术作品作为艺术品给予保护时，对上述每一类作品规定的版权保护期不应少于10年。

（6）如果是已出版的作品，首次出版该作品的成员国给予的保护期较短，或者如果是未出版的作品，作者所属国给予的保护期较短，则其他成员国没有义务对这种作品给予比这些国家更长的保护期。在计算首次出版国或作者所属国的保护期时，如果它们的保护期间是分为两期或两期以上的，应将各期的总和作为保护期。如果作品在两个或两个以上成员国同时出版，该作品应视为在保护期最短的国家首次出版。

从上述保护期的规定可以看出，《世界版权公约》规定的作品保护期限比《伯尔尼公约》短，而且允许成员国做出例外规定的情况也较多。

（六）追溯力

《世界版权公约》第7条明确规定："本公约不适用于公约在被要求给予保护的成员国生效之日已完全丧失保护或从未受过保护的作品或作品的权利。"这一规定说明《世界版权公约》是没有追溯力的。也就是说，对于在公约于某一成员国生效之日，已经进入该国公有领域的作品或作品中的权利，不适用《世界版权公约》的规定，即该成员国没有保护的义务，即使该作品在来源国尚在保护期内也一样。

这里应注意的是，在实行版权注册保护制度的国家，在作品出版至登记注册之前，该作品将暂时进入公有领域，至登记注册后才落入专有权领域。如果在《世界版权公约》对某一实行版权注册保护制度的国家生效之日，某一作品在该国正处于暂时进入公有领域的阶段，那么在该作品正式登记注册（对该国国民的作品和在该国首次出版的作品而言）或在每一作品的复制本上均载有版权标记（对非该国国民的且首次出版国非为该国的作品而言）后，该国仍必须根据《世界版权公约》给予版权保护；但如果该作品在法定注册期间届满仍没有登记注册或在作品复制本上没有版权标记，该国就无须为其提供版权保护。

总　结

《伯尔尼公约》和《世界版权公约》著作权保护对比表

	《伯尔尼公约》	《世界版权公约》
基本原则	国民待遇原则 自动保护原则 独立性原则	国民待遇原则 非自动保护原则 独立性原则

续前表

		《伯尔尼公约》	《世界版权公约》
保护水平	客体范围	3 种必须保护的 3 种可以保护的 2 种不受保护的	概括性 简要清单
	权利内容	2 项精神权利 8 项经济权利 严格权利限制	无精神权利 4 项经济权利 未涉及权利限制
	保护期	一般作品 50 年 摄影和实用艺术品 20 年	一般作品 25 年 摄影和实用艺术品 10 年
追溯力		有	无

三、TRIPS 协定对著作权的保护

（一）纳入《伯尔尼公约》除精神权利以外的全部实体内容

TRIPS 协定第 1 条第 3 款规定："成员均应将本协定提供的待遇，赋予其他成员的国民。对有关的知识产权，'其他成员的国民'应理解为合乎《巴黎公约》1967 年文本、《伯尔尼公约》1971 年文本，《罗马公约》及《关于集成电路知识产权条约》所规定的标准，从而可享有保护的自然人和法人，就此而言，世界贸易组织的全体成员亦应视为上述公约的全体成员。"作为补充，协定又在第 2 条、第 9 条第 1 款和第 35 条进一步明确了其与这四个知识产权公约的关系，即将《保护工业产权巴黎公约》1967 年斯德哥尔摩文本第 1 至第 12 条以及第 19 条，《保护文学艺术作品伯尔尼公约》1971 年巴黎文本第 1 至第 21 条以及公约的附件（第 6 条之二关于精神权利的规定除外），《保护表演者、录音制品制作者和广播组织罗马公约》以及《关于集成电路知识产权条约》第 2 条至第 7 条（第 6 条第 3 款关于强制许可的规定除外）、第 12 条及第 16 条第 3 款全部纳入 TRIPS 协定中，使之成为世界贸易组织成员必须予以保护的最低标准。

由于大陆法系和英美法系在对待著作权的精神权利问题上分歧较大，TRIPS 协定最终将《伯尔尼公约》第 6 条之二关于精神权利的规定排除，但纳入了《伯尔尼公约》除精神权利保护以外的所有实体性规定。在此基础上，TRIPS 协定增加了如下几个方面的内容，以进一步提高著作权的保护水平。

（二）最惠国待遇原则

TRIPS 协定第 4 条的最惠国待遇原则要求："在知识产权的保护上，某一成员提供其他国国民的任何利益、优惠、特权或豁免，均应无条件地适用于全体其他成员之国民。"

TRIPS 协定也明确了这一原则在著作权国际保护方面允许存在三个例外。

（1）如果任何利益、优惠、特权或豁免是基于国际司法协助条约或基于一般性质的法律强制措施做出的，且并不限于知识产权保护方面，那么它们就不适用于最惠国待遇原则。这样规定是为了避免协定中最惠国待遇原则扩大到与贸易有关的知识产权范畴之外。例如，甲乙丙三国均为 WTO 成员，甲乙两国同时都是《关于从国外调取民事或商事证据

公约》(《海牙取证公约》)的缔约国。甲乙两国法院在审理著作权民事侵权纠纷时，有权依据《海牙取证公约》请求对方指定中央机关帮忙调取相关证据，而丙国法院审理著作权民事侵权纠纷时，则无权请求甲乙两国帮忙调取相关证据，这显然不符合最惠国待遇原则，但作为例外是允许的。

(2)《伯尔尼公约》1971 年文本所允许的不按国民待遇而按互惠待遇提供的利益、优惠、特权或豁免也不适用于最惠国待遇原则。根据《伯尔尼公约》第 6 条，成员国可以在特殊情况下对某些受保护的作品或广播节目提供近似互惠的保护而不是国民待遇，那么对这些受保护作品而言，其所获得的保护水平可能低于其他缔约国国民的作品，这当然不符合最惠国待遇原则。但是，作为例外，这样做是允许的。

(3) 如果任何利益、优惠、特权或豁免是基于在《建立世界贸易组织协定》生效前已生效的有关保护知识产权的国际协定产生的，只要该国际协定已通知过与贸易有关的知识产权理事会，并且对其他成员的国民不构成武断的或不公正的歧视性待遇，也不适用最惠国待遇。

(三) 将计算机程序和有独创性的数据汇编列为版权保护的对象

1. 对计算机程序的著作权保护要求

由于计算机程序 (computer programs) 具有“作品性”和“工具性”的双重特征，因而从其产生之初，对其应提供何种知识产权的保护就一直是有争议的问题。最初，包括美国在内的不少国家都曾尝试用专利法来保护计算机程序，但经过一段时间的尝试后，各国都发现，用专利法保护计算机程序有一系列难以克服的困难，包括计算机程序的可专利性及创造性因素很难确定、新颖性检索困难、开发者不愿公开其程序内容等。鉴于这些困难无法克服，美国首先放弃了用专利法保护程序的尝试，而将目光转向版权法，最终于 1980 年修改版权法以保护程序，并于 1983 年颁布专门的《计算机程序保护条例》，给予计算机软件充分的版权保护。此后，为帮助本国软件业抢占国际市场，让美国的程序能够在世界各国获得知识产权保护，从 1985 年开始，美国大规模地采用外交的、经济的、法律的等多种手段，促使各国为计算机程序提供版权保护。在美国的大力推动下，在 TRIPS 协定通过前，包括我国在内的绝大多数国家已经依据版权法保护计算机程序，只不过保护的水平不一。

而 1994 年签订的 TRIPS 协定可以说是美国主张的一大胜利，因为它规定：计算机程序，无论是以源代码还是以目标代码表达的，都应按照《伯尔尼公约》1971 年文本将其作为文字作品加以保护。这一规定不仅要求世界贸易组织的成员均应将计算机程序作为版权保护的对象，而且间接指出对计算机程序保护的最低标准不应低于《伯尔尼公约》1971 年文本对文字作品的保护。这可以说是对计算机程序提供版权保护主体范围和权利内容的进一步扩大。

我国 1991 年就颁布了《计算机软件保护条例》，作为《著作权法》的补充对软件提供著作权保护。1994 年**美国微软公司诉北京巨人电脑公司侵犯计算机软件著作权案**①就是我国保护外国计算机软件的典型案例。

---

① 孙建，罗东川. 知识产权名案评析 (2). 北京：中国法制出版社，1998：169 - 177.

案　例

美国微软公司诉北京巨人电脑公司侵犯计算机软件著作权案

美国微软公司（以下简称“微软公司”）开发的 MS-DOS5.0 版、MS-DOS6.0 版、MS-DOS6.2 版、Windows3.1 版、Microsoft FoxPro For Windows2.5 版等计算机软件，均在美国版权局进行了版权登记，微软公司是这些软件作品的著作权人。根据中美政府 1992 年 1 月 17 日签订的《中华人民共和国政府与美利坚合众国政府关于保护知识产权的谅解备忘录》规定，该系列软件自 1992 年 3 月 17 日开始受中国法律的保护。

1993 年下半年至 1994 年 3 月，微软公司发现北京巨人电脑公司（以下简“称巨人公司”）未经其授权，擅自复制微软公司制作的部分软件，在出售电脑时随机附送客户该软件复制品，并向公众公开发行和展示，以牟取经济利润。1994 年 5 月 23 日，微软公司以巨人公司从 1993 年下半年起一直复制、销售由微软公司享有著作权的计算机软件，侵犯了其著作权为由，向北京市中级人民法院起诉。

北京市一中院受理本案后，应微软公司的申请，于 1994 年 6 月 23 日对巨人公司进行了证据保全，在巨人公司经营的地点内，当场扣押经微软公司代理人指认涉嫌侵权的内存有 Windows3.1 英文版、MS-DOS6.2 版计算机软件的巨人公司自制的 GAC486 兼容机以及巨人公司持有的 MS-DOS6.2 测试版中文系统、Microsoft FoxPro For Windows2.5 版、Windows3.1 中文测试版、MS-DOS6.2 版计算机软件复制品。

巨人公司辩称，其公司内确有个别职工销售电脑时违反公司规定，随机配送未经微软公司合法允许的计算机软件，但这并不是公司的行为。而且这些软件是应客户的要求配送的，如果构成对微软公司的侵权也是巨人公司职工与客户的共同行为。微软公司没有证据证明巨人公司未经其同意制作计算机软机复制品，并将计算机软件向公众发行和展示。此外，法院采取证据保全获得的计算机软件是巨人公司合法持有的软件。巨人公司对于因这一系列事实而遭受的名誉和经济损失，有反诉的权利。

北京市一中院经审理认定，美国和中国分别于 1989 年和 1992 年加入《伯尔尼公约》，依据该公约规定的国民待遇原则和自动保护原则，只要是美国国民的作品，无论是否出版，均在中国享有不低于国民待遇和公约最低限度的保护。巨人公司未经著作权人的许可，以营利为目的，非法复制、销售 MS-DOS5.0 版、MS-DOS6.0 版和 Windows3.1 版，以及非法持有微软公司的 MS-DOS6.2 版、MS-DOS6.2 测试版中文系统、Windows3.1中文测试版、Microsoft FoxPro For Windows2.5 版等计算机软件复制品的行为，构成对微软公司软件著作权的侵犯，应承担相应的法律责任。

2. 对独创性的数据汇编的著作权保护要求

除计算机程序外，TRIPS 协定还将有独创性的数据汇编（compilations of data）列为版权保护的客体之一，它规定：“数据或者其他材料的汇编，无论是机器可读的还是其他形式的，只要对内容的选取或安排构成了智力创作，即应予以保护。这类保护不延及数据或材料本身，不得损害数据或材料本身已有的版权。”

在 TRIPS 协定之前，《伯尔尼公约》和我国 2001 年修正以前的《著作权法》均规定受版权保护的汇编作品只能是对材料的选取或编排构成了智力创作的文学艺术作品的汇编。[①] 依此规定，受版权法保护的汇编作品必须同时具备两个条件：其一是材料的选取或编排构成智力创作，其二是汇编作品的内容只能由受版权保护的文学艺术作品构成。这也就是说，只有以文学艺术作品为内容的独创性汇编方能获得版权保护，而以其他数据材料为内容的数据库则不能作为汇编作品获得版权保护。而依据 TRIPS 协定的上述规定，数据汇编的“独创性”是其能否获得版权保护的唯一标准，而汇编的内容构成对是否适用版权保护没有任何影响。这也就是说，不仅以文学艺术作品为内容的汇编能够获得版权保护，以其他数据材料为内容的汇编只要在材料的选取或编排上具有独创性，也同样可以成为版权保护的对象。

为了适应 TRIPS 协定的上述要求，我国 2001 年 10 月 27 日的著作权法修正案扩大了版权保护的汇编作品的范围。规定不仅对作品或者作品的片段独创性地选择或者编排属于版权保护的汇编作品，而且对不构成作品的数据或者其他材料进行独创性地选择或者编排形成的新作品，也属于版权保护的对象。[②]

（四）计算机程序和电影作品的出租权（rental rights for computer programs and cinematographic works）

TRIPS 协定规定：“至少对于计算机程序和电影作品，成员应授权作者或作者的合法继承人许可或禁止将其享有版权的作品原件或复制件向公众进行商业性出租。”这是一个最低限度的规定，即成员除对计算机程序和电影作品外，还可以自由决定是否授予其他类型的作品以出租权。[③] 而明确规定计算机程序和电影作品的出租权，是因为这两种作品的出租利润较高，并且事实上出租已成为这两种作品的主要使用方式之一，因此有这个必要。

当然，计算机程序和电影作品享有出租权也并不是没有限制的。对于前者，如果有关程序本身并非出租的主要标的，例如出租计算机时附有使用该机所必需的程序，则出租权在这种情况下不适用；对于后者，“成员可不承担授予出租权之义务，除非有关的出租已导致对作品的广泛复制，其复制程度又严重损害了成员授予作者或作者之合法继承人的复制专有权”。这也就是说，只有商业性的出租已经导致广泛的未经许可的复制，成员才有授予电影作品出租权的义务。

为适应我国加入 WTO 以后和 TRIPS 协定保持一致的需要，我国在 2001 年 10 月 27 日的著作权法修正案中规定了电影作品和以类似摄制电影的方法创作的作品、计算机软件以及录音录像制品的出租权。而且，出租权的例外仅适用于计算机软件，规定出租权包括有偿许可他人临时使用计算机软件的权利，但是计算机软件不是出租的主要标的除外。

---

① 《伯尔尼公约》第 2 条第 5 款规定：“文学或艺术作品的汇编，诸如百科全书和选集，凡由于对材料的选择和编排而构成智力创作的，应得到相应的、但不损害汇编内每一作品的版权的保护。”我国《著作权法实施细则》第 5 条第 11 项则规定：“编辑，指根据特定要求选择若干作品或者作品的片断汇集编排成为一部作品”。

② 我国 2001 年 10 月 27 日修正后的《著作权法》第 14 条规定：“汇编若干作品、作品的片段或者不构成作品的数据或者其他材料，对其内容的选择或者编排体现独创性的作品，为汇编作品，其著作权由汇编人享有，但行使著作权时，不得侵犯原作品的著作权。”

③ 但根据 TRIPS 协定第 14 条第 4 款的规定，出租权的规定原则上也应适用于录音制品制作者。

（五）延长了某些作品的保护期

TRIPS 协定第 12 条规定："除摄影作品和实用艺术作品外，如果某作品的保护期并非按自然人有生之年计算，则保护期不得少于经许可而出版之年年终起 50 年，若作品在创作后 50 年内没有出版，则保护期应不少于作品创作之年年终起 50 年。"

按照《伯尔尼公约》，电影作品、不具名作品和假名作品的保护期为该作品合法公之于众之日起 50 年。而合法公之于众除出版外，还包括很多其他方式，如公开表演、公开朗诵或向公众传播，那么，如果有人采用非出版的方式将上述作品公之于众，按照《伯尔尼公约》保护期已经开始起算，而按照 TRIPS 协定则保护期还没有开始起算，必须等到将来出版时才起算。

总　结

《伯尔尼公约》与 TRIPS 协定著作权保护对比表

		《伯尔尼公约》	TRIPS 协定 （提高保护水平的体现）
基本原则		国民待遇原则 自动保护原则 独立性原则	增加最惠国待遇原则
保护水平	客体范围	3 种必须保护的 3 种可以保护的 2 种不受保护的	增加对计算机程序和独创性的数据汇编的保护
	权利内容	2 项精神权利 8 项经济权利 严格权利限制	增加电影类作品和计算机程序的出租权 排除了对精神权利的保护
	电影作品匿名和假名作品的保护期	保护期限从合法公之于众起算	保护期限从出版起算

（六）著作权的限制和例外

TRIPS 协定第 13 条规定："各成员对专有权做出的任何限制或例外规定仅限于某些特殊情况，且与作品的正常利用不相冲突，也不得无理损害权利持有人的合法权益。"该条款明确规定了对版权的限制或例外必须满足三个条件：（1）仅限于某些特殊情况；（2）不与作品的正常利用相冲突；（3）不得对权利持有人的正当利益造成不合理的损害。

准确地说，第 13 条是对权利限制的限制，因为它强调的并不是怎样去限制对版权的保护，而是强调权利限制不能够影响作品的正常使用，也不能不合理地损害版权持有人（既包括版权所有人，也包括独占被许可人或可能的其他持有人）的合法利益。请注意，这一条根本不引述《伯尔尼公约》，这就意味着此条款是对《伯尔尼公约》有关权利限制规定的限制，从这个角度看，TRIPS 协定具有很明显的强化知识产权的目的。

美国《版权法》第110条的WTO争端案[①]是涉及TRIPS协定第13条的典型案例，本案中专家组创立了适用第13条的“三步检验法”。

案　例

美国《版权法》第110条的WTO争端案

1999年1月26日欧共体及其成员国（以下简称“欧共体”）就美国《版权法》第110条第（5）项（1998年10月27日经美国国会通过的《音乐许可公平法》修正案），向美国提出磋商请求。欧共体指出，美国《版权法》第110条第（5）项允许公共场所（酒吧、轮船、餐馆等）在一定条件下无须支付版权使用费，就可以播放广播和电视音乐，违反了美国按照TRIPS协定第9条第1款所应承担的义务，而该项条款要求各成员应当遵守《伯尔尼公约》第1～21条。因双方磋商未果，欧共体请求成立了专家组。

美国以TRIPS协定第13条作为抗辩理由，认为其《版权法》第110条第（5）项规定的是“营业例外”和“家庭型例外”。前者只允许营业规模不超过特定平方英尺的餐饮服务企业和零售企业，可以在未经授权和付费的情况下播放音乐节目，只要这些企业的播音设备符合特定的限制规定；后者允许小型餐馆和零售商店在未经授权和付费的情况下播放音乐，但使用的播放设备只能是家庭型设备，即只在私人家庭中普遍使用的设备。

专家组认为本案的核心争点是美国《版权法》第110条第（5）项规定的“营业例外”和“家庭型例外”是否符合TRIPS协定第13条，而援引第13条必须满足三个条件：（1）仅限于某些特殊情况；（2）不与作品的正常利用相冲突；（3）不得对权利持有人的正当利益造成不合理的损害。且这三个条件必须同时满足才符合TRIPS协定的例外规则。

1. 是否仅限于某些特殊情况？

对于“营业例外”，专家组根据双方提供的事实资料认定，绝大多数的餐饮企业和近乎一半的零售企业都符合美国《版权法》第110条第（5）项的例外。因此，此项例外的适用范围太广，可能受益的企业数量众多，不符合“仅限于某些特殊情况”的条件。

对于“家庭型例外”，事实资料表明仅有13%～18%的场所符合适用条件，因此，此项例外被限定在相当有限的范围内使用，符合“仅限于某些特殊情况”的条件。

2. 是否不与作品的正常利用相冲突？

对于“营业例外”，不同的传播方式在法律上的区别对待会使业主停止播放录音音乐和现场演奏而换成广播和电视音乐，因为后者是免费的，这样“营业例外”就和录音音乐的许可产生了经济竞争。而绝大多数的餐饮和零售场所均能够从“营业例外”中获益，因此此项例外不符合“不与作品的正常利用相冲突”的条件。

对于“家庭型例外”，由于该例外的适用范围比较狭窄，因此并没有“与作品的正常利用相冲突”。

3. 是否对权利持有人的正当利益造成不合理的损害？

对于“营业例外”，专家组认为，如果对专有权的限制和例外给权利人的收益造成了

---

① 此案例案情来自WT/DS160的专家组报告，具体内容参见 https：//docs. wto. org/。

或可能造成不合理的损失，则应认定这种损害达到了“不合理”的水平。根据案件争端方提供的数据，专家组认为大部分餐饮和零售场所都落入了此项例外，且美国没能举证证明该例外条款没有对版权人的合法利益造成不合理的损害，因此该例外条款不符合 TRIPS 协定第 13 条规定的第三项条件。

对于“家庭型例外”，由于此项例外在适用范围上较为狭窄，因此没有“对权利持有人的正当利益造成不合理的损害”。

专家组报告最终裁决美国《版权法》第 110 条第（5）项中的“营业例外”不符合 TRIPS 协定第 13 条的要求，自然也就违反了美国依据 TRIPS 协定保护著作权的义务。2000 年 7 月 27 日，争端解决机构通过了专家组报告。

四、TPP 和 CPTPP 对著作权的保护

（一）纳入《伯尔尼公约》和 TRIPS 协定对著作权保护的内容

2015 年 11 月 5 日，新西兰政府在其网站上公布了 TPP 协定的正式文本。协定第 18 章知识产权政策的规定首先要求 TPP 成员在明确表示履行 TRIPS 协定（包括 2005 年 12 月的修改）项下义务的同时，还应该在协定生效之前确认其已经批准或加入以下 3 个国际公约：《专利合作条约》（包括 1979 年的修订版）、《保护工业产权巴黎公约》、《保护文学艺术作品伯尔尼公约》。在该协定对其正式生效之前，各缔约方都应当批准或加入以下 6 个国际公约：《商标国际注册马德里协定》、《布达佩斯条约》（包括 1980 年的修订版）、《国际植物新品种保护公约》、《商标法新加坡条约》、《世界知识产权组织版权条约》、《世界知识产权组织表演和录音制品条约》。可见，TPP 和 TRIPS 协定一样，都是在已有国际公约的基础上进一步“拔高”知识产权保护水平。也因此，《伯尔尼公约》和 TRIPS 协定对著作权的保护内容也构成了 TPP 和 CPTPP 的一部分。[①]

（二）进一步提高对著作权的保护水平

1. 独占性复制权

TPP 协定草案第 18.58 条禁止未经允许对他人作品进行复制，保护范围扩大到了文件临时储存，包括对电子文件的保护，即对打开网页、点击网络上的音乐或其他内容而产生的临时副本也应提供保护。

2. 保护期限

TPP 协定草案第 18.63 条规定了更长的版权保护期限。TRIPS 协定作为大多数国家坚持的知识产权保护的最低门槛，规定期限为作者有生之年及其死后 50 年。TPP 协定的建议是将版权保护期限延长为作者有生之年及其死后至少 70 年（个人），或者自作品发行或创作（自作品创作之日起 25 年内未发行的）的日历年年底起算不少于 70 年（公司）。

3. 技术保护措施

TPP 协定草案第 18.68 条要求各缔约方对任何规避技术保护措施或为规避技术保护措施提供设备或服务的行为进行民事和刑事处罚。刑事处罚适用于除非营利性的图书馆、档案馆、教育机构或公共的非商业性广播实体之外的以商业利益或私人财政收益规避为目的

① CPTPP 协定保留了 TPP 协定超过 95%的内容，著作权保护方面的内容与 TPP 协定完全相同。

的任何人。因规避技术保护措施而产生的责任独立于任何著作权侵权责任。

第二节　著作邻接权的国际保护

一、著作邻接权国际保护概述

著作邻接权（neighboring right）亦称版权的相关权利（related right），指的是作品传播者所享有的专有权利，其主要包括表演者权、录制者权和广播组织权三种。这种权利以他人的创作为基础，虽不同于版权却与之相邻，故被称为邻接权。

在作品上述三种主要的传播方式中，表演是最古老的一种，但保护表演者权利的制度，却直到19世纪末20世纪初才发端于西方诸国。而现代传播技术的迅速发展是邻接权制度产生的催化剂。早期，人们欣赏表演必须亲临剧场，但随着录音、录像及无线电技术的产生和发展，唱片、影片得以大量复制和发行，广播电视迅速覆盖全球，人们足不出户即可通过各种传播媒介欣赏到表演，表演者的收入锐减。与此同时，录音录像制品被任意复制，广播电视节目被无偿转播，录制者和广播组织利益受损。在这种情况下，要求保护作品传播者利益的呼声日益高涨，邻接权制度因此而产生。

1910年，德国率先在其《文学和音乐作品产权法》中，将音乐作品和音乐戏剧作品的表演者当作原作品“改编创作者”予以保护，此举开创了保护作品传播者利益的先河。继德国之后，英国也逐步建立起自己完备的邻接权保护制度。1911年，英国在其制定的《版权法》中列入保护音乐唱片的条款，1925年通过《戏剧、音乐表演者保护法》保护表演者的财产权利，1956年英国又将广播节目列为版权保护的客体。受德英两国影响，奥地利、意大利等少数欧洲国家也先后通过法律保护作品传播者的利益，但采用的保护方式不一。其中大部分国家是通过扩大版权法的保护客体或制定专门的邻接权法保护作品传播者的利益，但也有的国家通过劳动法、行政法、反不正当竞争法、合同法或民事赔偿制度来为邻接权提供保护。而且，上述建立起邻接权制度的国家，其保护对象以及保护水平等相去甚远。为统一各国的邻接权制度和保护水平，并让更多的国家在这一领域立法，建立邻接权国际保护制度成为必要。

其实，对著作邻接权提供国际保护的问题早在1928年《伯尔尼公约》的罗马修订会上就已提出来，当时主要对艺术表演者的保护问题进行了讨论，但最终会议认为通过国际公约解决这一问题的条件尚未成熟，因此没有形成任何正式文件，不过此次会议还是通过了一项决议，要求与会各国考虑采取保护艺术表演者权利的可能性的措施。在此决议的基础上，1939年在伯尔尼联盟国际局的主持下，一些专家在瑞士的萨梅丹草拟了两项条约计划：一项涉及艺术表演者和录音制品制作者，另一项涉及广播组织。但是，第二次世界大战的爆发使邻接权国际公约的制定停滞。1948年，在《伯尔尼公约》的布鲁塞尔修订会上，这一问题才又被重新提起。1951年，有关专家拟订了一个同时保护艺术表演者、录音制品制作者和广播组织的国际公约计划。1956年，国际劳工组织在日内瓦召集专家进一步讨论公约的细节。1957年，在联合国教科文组织和伯尔尼联盟的主持下，专家委员会根据各自政府的指示，在摩纳哥草拟了一份具有预见性的文件，对某些权利加以保护。1960年，在联合国教科文组织、伯尔尼联盟和国际劳工组织共同主持下，专家委员会会议在海牙召开，为保护邻接权的外交会议进行筹备。1961年，在罗马举行的正式外交会议上，讨论通过了世界上第一个邻接权国际公约，即《保护表演者、录音制品制作者和广播组织罗马公约》。此后，在《罗马公约》的基础上，为解决随着传播技术的发展带来的各种各样邻接权保护的新问题，《保护录音制品制作者防止未经授权复制其录音制品日内瓦公约》《关于播送由人造卫星传播载有节目的信号的布鲁塞尔公约》《世界知识产权组织表演和录音制品条约》等一系列国际公约相继问世，加上WTO的TRIPS协定对《罗马公约》的纳入，对建立各国统一的邻接权保护制度和不断提高保护水平产生了巨大的作用。

二、《保护表演者、录音制品制作者和广播组织罗马公约》

该公约简称《罗马公约》，是第一个对著作邻接权实施保护的国际公约，1961年10月26日在国际劳工组织、联合国教科文组织和世界知识产权组织的共同主持下缔结并实施管理，1964年5月18日生效。由于在《罗马公约》签订时，在这一领域立法的国家还寥寥无几，因此许多国家都是在加入该公约之前或之后不久才不得不起草和制定本国著作邻接权法律制度，这一点和大多数知识产权国际公约的签订情况不同。

《罗马公约》是一个封闭式公约，只对《伯尔尼公约》或《世界版权公约》的成员国开放，截至2019年2月，其只有94个成员国。但根据TRIPS协定第1条第3款的规定，世界贸易组织的成员即使不是《罗马公约》的缔约国，也必须遵守《罗马公约》所规定的标准。中国没有加入《罗马公约》，但由于我国已经加入世界贸易组织，因此必须按照TRIPS协定的要求，遵守被TRIPS协定纳入的《罗马公约》的有关规定。

《罗马公约》共34条，其主要内容如下。

（一）邻接权保护与版权保护的关系

邻接权是由表演者、录音制品制作者和广播组织等作品传播者享有的专有权利，其以作品的创作为基础，可以说作品的版权是传播者邻接权的根源。鉴于此，《罗马公约》在第1条就做出声明："本公约给予之保护将不更动也绝不影响文学艺术作品的版权保护。因此，本公约的条款不得做妨碍此种保护的解释。"上述声明也就是《罗马公约》为什么只对《伯尔尼公约》或《世界版权公约》开放的原因。因为一个缔约国必须首先遵守有关公约关于版权保护的规定，才能进而对版权的相关权利，即著作邻接权提供保护。

（二）国民待遇原则

根据《罗马公约》第2条至第6条的规定，在缔约国有权享受国民待遇的人及其享受国民待遇的条件如下。

（1）表演者，即演员、歌唱家、音乐家、舞蹈家，以及其他表演、歌唱、演说、朗诵、演奏或以其他方式表演文学艺术作品的人。其只要符合下列条件之一，即可享受国民待遇：1）表演地标准，即表演是在另一缔约国进行；2）录制标准，即表演已被录制在受公约保护的录制品上；3）广播标准，即表演未被录制，但在受公约保护的广播节目中播放。

（2）录音制品制作者，即首次将有关表演声音或其他声音加以录制的自然人或法人。其只要符合下列条件，即可享受国民待遇：1）国籍标准，即录音制品制作者是另一缔约国国民；2）录制标准，即首次录制是在另一缔约国进行的；3）发行标准，即录音制品是在另一缔约国首次发行或在非缔约国首次发行后 30 日内又在某一缔约国发行（即同时发行）。

任何缔约国可以向联合国秘书长递交通知书，声明其不适用录制标准或不适用发行标准。此类通知书可以在批准、接受或参加公约时递交，也可以在此后任何时间递交。在后一种情况下，通知书应当于递交 6 个月后生效。

（3）广播组织，系指将声音或者音像以无线方式播出，以供公众接收者。其只要符合下列条件之一，即享受国民待遇：1）总部所在地标准，即有关广播组织的总部设在某一缔约国内；2）发射地标准，即有关广播节目是由设在另一缔约国的发射台播放的。

任何缔约国可以向联合国秘书长递交通知书，声明其只保护总部设在另一缔约国并从该同一缔约国的发射台播放的广播组织的广播节目。此种通知书可以在批准、接受或参加公约时递交，也可以在此后任何时间递交。在后一种情况下，通知书应当于递交 6 个月后生效。

对于广播组织应享有的国民待遇，《罗马公约》在第 16 条第 1 款（b）项还规定了一个例外：如果任何缔约国声明其不为享有国民待遇的其他缔约国的广播组织提供“向社会公众传播电视节目的权利”，则其他缔约国对于总部设在该声明缔约国的广播组织亦没有义务提供相同权利的保护。这项例外实质上是允许缔约国在特殊情况下以互惠原则取代国民待遇原则，以使各缔约国之间的权利义务平衡。

除上述一般性规定外，《罗马公约》第 2 条第 2 款还对国民待遇原则做出补充规定：“国民待遇应服从本公约具体给予的保护和具体规定的限制。”这就是说，国民待遇不得有损于《罗马公约》明确规定的最低保护标准，并受公约具体规定的例外或保留的约束。

（三）邻接权的内容

《罗马公约》规定的邻接权主体包括表演者、录音制品制作者和广播组织，其依据公约所应得到的最低保护标准如下。

1. 对表演者权（right of performers）的最低保护标准

《罗马公约》第 7 条规定：本公约为表演者提供的保护应当包括防止可能发生的下列情况：（1）未经其同意广播和向公众传播其现场表演，但是如该表演本身就是广播演出或者出自录音或录像者例外；（2）未经其同意录制其现场表演；（3）未经其同意复制其表演的录音或录像。第（3）种情况又具体包括：录音、录像的原版是未经其同意录制的；制作复制品的目的超出表演者同意的范围；录音、录像的原版的制作符合公约关于合理使用的规定，但复制品制作的目的不属于合理使用。

关于表演者的最低保护标准，《罗马公约》没有列举表演者最低限度的权利，而是采用“防止可能发生的下列情况”的说法，这样规定的目的是允许某些国家继续通过刑事法律来保护表演者。

上述规定只是表演者应享有的最低限度的保护，任何缔约国均可通过国内法律和规章将这种保护标准提高，甚至可以“将公约提供的保护扩大到不是表演文学艺术作品的艺人”①，例如传统手工艺的表演者。

2. 对录音制品制作者权（right of producer of phonograms ）的最低保护标准

《罗马公约》第 10 条规定：“录音制品制作者应当有权授权或禁止直接或间接复制其录音制品。”②

应当注意的是，《罗马公约》对表演者就载有其表演的录音制品享有的邻接权和录音制品制作者就其录音制品享有的邻接权，并没有要求履行一定的手续。但公约有一个类似于《世界版权公约》“非自动保护原则”的第 11 条，即：如果某一缔约国根据其国内法，要求履行手续作为保护表演者或录音制品制作者或二者兼有的权利的条件，那么只要已经发行的录音制品所有供销售的复制品上或其包装上，都载有包括符号Ⓟ和首次发行年份的标记，并且标记的方式足以使人注意到对保护的要求，就应当认为符合手续；如果复制品或其包装上没有注明制作者或制作者的许可证持有者（载明姓名、商标或其他适当的标志），则标记还应当包括制作者权利所有者的姓名；此外，如果复制品或包装上没有注明主要表演者，则标记还应当包括在制作这些录音的国家内拥有此种表演者权利的人的姓名。

对于录音制品的二次使用问题，《罗马公约》第 12 条规定：如果某种为商业目的发行的录音制品或录音制品的复制品直接用于广播或任何向公众的传播，使用者应当付一笔总的合理的报酬给表演者或录音制品制作者，或兼给二者。如有关各方没有协议，缔约国国内法律可以提出分享这些报酬的条件。

3. 对广播组织权（rights for broadcasting organizations）的最低保护标准

《罗马公约》第 13 条规定，广播组织有权许可或禁止：（1）转播其广播节目，这里所谓“转播”（rebroadcasting)，指的是一个广播组织的广播节目被另一个广播组织同时广播；（2）录制其广播节目；（3）复制，包括未经其同意而制作其广播节目的录音或录像，以及虽然制作其广播节目的录音或录像符合公约合理使用的范围，但复制该录音或录像的行为却不属于合理使用范围；（4）向公众传播电视节目，如果此类传播是在收门票的公共场所进行的。

关于广播组织根据第（4）项最低保护标准享有的权利，公约有一限制性规定，即行使这种权利的条件由被要求保护的缔约国的国内法律确定。

（四）权利限制

1. 合理使用的范围

根据《罗马公约》第 15 条第 1 款，任何缔约国可以通过国内立法，将下列情况列为对公约规定的邻接权保护的例外，即列为合理使用的范围：（1）私人使用；（2）在时事报道中少量引用；（3）广播组织为了自己的广播节目利用自己的设备暂时录制；（4）纯粹为教学或科学研究之目的使用。

---

① 参见《罗马公约》第 9 条。

② 这一权利在《与贸易有关的知识产权协定》中被扩大到录音制品制作者还享有出租权。

2. 对表演者权利的限制

根据《罗马公约》第 19 条，一旦表演者同意将其表演录像或录音录像，其对有关表演就不能再根据公约享受任何权利。做出此项规定的原因是考虑到电影和电视行业独占使用其产品的需要。

3. 公约允许缔约国自行规定的范围

对于下列情况，缔约国可通过国内立法自行做出规定：(1) 对表演者来说，如果广播是经其同意的，则其防止转播，防止为广播目的的录音、录像，以及防止为广播目的而复制这种录制品的权利，应由要求其保护的缔约国的国内法规定。(2) 广播组织使用为广播目的而制作的录音录像的期限和条件，应当根据要求其保护的缔约国的国内法确定。但是，上述 (1) (2) 中提到的国内法不得使表演者失去通过合同控制其与广播组织之间关系的能力。这就是说，有关的国内法应当尊重当事人意思自治的原则。(3) 对公约关于录音制品二次使用的规定，缔约国可以在任何时候通过向联合国秘书长递交通知书的形式声明其将不适用该规定或在某些条件下不适用该规定。

4. 其他权利限制和强制许可

《罗马公约》第 15 条第 2 款规定：任何缔约国对于表演者、录音制品制作者和广播组织的保护，可以在其国内立法中做出与其对文学艺术作品的版权保护同样的限制。但是，只有在不违背公约的范围内才能颁发强制许可证。这一规定进一步说明邻接权保护是以版权保护为基础的。

(五) 著作邻接权的保护期限

《罗马公约》第 14 条规定了对表演者、录音制品制作者和广播组织的保护期限至少为 20 年，其计算方法为：(1) 对录音制品和录制在录音制品中的表演而言，自录制之年的年底起算；(2) 就未录制的表演而言，自表演之年的年底起算；(3) 就广播节目而言，自开始广播之年的年底起算。

将《罗马公约》实质性内容全盘纳入的 TRIPS 协定第 14 条第 5 款则规定："依照本协定而使表演者及录音制品制作者享有的保护期至少应当自有关的固定或表演发生之年年终延续到第 50 年年终。而本条第 3 款（即对广播组织享有权利的规定——引者）所提供的保护期则应自有关广播被播出之年年终起至少 20 年。"依此规定，所有世界贸易组织的成员，不管其是否已加入《罗马公约》，为表演者和录音制品制作者提供保护的期限至少应为 50 年。

(六) 公约的追溯力问题

《罗马公约》本身是没有追溯力的，因为其第 20 条规定："本公约不得影响任何缔约国在本公约于该国生效之前已经获得的权利。任何缔约国无须一定将本公约的条款运用于本公约在该国生效之前已经举行的表演、已经广播的节目和已经录制的录音制品。"

然而，TRIPS 协定第 14 条第 6 款却规定："《伯尔尼公约》1971 年文本第 18 条（即关于追溯力的规定——引者）应在原则上适用于表演者的权利和录音制品制作者的权利。"依照 TRIPS 协定这一规定，世界贸易组织的成员对其加入 TRIPS 协定之前已经进入该国公有领域的表演和录音制品，只要在加入时该表演和录音制品在其来源国仍受保护，该国就有保护这些表演和录音制品的义务。

三、TRIPS协定对著作邻接权的保护

（一）纳入《罗马公约》

TRIPS协定第1条第3款规定："成员均应将本协定提供的待遇，赋予其他成员的国民。对有关的知识产权，'其他成员的国民'应理解为合乎《巴黎公约》1967年文本、《伯尔尼公约》1971年文本，《罗马公约》及《关于集成电路知识产权条约》所规定的标准，从而可享有保护的自然人和法人，就此而言，世界贸易组织的全体成员亦应视为上述公约的全体成员。"作为补充，协定又在第2条、第9条第1款和第35条进一步明确了其与这四个知识产权公约的关系，即将《保护工业产权巴黎公约》1967年斯德哥尔摩文本第1至第12条以及第19条，《保护文学艺术作品伯尔尼公约》1971年巴黎文本第1至第21条以及公约的附件（第6条之二关于精神权利的规定除外），《保护表演者、录音制品制作者和广播组织罗马公约》以及《关于集成电路知识产权条约》第2条至第7条（第6条第3款关于强制许可的规定除外）、第12条及第16条第3款全部纳入TRIPS协定中，使之成为世界贸易组织成员必须予以保护的最低标准。

此外，TRIPS协定第2条第2款还规定："本协定第一至第四部分之所有规定，均不得有损于成员之间依照《巴黎公约》、《伯尔尼公约》、《罗马公约》及《关于集成电路知识产权条约》已经承担的现有义务。"这也就是说，协定的有关规定并不取代或抵消成员依据上述四个公约所承担的义务，如果协定的有关规定与此相抵触，成员仍要履行其在上述四个公约中的义务。事实上，TRIPS协定第二部分对这四个公约，尤其是《罗马公约》和《关于集成电路知识产权条约》已经或多或少地做了修改，很难说协定第一至第四部分的规定无损于各成员已经承担的义务。

在纳入《罗马公约》的基础上，TRIPS协定对著作邻接权的保护增加了如下几个方面的内容。

（二）最惠国待遇原则

最惠国待遇原则对著作邻接权的适用与其对著作权的适用基本相同，只是在最惠国待遇原则的例外方面，针对著作邻接权有两项特殊的规定。

（1）《罗马公约》所允许的不按国民待遇而按互惠待遇提供的利益、优惠、特权或豁免不适用于最惠国待遇。根据《罗马公约》第16条第1款（b）项，成员国可以在特殊情况下对某些受保护的广播节目提供近似互惠的保护而不是国民待遇，那么对这些受保护的广播节目而言，其所获得的保护水平可能低于其他缔约国国民的广播节目的受保护水平，这不符合最惠国待遇原则。但是，作为例外，这样做是允许的。

（2）TRIPS协定中未加规定的表演者、录音制品制作者和广播组织的权利所提供的利益、优惠、特权或豁免不适用最惠国待遇。

（三）著作邻接权（版权相关权利）的内容

TRIPS协定这方面的规定在很大程度上参考了《罗马公约》的内容。但依据协定第3条第1款的规定，对于表演者、录音制品制作者和广播组织，如果协定的规定与《罗马公约》或成员参加的其他公约相冲突，国民待遇和最惠国待遇的义务只适用于协定所规定的权利。其具体内容如下。

1. 对表演者权的保护

根据 TRIPS 协定第 14 条第 1 款，表演者有权禁止下列未经其授权的行为：(1) 将其尚未录制的表演录制在录音制品上以及复制这些录制品；(2) 以无线方式向公众广播和传播其现场表演。与《罗马公约》相比，TRIPS 协定赋予表演者的权利似乎窄了一点，表现在录制范围的缩小，即 TRIPS 协定所指的录制只限于录制到录音制品上，而《罗马公约》没有这点限制。

2. 对录音制品制作者权的保护

根据 TRIPS 协定第 14 条第 2 款，录音制品制作者应有权许可或禁止对其录音制品直接或间接地复制。在这一方面，TRIPS 协定与《罗马公约》的规定完全相同。所不同的是，TRIPS 协定还将计算机程序和电影作品的出租权比照适用于录音制品。但其又限制性地规定："如果在部长级会议结束乌拉圭回合多边贸易谈判之日（即 1994 年 4 月 15 日——引者），某成员已实施了给权利持有人以公平报酬的制度，则可以维持其制度不变，只要在该制度下录音制品的商业性出租不产生实质性损害权利持有人的复制专有权的后果。"这也就是说，如果乌拉圭回合谈判结束前有成员在国内法中确立了出租法定许可（即出租可不经权利人许可但须支付报酬）制度，则在 TRIPS 协定对其生效后无须用出租权取代法定许可制度，条件是出租不产生实质性损害权利持有人复制专有权的后果。

3. 对广播组织权的保护

根据 TRIPS 协定第 14 条第 3 款，广播组织有权禁止未经其授权的下列行为：(1) 录制其广播；(2) 复制此录制品；(3) 通过无线方式重播其广播；(4) 将其电视广播节目向公众传播。在"将其电视广播节目向公众传播"方面，TRIPS 协定的规定似乎比《罗马公约》宽了一点，因为《罗马公约》在这一问题上有一个限制，即"此类传播是在收门票的公共场所进行的"。

(四) 保护期

依据 TRIPS 协定第 14 条第 5 款，表演者和录音制品制作者的保护期至少应当自有关的录制或表演发生之年年终延续到第 50 年年终。广播组织的保护期则应自有关广播被播出之年年终起至少 20 年。这样，除广播组织外，表演者和录音制品制作者享有的权利保护期比《罗马公约》(以及《录音制品公约》) 大大延长了。

(五) 保留和追溯力

根据 TRIPS 协定第 14 条第 6 款的规定，任何成员均可在《罗马公约》允许的范围内，对上述邻接权规定条件、限制、例外及保留。此外，《伯尔尼公约》第 18 条关于追溯力的规定还应比照适用于表演者权及录音制品制作者权。这就是说，对 WTO 成员来说，在 TRIPS 协定对其生效之前已经进入该国公有领域的表演和录音制品，只要在加入 TRIPS 协定时该表演和录音制品在其来源国仍受保护，该国就有保护这些表演和录音制品的义务。

和 TRIPS 协定以及《罗马公约》相比，我国著作权法保护的邻接权主体范围更广，权利内容也更多，2001 年修订后更是如此。例如，作为我国著作邻接权主体的不仅包括表演者、录音制品制作者和广播组织，还包括录像制品制作者和出版者；表演者不仅享有经济权利，还享有"表明表演者身份"和"保护表演形象不受歪曲"等精神权利，此外经济权利的内容也宽于 TRIPS 协定的规定；录音录像制作者除享有复制权外，还享有发行、出租、通过信息网络向公众传播并获得报酬等经济权利；等等。

四、《保护录音制品制作者防止未经授权复制其录音制品日内瓦公约》

该公约简称为《录音制品公约》或《日内瓦公约》，于 1971 年 10 月 29 日在日内瓦签订，1973 年 7 月 18 日生效，其缔约目的主要是弥补《罗马公约》对录音制品制作者保护的不足，尤其是对大量盗版进口和销售打击的不足。《录音制品公约》是一个开放性公约，凡是联合国和联合国专门机构的任何成员国、国际原子能机构的成员国或者国际法院规约的缔约国都可以加入。截至 2019 年 2 月，已有 80 个成员国，中国于 1993 年 4 月 30 日正式加入该公约。根据加入时中国政府的声明，该公约自 1997 年 7 月 1 日起适用于中华人民共和国香港特别行政区。

《录音制品公约》共 13 条，其主要内容如下。

（一）给予保护的标准

与其他知识产权条约的做法不同，《录音制品公约》并没有直接规定国民待遇原则，即没有要求缔约国必须将给予本国国民的保护同样给予其他缔约国国民。其只在第 2 条中规定："各缔约国应当保护是其他缔约国国民的录音制品制作者，防止未经录音制品制作者同意而制作复制品和防止此类复制品的进口，只要任何此种制作或进口的目的是为了公开发行，以及防止公开发行此类复制品。"从这一规定可以看出，公约首先明确了以国籍标准作为给予保护的条件，其次明文规定了一些缔约国有义务对其他缔约国国民提供保护以有效防止的不法行为。除此之外，缔约国并无义务为其他缔约国国民提供更为广泛的保护，这其中包括依本国法律为本国国民提供的保护。例如，本国法律规定为自己欣赏之目的未经许可复制一份录音制品为侵权行为，但《录音制品公约》并不禁止这种行为，因此缔约国就没有义务将这一保护扩大适用于其他缔约国国民。

和《罗马公约》广泛的保护标准不同，《录音制品公约》只以国籍标准作为给予公约保护的条件。但是公约允许，任何在公约签订之日（即 1971 年 10 月 29 日）前仅根据首次录制地为录音制品制作者提供保护的缔约国，可以向世界知识产权组织总干事递交通知书，声明保留以首次录制地而不是以国籍作为提供保护的标准。[①]

（二）给予保护的方式

《录音制品公约》没有规定统一的保护录音制品的方式。关于这个问题，公约在第 3 条中授权各缔约国国内法律在下列方式中任选一种或多种加以规定：（1）通过授予版权或其他专项权利（如邻接权）的方式给予保护；（2）通过有关不正当竞争的法律给予保护；（3）通过刑事制裁的方式给予保护。

事实上，各国一般都是通过授予邻接权的方式给予保护，同时不排除通过不正当竞争法或刑法给予补充的保护。在这些国家中，有的国家给予邻接权保护不以履行手续为条件，但有的国家则规定履行法定手续是获得邻接权的前提。对于后者，根据《录音制品公

---

① 参见《录音制品公约》第 7 条第 4 款。

约》第 5 条，只要公开发行的经授权的录音制品的所有复制品或其包装物载有Ⓟ标记并伴有首次出版年份，而且标记的部位足以使人注意到保护的要求，则应当认为符合手续；如果复制品或其包装物上未（通过载有其姓名、商标或其他适当标识）注明制作者、他的合法继承人或专有许可证持有人，则标记还应当包括制作者和他的合法继承人或专有许可证持有人的姓名。

（三）保护的权利内容

《录音制品公约》第 2 条规定缔约国可自由选择法律手段以防止下列三种不法行为：（1）未经录音制品制作者许可为公开发行的目的复制其录音制品；（2）未经录音制品制作者许可为公开发行的目的进口未经许可而复制的录音制品；（3）未经录音制品制作者许可向公众销售此类复制品。

这里所说的“录音制品”是指任何仅听觉可感知的对表演的声音或其他声音的固定；“录音制品制作者”指首次将表演的声音或其他声音固定下来的自然人或法人；“复制品”指一件含有直接或间接从录音制品获取的声音的物品，该物品载有固定在该录音制品上的声音的全部或主要部分；“公开发行”指将录音制品的复制品直接或间接提供给公众或任何一部分公众的行为。从上述规定可以看出，和《罗马公约》相比，《录音制品公约》扩大了录音制品制作者的权利内容，即在《罗马公约》复制权的基础上增加了进口权和销售权。

在处理录音制品制作者和作者、表演者、广播组织的关系，以及《录音制品公约》与缔约国国内法、其他国际协定的关系问题上，《录音制品公约》第 7 条第 1 款规定：“本公约的解释不得限制或妨碍任何国内法律或国际协定给予作者、表演者、录音制品制作者或广播组织的其他保护。”第 7 条第 2 款规定：“如果被固定在录音制品上的表演的表演者享受保护，保护程度以及享受此种保护的条件，应当由各缔约国国内法律确定。”据此规定，为录音制品制作者提供保护应以不妨碍依据缔约国国内法和有关国际协定作者、表演者以及广播组织享有的权利为条件。此外，公约对录音制品制作者的上述保护范围仅为最低限度的要求，其不限制和妨碍依缔约国法律以及任何国际协定录音制品制作者享有更为广泛的权利。

（四）权利的限制

根据《录音制品公约》第 6 条，公约允许缔约国对录音制品制作者的保护规定与对文学艺术作品的作者保护所做的相同的限制。例如，根据《伯尔尼公约》，各成员国法律可以允许在为个人学习、研究或欣赏的需要、图书馆保存版本的需要、教学和科研的需要等等特殊情况下未经版权人许可复制文学艺术作品，只要这种复制不损害作品的正常使用也不致无故侵害作者的合法利益。如果缔约国的法律对文学艺术作品的版权有这种限制，那么，对录音制品制作者权也可以有相同的限制。

但是，考虑到《罗马公约》关于强制许可的条件过于笼统、含糊，《录音制品公约》特别规定如果要颁发强制许可证，必须符合下列三个条件：（1）复制品的使用目的仅仅是教学和科学研究；（2）强制许可证仅适用于在颁发许可证的主管机关管辖的领土内进行的复制，不得适用于这种复制品的出口；（3）根据强制许可证制作复制品，应支付按照主管机关依照所要制作的复制品的数量和其他因素而特别规定的合理费用。

（五）保护的期限

《录音制品公约》第4条规定："给予保护的期限应当由各缔约国国内法律规定。但是，如果国内法律规定一具体保护期，此保护期不应短于自录音制品载有的声音首次被固定之年年底起，或从录音制品首次出版之年年底起20年。"这一最低保护期限与《罗马公约》一致。但是，由于TRIPS协定已将录音制品制作者的最低保护期限延长至50年①，因此既是《录音制品公约》成员国又是WTO成员的，应遵守TRIPS协定的规定。

（六）公约的追溯力问题

《录音制品公约》第7条第3款规定："不得要求缔约国将本公约的条款适用于本公约在该国生效之前已经固定的任何录音制品。"据此，《录音制品公约》本身是没有追溯力的。但是根据TRIPS协定第14条第6款"《伯尔尼公约》1971年文本第18条（即关于追溯力的规定——引者）应在原则上适用于表演者的权利和录音制品制作者的权利"的规定，参加《录音制品公约》又是世界贸易组织成员的，对其加入TRIPS协定之前已经进入该国公有领域的录音制品，只要在加入时该录音制品在其来源国仍受保护，该国就有保护这些录音制品的义务。

总　结

《罗马公约》、《录音制品公约》和TRIPS协定关于录音制品制作者权保护对比表

	《罗马公约》	《录音制品公约》	TRIPS协定
国民待遇原则	国籍标准、录制标准和发行标准	国籍标准或录制标准	同《罗马公约》
权利内容	复制权	复制权、进口权和销售权	复制权和出租权（非强制性）
保护期	20年	20年	50年

五、《关于播送由人造卫星传播载有节目的信号的布鲁塞尔公约》

该公约简称为《卫星公约》或《布鲁塞尔公约》，1974年5月21日于布鲁塞尔签订，由国际劳工组织、联合国教科文组织和世界知识产权组织共同管理。其缔约目的主要是防止播送者播送不是提供给它们的、由人造卫星传播的载有节目的信号，以确保卫星通信系统的正常使用。《卫星公约》是一个开放性公约，凡是联合国和联合国专门机构的任何成员国、国际原子能机构的成员国或者国际法院规约的缔约国都可以加入。② 截至2019年2月，共有38个成员国。

《卫星公约》共12条，其主要内容如下。

---

① 参见《与贸易有关的知识产权协定》第14条第5款。

② 参见《卫星公约》第9条。

（一）给予保护的标准

和《录音制品公约》相同，《卫星公约》也没有直接规定国民待遇原则，即没有要求缔约国必须将给予本国国民的保护同样给予其他缔约国国民。其只在第 2 条第 1 款中规定："各缔约国保证采取适当的措施，防止任何播送者在该国领土上或从该国领土上播送任何发射到或通过人造卫星但并非为了提供给它们的、载有节目的信号。这种保证应当适用于以下情况，即起源组织是另一个缔约国的国民和播送的信号是接收信号。"从这一规定可以看出，公约首先明确了以国籍标准作为给予保护的条件，其次将保护的客体限定于播送的信号是接收信号的范围，最后明文规定了一些缔约国有义务对其他缔约国国民提供保护以有效防止的不法行为。除此之外，公约并未要求缔约国为其他缔约国国民提供更为广泛的保护，这其中包括依本国法律为本国国民提供的保护。

作为对国籍标准的补充，公约在第 8 条允许任何在公约签订之日（即 1974 年 5 月 21 日）前仅根据信号发射地标准为广播组织提供保护的缔约国，可以通过向联合国秘书长交存书面通知，声明上述第 2 条第 1 款中出现的"起源组织是另一个缔约国的国民"一语被"信号是从另一缔约国领土发射的"一语所替代。这其实就是允许将国籍标准替换为"发射地标准"（criterion of emission）。

与广播有关的人造卫星，可以分为直播卫星和通信卫星两种。在直播卫星传送的情况下，载有节目的信号是通过分配给广播的频率的无线电波传导的，其传送是为了一般公众直接接收。因此，通过直播卫星进行的广播属于《罗马公约》保护的传统意义的广播，发射这种节目信号的广播组织享有《罗马公约》给予广播组织的各项权利。但是，在使用通信卫星传送的情况下，载有节目的信号并不是通过分配给广播的频率的无线电波传导的，其传送不是为了一般公众直接接收，而是为了特定的地面广播组织接收后再播出。因此，发射这种节目信号的广播组织并不是《罗马公约》保护的权利主体。但是，由于依靠某种特殊的技术性装置可以在许多情况下轻易地接收通过通信卫星传送的节目信号，因此对发送这种节目信号的广播组织而言，不经其许可而转播其节目的情况大量存在，这也使广播组织的利益受到极大损害。为此，世界各地的广播组织都努力寻求一种能给这种信号传送以有效保护的国际制度，这实际上就是《卫星公约》制定的原因所在。也正因为如此，《卫星公约》才明确排除其对"由起源组织或以它的名义发射的、供一般公众从人造卫星直接接收的信号"的适用①，而将保护的客体限定在播送的信号是接收信号的范围。

（二）保护的范围

《卫星公约》规定缔约国应采取措施，防止任何播送者在该国领土上或从该国领土上播送任何发射到或通过人造卫星但并非为了提供给它们的、载有节目的信号。公约中所说的"信号"（signal）是指一种能传播节目的电子载波；"节目"（programme）是指为了供最大限度的传播而发射的信号中所包含的一个由图像、声音或者由二者构成的实况或录制材料的整体；"人造卫星"（satellite）是指能在地球大气层外的空间传播信号的任何装置；"发射信号"（emitted signal）是指送往或通过人造卫星的任何载有节目的信号；"接收信号"（derived signal）是指通过改变发射信号的技术性能而得到的信号，不论是否存在一

---

① 参见《卫星公约》第 3 条。

种或数种中间的装置；“播送者”（distributor）是指决定将接收信号传播给公众或任何一部分公众的人或法律实体。

从上述保护范围的规定不难看出，公约只是要求缔约国承担采取有效措施以防止非法转播的义务，而并没有直接赋予广播组织某种特殊的权利。之所以做出这样的规定，根本原因是协调作者和广播组织利益冲突的结果。因为在公约的拟订过程中，作者一方认为，如果因为使用通信卫星来传送节目信号就给予广播组织一种特殊权利，那么同样的权利也应赋予作者和广播节目的其他制作者，否则对他们来说是不公平的；而广播组织一方关心的是，如果通过通信卫星传送节目信号给予作者或节目的其他制作者某些新权利，则可能给自己带来许多不利影响。并且他们认为，使用通信卫星的播送是广播组织之间的所谓固定通信业务，同使用微波或水下电缆的播送基本相同，因此完全没有必要将作者和节目的其他制作者牵扯到这个问题中来。由于存在上述利益冲突，《卫星公约》最终没有给予任何一方以任何专有权利，而只是要求缔约方承担采取有效措施以防止非法转播的义务。而且，公约还通过第 6 条强调：“对本公约做出的解释不得限制或妨碍任何国内法律或国际协定给予作者、表演者、录音制品制作者或广播组织的保护。”

（三）保护的限制

《卫星公约》第 4 条规定了对保护的三点限制，即即使发射信号不是提供给缔约国中某一播送者在其领土上播送的信号，但只要符合下列三种情况之一的，任何缔约国都不得禁止。

（1）为了报道时事的需要转播发射信号所载节目的短小片段，但仅限于为达到目的的合理使用范围内。

（2）作为引用，播送者在自己的广播节目中使用发射信号所载节目的短小片段，条件是这种引用要符合正当的做法限于为达到目的的合理使用范围内。

（3）根据联合国大会的惯例被认为是发展中国家的播送者为教学（包括成人教育范围内的教学）或科学研究的目的转播发射信号所载的节目。

（四）防止非法转播的期限

由于《卫星公约》没有肯定任何个人或组织的任何权利，因此公约没有像其他知识产权公约那样对保护期做出规定。其只是在第 2 条第 2 款中规定：“在任何缔约国内，实行第 1 款提到的措施（即制止非法转播的措施——引者）方面有时间限制的话，其限制期限应当由该国国内法律规定。此种期限应当在批准、接受或加入本公约的时候，或者，如果国内法律在此之后生效或修改，则在该项法律生效或修改 6 个月之内，书面通知联合国秘书长。”这款规定实际上是允许缔约国通过提交书面通知，声明该国只在有关节目信号传送后有限期间内尽自己的义务。这一有限期间由缔约国国内法律来确定。

（五）追溯力

《卫星公约》第 5 条规定：“对于本公约在某缔约国生效之前已经发射的任何信号，将不要求该缔约国实施本公约。”依此规定，《卫星公约》是没有追溯力的。

第三节 《世界知识产权组织版权条约》和《世界知识产权组织表演和录音制品条约》

20 世纪 90 年代，随着数字技术和互联网的出现和迅速发展，著作权和著作邻接权的国际保护受到前所未有的冲击，1996 年 12 月 2—12 日，世界知识产权组织在日内瓦召开了关于版权保护的外交会议。会议通过了主要为解决数字技术和互联网环境下著作权和著作邻接权保护问题的《世界知识产权组织版权条约》（WIPO Copyright Treaty，WCT）和《世界知识产权组织表演和录音制品条约》（WIPO Performances and Phonograms Treaty，WPPT）。这两个条约及所附的"议定声明"，一方面巩固了 TRIPS 协定有关著作权和著作邻接权的成就，另一方面又针对数字技术和互联网的新环境，赋予著作权和著作邻接权以新内容。

WCT 于 2002 年 3 月 6 日生效，WPPT 于 2002 年 5 月 20 日生效。截至 2019 年 2 月，WCT 缔约国总数为 98 个，WPPT 缔约国总数为 98 个。我国虽然在 2007 年才正式加入这两个条约，但 2001 年修改《著作权法》时参考了 WCT 和 WPPT 的部分规定，增加了网络环境下著作权和著作邻接权保护的新内容。

一、WCT 和 WPPT 中与 TRIPS 协定一致的内容

WCT 由不分章节的 25 条组成。第 1～14 条为实体条款，第 15～25 条为行政管理条款。此外还附有"议定声明"9 条，对条约中一些可能发生歧义的问题做进一步解释。WPPT 由 33 条组成，共分五章。其分章的主要原因是同一个条约涉及两种不同客体的保护，其中有总则，有分别适用的条款，有共同条款。[①] 第 1～23 条（除第 21 条外）为实体条款，第 24～33 条及第 21 条为行政管理条款。此外还附有"议定声明"10 条。在这两个条约中，有一部分内容是与 TRIPS 协定一致的，参加世界知识产权组织新条约缔结谈判的绝大多数国家，由于均已参加过形成 TRIPS 协定的乌拉圭回合的谈判，因此，对这些新内容没有争议或争议极少。

(一) 版权保护的范围

WCT 第 2 条"版权保护的范围"规定："版权保护延及表达，而不延及思想、过程、操作方法或数学概念本身。"这一规定几乎逐字重述了 TRIPS 协定的第 9 条第 2 款［只少用了一个"shall"（"应"）］，而这正是《伯尔尼公约》所缺少的一条总则。《伯尔尼公约》只在第 2 条中以未穷尽的方式列举出版权保护可能涉及的客体。在关贸总协定乌拉圭回合的谈判中，多数国家认为在总则里明确版权保护什么、不保护什么是非常必要的，于是有了这么一条原则性的规定。除增加一条总则以外，WCT 还在第 4 条和第 5 条中将计算机程序和有独创性的数据汇编列为新增加的保护客体。这两条的规定与 TRIPS 协定第 10 条也几乎完全相同。

---

① 郑成思. 知识产权文丛：第一卷. 北京：中国政法大学出版社，1999：334.

（二）版权与邻接权的保护期

在《伯尔尼公约》中摄影作品的保护期至少是25年，而在《罗马公约》中对表演者和录音制品制作者的保护期至少为20年。WCT和WPPT为和TRIPS协定保持一致，将上述三者的保护期统统延长至至少50年。

（三）对于版权、表演者权和录音制品制作者权的限制和例外

WCT第10条、WPPT第16条一方面肯定了《伯尔尼公约》和《罗马公约》中确立的各缔约方可以在其国内立法中规定一些对版权、表演者权和录音制品制作者权的限制和例外；另一方面又加入了TRIPS协定第13条、第14条第6款的新内容，即缔约各方所规定的权利的任何限制和例外限于某些不与作品或录音制品的正常利用相抵触，也不无理地损害作者、表演者或录音制品制作者合法利益的特殊情况。

（四）某些作品的出租权

将出租权暗示为一项独立的财产权是TRIPS协定的一大突破，充分表现出TRIPS协定对因出租而形成的侵权行为的关注。TRIPS协定第11条对"出租权利"专门规定："至少在有关计算机程序和电影作品方面，每个成员应准许作者和他们的合法继承人有权或有权禁止，对其原作或者其版权作品的副本向公众进行商业性出租。对于电影作品，一成员不承担此项义务，除非这种出租导致了该作品大量的复制，从而从实质上损害了作者和其他合法继承人在该国的专有复制权。在计算机程序方面，该义务不适用于程序本身不是出租主要标的的出租。"除上述11条以外，TRIPS协定还在第14条第4款中，将出租权扩大到录音制品。同时也规定了例外，即：如果在1994年4月15日，一成员已有一套已生效的出租录音制品时对权利人加以合理补偿的制度，则它可以保留该制度，只要录音制品的商业性出租不引起对权利人专有复制权的实质性损害。

WCT第7条、WPPT第9条和第13条做出了和TRIPS协定第11条以及第14条第4款内容一致的规定。比TRIPS协定更进一步的是，这两个新条约首次明确了发行权和出租权是相互独立的两项权利①，这也就从根本上解决了出租权的存在与发行权"权利穷竭"原则之间存在的冲突。

二、经济权利（著作财产权）的调整

（一）复制权

1. 关于"暂时复制"性质的争议

复制权是著作权和著作邻接权的核心，也是著作权保护的基础。复制权有广义和狭义之分：狭义的复制权一般仅指以同样形式制作作品复制件的权利，如书籍、杂志的原样复印；广义的复制权还应包括以不同形式表现同一作品的权利，如将平面作品制作成立体作品的权利。通过控制作品和其他保护客体的复制，权利人可以避免以后发生的多种侵权行为。

在数字网络技术产生之前，录音机、录像机、照相机的出现和普及曾对复制权产生过

---

① WCT和WPPT都将发行权和出租权并列地予以规定。参见WCT第6条和第7条以及WPPT第8条、第9条、第12条和第13条。

严重的冲击。但在这些设备上进行的复制仍属于物质形式的复制，在盗版的情况下，其不法行为可以通过以物质形式存在的复制件得到证实，因此还是比较容易控制的。但是，在数字网络技术出现以后，版权作品和其他保护客体的复制成为广泛存在和难以控制的现象。例如，以扫描的方式使印刷出版的作品数字化，在计算机内存和其他电子装置中存储数字化的材料，以及更为普遍的在电子系统的正常使用过程中产生的瞬间的或附带的复制（暂时复制，temporary reproduction），等等。这种新型的数字化和互联网上的暂时复制在质量上和数量上都有传统复制无法比拟的优势，而在很大程度上又不能被传统的复制权所包容。

关于复制权，《伯尔尼公约》只在第 9 条做出原则性规定："受本公约保护的文学艺术作品的作者，享有授权他人以任何方式或形式复制其作品的专有权。"对何为"复制"，公约没有进一步细化的解释。于是，将文学艺术作品数字化，以及在互联网环境中普遍存在的暂时复制，是否受著作权人和著作邻接权人的控制，就成为数字网络环境下著作权保护最热点的问题之一。在这个问题产生之初，有两种截然不同的观点。

一种观点认为，既然网络环境确实对传统复制权构成了威胁，那么将复制权扩展到网络环境就是必需的。而且，由于将来有些作品的利用可能主要地、甚至完全地依赖于暂时复制，例如公众通过计算机或其他电子阅读器在线"阅读"某部作品而不进行永久复制，那么不把暂时复制置于复制权的控制之下，著作权和著作邻接权人的利益将大打折扣。美国、欧盟、日本等持此观点。①

另一种观点则认为，不应将互联网上数字传输的暂时复制纳入受保护的复制权范围。首先，暂时复制存储的时间太短，一旦计算机出现故障、断电或关机，暂时复制即消失；其次，有些暂时复制是在互联网的正常使用中产生的，而且是在现有的技术条件下难以避免的，将互联网上的暂时复制置于著作权人和著作邻接权人的控制下将会产生难以预料的广泛而深刻的影响。因为，如果受保护的客体在网上每次的传输以及随后的下载和屏幕显示均构成受保护的暂时复制，那么网上浏览、发电子邮件、观看数字化作品等都必须获得著作权人或著作邻接权人的许可，其结果肯定会妨碍信息的自由流通及网络用户正常的消费行为，而这种限制与版权保护的原则是相冲突的。② 此外，如果网络中介服务者由于无法察觉的系统自动复制而承担责任，那么，互联网上的投资必将受到影响，所有新兴的网上图书馆、远程教学、远程就诊等等都会受到影响，从而损害公共利益，破坏著作权保护原有的平衡。

2. WCT 和 WPPT 对暂时复制的态度

由于存在上述两种截然不同的观点，因而网上复制，特别是暂时复制成为 WCT 和

---

① 参见美国 1995 年公布的《信息基础设施工作机构知识产权工作组报告：知识产权和国家信息基础设施》（"Intellectual Property and the National Information Infrastructure: The Report of the Working Group on Intellectual Property Rights", September 1995）。欧盟 1995 年 7 月公布的《关于信息社会的版权和有关权》的绿皮书及 1996 年 11 月公布的续绿皮书（"Green Paper on Copyright and Related Rights in the Information society" July 1995 and "Follow-up to the Green Paper on Copyright and Related Rights in the Information Society" Brussels, 20. 11. 1996 com (96) 586 final. at http://europa. eu. int/en/record/other/istocen. htm）。

② Legal Advisory Board Reply to the Green Paper on Copyright and Related Rights in the Information Society, November 1995. at http://europa. eu. int/en/record/other/istocen. htm.

WPPT 两个新版权公约形成过程中的热点问题，在 1996 年 12 月 2—20 日世界知识产权组织日内瓦会议上，各国代表产生了激烈的争论。

在此会议之前，欧盟建议进一步澄清《伯尔尼公约》第 9 条的规定，将其修订为“各成员国承认以电子媒介永久或暂时地存储受保护作品属于《伯尔尼公约》第 9 条第 1 款意义上的复制，包括作品进入计算机内存的上传和下载的行为”[①]。WIPO 专家委员会基本接受欧盟这一建议，其提交会议讨论的条约草案第 7 条对“复制权的范围”做了说明：其中第 1 款规定，作者的复制权依《伯尔尼公约》第 9 条第 1 款包括以任何方式或者形式，直接或间接地对作品进行永久性或临时性的复制；第 2 款规定，如果暂时复制纯粹是为了观看作品，或该复制属于短暂的或附带的行为，只要是在作者授权或法律许可使用该作品的过程中所为，缔约国可以通过立法加以限制。

在 1996 年 12 月日内瓦会议上，只有欧盟和美国表示支持上述第 7 条的内容，与会的其他国家对这一条则表示了不同程度的反对。反对最强烈的是要求彻底删除第 7 条，例如加拿大即主张应给法院处理新技术问题留有余地，因此有《伯尔尼公约》第 9 条已经足够。稍温和的表示愿意接受草案第 7 条第 1 款，但建议删除第 7 条第 2 款，例如挪威等北欧国家。[②] 最为温和的也表示同意保留第 7 条第 1 款，但对第 2 款应做大的修改，例如澳大利亚就主张，存储的暂时性复制如果只是传输版权材料技术过程中的一部分，就应该被排除在复制权范围之外。[③]

在多数国家的强烈反对下，草案第 7 条最终未被正式通过的 WCT 采纳，即没有对暂时复制的内容进行规定，WCT 仅要求缔约国依《伯尔尼公约》的有关规定保护权利人的复制权。[④] WPPT 草案第 7 条及第 14 条则分别涉及了表演者和录音制品制作者的复制权，其中都包括了暂时的复制，但也由于多数国家的反对，最后通过的 WPPT 删除了暂时复制的内容，只在第 7 条和第 11 条规定：表演者和录音制品制作者应享有授权以任何方式或形式，对其以录音制品录制的表演和录音制品直接或间接地进行复制的专有权。

尽管在正式通过的 WCT 和 WPPT 中没有暂时复制的内容，但在美国和欧盟的一再努力下，出现了一条仅凭简单多数通过的关于 WCT 第 1 条第 4 款的议定声明：“《伯尔尼公约》第 9 条所规定的复制权及其所允许的例外，完全适用于数字环境，尤其是以数字形式使用作品的情况。不言而喻，在电子媒体中以数字形式存储受保护的作品，构成《伯尔尼公约》第 9 条项下的复制。”WPPT 中也有一条类似的议定声明。对这两条仅凭简单多数通过的议定声明的效力姑且不论，仅从议定声明的文字表述不难看出，为避免提到暂时复制，声明使用了“在电子媒体中以数字形式存储”（work in digital form in an electronic medium constitutes）的表达方式。

---

① Basic Proposal for the Substantial Provisions of the Treaty on Certain Questions Concerning the Protection of Literary and Artistic Works to be Considered by the Diplomatic Conference (1996).

② Amendment to Article 7 of Draft Treaty No. 1, proposed by the Delegation of Norway, WIPO Document CRCN/DC/22, Dec. 1996.

③ Australia Discussion Paper, Copyright Reform and the Digital Agenda, July 1997.

④ WCT 第 1 条第 4 款规定：“缔约各方应遵守《伯尔尼公约》第 1 至 21 条和附件的规定。”《伯尔尼公约》第 9 条即是关于复制权的规定。

（二）发行权（right of distribution）

在 WCT 和 WPPT 出现之前，著作权国际保护公约中没有出现过发行权的规定，因此，WCT 和 WPPT 中出现的发行权被认为是著作权国际保护的一大发展。

根据 WCT 第 6 条、WPPT 第 8 条和第 12 条以及有关议定声明的规定，发行权包含以下几个方面的内容。

（1）所谓“发行权”，指的是权利人享有“授权通过销售或其他所有权转让形式向公众提供其作品原件和复制件的专有权”。这里强调的“所有权转让”将出租权从发行权中独立出来，成为一项与发行权并列的经济权利，这和当时多数国家（包括中国）将出租权作为发行权的一项分权利的做法截然不同。

（2）对多数国家适用于发行权的“权利穷竭”原则，赋予各缔约方最大的选择自由。也就是说，缔约方对这一原则可以承认，也可以不承认，如果承认，在什么条件下适用这一原则也由缔约各方自主决定。

（3）通过有关议定声明对发行权的解释，明确了在网络环境中传统的“发行权”概念仍然不变，即只有通过“有形载体固定作品并将这种复制件投入流通领域”，才构成著作权意义上的“发行”。这一含义将发行权和通过网络进行的传播分开，引申出我们下文将要提到的“向公众传播的权利”。

在我国，发行权内容的变化受到 WCT 和 WTPP 很大的影响。1991 年最初适用的《著作权法实施细则》第 5 条规定：“发行，指为满足公众的合理需求，通过出售、出租等方式向公众提供一定数量的作品复制件。”可见立法之初出租权是发行权的一项分权利，但这种权利设置的方式很显然与发行权“权利穷竭”原则相矛盾。所谓“发行权权利穷竭”，又称“发行权一次用尽”，是指作品一旦经合法发行，对其再流通、转让，版权人就不能再主张任何权利。实践中，出租行为一般发生在作品已经发行、进入市场流通之后，既然发行权一次用尽，发行权穷竭之后再主张属于发行权分权利的出租权，矛盾之处不言而喻。因此，2001 年我国著作权法修正案将出租权从发行权中独立出来，作为一项与发行权并列的著作财产权，发行权的含义也就变成了“以出售或者赠与方式向公众提供作品的原件或者复制件的权利”。

（三）向公众传播的权利（right of communication to the public）

1. WCT 和 WPPT 对“向公众传播权”的规定

关于传播权，其实《伯尔尼公约》已有涉及。《伯尔尼公约》第 11 条、第 11 条之二、第 11 条之三、第 13 条和第 14 条规定的公演权、广播权、朗诵权、录制权和电影权其实都属于向公众传播的权利，这几种传播权是随着传播技术的发展逐步出现的，针对不同的作品和不同的传播方式，适用不同的权利。

但是，随着传播技术的不断发展，新的传播方式不断出现，对传统的传播权项也就不断地提出挑战。单纯对应《伯尔尼公约》，网络环境中作品的传输貌似无法对应任何一种既有的传播权项。网络环境传输中最常见的是文字作品（包括计算机软件）、摄影作品、绘画作品等的传播，但《伯尔尼公约》上述几个传播权项都无法对应这些种类作品的传输：它们不属于戏剧、音乐作品的表演，也不属于文字作品的朗诵，因此无法适用《伯尔尼公约》第 11 条的公演权和第 11 条之三的朗诵权；这种传输又不同于以广播或其他无线以及有线方式向公众的传播，因为广播是一方播送，公众被动接收，传播是单向的，但互联网上的传输是公众自主地在网络上“访问”某个作品，即在自己选择的时间、地点内，选择自己想要获得的作品，此种传播是交互式的、双向的，因此网络上的传输也不能适用《伯尔尼公约》第11条之二的广播权、第13条的录制权和第14条的电影权。那么，WCT和WPPT是否应针对新出现的传播方式，继续增加新的传播权项呢?

实际上，在数字网络技术产生之初，各国也对作品在网络环境中进行的传输提出过自己的建议。美国白皮书即将网络传播纳入了发行权的调整范围[①]，认为作品在网络上向公众传输的行为属于发行行为，在网络上将作品上传（upload）用户即可以从其计算机终端下载（download）作品进行阅览储存、打印或其他方式的使用，这种向公众传输的结果与传统意义的发行具有某种相似之处，都是发出者采取积极措施发送，而接受者最终获得复制本。[②] 澳大利亚由于其原有的版权法无法适应网络环境的需要，因而在1999年《版权法修正案》中创设了“向公众传输的权利”（right of transmission to the public）。[③] 此项权利既包括以任何通过接收装置观看或使用的方式向公众传播著作权材料的权利，也包括广播权以及有线传播权。这种传播权可以把按需服务和计算机网络传输包括在内。欧盟1996年的续绿皮书也建议采用“向公众传播权”（communication to the public right）协调成员国对网络传输的立场。[④] 1997年12月提交欧盟委员会的关于信息社会著作权及有关权保护的新指令的建议即采纳了续绿皮书的这一主张。指令不仅赋予了作者向公众传播的权利，还赋予了表演者、录制者，电影制片人及广播组织此种权利，这些权利人可授权或禁止向公众提供表演的固定物、录音制品、电影的原本或拷贝以及广播的固定物。[⑤]

WIPO经过了多年的研讨，最终于1996年的WCT和WPPT中做了最具有前瞻性的选择。它们并未增加某种新的传播权项，而是规定了一种综合性的广义的“向公众传播权”。一方面，在不影响《伯尔尼公约》现有的各种传播权的前提下，将向公众传播的权利扩展到所有的作品种类，使之成为所有文学艺术作者的权利；另一方面，明确指出向公众传播包括在“公众的成员”个人选择的时间和地点所做的传播，从而澄清了最迫切需要回答的交互性的按需传输是否属于受保护的传播权的问题。

2. 各国对信息网络传播的保护模式

---

① 美国白皮书工作组建议对版权法进行修改，明确承认作品的复制件或录音制品能通过数字传输向公众发行而且这种传输包括在版权人的专有发行权范围之内（Information Infrastructure Task Force，Intellectual Property and the National Information Infrastructure：The Report of the Working Group on Intellectual Property Rights，September 1995）。

② Mark Stefik，Shifting the Possible：How Trusted Systems and Digital property Rights Challenge us to Rethink Digital Publishing. at http：//www. law. berkeley. edu/journals/btlj/articles/12-1/stefik. html.

③ 由于澳大利亚的版权法不能适应网络环境的需要，于是其版权融合委员会在题为《变革高速路——新传播环境下的版权法》的报告中提出了创立“向公众传输的权利”的建议。参见 Copyright Convergence Committee，Highways to Change：Copyright in the New Communications Environment，August 1994。该建议后被澳大利亚1999年《版权法修正案》所采纳。参见 Exposure Draft of the Copyright Amendment（Digital Agenda）Bill 1999，February 1999。

④ Follow-up to the Green Paper on Copyright and Related Rights in the Information Society，Communication from the Commission，com（96）568 adopted Nov. 1996. at http：//europa. eu. int/en/record/other/istocen. htm.

⑤ Proposal for Directive Harmonizing Aspects of Rules on Copyright and Related Rights in the Information Society，December 10，1997.

作为需要调和各方利益才能产生的国际公约，WCT 和 WPPT 最终只原则性地要求成员国必须保护著作权人、表演者和录音制品制作者控制网络传播的专有权，但这种权利如何赋予、具有哪些权利内容，却可以由成员国自己决定。

因此，国际上逐渐形成了对信息网络传播的三种保护模式：(1) 以美国为代表的"隐含式"，即用现有的著作权项，如通过调整发行权、公演权、公开展示权等传统的传播权项，让其覆盖作品的网络传播行为；(2) 以日本、澳大利亚为代表的"重组式"，即对著作权和著作邻接权中的各类传播权进行重组，把除发行权以外的其他传播方式纳入一种综合性的传播权予以统一调整；第三种是以欧盟为代表的"新增式"，即在不改变现有著作权和著作邻接权配置的前提下，赋予著作权人和著作邻接权人专门的信息网络传播权。

3. 我国对信息网络传播权的规定

在我国《著作权法》颁布施行的 1991 年，计算机网络还没有普及，法律也不可能对此做出相应的规定。但我国司法实践对著作权人信息网络传播权的保护早于立法规定，如在 1999 年著名的**王蒙等六位作家诉世纪互联公司侵犯著作权案**[①]中，法院就采用扩大解释著作权法的有关规定的办法将著作权人的传播权扩大到互联网。2000 年《最高人民法院关于审理涉及计算机网络著作权纠纷案件适用法律若干问题的解释》继而规定网络数字作品属于受著作权保护的作品，著作权人应当享有以该种方式使用、许可他人使用并由此获得报酬的权利。

案　例

王蒙等六位作家诉世纪互联公司侵犯著作权案

"北京在线"网站于 1996 年由北京宝润图文信息有限公司成立，后被世纪互联通讯技术有限公司（以下简称"世纪互联公司"）收购。1998 年 4 月，世纪互联公司成立"灵波小组"为"北京在线"做栏目。"灵波小组"在未取得王蒙、张洁、毕淑敏等六位作家许可的情况下，在其创立的《小说一族》栏目下设的《当代中国》子目中，下载了在网络上传播的六位作家分别创作的《坚硬的稀粥》《一地鸡毛》等七篇文学作品，存储在其服务器中，再通过 WWW 服务器在互联网上进行传播。联网计算机用户只要进入世纪互联公司的网址 http：//www. bol. com. cn 主页，点击"小说一族"进入"书香远飘"页面，再点击"当代中国"及具体作者的作品名称，就可以浏览和下载作品。为此，六位作家以世纪互联公司擅自使用其作品、侵犯其著作权为由诉至北京市海淀区人民法院。

海淀法院经审理认为，被告从互联网上将原告的作品下载并上传到互联网进行传播的行为，是对原告作品的传播使用。作品的著作权人有权决定其作品是否在互联网上进行传播使用，因此被告未经许可擅自在网上传播的行为侵犯了原告就其作品享有的使用权和获酬权。

对此，被告不服，上诉至北京市第一中级人民法院，理由是《著作权法》第 10 条第 5

---

① 此案例案情来自北京市海淀区人民法院（1999）海知初字第 53 号民事判决书和北京市第一中级人民法院（1999）一中知终字第 183 号民事判决书。

项所列举的作品使用方式中，并不包括在互联网上使用作品，其认为信息网络传播权等法律问题，应当通过著作权法的修正或司法解释来加以明确和规范，以使各方面有法可循。在法无明文规定的情况下，一审法院就将著作权人的专有权利延伸、扩展到网上传播，这是对法律的扩大解释，其结果将会造成著作权人的权利扩张。

北京市一中院经审理没有支持被告的上诉请求，理由是虽然我国著作权法没有明确网络上作品的使用问题，但这并不意味着对在网络上使用他人作品的行为就不进行规范。而且，我国《著作权法》第10条对版权作品的使用方式所规定的“等”字，说明法律所规定的作品使用方式不是穷尽式，而是列举式，因此在网络上传播作品的行为应该属于著作权法所指的作品使用方式之一。

我国2001年修订的《著作权法》第10条第12项规定：“信息网络传播权，即以有线或者无线方式向公众提供作品，使公众可以在其个人选定的时间和地点获得作品的权利。”并在第37条、第41条、第47条中，针对各项著作邻接权也分别增加了信息网络传播权的内容。这实际上是仿效了欧盟的“新增式”，即在原有各项传播权的基础上，增加了信息网络传播权的概念，此种做法符合成文法国家立法“宜细不宜粗”的行为原则。

三、精神权利（著作人身权）的调整

在版权人精神权利保护的问题上，英美法系与大陆法系由于版权制度的历史发展和保护侧重点的不同，存在着严重分歧。英美法系认为版权法的立法初衷在于保护现代文化传播功能的实现，应鼓励人们对精神产品的生产进行投资。受该观念的影响，英美法系国家最初的版权法均不保护作者的精神权利。虽然《伯尔尼公约》自1928年修订后提出了对作品精神权利保护的最低要求，但英美法国家特别是美洲国家一直拒绝将精神权利作为版权保护的内容，这也导致1994年的TRIPS协定最终将精神权利排除在其保护范围之外。

在此背景下，1996年通过的WCT没有直接涉及作者精神权利的内容，只是在第1条第4款和第3条间接指出：在作者精神权利的保护方面，完全使用《伯尔尼公约》的有关规定。① WPPT则首次把精神权利的保护扩展到表演者。WPPT第5条第1款规定：不依赖于表演者的经济权利，甚至在这些权利转让之后，表演者仍应对于其现场有声表演或以录音制品录制的表演有权要求承认其系表演的表演者，除非使用表演的方式决定可省略不提其系表演者；并有权反对任何对其表演进行有损其名声的歪曲、篡改或其他修改。表演者的上述权利在其死后应继续保留，至少到其经济权利期满为止，并应可由被要求提供保护的缔约方立法所授权的个人或机构行使。WPPT第5条的规定有点类似于我国著作权法赋予表演者的两项精神权利：“表明表演者身份”和“保护表演形象不受歪曲”。

由于WCT和WPPT均不允许缔约方做任何保留，因此保护作者和表演者的精神权利已成为缔约方应当履行的义务，故对精神权利只提供有限保护的缔约方必须对其国内立法做出相应的调整。

---

① WCT第1条第4款规定：“缔约各方应遵守《伯尔尼公约》第1至21条和附件的规定。”第3条规定：“缔约各方对于本条约所规定的保护应比照适用《伯尔尼公约》第2至6条的规定。”

四、增加对技术措施（technological measures）的法律保护

（一）技术措施法律保护的必要性

技术措施是阻止对网络数字化作品不合理使用的有效方式之一。如同人们用先进的防盗报警系统来增加有形财产的安全一样，技术措施就是人们对自己的数字网络作品设置的防盗报警系统。早在计算机软件还未普遍纳入各国知识产权保护的20世纪70年代，软件的开发者就已经开始采用“加密”等技术措施来防止他人对自己软件的“盗版”。在互联网上，技术保护措施更是多种多样，但概括起来可以分为两大类，即访问控制措施和使用控制措施，其目的都是保护作品以免被他人擅自访问、复制、操纵、散发、传播等。

虽然有众多的技术措施，著作权人也意图利用它们筑起坚固的堡垒以防止侵权，但所谓“道高一尺，魔高一丈”，再坚固的技术壁垒也能被更聪明的脑袋破解，而且这些“更聪明的脑袋”还逐渐被不断升级的技术措施培养成一批批反技术措施的网络“黑客”。传统的著作权法无法遏制黑客破解技术措施的行为，因为著作权法打击的侵权行为本质的特点是未经许可擅自“使用”作品，但这些网络黑客仅仅是把作品外围的那个保护层——技术措施给破解掉，而并不以使用作品为目的。

（二）对技术措施的国际保护

欧盟最早提出了对技术措施实施法律保护，欧盟1991年的软件指令第7条第1款第3项规定，成员国对于为商业性目的专门用来未经授权地取消或破解用于保护计算机程序的技术装置的任何方式应当给予制裁。[①] 但该指令仅限于对计算机程序技术措施的法律保护。1997年欧盟委员会提出的“关于协调信息社会版权和有关权若干方面的指令的建议”[②] 及1999年的“版权指令草案”[③] 则具体规定了技术措施保护内容。指令要求成员国给予用于保护版权的技术措施以充分的法律保护，制裁破解技术措施的行为，制裁制造或散布破解装置或产品的行为，制裁提供破解服务的行为。美国1995年的白皮书则建议创立广泛的技术措施保护法律制度，建议任何人未经版权人或法律的授权，不得进口、制造用于使防止或制止侵犯版权的系统失效的装置，也不得提供或实施此类的服务。[④] 在白皮书的影响下，美国国会于1998年通过的《跨世纪数字化版权法》（The Digital Millennium Copyright Act，DMCA）给予了技术措施以全面、充分的法律保护。[⑤]

WCT和WPPT都有专门针对技术措施的规定，即WCT第11条和WPPT第18条“关于技术措施的义务”（obligations concerning technological measures）。该项义务要求：各缔约方应规定足够的法律保护和有效的救济手段，制止规避由作者、表演者或录音制品制作者对就其作品、表演或录音制品进行未经该有关作者、表演者或录音制品制作者许可

---

① EC Directive for the Legal Protection of Computer Programs (“Software Directive”), 91/250 [1991] O. J. L 122/42.

② Proposal for a Directive on Certain Aspects of Copyright and Related Rights in the Information Society, COM (97) 628 final, Dec 10, 1997. at http://europa.eu.int/en/record/other/istocen.htm.

③ Amended Proposal for a “Directive on Copyright and Related Rights in the Information Society”, May 21, 1999.

④ Information Infrastructure Task Force, Intellectual Property and the National Information Infrastructure: The Report of the Working Group on Intellectual Property Rights, September 1995. p. 230.

⑤ http://www.copyright.gov/legislation/dmca.pdf.

或未由法律准许的行为加以约束的技术措施的行为。至于具体的法律保护方式和救济手段，两个条约都没有进一步明确的规定，这些就属于各缔约方自由立法的范围了。

（三）我国对技术措施的法律保护

我国在2001年著作权法修正案中增加了保护技术措施的内容，《著作权法》第48条第6项规定：未经著作权人或者与著作权有关的权利人许可，故意避开或者破坏权利人为其作品、录音录像制品等采取的保护著作权或者与著作权有关的权利的技术措施的属于侵权行为，法律、行政法规另有规定的除外。**“美国化学文摘光盘出版物”非法解密盗版案**[①]就是适用我国著作权法保护技术措施的典型案例。

案　例

“美国化学文摘光盘出版物”非法解密盗版案

因吕某某在互联网上声称其有解密技能，2002年9月，天津一图书馆的王某某分两次共邮寄8张正版“美国化学文摘光盘出版物”给吕某某，让其解密。吕某某联系其同乡、浙江某大学在读博士生裘某完成解密工作后，王某某以汇票形式付给吕某某解密报酬1.5万元。为获取更多利益，在归还王某某正版光盘前，吕某某私自刻录复制了备份，然后以群发邮件的形式在网上联系客户进行销售。

“美国化学文摘光盘出版物”是国际上相关专业领域的重要文献资料数据库，对制药、生物、医学、化学研究具有重要作用。美国化学文摘社发现其产品在中国被盗版后，暂停了对中国内地及香港地区的正版产品供应，这给我国相关领域的科学家和信息情报人员的工作带来了很大的麻烦。2003年某月，浙江省版权局接全国“扫黄”办转送的举报材料后，会同宁波市公安局及文化局，依法传唤了本案涉案人吕某某及其同伙宋某某，吕某某和宋某某供认了其解密并盗版“美国化学文摘光盘出版物”的违法事实。

此案是《著作权法》2001年修正案生效以后浙江省版权行政管理部门查处的第一起未经著作权人或与著作权有关的权利人许可，故意破坏权利人对其作品保护采取的技术措施，并且通过互联网非法销售版权制品的案件，但由于涉案人非法获利数额尚达不到追究刑事责任的标准，浙江省版权局与宁波市版权行政管理部门商定，根据著作权法保护技术措施的相关规定，由宁波市版权行政管理部门对吕某某、宋某某分别做出没收违法所得、没收并销毁侵权复制品、没收主要用于制作侵权复制品的设备工具和罚款的行政处罚。对涉案人裘某下达了责令停止侵权行为、没收违法所得的行政处罚决定书。

五、增加对权利管理信息（rights management information）的法律保护

（一）权利管理信息法律保护的必要性

权利管理信息指识别作品、作品的作者及对作品拥有任何权利的所有人的信息，或有关作品使用的条款和条件的信息，以及代表此种信息的任何数字或代码。各项信息均附于作品的每一复制件上或在作品向公众进行传播时出现。

---

① 国家保护知识产权工作．知识产权案例选编：面向执法司法人员．北京：人民出版社，2008：163－167.

在互联网中，权利管理信息具有非常重要的作用。互联网上每时每刻都在传输着无数个版权作品，对这些作品使用的授权基本上都是以电子形式完成的，用户只需要敲几个键盘就能免费或支付特定价格获得以特定方式使用作品的权利。为了网上电子交易系统能够正常运行，电子管理信息必须具有完整性和真实性。如果版权人的姓名被更改或被删除，或者标识的“版权所有”改成“自由使用”，那么版权人的合法权益将难以保障，这将打击版权人将其作品上传至网上的积极性，最终将有损互联网的健康发展，因此对权利管理信息给予法律上的保护是必要的。

(二) 对权利管理信息的国际保护

1997 年欧盟委员会提出的“关于协调信息社会版权和有关权若干方面的指令的建议”① 即对此进行了规定，要求成员国制裁消除或改动任何电子形式的权利管理信息的行为，以及交易权利管理信息已被未经授权消除或改动的作品或作品复制件的行为。美国国会于 1998 年通过的《跨世纪数字化版权法》(DMCA) 对版权管理信息的法律保护进行了规定。② 该法不但禁止取消或改动版权管理信息的行为，而且也禁止未经许可故意提供或散布虚假版权管理信息的行为。

WCT 第 12 条和 WPPT 第 19 条“关于权利管理信息的义务”(obligations concerning rights management information) 的规定要求缔约方制止故意去除或改变电子权利管理信息的行为。缔约方应规定适当和有效的法律救济办法，制止任何人明知或有合理根据知道其行为会诱使、促成、便利或包庇对条约或《伯尔尼公约》所涵盖的任何权利的侵犯而故意从事以下行为：(1) 未经许可去除或改变任何权利管理的电子信息；(2) 未经许可发行，为发行目的进口、广播、向公众传播或提供明知已被未经许可去除或改变权利管理电子信息的作品、表演、录制的表演或者作品或录音制品的复制件。

与技术措施的规定一样，条约对权利管理信息的规定也是原则性的，有关权利管理信息的具体保护方式和范围由各国国内法规定。但是，为了不减损《伯尔尼公约》的自动保护原则，WCT 和 WPPT 都通过议定声明特别指出：缔约各方不应依赖条约关于保护权利管理信息的规定，来制定或实施要求履行为《伯尔尼公约》或条约所不允许的手续的权利管理制度，从而阻止商品的自由流通或妨碍享有依条约规定的权利。可见，WCT 和 WPPT 对权利管理信息的规定是任意性的而非强制性的，权利人并无提供权利管理信息的义务，缔约国也只是通过法律对已有的权利管理信息给予保护。因此，WCT 和 WPPT 对权利管理信息保护的要求并不违反《伯尔尼公约》的版权自动保护原则。

(三) 我国对权利管理信息的法律保护

我国在 2001 年著作权法修正案中增加了保护权利管理信息的内容，《著作权法》第 48 条第 7 款规定：未经著作权人或者与著作权有关的权利人许可，故意删除或者改变作品、录音录像制品等的权利管理电子信息的属于侵权行为，法律、行政法规另有规定的除外。

---

① Proposal for a Directive on Certain Aspects of Copyright and Related Rights in the Information Society, COM (97) 628 final, Dec 10, 1997.

② 《跨世纪数字化版权法》规定的“版权管理信息”(copyright management information) 既包括版权管理信息也包括邻接权管理信息，因为美国没有邻接权的概念。下载于 http://www.copyright.gov/legislation/dmca.pdf。

【重要术语提示与中英文对照】

序号	中文术语	英文对照
1	著作权	copyright
2	自动保护	automatic protection
3	文学艺术作品	literary and artistic works
4	演绎作品	derivative works
5	实用艺术作品	works of applied art
6	精神权利	moral rights
7	署名权	right of authorship
8	保护作品完整权	right of integrity
9	经济权利	economic rights
10	复制权	right of reproduction
11	翻译权	right of translation
12	改编权	right of adaptation arrangement and other alteration
13	公演权	right of public performance
14	广播权	broadcasting and related rights
15	录制权	right of recording
16	出租权	rental rights
17	邻接权	neighboring right
18	表演者权	right of performers
19	录音制品制作者权	right of producer of phonograms
20	广播组织权	right for broadcasting organizations
21	向公众传播的权利	right of communication to the public
22	技术措施	technological measures
23	权利管理信息	rights management information

【思考题】

1. 何为著作权？何为著作邻接权？著作权和著作邻接权的保护都通过哪些国际公约实现？

2. 如何理解《伯尔尼公约》的“双国籍”国民待遇原则？

3. 如何理解《伯尔尼公约》的自动保护原则？你认为中国的版权审查制度是否违反自动保护原则？

4. 和《伯尔尼公约》相比，TRIPS 协定在哪些方面提高了对著作权的保护水平？

5.《罗马公约》和 TRIPS 协定对表演者权的保护有哪些不同？

6.《罗马公约》、TRIPS协定和《录音制品公约》对录音制品制作者权的保护有哪些不同?

7. WCT和WPPT为何要求保护技术措施和权利管理信息?

【经典参考文献】

1. 国家版权局办公室. 国际版权和邻接权条约：汉英对照. 北京：中国书籍出版社，2000.

2. 弗雷德里克·M. 阿伯特，托马斯·科蒂尔，弗朗西斯·高锐. 世界经济一体化进程中的国际知识产权法：第二版：下册. 北京：商务印书馆，2014：665-902.

3. 国家知识产权局，国家知识产权培训（湖北）基地. 国际贸易中的知识产权保护. 北京：知识产权出版社，2014.

4. 薛虹. 十字路口的国际知识产权法. 北京：法律出版社，2012.

5. 陈福利. 中美知识产权WTO争端研究. 北京：知识产权出版社，2010.

6. 奚晓明. 法官评述100个影响中国的知识产权经典案例. 北京：知识产权出版社，2010.

第五章　其他知识产权客体的国际保护

本章教学目的与要求

掌握作为知识产权客体的植物新品种的构成要件，理解《品种公约》1978年文本和1991年文本对品种权保护水平的差异，了解TRIPS协定对植物品种权保护的基本要求。理解集成电路和集成电路布图设计的含义及知识产权保护的必要性，掌握TRIPS协定对集成电路布图设计保护的基本要求。理解数据库的含义，了解对数据库进行法律保护的三种模式，掌握《伯尔尼公约》和TRIPS协定对汇编作品提供版权保护的不同条件，了解数据库特别权利保护的基本内容。理解商业秘密、未披露信息和专有技术在内涵和外延上的区别和联系，掌握侵犯商业秘密权的构成要件，了解TRIPS协定保护未披露的试验数据的相关规定。

第一节　植物新品种的国际保护

一、作为知识产权客体的植物新品种

（一）植物品种（varieties of plants）和植物新品种（new varieties of plants）

生物学意义的植物品种，系指已知最低一级植物分类单元中的一个植物分类，这种分类可以是：(1) 通过某一特定的基因或基因型组合的特征的表达来下定义；(2) 由于表示至少一种所说的特征，因而不同于任何其他植物分类；(3) 经过繁殖后其适应性未变，被认为是一个分类单元。

我国《植物新品种保护条例》（以下简称《品种条例》）第2条规定："本条例所称植物新品种，是指经过人工培育的或者对发现的野生植物加以开发，具备新颖性、特异性、一致性和稳定性并有适当命名的植物品种。"1968年生效的《国际植物新品种保护公约》（以下简称《品种公约》）没有给"植物新品种"下定义，但其第5条"保护的条件"中所列举的各项基本与我国《品种条例》第2条"植物新品种"的概念相当。

从我国《品种条例》第2条和《品种公约》第5条的规定可以看出，知识产权意义的

植物新品种的构成要件应包括：必须是人工培育的或对发现的野生植物加以开发后形成的新品种，必须满足新颖性、特异性、一致性和稳定性的实质条件，必须有适当的命名。

（二）植物新品种的构成要件

无论根据《品种公约》，还是根据我国《品种条例》，受知识产权保护的植物新品种必须具备以下几个构成要件。

1. 必须是人工培育（bred）的或对发现的野生植物加以开发（discovered and developed）后形成的新品种

在这里需要解释的是何谓“开发”（developed）。对此，有关的法律和公约都未说明，可以借鉴的仅有**美国1957年穆尔植物专利申请案**[①]的裁决结果。从这个案例中，我们可以对“开发”做出解释，即单纯发现一种自然存在的野生植物新品种并不能获得品种权，只有在发现后再通过一定的方法培植出同样的新品种并使其繁衍而不致失传方构成获品种权的前提。

案　例

美国1957年穆尔植物专利申请案

1919年，弗朗西斯·米勒发现自己居住房屋的院子里长出了一棵小桃树，在米勒的精心照料下，从第四年起，这棵桃树每年都结出许多个大、汁多、味甜的桃子。

1928年，米勒的朋友、果树专家威廉·穆尔（William Moore）在米勒的院子里发现了这棵不同寻常的桃树，经米勒同意后从这棵桃树上剪下十条接枝带回家去嫁接到自己果园的桃树上，进行无性繁殖试验。试验成功后，穆尔又从原来的桃树上剪下接枝，将桃树连续繁殖了好几代，并以该桃树新品种富于抗性、耐寒和果实成熟晚的特点向美国专利局申请品种专利，但专利局却以穆尔不是第一个和唯一的发现人为由驳回了申请，对此穆尔向专利申诉委员会申诉并最终取得品种权。

专利申诉委员会的裁决理由是：米勒虽为桃树的第一个发现人，但他并未意识到它是一个新品种，也未做出任何努力来长期保留和繁殖这个新品种，那么这棵桃树长到12年以后，就必将自然死亡，至此这个新品种也就不复存在；而穆尔从一开始就意识到这棵桃树是独特的新品种，并采取措施使本来可能失传的植物新品种得以繁殖，因此穆尔才应当获得品种权。

2. 新颖性（novelty）

品种权的新颖性和专利权的新颖性作用相同，都是为了保护新技术成果以避免重复开发。根据中国《品种条例》，新颖性是指申请日前申请品种的繁殖材料在中国境内未被销售，或者经育种者许可销售未超过1年，在中国境外销售未超过4年（藤本植物、林木、果树和观赏树木未超过6年）。

和专利权的新颖性相比，品种权的新颖性要求较低，表现在两个方面：其一，根据专

---

① 叶京生．美国知识产权案例与评注．上海：上海译文出版社，1998：213－215.

利法，一切形式的公开都将导致新颖性的丧失，而导致品种权新颖性丧失的则只有销售这一种形式；其二，专利权新颖性的确定时间是申请日，而品种权新颖性的确定时间是申请日前若干时间。

3. 特异性（distinctness）

品种权的特异性类似于专利法中的“创造性”（creativity），即新品种应当明显区别（clearly distinguishable）于申请日前已知的植物品种。这种明显区别可以表现为申请品种的任何一方面特征，如生长期的变化、果实特征、抗旱、抗寒、抗病虫害等。只要某一方面的特征是同一种属植物前所未有的，就可以视为具有特异性。

4. 一致性（uniformity）

一致性指新品种经过繁殖，除可预见的变异外，其相关的特性一致。所谓“可预见的变异”主要指受外界环境影响特性出现的变化，例如南方的新品种移植到北方之后可能出现的生长期变长、生育期变晚等。一致性与该品种的繁殖方式和育种方式有关，只有通过田间测试各个特性，才能对植物新品种的一致性做出判断。

5. 稳定性（stability）

稳定性是指新品种经过反复繁殖（repeated propagation）或在特定的繁殖周期（particular cycle of propagation）结束时，其相关的特性不变。也就是说，经过多代繁殖或者特定繁殖期，该新品种的特异性是相对稳定的，没有发生变化。实践中，申请品种权的植物新品种必须接受审批机关一定周期的测试，如果受试品种显现出的主要特性始终一致，就可以认为该品种是稳定的。

一致性和稳定性的区别在于：一致性的观察对象是母种，而稳定性的观察对象是子种。例如，前述美国1957年穆尔植物专利申请案中，被米勒发现并首次嫁接成功的桃树如果在成活的数年中相关特性不变，就是具有一致性；而以母树为基础繁殖出的子树能在繁殖若干代后依然保持相关特性，就是具有稳定性。

6. 有适当的命名

除上述构成要件外，根据我国《品种条例》第18条，授予品种权的植物新品种还应当具备适当的名称，并与相同或者相近的植物属或者种中已知品种的名称相区别。该名称经注册登记后即为该植物新品种的通用名称。下列名称不得用于品种命名：（1）仅以数字组成的；（2）违反社会公德的；（3）对植物新品种的特征、特性或者育种者的身份等容易引起误解的。

二、植物新品种知识产权保护制度的形成和发展

（一）各国对植物新品种知识产权保护的探索

植物新品种保护起源于1833年9月3日罗马教皇发布的在技术和农业领域给予所有权的法令，这一法令实际上并未真正实施，但仍被认为是开创了植物新品种保护的先河。

到19世纪，西方农业发展迅速并成为世界经济增长的重要组成部分，而与此同时农业也越来越依赖于专业化的农民所提供的特殊种子。于是到19世纪下半叶，诸如瑞典种子协会、奥地利农业与种子检验联邦研究所等有关育种的专业化组织大量出现，育种业和种子贸易空前发展，植物新品种保护的重要性越来越突出。各国开始意识到植物新品种保

护的重要性。

20世纪30年代，美国首创了植物新品种在知识产权方面的保护：1930年5月23日美国《植物专利法》（Plant Patent Act）出台，将无性繁殖的植物品种（块茎植物除外）纳入专利保护范畴，并于1931年8月18日授予了第一个植物专利，即著名的“攀缘或拉蔓玫瑰”[①]。继美国之后，一些欧洲国家如法国、德国、比利时、荷兰、捷克斯洛伐克等都相继建立了用专利或其他方式保护育种者权利的制度。例如，荷兰于1941年通过《植物育种法令》（Plant Breeder's Decree），开始规范植物育种者权；德国在执行种子检查制度并同时给予育种者极有限权利之后的若干年，于1953年施行《栽培植物品种及种子保护法》（the Law on the Protection of Varieties and the Seeds of Cultivated Plants），育种者得基于种子贸易需要生产贩卖其专有品种。[②] 这些法律的制定，标志着西方国家植物新品种法律保护制度逐渐形成。但是，由于这些保护制度与现代知识产权保护还相差较远，专有权获得困难且权利受到诸多限制，各国保护水平差异很大，因此育种者大多数还是通过垄断有性繁殖品种的繁殖材料或无性繁殖品种的原种来获得事实上更为全面稳妥的保护。

（二）《国际植物新品种保护公约》

为了完善植物新品种的保护制度，并将更多的国家纳入植物新品种知识产权保护行列，国际工业产权保护协会（AIPPI）1952年维也纳会议和1954年布鲁塞尔会议通过决议，要求成员国平等对待农业、林业等领域的发明创造，像保护工业发明那样给植物新品种以法律保护。在它的倡导之下，第一次植物新品种保护外交大会于1957年在法国召开，会议最终形成决议，建立一个国际性的保护植物新品种的公约。1957年至1961年，经过数次专家会议，《国际植物新品种保护公约》（International Convention for the Protection of New Varieties of Plants，UPOV Convention）文本初步形成，并在1961年巴黎召开的第二次植物新品种保护外交大会上通过。该公约于1968年8月10日正式生效，植物新品种国际保护制度正式建立。因《品种公约》的生效，植物新品种国际保护政府间组织——国际植物新品种保护联盟（International Union for the Protection of New Varieties of Plants，UPOV）也正式成立。国际植物新品种保护联盟的总部设在日内瓦，基于与WIPO的合作协议，UPOV的执行秘书由WIPO总干事兼任。

《品种公约》于1972年、1978年和1991年在日内瓦经过3次修订，1991年最新修订本已于1998年4月24日生效。中国于1999年4月23日正式成为UPOV的成员国，加入《品种公约》的1978年文本。截至2019年2月，《品种公约》的缔约国总数为75个。

（三）WTO的TRIPS协定对植物新品种保护的强化

在TRIPS协定第二部分要求成员保护的、明确列举的知识产权客体中是没有植物新品种的，但是协定在涉及专利保护的第27条第3款中规定：“各成员可拒绝对下列内容授予专利权：(a) 人类或动物的诊断、治疗和外科手术方法；(b) 除微生物外的植物和动物，以及除非生物方法和微生物方法外的生产植物和动物的主要生物方法。但是，各成员应规定通过专利或一种有效的特殊制度或者通过这两者的组合来保护植物品种。”此款规

① 董新凯，吴玉岭. 知识产权国际保护. 北京：知识产权出版社，2010：223.
② 杨巧. 知识产权国际保护. 北京：北京大学出版社，2015：186.

定对成员方的要求是：成员可以将植物新品种排除于专利保护，但需要建立有效的专门制度，或以专利和专门制度的组合，对植物新品种提供保护。实践中，包括我国在内的多数国家都是通过专门制度对植物新品种提供保护的。

TRIPS 协定虽然并未对其与《品种公约》的适用关系做出任何规定，也没有对植物新品种国际保护的具体内容做出任何要求，但是这丝毫不影响其对植物新品种国际保护制度带来的积极影响。TRIPS 协定要求所有 WTO 成员以专利制度或专门制度，或者专利和专门制度的组合有效地保护植物新品种，实际上是认同了国际上所有既存的植物新品种保护模式，同时又将承担保护义务的国家从《品种公约》的成员国扩大到所有 WTO 成员方。此外，TRIPS 协定所规定的基本原则、争端解决机制等也适用于植物新品种的保护，这就大大地增加了植物新品种国际保护的广度和深度。

三、《国际植物新品种保护公约》的主要内容

(一)《品种公约》确立的保护方式

《品种公约》主要确立以专门法保护的制度，但为吸纳已确立植物品种专利制度的美国，公约也允许以专利法保护或用双重法律保护，但同时禁止对同一植物属或种用双重法律保护，即允许同时用专利法和专门法保护植物新品种，但对同一植物属或种，不能既授予品种权，又授予专利权。

鉴于公约的这种规定，国际保护植物新品种的制度主要分为两种：一种是包括我国在内的多数国家用专门法保护；另一种是美国、德国、日本、法国、荷兰等少数国家在主要用专门法保护的同时也授予符合条件的植物新品种以专利，不过在这些国家中，真正在专利法中明确把植物新品种作为保护客体的只有美国，而其他国家则仅仅通过最高法院或专利行政机关等的解释而事实上为植物新品种提供专利保护。

作为使用双重法保护的典型，美国法律规定：有条件获得专利的只能是在人工栽培状态下用无性繁殖技术培养的植物，这使得野生植物和以有性繁殖技术培育的植物都被排除在专利法的保护范围之外，而所有不具备专利条件的植物新品种则只能依据《植物品种保护法》获得品种权。专利权和品种权虽然在权利内容方面无太大差异，但获专利权的品种不会被强制许可，而获品种权的品种却有较多的强制许可的限制。

(二)《品种公约》的基本原则

1. 国民待遇原则

国民待遇原则体现在《品种公约》1991 年文本的第 4 条：在不损害本公约规定的权利的前提下，缔约方的国民以及自然人居民和在缔约方的领土内有其注册办事处的法人，就育种者权利的授予和保护而言，在缔约方各自的领土内，相互享有另一缔约方根据其法律所给予或将给予其自己的国民同等的待遇，只要上述国民、自然人或法人遵守上述另一缔约方对国民的规定条件和手续。这里所说的“国民”是指：如果缔约方是一个国家，那么就指那个国家的国民，如果缔约方是一个政府间组织，则指那个组织各成员国的国民。

从上述规定可以看出，《品种公约》的国民待遇可因国籍、经常居所地（居民）或注册地在缔约国而享有。但由于植物新品种权不是自动获得的，需要向有关国家主管机关申请，通过审查方能获权，因此享有国民待遇的前提是履行了这些国家规定的获权条件和

手续。

2. 优先权原则

优先权原则体现在《品种公约》1991 年文本第 11 条，其内容非常近似于《巴黎公约》中的优先权原则。即已在一个 UPOV 成员国正式提出保护申请的育种者，在 12 个月内享有在联盟其他成员国提出品种权申请的优先权。优先权的时间从呈交首次申请之日起计算，呈交申请之日不计在内。

和《巴黎公约》一样，《品种公约》的优先权也是必须申请并提交材料才能获得的。育种者如果希望利用以前提出的一项申请的优先权，必须提出优先权的请求书，并在 3 个月内呈交一份包括首次申请书在内的文件，证明两次申请的主题内容是同一个品种。

3. 临时性保护原则

临时性保护原则体现在《品种公约》1991 年文本第 13 条，该原则要求：各缔约方应采取措施，以便在从提交或公布育种者权利申请至授予育种者权利之间的期间内，保护育种者的权利。这类措施应有如下效力，即一旦授权，凡在上述期间有公约第 14 条规定需获育种者同意的行为者，育种者权利持有人至少应有权从该处获得公平的报酬。缔约方可规定这类措施只适用于育种者已告知其申请的有关人员。

注意，《品种公约》和《巴黎公约》的临时性保护原则的含义和作用是不同的。《品种公约》的临时性保护原则要求保护育种者从提交申请到获权这个期间的权利不受损害，原因是依《品种公约》，品种权的保护期自授权之日起算，而申请品种权会导致育种材料的公开，因此从申请到授权期间育种者的权利需要特别的维护。而《巴黎公约》的临时性保护原则要求保护参加国际展览的发明、实用新型等不因为参展导致的技术信息公开而影响权利的获得，至于发明、实用新型等从申请到获权期间的权利是不用特别维护的，因为专利权的保护期是从申请之日起算。

4. 独立性原则

《品种公约》的独立性原则体现在 1991 年文本第 11 条第 3 款，该原则要求：任何缔约方均不得以对同一品种未向其他国家或政府间组织提交保护申请，或这种申请已被拒绝或其保护期已满为由，拒绝授予育种者权利或限制其保护期限。

除了临时性保护原则的含义和作用略有区别外，《品种公约》的上述原则非常类似于《巴黎公约》的基本原则，原因是品种权的获得和专利、商标一样，需要经过申请、审查、授权或驳回的程序，并非像著作权那样创作完成自动获得，因此从性质上讲，植物新品种权属于工业产权。

（三）品种权获得的程序

关于品种权获得的程序，《品种公约》只是在第 10 条“提交申请”和第 12 条“申请的审查”做了原则性的规定，因此可以理解为具体的审批程序属于成员国可自主立法的范围。

在我国，品种权的申请审批程序和发明专利的申请审批程序非常近似，都适用“早期公开—延期审查”的审批制度。

中国的单位和个人申请品种权，既可以自己申请，也可以请代理机构和代理人代理；在中国境内（除港、澳、台地区）没有经常居所的外国人、外国企业申请中国的植物新品种权，必须委托中国境内的并在品种权审批机关备案的代理机构代理申请；有经常居所的也可以自己申请，但应注意所有的申请文件、资料必须译成中文，并以中文为准，其他语言文字只是参考。

申请人按照规定提交申请文件（请求书、说明书和品种照片及相应的电子文档）后，审批机关会根据收到申请文件的先后顺序确定各品种权申请的申请号，并颁发“品种权申请受理通知书”。品种权申请被正式受理后，植物新品种保护主管机关开始对受理后的植物新品种权申请进行审查，主要分为初步审查和实质审查。

初步审查即形式审查，审批机关应当自受理品种权申请之日起 6 个月内完成初步审查。主要内容包括：是否属于植物品种保护名录列举的植物属或者种的范围；是否符合外国申请人的相关规定；是否符合新颖性的规定；植物新品种的命名是否适当。

对经初步审查合格的品种权申请，审批机关予以公告，并通知申请人在 3 个月内缴纳审查费。申请人按照规定缴纳审查费后，审批机关对品种权申请的特异性、一致性和稳定性进行实质审查。申请人未按照规定缴纳审查费的，品种权申请视为撤回。对经实质审查符合规定的品种权申请，审批机关应当做出授予品种权的决定，颁发品种权证书，并予以登记和公告。

对审批机关驳回品种权申请的决定不服的，申请人可以自收到通知之日起 3 个月内，向植物新品种复审委员会请求复审。植物新品种复审委员会应当自收到复审请求书之日起 6 个月内做出决定，并通知申请人。申请人对植物新品种复审委员会的决定不服的，可以自接到通知之日起 15 日内向人民法院提起诉讼。

总　结

我国植物新品种权获权程序

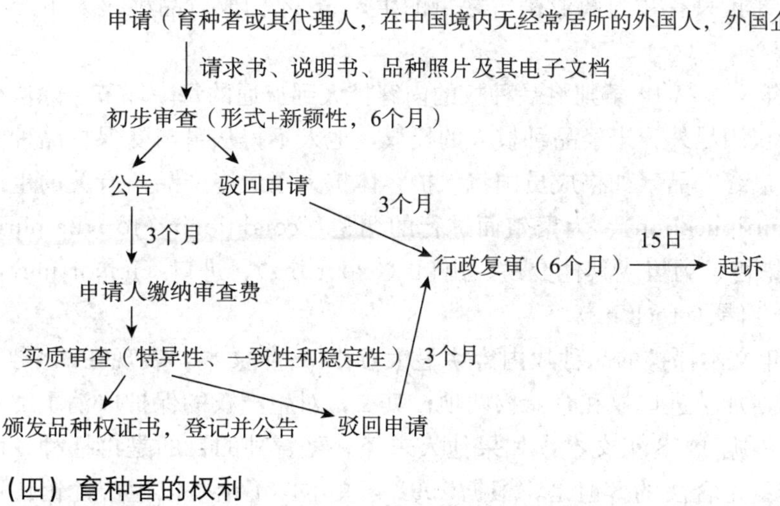

（四）育种者的权利

《品种公约》1978 年文本和 1991 年文本的主要差异就体现在育种者权利的规定上。

1. 保护的客体范围

《品种公约》1978 年文本第 5 条第 1 款规定：授予育种者权利的作用是在对受保护品

种的有性或无性繁殖材料进行处理时，应事先征得育种者同意，第 4 款规定："任何联盟成员国均可对某些植物属或种给予育种者大于第 1 款规定的保护权，特别是可延伸到已在市场销售的产品"。可见，1978 年文本中品种权保护的客体仅限于有性或无性的繁殖材料（propagating material），对无性繁殖（如插枝、压条、嫁接等方式）的整株植物。至于是否保护使用受保护品种的繁殖材料而获得的收获物（harvested material of the protected variety）以及使用受保护品种的收获材料获得的最终产品（products made directly from harvested material of the protected variety），则允许成员国自由决定。

《品种公约》1991 年文本第 14 条明确品种权保护的客体范围包括：（1）有性或无性的繁殖材料；（2）使用受保护品种的繁殖材料获得的收获材料（包括整株和部分植株）；（3）是否保护使用受保护品种的收获材料获得的最终产品，允许成员国自由决定。

《品种公约》1991 年文本保护的客体范围显然大于 1978 年文本，保护客体范围的扩大能更加有效地制止剽窃行为：如他人在另一品种权不受保护的国家剽窃使用育种者的品种，然后又把该品种的收获材料输入到该品种受保护的国家；又如他人使用的收获材料或最终产品是用剽窃的品种生产出来的，品种权人都可以通过对收获材料或最终产品行使权利制止剽窃行为，同时也鼓励了收获材料或最终产品的合法使用。

在品种权保护的客体范围上，我国的《品种条例》基本上照搬了《品种公约》1978 年文本的内容，保护的客体仅限于受保护的繁殖材料，不包括繁殖材料的收获材料或最终产品。

2. 品种权的内容

《品种公约》1978 年文本第 5 条第 1 款规定："授予育种者权利的作用是在对受保护品种的有性或无性繁殖材料进行下列处理时，应事先征得育种者同意：为商业销售之目的生产（the production for purposes of commercial marketing）；许可销售（the offering for sale）；市场销售（the marketing）"。可见，1978 年文本赋予育种者的只有生产权、许诺销售权和销售权三项，并且只有"为商业销售之目的生产"，才构成对品种权人生产权的侵犯。

《品种公约》1991 年文本第 14 条则将品种权的内容扩大到流通的每一环节，除法律对品种权的限制以及品种权用尽外，未经品种权人的授权，他人不得从事与受保护品种的繁殖材料、收获材料以及最终产品（如果成员国将保护客体扩大至最终产品）有关的生产或繁殖（production or multiplication）、为繁殖而进行的调整（conditioning for the purpose of propagation）、许可销售、销售或其他交易、出口（exporting）、进口（importing），以及出于上述目的而提供存储（stocking）。

《品种公约》1991 年文本保护的品种权内容明显大于 1978 年文本，表现在两个方面：其一，品种权人的权利增加了进口权和仓储权两项；其二，对生产权的保护取消了"商业销售之目的"的限制。根据 1978 年文本，如果他人未经许可育种的目的是再播种，而不是出售种子，这种生产就是合法的。但是，根据 1991 年文本，不论是以生产性销售还是自由播种为目的，凡是未经品种权人许可的生产都构成侵权。

1978 年文本规定"以商业销售之目的生产"方构成侵权是为了保护农民的特权，这对保护农民的利益，推广新品种有很大的促进作用。但是，随着农业商品化程度的提高以及大量的工业资本投入农业，农业生产主体发生了变化，大量规模化、工业化的农场已经成为发达资本主义国家农业的主体。笼统地将非商业销售目的的生产排斥在生产权之外，就会出现这种现象：以商业目的经营的农业企业，自己繁育受保护的新品种播种后，将收获材料对外销售谋取利益，对此，品种权人却无权干涉。针对这种情况，1991 年文本取消了生产权中“商业销售之目的”的限制，是否给予“农民特权”，由成员国自由选择。

在品种权的内容上，我国《品种条例》基本上以《品种公约》1978 年文本为蓝本，但是略高于 1978 年文本。表现在：其一，权利内容包括生产权、许诺销售权和销售权；其二，对生产权的限制为“商业目的”[①]，而 1978 年文本限制为“为商业销售之目的”，这一点区别说明我国对品种权的保护水平略高于《品种公约》1978 年文本。至于“商业目的”和“为商业销售之目的”有何不同，对“商业目的”应做何理解，我国**河北省林业科学研究院、石家庄市绿缘达园林工程有限公司诉九台市城市管理行政执法局、九台市园林绿化管理处侵犯植物新品种纠纷案**[②]是一个非常典型的案例，从这个案例可以看出，某主体的行为是否具有商业目的，不能仅以其主体性质以及是否通过该行为直接获利来判断，而应当结合主体的行为，综合考虑该行为是否损害品种权人利益以及是否含有商业利益等因素进行综合判断。此外，本案被告的行为具有“商业目的”，但显然不具有“商业销售之目的”，因此依我国《品种条例》的规定构成侵权，但若适用《品种公约》1978 年文本，侵权指控是不能成立的。

案　例

河北省林业科学研究院、石家庄市绿缘达园林工程有限公司诉九台市城市管理行政执法局、九台市园林绿化管理处侵犯植物新品种纠纷案

2006 年 8 月 22 日，河北省林业科学研究院（以下简称“河北林科院”）、石家庄市绿缘达园林工程有限公司（以下简称“绿缘达公司”）获得名称为“美人榆”的植物新品种权。2011 年 11 月 9 日，原告河北林科院、绿缘达公司向吉林省长春市中级人民法院起诉称：九台市城市管理行政执法局（以下简称“九台执法局”）未经授权，擅自委托九台市园林绿化管理处（以下简称“九台园林处”）在其管理的街道绿化带大量种植“美人榆”，侵害了原告受保护的品种权。

被告九台园林处系事业单位法人，其自认在其绿化范围内种植了被诉侵权榆树。九台执法局系事业单位法人，其业务范围是：为城市美化提供市容管理保障，建筑物外观管

① 《品种条例》第 6 条规定：“完成育种的单位或者个人对其授权品种，享有排他的独占权。任何单位或者个人未经品种权所有人许可，不得为商业目的生产或者销售该授权品种的繁殖材料，不得为商业目的将该授权品种的繁殖材料重复使用于生产另一品种的繁殖材料；但是，本条例另有规定的除外。”

② 此案例案情来自吉林省长春市中级人民法院（2011）长民三初字第 260 号民事判决书（一审）、吉林省高级人民法院（2012）吉民三知终字第 17 号民事裁定书（二审）、山东省高级人民法院（2014）鲁民再字第 13 号民事判决书（再审）。本案虽然是适用我国《植物新品种保护条例》相关规定做出的判决，但在“生产权”的规定上，我国《品种条例》的规定与《品种公约》1978 年文本是基本相同的，因此也可参考本案例理解公约 1978 年文本“商业销售之目的”的含义。

理，道路容貌管理及广场容貌管理等。根据九台执法局的业务范围，以及原告始终无法提供九台执法局和九台园林处之间具有委托授权关系的证据，本案一审、二审和再审法院均做出无法认定九台执法局也实施了被诉侵权行为的结论，因此本案的焦点在于九台园林处在其绿化范围内种植授权品种的行为是否构成侵权。

对此，九台园林处的抗辩理由是：其种植行为系园林绿化行为，不构成为商业目的的生产或销售。一审和二审法院均认同九台园林处的抗辩理由，并据此驳回了原告的诉讼请求。

但是，再审法院对此做了不同的认定。再审法院认为：虽然九台园林处是事业单位法人，具有建设城市园林绿地的职能，但是九台园林处的行为是否具有商业目的不能仅以其主体性质来判断，而应当结合主体的行为进行综合判断。

本案涉案品种"美人榆"系无性繁殖，本身即为繁殖材料，九台园林处没有从品种权人处购买美人榆，而擅自进行种植使用，其行为暗含了商业利益，损害了品种权人的权益，应当认为具有商业目的。而且，九台园林处生产授权品种的繁殖材料的行为不但美化了城市环境，而且客观上起到了提升城市形象、优化招商引资环境的作用，从促进地方经济发展的角度来看也具有商业目的。故九台园林处擅自种植美人榆的行为侵害了涉案植物新品种权，法院最终判决九台园林处向原告支付20万元的品种使用费。

3. 品种权的限制

《品种公约》1978年文本仅在第9条规定了对品种权的两项限制：（1）除非出于公共利益考虑，育种者可不受限制自由行使所给予的独占权利；（2）若为了广泛推广品种而使育种者权利受到限制，该联盟成员国应采取一切必要措施，给予育种者相应之报酬。这其实就是允许成员国基于公共利益的需要和推广品种的需要，可对保护的品种颁发强制许可。

《品种公约》1991年文本关于品种权限制的规定更为全面。在保留1978年文本出于公共利益的强制许可的相关规定之外，还增加了合理使用和权利用尽的相关规定。

合理使用体现在1991年文本的第15条中，包括如下四项：（1）私人的非商业性活动；（2）试验性活动；（3）育种者的豁免，即为培育其他品种的活动以及培育出来的其他品种的许诺销售、销售、进口；（4）农民的特权（自繁自用），即农民在自己土地上为繁殖的目的，而使用在其土地上种植的保护品种所收获的产品。上述四项中，（1）至（3）项属于明确规定的合理使用情形，第（4）项是否规定为合理使用，允许成员国自由选择。

实践中，涉及品种权合理使用的纠纷主要集中在"育种者豁免"问题上，典型案例如我国**山东省登海种业股份有限公司诉山东省莱州市农科所侵犯植物新品种纠纷案**。[①] 可以得出的结论是：能否以育种科研活动主张合理使用以抗辩侵权指控，不能仅仅看主体身份，还需要结合具体的案情，判断的关键是其行为属于育种（科研活动）还是制种（生产种子）。

---

① 此案例案情来自内蒙古自治区呼和浩特市中级人民法院（2001）呼经初字第42号民事判决书。本案虽然是适用我国《植物新品种保护条例》相关规定做出的判决，但在"育种者豁免"的规定上，我国的规定与《品种公约》1991年文本是基本相同的，因此也可参考本案例理解公约的"育种者豁免"。

案 例

山东省登海种业股份有限公司诉山东省莱州市农科所侵犯植物新品种纠纷案

2000年5月1日，原告山东省登海种业股份有限公司（以下简称“登海公司”）自行培育的“登海9号”玉米杂交种被农业部授予植物新品种权。2001年9月，登海公司得知内蒙古赤峰市宁城县山头乡山头村村委会主任马军为被告山东省莱州市农科所（以下简称“莱州农科所”）代繁400亩“掖单53号”玉米杂交种，登海公司工作人员现场辨认鉴定“掖单53号”即为其受保护品种“登海9号”，遂向呼和浩特市中级人民法院起诉莱州农科所侵犯品种权。

被告莱州农科所辩称，其是莱州市农业局下属的事业单位，是全国紧凑型玉米的发源地，是国家玉米育制种基地，是科研单位，其繁育“掖单53号”玉米杂交种的行为属于正常的科研活动。

呼和浩特市中院经审理查明：(1) 经法院依法委托，北京市农林科学院玉米研究中心利用DNA指纹技术、酯酶同工酶等电聚焦电泳和蛋白质电泳三种方法对诉前从制种田中保全的玉米杂交种进行技术鉴定，该品种为“登海9号”玉米杂交种；(2) 被告在内蒙古赤峰市宁城县山头乡山头村繁殖玉米杂交种不但在内蒙古种子管理站领取了主要农作物种子生产许可证，而且与山头村村委会主任马军签订了农作物种子预约生产合同，其种植行为为制种（生产种子），而非科研活动。被告主张其为科研单位，因此育种行为不构成侵权的抗辩理由不能成立。

综上，呼和浩特市中院依照《植物新品种保护条例》相关规定，做出被告侵犯品种权，要求被告承担停止侵权行为、消除影响、赔偿原告损失等民事责任的民事判决。

权利用尽体现在《品种公约》1991年文本第16条，如果受保护品种的繁殖材料、收获材料以及最终产品是由育种者本人或经其同意在有关缔约方领土内出售，育种者对该繁殖材料、收获材料以及最终产品的权利用尽，育种者对这些繁殖材料、收获材料以及最终产品的再流通转让无权进行任何限制。但是，有两种情况除外：其一，涉及该品种的进一步繁殖；其二，涉及能使该品种繁殖的材料出口到一个不保护该品种所属植物属或种的国家，但出口材料用于最终消费的情况不在此例。

对品种权的限制，我国《品种条例》介于《品种公约》1978年文本和1991年文本之间，在规定基于公共利益强制许可的基础上，还明确肯定了农民的特权和育种者的豁免。

4. 品种权的保护期

《品种公约》1978年文本第8条规定：“自授予保护权之日起，保护期限不少于15年。藤本植物、林木、果树和观赏树木，包括其根茎，保护期为18年。”

1991年文本第19条将一般品种权的保护期延长到不少于20年，树木和藤本植物的保护期则增加到不少于25年。保护期限的延长，使品种权人能够通过更长时间的市场垄断回收更为丰厚的利润，进而激励育种业的迅速发展。

在品种权的保护期上，我国《品种条例》的规定也是介于《品种公约》两个文本之间的。我国品种权的保护期限，自授权之日起，藤本植物、林木、果树和观赏树木为20年，其他植物为15年。

总　　结

《品种公约》1978年文本和1991年文本对育种者权利保护对比表

	1978年文本	1991年文本
保护的客体范围	有性或无性的繁殖材料	①有性或无性的繁殖材料 ②使用受保护品种的繁殖材料获得的收获材料 ③使用受保护收获材料获得的最终产品（可保护）
品种权的内容	商业销售目的生产权、许诺销售权、销售权	生产权、许诺销售权、销售权、进口权、为上述目的的仓储权
品种权的限制	强制许可（公共利益，推广品种的目的）	①强制许可（公共利益） ②合理使用（私人的非商业活动，试验性活动，育种者的豁免） ③权利用尽
保护期	①一般品种权：15年 ②树木和藤本植物：18年	①一般品种权：20年 ②树木和藤本植物：25年

四、中国对植物新品种的保护

在我国，专利法始终明确地将动植物品种列为专利保护的除外领域，在1997年之前也无任何法律为植物新品种提供任何知识产权保护。在这种无保护机制的情况下，一方面，由于植物新品种特别是农作物新品种产生的高效益和付诸智力劳动的育种科研人员无任何利益关系，因此科研人员的积极性受挫，长期以来造成我国育种科研人员大量流失，科研工作难以为继；另一方面，1968年国际植物新品种保护联盟（UPOV）成立后，其成员国就不再向中国出售新育成的品种，这使得几十年来我国孤立地进行育种试验，不仅耗费几十倍的时间和经费，而且也影响了我国对国外最新优良品种的引进和了解。

1994年，我国在关税与贸易总协定乌拉圭回合达成的TRIPS协定上签了字，而TRIPS协定第27条规定："成员应以专利制度或有效的专门制度，或以任何组合制度，给植物新品种以保护。对本项规定应在《建立世界贸易组织协定》生效的4年之后进行检查。"为达到TRIPS协定的这项最低要求，并为缓解如上所述国内外严峻的形势，1997年3月20日，国务院发布了《植物新品种保护条例》，条例自1997年10月1日起施行。为了配合UPOV，1999年农业部和国家林业局又分别颁布了农业部分和林业部分的实施细则，至此基本上形成了一整套的保护植物新品种的法律体系。

在建立了植物新品种的国内法保护制度之后，为了大量引进国外最新的植物品种并全方位了解国际育种业的发展情况，1999年3月23日，中国正式递交了加入《国际植物新品种保护公约》的申请，于 1999 年 4 月 23 日成为 UPOV 第 39 个成员国，加入公约的 1978 年文本。至此，中国终于跨入了国际保护植物新品种的行列。

我国的植物新品种保护制度基本上以《品种公约》1978 年文本为蓝本（某些保护水平略高于 1978 年文本，例如生产权限于“商业目的”，而 1978 年文本限制于“商业销售之目的”），其特点是：第一，品种权人对他人繁殖材料的生产、销售和使用的排斥，必须以他人的行为有商业目的为前提；第二，品种权保护的客体仅限于受保护的繁殖材料，不包括繁殖材料的收获材料或最终产品；第三，品种权可以干涉的行为仅包括他人未经许可的生产、销售和使用，不包括进出口和相关的存储；第四，明确肯定了农民的特权和育种者的豁免。

客观上讲，我国最初以《品种公约》1978 年文本为基础建立自己的植物新品种保护制度，是符合我国品种权保护尚处于起步阶段及我国是农产品生产和消耗大国的国情的。在国际上，作为植物品种（包括种子）纯进口国的国家更喜欢让其农民更广泛地使用（比如，重新种植）已经购买的种子，以及较短的保护期[①]，因此不能因为我国品种权保护水平略低就一味地指责我国的品种权保护制度。合理的知识产权制度应当是平衡权利人的私权利和使用者（社会公众）的公共权利的结果，如果品种权保护水平太高，使用受保护品种的成本势必增加，新品种迭代的成本也会增加，这不利于中国农林业持续健康的发展。

但是，需要特别指出的是，我国 2015 年 11 月 4 日修订、2016 年 1 月 1 日起施行的《中华人民共和国种子法》增加“新品种保护”作为第四章，该章第 28 条规定：“完成育种的单位或者个人对其授权品种，享有排他的独占权。任何单位或者个人未经植物新品种权所有人许可，不得生产、繁殖或者销售该授权品种的繁殖材料，不得为商业目的将该授权品种的繁殖材料重复使用于生产另一品种的繁殖材料；但是本法、有关法律、行政法规另有规定的除外。”依据该条，只要未经品种权人许可，就不得实施生产、繁殖或者销售该授权品种的繁殖材料的行为，而不必考虑是否具有商业目的。修订后的种子法的此条规定明显借鉴了《品种公约》1991 年文本，这一修改将我国植物新品种权的保护提升到一个新的高度，这也是我国经济社会发展到一定阶段的必然结果。

第二节　集成电路布图设计的国际保护

一、集成电路和集成电路布图设计

集成电路技术作为微电子技术的核心，是一种大家熟知发展非常迅速的新技术，它广泛地应用于许多领域，小到手机、电视、电子计算机，大到导弹、卫星等，都使用集成电路作为核心元件。目前，集成电路工业已经成为工业化国家的主要工业部门，是这些国家国民经济发展的主要支柱之一。

---

① 弗雷德里克·M. 阿伯特，托马斯·科蒂尔，弗朗西斯·高锐. 世界经济一体化进程中的国际知识产权法：第二版：下册. 北京：商务印书馆，2014：953.

集成电路（integrated circuit），是指一种产品，在它的最终形态或中间形态，将众多元件（其中至少有一个是有源元件）和部分或全部互连集成在一块材料之中和（或）之上，以执行某种电子功能。

集成电路布图设计（integrated circuits layout-designs）俗称拓扑图（topographies），是指集成电路中众多元件（其中至少有一个是有源元件）和其部分或全部集成电路互连的三维配置，或者是指为集成电路的制造而准备的这样的三维配置。[①] 简单地说，集成电路布图设计是决定集成电路中具有电子功能的每个元件实际位置的一种三维配置，其本身是抽象的、无形的，但它存在于集成电路（芯片）上时，表现为一定可见的构形，此时集成电路（芯片）即为布图设计的载体。

二、集成电路布图设计知识产权保护的必要性

要明确这个问题，必须从集成电路的产生和其制作工艺流程说起。

在集成电路问世之前，完成电子功能的每个电路元件（如晶体管、电阻、电容等）都是用引线同电路中的其他元件相连接的。这种做法有很大的缺陷，以最初的电子计算机为例：首先，由于计算机的电路是用大量的元件组装起来的，用引线连接全部元件要花费大量的劳动力和工时，从而增加了计算机的成本，提高了其价格；其次，电流必须沿连线流动，大量元件的连接增加了流动距离，影响计算机的工作速度；最后，大量连接点的存在，影响计算机工作的可靠性，连线的使用还引起电路功耗的增加，从而带来电路的散热问题并要求电源提供较高的电压。由于普通的电路存在上述难以克服的缺点，20 世纪 60 年代，把若干电子元件及它们之间的连线集中地制作在一块半导体片或绝缘基片上并加以封装而成的集成电路应运而生，使上述问题全部迎刃而解。在 20 世纪 60 年代中期集成电路开始出现时，一块电路中集成的电子元件只有数十个，但发展到 21 世纪初，一块电路中集成的元件可达上百万个。集成电路生产成本和功率消耗的下降，工作速度和可靠性的提高，在社会生活各方面应用的普及，都有了突飞猛进的发展。

实践中，开发一种新的集成电路产品，大致要经历以下七个工作步骤：第一，确定该集成电路产品所要具备的功能和所要达到的规格；第二，确定为实现这些功能和规格所需要具备的电性能和物理性能；第三，设计出能实现这些性能的逻辑图和电路设计图；第四，把电路图中所需要的成千上万个元器件分配在多个叠层中，以做出尽可能合理的安排，并确定它们之间的连线，画出每一层的放大的三维布图设计；第五，把每一层电路布图按设计实物的尺寸大小缩小复制在玻璃板上，制成一张一张用于生产芯片的掩膜作品（mask work，我国设计生产者称其为版图或拓扑图），生产一种集成电路，需要一组这种掩膜作品；第六，依靠掩膜，采用生长和沉积等半导体工艺，把电路的布图设计一层一层地做在半导体片或绝缘基片上，成为芯片；第七，芯片加上塑料或陶瓷外壳就成为供使用的集成电路。在上述七个步骤中，最关键的是第四和第五步，即从电路的三维布图设计到实际制作出一组掩膜作品，这个过程需要付出巨大且精细的创造性劳动，以及相当于芯片开发成本 50%左右的投资。可以说在布图设计上积聚着集成电路开发者资金和智力两方面

---

① 参见《关于集成电路知识产权条约》第 2 条。

最主要的投入。

然而，在一种新的集成电路产品公开销售后，要复制这样的布图设计却只需要很少的资金和劳动。事实上，一个有经验的仿制者只要把集成电路的塑料或陶瓷外壳打开，然后利用一台高分辨率的照相机把顶上的金属连接层照下来，再用酸性液体把这层金属腐蚀掉，就可以对下面那层半导体材料进行照相，从而获得该层的掩膜作品。照这种方法一步步做下去，就可以获得这一芯片的所有掩膜，而依靠这种掩膜就可以模仿生产完全相同的集成电路产品。这样，一个仿制者无须经历原开发者经历过的漫长艰辛的开发历程，而只需投入原开发者若干分之一的费用，就可以以很低的售价与原开发者进行市场竞争。在大量仿制品的冲击下，越来越多的集成电路开发者意识到如果没有知识产权为其保驾护航，集成电路事业将无法快速发展，因为如果新电路的开发者由于仿制品上市而不能回收开发成本，就不会再有人愿意投资去做这种开发工作。这种知识产权保护的需求对那些专门从事集成电路布图设计开发的企业来说更为迫切，因为设计成果是这些企业赖以生存的唯一财富，而要保护这种财富，除依靠知识产权外别无他法。

三、集成电路布图设计知识产权保护的立法尝试

在意识到保护集成电路布图设计的必要性之后，从 1978 年年底，在美国就不断有保护集成电路布图设计的议案提出，但是，人们对适用何种知识产权法来保护布图设计却一直争论不休。有关集成电路的制造工艺、过程和产品本身的知识产权，可以通过专利法（如果其具有新颖性、创造性和实用性）或者商业秘密法（如果客观上有保密的可能）取得保护，但用这两种法律保护集成电路布图设计却不可取。因为只要对集成电路进行如上所述的反向分析解剖，就能很容易地获得掩膜作品，因此商业秘密法保护不可行。而专利法的保护需要布图设计具有相当程度的创造性，即和已有的集成电路相比要有实质性的进步和突出的特点，但实际上很多新开发的集成电路往往只是电子电路在不同条件、不同状态下的应用，和已有的布图设计相比，很难说是进步，多数情况下仅仅是改变。如果非要要求布图设计具有专利法上的创造性方能为其提供保护，最终也会阻碍新设计的开发。因此，专利法保护集成电路布图设计也不可取。

那么，用版权法保护集成电路布图设计是否可行呢？要知道对开发者来说首先要阻止的就是他人未经许可的仿制，而复制权不正好是版权的内容之一吗？但是，如果单纯用版权法保护布图设计，又将产生至少四个难题：第一，版权法仅要求保护客体具有独创性，不要求新颖性，那么独创出的很落伍的集成电路也将受保护，这势必造成研究开发的重复性；第二，集成电路的平均更新周期只有 5～7 年，而版权的保护期通常不少于 50 年，太长的保护期对集成电路布图设计既没必要，又将限制设计技术的交流借鉴；第三，多数国家的版权法并不禁止对立体物的“非接触性”复制（如临摹），只要复制者没有侵犯原作者的署名权即可，而布图设计的复制无疑属于“非接触性”的，因此，适用版权法不足以禁止对布图设计的复制行为；第四，对已有的集成电路产品开展反向工程（reverse engineering），借鉴并改进他人的产品设计是发展集成电路工业的重要途径。所谓反向工程，就是对已有的集成电路产品进行反向解剖分析，在彻底了解该电路机理的基础上设计开发出功能相同但性能更好、尺寸更小、成本更低的集成电路产品。一般来说，完全独立开发

出新的集成电路产品需要 3～3.5 年的时间，利用反向工程设计开发产品需要 1～1.5 年的时间，而直接复制则只需 3 个月左右的时间。此外，采用反向工程开发产品也需要相当的投资。由于反向工程并不十分背离公平竞争原则，因而在集成电路工业中被公认为合理且应用十分广泛。然而，版权法不仅禁止具有商业目的的复制行为，而且也不鼓励反向工程。因此，用版权法保护集成电路布图设计也很可能阻碍集成电路工业的发展。

在经过长达 6 年的争论并排除掉任何一个已有的知识产权部门法单独的适用之后，1984 年 11 月，美国国会参众两院终于达成共识，通过了一项《半导体芯片保护法》(Semiconductor Chip Protection Act，SCPA)。这部法规尽管作为一章被列入美国版权法，但就其内容而言却是在借鉴了专利法和版权法中适合于集成电路布图设计的规定之后，又针对布图设计保护的特殊需要增加了新的规定。有人将其称为特别工业版权的保护。紧跟美国的脚步，日本在 1985 年 5 月也出台了一部作用和内容与美国 SCPA 几乎完全相同的《半导体集成电路线路布局法》。此后，在 20 世纪 90 年代前后，又有 20 多个国家和地区颁布了保护集成电路的法律。

为了在国际范围内为集成电路布图设计提供法律保护，世界知识产权组织从 1985 年就开始积极筹划制定相关的国际公约。1989 年，经过长期反复的讨论、谈判、修改，集成电路领域的第一个国际公约——《关于集成电路知识产权华盛顿条约》(Washington Treaty on Intellectual Property in Respect of Integrated Circuits，以下简称《集成电路条约》）出台了。但它是个矛盾妥协的产物，至今仍未生效。不过，1994 年签署的 TRIPS 协定在确立集成电路布图设计的保护机制时，很多方面援引了该公约的规定，并适应发达国家成员的要求，将保护水平进一步提高。目前，这套保护机制作为 TRIPS 协定的一部分基本上得到了各成员的认可。我国 2001 年 10 月 1 日正式施行的《集成电路布图设计保护条例》也基本上以 TRIPS 协定为基础。

《集成电路条约》的签字国有 8 个，全是发展中国家（包括中国），西方一些发达国家因对其中关于保护标准的规定不满意，拒绝签字。条约规定有 5 个国家批准即可生效，但迄今只有一个国家批准，因此该条约至今未能生效。然而，TRIPS 协定规定，世界贸易组织成员同意依照《集成电路条约》第 2 条至第 7 条（第 6 条第 3 款除外）、第 12 条及第 16 条第 3 款对集成电路布图设计提供保护，并补充了一些规定。因此，尽管《集成电路条约》本身尚未生效，但是就世界贸易组织的成员而言，该条约由于 TRIPS 协定的规定而已经在一百多个 WTO 成员中实施。

四、《集成电路条约》的保护水平

《集成电路条约》共 20 条，其主要内容如下。

（一）保护的客体（subject matter）

《集成电路条约》第 3 条规定，每一缔约方有义务保证在其领土内按照条约规定对布图设计（拓扑图）给予知识产权保护。

布图设计要受到保护必须具有原创性（originality），即该布图设计是其创作者自己的智力劳动成果。但这种原创性与版权法要求的原创性并不相同，因为条约还要求布图设计在其创作时在布图设计创作者和集成电路制造者中都不是常规的设计。从这里我们可以看出，条约对集成电路布图设计的原创性要求其实是综合了版权法中的原创性和专利法中的创造性（非显而易见性），只不过其创造性不及对专利发明要求那么高。

此外，《集成电路条约》还规定，对于由常规的多个元件和互连组合而成的布图设计，只有在其组合作为一个整体符合上述原创性条件时，才可以受到保护。

(二) 保护的法律形式 (legal form of the protection)

对于上述客体用什么法律形式来保护的问题，条约第 4 条规定，缔约方可以自由通过布图设计的专门法律，或通过关于版权、专利、实用新型、工业品外观设计、不正当竞争的法律，或者通过其他法律或任何上述法律的组合来提供保护。

条约所给出的如此宽泛的保护的法律形式看来好像给缔约方提供了充分的选择余地，但上述原创性的要求却使集成电路布图设计事实上成为版权法管不了、专利法管不到的知识产权客体，并且由于布图设计不决定集成电路的外观，不能成为工业品外观设计，因此绝大多数国家都是用专门法律来保护集成电路布图设计。

(三) 国民待遇

《集成电路条约》第 5 条规定，所有缔约方在其领土范围内，在布图设计的知识产权保护方面，应将其给予本国国民的同等待遇给予下列人员：（1）任何其他缔约方的国民，或在任何其他缔约方的领土内有住所的自然人；（2）在任何其他缔约方领土内为创作布图设计或生产集成电路而设有真实有效的单位的法人或自然人。

和《巴黎公约》一样，《集成电路条约》对国民待遇原则也规定了例外，即任何缔约方对享有国民待遇的外国人，在要求指派代理人或者指定送达文件的地址，或者在法院程序方面，仍有不适用国民待遇的自由。

(四) 保护的范围 (scope of the protection)

《集成电路条约》对布图设计的保护范围规定了最低要求，即任何缔约方应认为未经权利持有人许可而进行的下列行为是非法的：（1）复制受保护的布图设计的全部或其任何部分，无论是否将其结合到集成电路中；（2）为商业目的进口、销售或者以其他方式供销受保护的布图设计或者其中含有受保护的布图设计的集成电路。

从上面规定可以看出，集成电路布图设计权主要包括复制权、销售权和进口权，而复制权是版权的一项重要内容，销售权和进口权则属于专利权的内容，因此可以说布图设计权是吸纳了版权和专利权中对其有用的权利内容而形成的一种新型的“工业版权”。但是，由于集成电路是一种产品，布图设计是在工厂中使用的，对它感兴趣的也主要是电子工业部门，所以集成电路布图设计权从性质和作用上讲属于工业产权的范畴。

值得注意的是，《集成电路条约》保护符合要求的布图设计和含有受保护布图设计的集成电路，但不保护含有受保护集成电路的物品，这与美国等发达国家的保护标准不一致，因此成为这些国家不参加《集成电路条约》的一个重要原因。但是，TRIPS 协定在吸纳《集成电路条约》关于保护标准的规定时，顺应发达国家的要求，最终还是将保护对象扩大到了含有受保护集成电路的物品。

(五) 权利限制 (restriction to right)

条约对权利持有人的专有权规定了如下限制。

1. 合理使用 (acts not requiring the authorization of the holder of the right)

下列行为不需要得到权利持有人的许可也不需要支付任何费用：（1）第三人为私人目的或纯粹为了评价、分析、研究或教学而进行的复制；（2）二次设计，即第三人在评价或分析受保护的布图设计（第一设计）的基础上，创作出符合条约所规定原创性的布图设计（第二设计）的，该第三人可以在集成电路中采用第二设计，或者对第二设计进行复制，为商业目的进口、销售或以其他方式供销该设计等上述受保护的行为，而不视为侵犯第一设计权利持有人的权利；（3）对于由第三人独立创作出的相同的具有原创性的布图设计，权利持有人不得行使其权利。

从（2）和（3）的规定可以看出，集成电路布图设计权利持有人享有的专有权远远不及专利权人，因为专利权是具有排他专有性的，即第三人对其独立创作出的与受保护专利相同的发明不能享有专利权，对这种发明的使用、产品制造、销售等同样需得到专利权人的许可。此外，根据多数国家的专利法（包括我国），二次发明的发明人在符合法律规定的严格条件下，只可能获得对前一发明的强制许可，而二次布图设计的权利人获得的却是对第一设计的合理使用权。

2. 强制许可（compulsory licenses）

《集成电路条约》允许缔约方行政或司法主管部门出于重大国家利益的考虑或为保障自由竞争和防止权利持有人滥用权利，并在该国领土上向权利持有人支付公平补偿费的条件下，无须权利持有人同意，授权第三者非独占许可。

3. 善意获得（acquired innocently）

《集成电路条约》规定，对于为商业目的从事进口、销售或以其他方式供销任何含有非法复制的布图设计的集成电路，或任何含有这样的集成电路的物品的行为，如果进行或者指示进行该行为的人在获得该集成电路或含有这样的集成电路的物品时，不知道或者没有合理的根据知道该集成电路包含有非法复制的布图设计的，任何缔约方不应认为这种行为非法。

善意获得者的销售行为不构成侵权的典型案例是**微盟公司诉泉芯公司侵犯集成电路布图设计专有权案**[①]，该案例对“善意”的举证进行了具体的阐释：在侵犯集成电路布图设计专有权案件中，集成电路布图设计产品的商业利用者，能举证证明其投入商业利用的被控侵权产品合法来自其他经营者，在集成电路布图设计权人提不出相反证据的情况下，可以认定该商业利用者在主观上为善意，从而可以判定其商业利用行为不属于侵犯集成电路布图设计专有权的行为。[②]

案　例

微盟公司诉泉芯公司侵犯集成电路布图设计专有权案

2006 年 2 月 24 日，南京微盟电子有限公司（以下简称“微盟公司”）完成了 ME6206

---

① 此案例案情来自广东省深圳市中级人民法院（2012）深中法知民初字第 1120 号民事判决书（一审）和广东省高级人民法院（2014）粤高法民三终字第 1231 号民事判决书（二审）。本案虽然是适用我国《集成电路布图设计保护条例》做出的判决，但在排除善意获得者侵权责任的规定上，《集成电路条约》、TRIPS 协定和我国《集成电路布图设计保护条例》是完全相同的，因此可以参照本案例理解《集成电路条约》关于“善意获得”的规定。

② 祝建军. 知识产权疑难案件裁判思维：二. 北京：法律出版社，2018：362.

芯片的布图设计创作，于2006年6月5日首次投入商业利用，并于2007年3月26日获得国家知识产权局颁发的“集成电路布图设计登记证书”。

2012年，微盟公司向深圳市中级人民法院起诉泉芯电子技术（深圳）有限公司（以下简称“泉芯公司”），指控其销售的QX6206L33T型芯片侵犯了微盟公司的集成电路布图设计专有权。而泉芯公司则主张其销售的被控侵权QX6206L33T型芯片系从深圳市京众电子有限责任公司（以下简称“京众公司”）购得，有合法来源，故其行为不构成侵权。

深圳市中院经审查认定：（1）被控侵权的QX6206L33T型芯片和原告的ME6206芯片的版图相似度为89.04%，两者仅在芯片特征尺寸大小、顶层模块位置、芯片模块内部位置等方面存在细微偏差，根据行业惯例可以认定被告销售的QX6206L33T型芯片含有的集成电路布图设计与原告享有专有权的ME6206芯片布图设计相同；（2）被告提交了对账单、送货单、增值税发票等证据，主张其从京众公司购买了JZ6206A33XG型芯片，更改标贴为QX6206L33T型芯片；（3）但是，经抽样被控侵权的QX6206L33T型芯片和京众公司的JZ6206A33XG型芯片进行鉴定，二者的版图相似度为96.91%，无法证明二者具有同一性，且根据鉴定意见，两芯片的版图也有所区别，因此，泉芯公司的合法来源抗辩不成立。

深圳市中院据此做出泉芯公司侵权成立的判决，泉芯公司不服，上诉至广东省高院。

广东省高院经审理查明：（1）基于芯片制造的工艺特点，即使是同一厂家生产的同一批次的同样产品，通过鉴定检测出来的版图相似度也不可能达到100%，因此抽样被控侵权的QX6206L33T型芯片和京众公司的JZ6206A33XG型芯片的版图相似度为96.91%，不足以说明二者不是同一批次的产品；（2）被控侵权的QX6206L33T型芯片和京众公司的JZ6206A33XG型芯片的封装信息相同。

依据上述事实，广东省高院最终认定泉芯公司称其销售的被控侵权产品合法来源于京众公司的主张成立，撤销一审判决，改判驳回微盟公司的诉讼请求。

但是，对善意获得者在知道该集成电路包含有非法复制的布图设计后的行为如何处理，《集成电路条约》没有规定，而TRIPS协定在第37条第1款对此做出了补充规定。

4. 权利用尽（exhaustion of rights）

条约承认权利用尽原则，即权利持有人或经其同意投放市场的受保护的布图设计或含有此项布图设计的集成电路，可以不经权利持有人许可，合法地进行再销售或进口。

（六）保护的期限（duration of the protection）

《集成电路条约》规定的保护期限至少为8年。但保护期限从何时起算，条约没有做出明确的规定，只是规定在布图设计在世界某地已单独地或作为某集成电路的组成部分进入普通商业实施以前，任何缔约方均有不保护该布图设计的自由；此外，条约还规定，布图设计成为以正当方式向主管机关提出登记申请的内容或者登记的内容以前，任何缔约方均有不保护该布图设计的自由。这说明，布图设计获得保护是以商业实施（commercially exploited）为条件，还是以登记（registration）为条件，由各缔约方自行决定。事实上这两种方式都有国家采用。

如果实行登记制，条约规定任何缔约方均可要求权利持有人在世界任何地方首次商业实施集成电路的布图设计之日起一定期限内提出登记申请，但这一期限自首次商业实施起不应少于2年。此外，对于登记申请，缔约方可以要求其附具该布图设计的副本或图样，当该集成电路已商业实施时，可以要求其提交该集成电路的样品并附具确定该集成电路旨在执行的电子功能的定义材料；但是，申请人在其提交的材料足以确认该布图设计时，可免交副本或图样中与该集成电路的制造方式有关的部分。

(七) 条约的追溯力

根据《集成电路条约》第16条第3款的规定，任何缔约方有权对条约对该缔约方生效时已存在的布图设计不适用条约。这说明《集成电路条约》不具有追溯力。但条约还规定了一个不追溯保护的条件：以不影响该布图设计在该缔约方的领土内在当时根据条约以外的国际义务或该国的立法所可能享受的保护为限。

五、TRIPS协定的保护水平

TRIPS协定第35条要求各成员按照《关于集成电路知识产权条约》第2条至第7条(第6条第3款除外)、第12条和第16条第3款的规定对集成电路布图设计提供保护。[①] 在上述援用内容的基础上，TRIPS协定又在保护客体范围、保护期和善意获得等几个方面强化了对集成电路布图设计的保护。

(一) 扩大保护范围

TRIPS协定第36条规定，成员应将未经权利持有人许可而从事的下列活动视为非法：为商业目的进口、销售或以其他方式供销受保护的布图设计、含有受保护布图设计的集成电路或含有上述集成电路的物品(仅以其持续包含非法复制的布图设计为限)。和《集成电路条约》相比，TRIPS协定将保护扩大到含有受保护集成电路的物品，这就更加强了对权利持有人的保护。

(二) 延长保护期限并明确了起算点

TRIPS协定第38条将《集成电路条约》8年的最低保护期限延长为10年。期限的起算也因是否需要登记有所不同：在要求以登记作为保护条件的成员中，布图设计的保护期限自登记申请提出之日起算，或者自该布图设计在世界任何地方首次付诸商业利用之日起算；在不要求以登记作为保护条件的成员中，布图设计的保护期限自该布图设计在世界任何地方首次付诸商业利用之日起算。此外，TRIPS协定还允许成员将布图设计的保护期限规定为自创作完成之日起15年。

(三) 对善意获得做出进一步规定

《集成电路条约》已经确定了善意获得不属违法的基本原则，即对于为商业目的从事进口、销售或以其他方式供销任何含有非法复制的布图设计的集成电路，或任何含有这样的集成电路的物品的行为，如果进行或者指示进行该行为的人在获得该集成电路或含有这样的集成电路的物品时，不知道或者没有合理的根据知道该集成电路包含有非法复制的布图设计的，任何缔约方不应认为这种行为非法。但是，对善意获得者在知道该布图设计系非法复制后的行为应如何处理，《集成电路条约》没有规定。对此，TRIPS协定第37条第

---

① 即将《关于集成电路知识产权条约》中除保护期和强制许可的内容全部纳入TRIPS协定。

1款补充规定为：善意获得者在收到该布图设计系非法复制的明确通知后，仍可以就其现有存货或订单继续实施其行为，但有责任向权利持有人支付报酬，其数额应与根据自由谈判达成协议应支付的许可费相当。

（四）对强制许可的限制

关于强制许可，《集成电路条约》只原则性地规定缔约方行政或司法主管部门有权出于重大国家利益的考虑或为保障自由竞争和防止权利持有人滥用权利，并在该国领土上向权利持有人支付公平补偿费的条件下，无须权利持有人同意，授权第三者非独占许可。由于条约对强制许可的限制不够严格，因而引起以美日为首的电子工业大国的不满，它们认为这使自己的权利受到很大威胁，在它们的强烈要求下，TRIPS协定最终放弃援用《集成电路条约》关于强制许可的原则性规定，只在第37条第2款明确协定关于专利强制许可的条件原则上也应适用于对布图设计的强制许可。

总　结

《集成电路条约》和TRIPS协定对布图设计权保护对比表

	《集成电路条约》	TRIPS协定 （提高保护水平的体现）
保护的范围	①布图设计 ②含有受保护布图设计的集成电路	将保护范围进一步扩大到含有受保护集成电路的物品
权利内容	复制权，销售权，为商业目的的进口权	与《集成电路条约》相同
权利限制	①合理使用（3种） ②强制许可（重大国家利益或保障自由竞争） ③善意获得者的销售行为不构成侵权 ④权利用尽	①未纳入《集成电路条约》关于强制许可的规定，明确关于专利强制许可的条件也适用于对布图设计的强制许可 ②进一步规定善意获得者已知权利瑕疵后，仍可就其存货或订单继续销售，但应向权利人支付报酬
保护期	8年	10年，且进一步明确起算点

六、我国《集成电路布图设计保护条例》的保护水平

由于我国也是1989年《集成电路条约》的签字国之一，因此从1991年开始，我国保护集成电路立法的准备工作就已经开始。在对国内制造业进行详细调查和对国内外立法（其中最主要的当然还是1994年签署的TRIPS协定）考察和借鉴的基础上，1995年条例的草案基本完成。经过局部的文字修改之后，2001年3月28日《集成电路布图设计保护条例》在国务院第36次常务会议上审议并获通过，2001年10月1日起正式施行。

就总体内容而言，我国的《集成电路布图设计保护条例》（以下简称《集成电路条

例》）基本与 TRIPS 协定保持一致。只是在权利主体、权利的产生和保护期、布图设计的登记审查程序以及法律责任等几个方面，《集成电路条例》的规定更为明确具体。

（一）权利主体

《集成电路条例》在这个问题上几乎全部援用了我国著作权法的规定，即肯定完成创作工作的自然人、法人或者其他组织都可以成为布图设计专有权人。其中，法人或者其他组织成为布图设计专有权人的条件是该布图设计同时具备“由法人或者其他组织主持，依据法人或者其他组织的意志而创作，并由法人或者其他组织承担责任”的条件。此外，在合作创作、委托创作等问题上，《保护条例》的规定也基本上与著作权法一致。

（二）权利的产生和权利保护期

在集成电路布图设计权利产生问题上，我国和绝大多数国家一样采用登记制，同时规定申请登记时必须提交布图设计的复制件或图样，如果已投入商业利用的，还须提交含有该布图设计的集成电路样品。从这个角度看，集成电路布图设计权利的产生又非常类似于专利、商标等传统的工业产权。

与 TRIPS 协定的要求一致，我国为登记的布图设计提供 10 年的保护期，从登记申请之日或者在世界任何地方首次投入商业利用之日起算，以较前的日期为准。但是，无论是否登记或者投入商业利用，布图设计自创作完成之日起 15 年后，就完全丧失受保护的可能。这样规定的目的是防止一些从未登记或投入商业利用的、已经过时落伍的设计获得保护，从而阻碍集成电路产业的发展。

（三）布图设计的登记审查程序

和发明专利的早期公开—延期审查制度不同，我国对集成电路布图设计的申请实行的是较为宽松的形式审查制，即登记申请经初步审查，未发现驳回理由的，国务院知识产权行政部门就应当予以登记，发给登记证明文件，并予以公告。

此外，为了符合 TRIPS 协定关于“经有关获得和维持知识产权的任何程序做出的终局行政决定，均应接受司法或准司法当局的审查”① 的规定，《集成电路条例》规定了和 2000 年修订的专利法基本相同的司法审查程序。即布图设计登记申请人对国务院知识产权行政部门驳回其登记申请的决定不服的可以请求复审，对复审决定仍不服的，可以自收到通知之日起 3 个月内向人民法院起诉。此外，布图设计权利人对国务院知识产权行政部门撤销已登记的布图设计的决定不服的，也可以自收到通知之日起 3 个月内起诉。

除上述三个方面的规定之外，我国《集成电路条例》还规定了与其他知识产权部门法类似的法律责任。对侵犯集成电路布图设计专有权利的行为，权利人或者利害关系人可以诉诸法院，请求司法救济；也可以请求国务院知识产权行政部门处理。对于假冒他人布图设计情节严重的行为，还可依照刑法中侵犯知识产权罪的规定予以处罚。

---

① 参见 TRIPS 协定第 62 条第 5 款。

第三节 数据库的国际保护

一、数据库法律保护的立法尝试

继WTO的TRIPS协定明确将有独创性的数据汇编列为版权保护的客体之后，1996年3月11日，欧盟发布了关于数据库法律保护的《欧洲议会与欧盟理事会关于数据库法律保护的指令》(E. C. Directive96/9 on the Legal Protection of Databases，96/9/EC，以下简称《欧盟指令》)，为数据库提供两种性质不同的保护，即版权保护和特别权利的保护。

受《欧盟指令》的影响，美国也采取了立法步骤，于1996年5月23日在国会讨论了编号为HR3531的《1996年数据库投资及反知识产权侵权法案》(Database Investment and Intellectual Property Anti-piracy Act of 1996，以下简称“HR3531法案”)。该法案深受《欧盟指令》的影响，且对数据库的保护水平更高。但是，由于法案偏重于保护数据库所有人的利益而没有平衡公众利用信息的社会利益，加之这个法案拟编入美国法典第15章(商业和商标)而不是第17章(版权)，使得合理使用制度无法适用于数据库，因此，在社会各界的普遍反对之下，HR3531法案最终未能获得通过。

在欧美的大力鼓吹下，WIPO也积极采取措施以便在国际范围内为数据库提供特别保护。1996年12月，在由WIPO主持的有120多个国家代表参加的外交会议上(此次会议通过了两个版权公约WCT和WPPT)，WIPO专家委员会提交了一个《世界知识产权组织数据库知识产权条约草案》(以下简称《WIPO数据库草案》)，由于多数代表的反对，会议未对《WIPO数据库草案》进行讨论，最终通过的WCT只是逐字重述了TRIPS协定关于保护具有独创性的数据汇编的规定。

二、数据库的定义和特征

(一) 数据库的定义

数据库(database)有狭义、广义之分：狭义的数据库是指用信息数据的逻辑组合方式录制在磁带、磁盘或电脑硬盘上的一种机读记录的集合体；广义的数据库则包括了前者的一定量信息的集合，该集合体以一定的方式编排，方便使用者查找，此种数据库可机读，也可以传统媒介做载体。

《欧盟指令》首次给数据库下了比较完整的定义，依《欧盟指令》第1条第2款，数据库是指“经系统或有序安排，并可以通过电子或其他手段单独进行访问的独立作品、数据或其他材料的集合”。美国HR3531法案对数据库下的定义是：“数据库是指经系统或有序安排的、以现有的或将来开发的任何形式或介质体现出来的作品、数据或其他材料的集合、汇集或汇编。”《WIPO数据库草案》则照搬了《欧盟指令》的定义。很显然，《欧盟指令》、美国HR3531法案和《WIPO数据库草案》都对数据库进行了广义的定义。

简单说，数据库是指经系统或有序安排进行的有序集合，其内容可通过电子或其他手段单独进行访问。在以有形媒介固定信息的传统条件下，各类资料的汇集均可称为数据库，如交通时刻表、电话号码簿、节目预告表等均可为数据库的具体表现形式。在网络时代，数据库的表现媒介发生了变化，从有形的媒介到无形的电子信息流。在内容上，数据库更多地表现为大型的信息数据库，如法律法规信息库、技术资料信息库、技术标准信息库等。计算机存储技术的不断提高及网络的发展，使信息的复制和交换成本变得越来越低，各类数据库的不断出现为社会信息流通提供了便利，同时也带来了许多新的法律问题。数据库的保护成了各国法律关注的焦点之一，特别是在全球信息化及信息市场一体化的背景下，数据库的保护显得很重要。

（二）数据库的特征

从上述数据库的定义可以看出，数据库具有如下法律特征。

第一，数据库是一个集合。构成这个集合的可以是文学艺术作品，也可以是其他信息材料，如文本、声音、图像或数据等。数据库必须由多个作品或其他信息材料构成，单一的作品或信息材料并不是数据库。

第二，数据库是一个有序集合。数据库的内容不能是杂乱无序的，其必须是依一定的目的和要求，经过系统的筛选、编排而形成的一个具有一定的顺序和结构，使用者能便利地从中获取信息的有序的集合。

第三，数据库中的每一个作品、材料或数据都可以通过电子或其他手段单独地进行访问，即使用者可以通过电子或其他手段便利地访问数据库中的每一个作品、材料或数据，以获得自己需要的信息。访问数据库的手段可以是电子手段，也可以是传统的其他手段，包括阅读、摘抄等。

三、数据库的版权保护

数据库是由文学艺术作品或其他信息材料有序集合而成的汇编物，其是否可以作为汇编作品（collections of works）获得版权保护，关键在于它是否符合各国版权法及版权国际公约对受保护汇编作品规定的条件。而概括起来讲，汇编作品受保护的条件分为两种。

一种以《保护文学艺术作品伯尔尼公约》和我国2001年修订以前的著作权法为代表，规定汇编作品只能是对材料的选取或编排构成了智力创作的文学艺术作品的汇编（collections of literary or artistic works）。[①] 依此规定，受版权法保护的汇编作品必须同时具备两个条件：其一是材料的选取或编排构成智力创作，其二是数据库的内容只能由受版权保护的文学艺术作品或作品的片段构成。这也就是说，只有以文学艺术作品为内容的数据库方能获得版权保护，而以其他数据材料为内容的数据库则不能作为汇编作品获得版权保护。

另一种以TRIPS协定、WCT、《欧盟指令》和我国2001年修订后的《著作权法》等为代表，规定数据或其他材料的汇编（compilations of data or other material），无论采用

---

① 《伯尔尼公约》第2条第5款规定："文学或艺术作品的汇编，诸如百科全书和选集，由于对其内容的选择和整理而成为智力创作作品，应得到与此类作品同等的保护，但不损害作者对这种汇编内各件作品的权利。"我国2001年修正前的《著作权法实施细则》第5条第11项规定："编辑，指根据特定要求选择若干作品或者作品的片断汇集编排成为一部作品"。

何种形式，只要其内容的选择或编排构成智力创作，其本身即受到保护。这种保护不延及数据或材料本身，亦不得损害汇编中的数据或材料已经存在的任何版权。[①] 依此规定，汇编作品是否具有“独创性”（constitute intellectual creations）是其能否获得版权保护的唯一标准，而汇编的内容构成对是否适用版权保护没有任何影响。这也就是说，不仅以文学艺术作品为内容的数据库能够获得版权保护，以其他数据材料为内容的数据库只要在材料的选取或编排上具有独创性，也同样可以成为版权保护的对象。

上述两种规定区别仅在于汇编的对象内容，二者的共同点是将“独创性”作为数据库获得版权的条件，但是，数据库独创性的认定标准如何确定？数据库的关键价值在于所采集的信息内容，而所采集的内容与独创性的认定是成反比的，即所采集的内容越全面数据库价值就越高，但内容越全面就必然使开发者对信息的选择余地越少，独创性也就越低，因此越难于取得版权的保护。鉴于数据库对社会发展的推动作用，在数据库内容选取和编排的独创性标准上不应过于苛求，只要能体现最低限度的独创性，且在内容的选取和编排上不是社会上普遍使用的方法并是独立完成的即可。数据库独创性的体现是多方面的，如建立新的体系、新的分类方式、新的检索手段、新的编排格式等。

关于数据库“独创性”的认定标准，典型案例是**美国菲斯特出版有限公司诉农村电话服务公司案**。[②] 从这个判决中美国最高法院的论述可以看出，美国司法判例所确认的数据库的“独创性”标准关键在于数据的选择和编排是否为独立完成（没有抄袭 ）且具有与众不同之处，至于数据本身是否具有独创性并不重要。由此看来，美国对数据库提供版权保护的实践做法与《欧盟指令》、TRIPS 协定和 WCT 是一致的。

案　例

美国菲斯特出版有限公司诉农村电话服务公司案

农村电话服务公司（Rural Telephone Service Co.，以下简称“农话公司”）是一个向美国堪萨斯州西北几个社区提供电话服务的公用事业公司。堪萨斯州法律要求所有在该州开展业务的电话公司每年必须公布本年度最新的电话号码。因此，作为垄断特权的条件，农话公司出版了专门的电话号码簿，由白页和黄页组成。白页部分依公司客户姓名的字母排列，列明了他们的居住城市和电话号码。黄页按照类别排列商业客户，并刊登各种篇幅的广告。农话公司向客户免费提供电话簿，但通过出售黄页广告赚取收入。

菲斯特出版有限公司（Feist Publications，Inc.，以下简称“菲斯特公司”）是专门从事地区电话簿出版的公司。菲斯特公司的地区电话簿也由白页和黄页组成，白页收录了 15 个县的 11 个不同电话服务区域的电话号码，黄页刊登广告。

---

① TRIPS 协定第 10 条第 2 款规定：“数据或其他材料的汇编，无论采用机器可读还是其他形式，只要其内容的选取或编排构成智力创作，即应作为智力创作加以保护。该保护不得延伸至数据或材料本身，并不得损害存在于数据或材料本身的任何版权。”WCT 第 5 条以及《欧盟指令》序文第 15 和 16 段亦有类似规定。我国 2001 年修订后的《著作权法》第 14 条规定：“汇编若干作品、作品的片段或者不构成作品的数据或者其他材料，对其内容的选择或者编排体现独创性的作品，为汇编作品，其著作权由汇编人享有，但行使著作权时，不得侵犯原作品的著作权。”

② 刘澎. 美国知识产权要案精编. 北京：京华出版社，2007：219－223.

作为该服务区域内唯一的电话服务提供商，农话公司很容易获得用户的信息：想要电话服务的人必须去农话公司申请，并提供他们的姓名和地址，然后农话公司才会分配一个电话号码给他们。但菲斯特公司不是电话公司，没有这种垄断地位，因此无法直接获得电话用户的信息。为了获得地区电话簿白页所需的电话号码，菲斯特公司联系了堪萨斯州的11个电话公司，请求购买其电话簿白页的使用权。在这11个电话公司中，只有农话公司拒绝给予菲斯特公司许可。

由于无法得到许可，菲斯特公司在未经农话公司许可的情况下使用了其电话号码簿白页中的1 309个客户的姓名、所在城市和电话号码，又雇人增补了农话公司电话号码簿中没有的用户街道地址。农话公司因此对菲斯特公司提起了版权侵权之诉。

美国最高法院在审理本案时做了以下两个精彩的结论。

第一，要获得版权保护，作品必须包含至少是最低限度的独创性，汇编作品也可以具有版权法所要求的独创性。汇编的作者有代表性地选择哪些事实包括在汇编之内，以何种顺序排列这些事实，如何编排所收集的数据以使其更有利于读者有效利用，这些选择连同挑选和编排，只要其为汇编者独立所为，并且具有最低限度的创造性，就具有了通过版权法保护汇编所需要的足够的独创性。因此，即使是一本在内容上完全没有创新、只是对事实进行简单陈述的地址簿，只要在选择和编排上有独创性，也可符合宪法规定的版权保护的最低标准。因此，农话公司和菲斯特公司的电话簿从整体来看，都是受版权保护的作品，因为它们的前言以及黄页广告都有原创的内容。

第二，版权法禁止的抄录行为必须满足两个条件：(1) 有效的版权；(2) 抄录了作品独创的部分。农话公司的电话簿整体是一个受版权保护的作品，但农话公司电话簿白页的挑选、调整和排列方法不符合版权保护的最低"独创性"要求，因为这些信息是每个申请电话服务的人都要提供的，农话公司获得这些信息是基于其垄断权，而不是自身主动"挑选"的结果。在信息的编排上，农话公司的电话簿白页是按照字母顺序以用户的姓氏排列的，体现不出任何与众不同的东西。此外，菲斯特公司从农话公司电话簿白页中抄录的内容——1 309个客户的姓名、所在城市和电话号码——是否含有农话公司"独创"的内容？显然没有，因为这些都是事实存在的信息，即使农话公司没有出版电话簿，它们也事实存在。

综上，美国最高法院最终认定，菲斯特公司抄录的客户姓名、所在城市和电话号码并不是农话公司的独创作品，农话公司的版权侵权指控不成立。

四、数据库的特别权利保护

如前所述，版权国际公约以及各国版权法均以"独创性"作为对数据库版权保护的条件，同时数据库的保护通常不延及构成数据库的数据和材料。为了使不具有版权法意义的"独创性"的数据库仍能得到法律保护，同时为促进欧盟内部数据库的投资，以及为消除在欧盟成员国之间、欧盟与世界上最大的数据库制造国（美国）之间数据库投资水平的巨大不平衡，欧盟于1996年3月11日通过《欧盟指令》，首开数据库特别权利保护之先河。

《欧盟指令》包括一个长达60段的序言和一个正文，正文分为4章共17条，分别涉及保护范围、版权、特别权利和一般性条款。其中第三章"特别权利"是指令的核心内容，它要求成员国对数据库的制作者提供一种完全不同于版权的特别权利（sui generis right）的保护，并在特别权利保护的对象、合法用户的权利和义务、特别权利的例外、保护的期限和特别权利的主体五个方面做了详尽的规定。由于指令要求成员国在 1998 年 1 月 1 日前以法律、法规、行政条款的方式将指令的内容贯彻到国内，因此指令一经颁布，欧盟成员国就纷纷根据指令对本国法律进行相应的修改和调整。

（一）特别权利的主体

根据《欧盟指令》第 11 条，特别权利的主体是承担投资风险的数据库制作者。为了进一步保护欧盟内部在数据库上的投资，指令以特别权利保护是独立于知识产权国际保护体系之外的保护方式为由，抛开 TRIPS 协定规定的国民待遇原则采用了对等保护的原则。即享有特别权利保护的只能是具有成员国国籍或虽不具有成员国国籍但在欧盟境内有住所的自然人，以及依据成员国法律建立并在欧盟境内有注册的办公场所、中央管理机构或主要营业地的公司或企业。除此之外，特别权利保护只给予那些其所在国对欧盟成员国的数据库给予了“对等的法律保护”的外国数据库制作者。

（二）特别权利保护的对象

《欧盟指令》第 7 条是关于特别权利保护对象的规定，这条规定又包括三项具体内容，即受特别权利保护的数据库的范围、特别权利的内容和特别权利的范围。

1. 受特别权利保护的数据库的范围

和版权保护一样，特别权利适用的数据库范围也是有严格限制的，根据《欧盟指令》第 7 条第 1 款，只有那些在内容的获得、校验、编排等方面进行了实质性投入的数据库才可以享有特别权利的保护。这也就是说，特别权利保护以“实质性投入”（substantial investment）标准区别于版权保护的“独创性”标准。当然这种“投入”必须是在数量或质量上的实质性投入。值得注意的是，特别权利保护的“实质性投入”标准和版权保护的“独创性”标准并不是严格对立的，对那些既在材料的选取和编排上具有“独创性”，又在内容的获得、校验、编排等方面进行了“实质性投入”的数据库，版权和特别权利都将为其提供保护。

2. 特别权利的内容

对于符合“实质性投入”标准的数据库，承担投资风险的制作者可以获得两项特别权利：提取权和再利用权。“提取权”（extraction right）类似于版权中的复制权，指的是制作者有权许可或禁止以任何手段或任何方式将数据库的全部内容或实质性部分永久或暂时转移到另一种介质上。“再利用权”（re-utilization right）类似于版权中的发行权，指的是制作者有权通过出售复制件、出租、在线传播或其他形式的传播等方式，使数据库内容的全部或实质性部分可为公众利用。

3. 特别权利的范围

对于特别权利的范围，《欧盟指令》规定，数据库制作者的特别权利所保护的并非数据库的全部内容，而只是体现制作者实质性投入的部分内容。不过，如果多次和有系统地提取或再利用数据库中非实质性投入的内容部分，从而与数据库的正常利用产生冲突或不合理地损害了数据库制作者的合法利益的也在禁止之列。

判断数据库的哪些内容属于受保护的“实质性投入部分”，应当考虑对这部分的提取和再利用，是否会减损数据库在市场上的价值实现，包括使数据库制作者无法收回投资的风险的增加，并应考虑利用该部分内容制作的数据库与原数据库是否具有商业上的可替代性，是否导致原数据库的市场缩小。与“实质性投入”一样，数据库内容中哪些属于“实质性部分”，需要法院在审理具体案件时进行具体的判断。典型案例是**英国赛马委员会诉威廉·希尔案**。[①]

案　例

英国赛马委员会诉威廉·希尔案

英国赛马委员会有限公司（British Horseracing Board，BHB）、赛马骑师俱乐部和威瑟斯比斯集团有限公司（以下简称“BHB及其他”）在英国经营赛马行业，并以各种名义汇编、维护BHB数据库，该数据库含有由赛马所有人、驯马师、赛马组织者和其他与赛马行业有关的人提供的众多信息。该数据库特别包括大约一百万匹赛马之血统的信息，以及在英国举行的赛事之赛前信息。BHB数据库包含的基本信息不仅提供给与赛马直接相关的人员，还提供给广播电视机构以及博彩公司及其客户。运行BHB数据库的成本大约是每年400万英镑，收取第三人使用该数据库信息的费用大约占该成本的1/4。

人们可以在BHB及其他经营的互联网网站上访问该数据库，BHB官方杂志每周也出版该数据库的某些部分的内容。该数据库或者数据库的某些部分的内容也向赛事记录有限公司（由威瑟斯比斯公司和英国报业协会共同控股）提供，该公司在比赛前一天，再向其订户，包括某些博彩公司，以“公告订阅”的形式传送数据。

作为“公告订阅”订户的威廉·希尔是英国的著名场外博彩服务提供商，其在两个互联网网站上推出网络投注业务，该网站同时也向投注者提供场内比赛的赛马和骑师等信息。威廉·希尔网站上显示的这些信息来源于比赛前一天出版的报纸以及“公告订阅”传送的数据。

2000年3月，BHB及其他向英格兰与威尔士高等法院大法官分院起诉威廉·希尔，声称威廉·希尔的行为侵犯了BHB及其他享有的对其数据库的特别权利。

法院经调查认定：威廉·希尔网站上显示的信息只是BHB数据库全部数据中非常小的一部分，因为这些信息仅与比赛中所有赛马和骑师的姓名、比赛时间和（或）名称，以及比赛将要举行的赛马场名称等有关，且这些信息与BHB数据库中的编排方法不一样。据此，法院首先认定威廉·希尔获取的是BHB数据库中非实质性的部分。

根据《欧盟指令》第7条第5款，如果重复地且系统性地提取和（或）再利用数据库内容的非实质性部分，且会导致该数据库整体或者至少是该数据库实质性部分的重构，那么这些行为的累积效应就将会严重损害数据库制作者的投资利益，就应属于禁止性的侵犯数据库特别权利的行为。

在每一次举办比赛的时候，威廉·希尔均从事提取和再利用BHB数据库非实质性部分的行为，这些行为因此具有重复且系统的性质。但是，这些行为的累积效应，不足以使

① 此案例案情来自欧盟法院第C-203/02号案件，2004年11月9日（大审判庭）判决。

威廉·希尔重构并向公众提供 BHB 数据库内容的全部或者实质性部分，也不会严重损害 BHB 数据库创建者的投资利益。

综上，法院最终认定威廉·希尔的行为不构成对 BHB 及其他数据库特别权利的侵犯。

（三）特别权利的例外

《欧盟指令》第 9 条规定在下列情况下，数据库的合法用户可以不经数据库制作者的许可提取或再利用数据库的实质性内容而不构成侵权：（1）出于私人目的提取非电子数据库的内容；（2）出于教学或科研的需要对数据库的内容进行提取，条件是对提取材料的来源加以标识，并在一定程度上表明其目的是非商业的；（3）为了公共安全或出于行政或司法程序的需要提取或再利用数据库的实质性内容。

在《欧盟指令》草案中本来还有强制许可条款，但在最后文本中被删除了。从上述规定可以看出，《欧盟指令》规定的特别权利的例外是极为有限的，奇怪的是对此欧盟各界并无太大反响。

与欧盟成员国态度相反，美国国内以学术界为首对以《欧盟指令》为蓝本的美国 HR3531 法案反应强烈，反对者的矛头直接指向法案中的“合理使用”，他们认为如此狭窄的合理使用范围以及强制许可的缺失会导致信息的垄断，以致妨碍科学和文化的发展。此外，实业界也认为 HR3531 法案会引起数据库价格的增长，从而增加所有行业的信息成本，伤害研究活动。由于存在如此强烈的反对意见，美国数据库保护法案一改再改，至今仍然未获通过。

（四）特别权利的保护期限

《欧盟指令》第 10 条规定，数据库特别权利自数据库制作完成之日自动产生，有效期限为 15 年，自制作完成的第 2 年的 1 月 1 日起算。但如果在 15 年期满之前以任何方式使数据库为公众利用，则特别权利的保护期限是自首次可为公众利用之日的第 2 年的 1 月 1 日起 15 年。此外，如果在此期间对数据库又进行了实质性的增删而形成实质性的改变（有人称之为“数据库更新”），则可以被视为一个新的实质性投入，保护期限重新起算。

上述有关数据库更新的规定招致许多批评，认为这样可能导致数据库特别权利的无限延长。从理论的角度讲，这种规定是合理的。因为，既然我们承认数据库因“实质性投入”就可以享有特别权利，那么如果数据库经过新的“实质性投入”已经变成一个新的数据库，新的数据库当然仍应享有特别权利的保护。实践中有不少数据库需要不断地收集补充最新的材料，经过 15 年的修改补充，原数据库的内容可能已“面目全非”，其作为一个新的数据库获得特别权利的保护是理所当然的。但是，如果从市场的角度看，不可否认的是数据库更新的规定有利于原数据库的投资制作者，因为他可能因这种权利期限的延长拥有更强的竞争力。

从数据库特别权利保护的上述内容可以看出，《欧盟指令》确立数据库特别保护体系的根本目的在于保护数据库制作者在制作过程中的投资。因此，其保护的主体是承担投资风险的数据库制作者，保护的标准取决于是否在数据库内容的获取、校验、编排等方面有实质性投入，保护的期限可以因新的实质性投入而延展，为他国国民提供保护时不再适用国民待遇原则而适用对等原则。但是，仅仅为保护制作者的投资就为其提供特别权利的保护是否必要，提供保护的内容是否有损于公共利益，这样一种保护体系是否会阻碍信息流通以及文化科学的发展，在各国引起了广泛而巨大的争议。

总　结

数据库版权保护和特别权利保护的主要区别

	版权保护	特别权利保护
保护条件	对材料的选取或编排具有独创性	在内容的获取、校验、编排等方面有实质性投入
保护主体	进行智力创作活动的汇编者	承担投资风险的数据库制作者
权利内容	著作人身权和财产权	提取权和再利用权
保护期限	与普通作品相同的保护期	15年（自制作完成或首次可为公众利用之日的第2年的1月1日起）

五、数据库的反不正当竞争法律保护

在美国，HR3531法案由于遭到学术界和广大用户的强烈反对，最后未获通过。1997年10月，在概括了支持和反对数据库特别权利保护的各方意见后，《制止盗版信息集合体法案》（Collections of Information Anti-piracy Act，简称“HR2652法案”）被提交国会。该法案一方面避免使用颇为敏感的“数据库”一词，而用了不为人注意的“信息集合体”一词，另一方面从特别权利保护立场退了一步进入反不正当竞争立法体系，相比之前的HR3531法案，其更多地考虑到了信息消费者的利益。但即便如此，反对数据库立法的意见仍然很大。有人仍认为，此法案没有反映出所有美国人在不受限制地获取信息及观点方面的利益与限制这种获取以鼓励制作信息及观点之间的平衡，这将限制公平使用现存的事实资料编辑物，阻碍而不是鼓励商贸的发展。还有人认为，HR2652法案虽然设计为反不正当竞争法案，但与传统的反不正当竞争法相比，它要宽泛得多。如传统反不正当竞争法只涉及实时信息和直接竞争关系，而HR2652法案却针对所有信息，只要对信息产品的市场有伤害，就要承担责任。巨大的反对呼声导致HR2652法案最终也没能通过，甚至1998年10月美国国会通过的《千禧年数字化版权法》（Digital Millennium Copyright Act，DMCA）也没有任何涉及数据库法律保护的内容。

但是，在美国国内，立法保护数据库的努力始终没有停止。1999年3月，美国国会为数据库立法一事召开听证会，听取各方的意见。美国的许多公司、教育机构、非营利性组织和行业协会一致提出这样的意见：支持联邦立法以制止寄生复制形式的不公平竞争，允许公平利用信息，促进科学、教育和研究活动，保护信息出版商及客户利益，提供防护措施制止垄断价格，但立法不得伤害合法的研究活动和小企业的利益。在此意见基础上，1999年10月，又一个《制止盗版信息集合体法案》（简称“HR354法案”）被提交给国会。该法案在保护数据库制作者投资利益的同时，更加注意保护信息自由流通、科学研究及公众信息自由等方面的利益，实质上是提供了一种用反不正当竞争法为数据库提供保护的思路。

在没有建立数据库特别权利保护制度的国家，数据库的保护主要依靠的是版权法。但版权法的保护排除了不具有选择和编排独创性的数据库，并且版权保护只保护结构，并不保护内容，数据库的权利人对现存材料并不享有任何专有权。在传统经济复制成本很高的情况下，仅以版权法保护数据库是可行的，但在网络数字化时代，数据库的复制很容易而且成本很低，如果数据库中的内容可以任由他人复制，在选取和编排上稍加改动即可成为新的数据库，这将损害数据库产业的良性发展，打击数据库开发者的积极性。对于那些不受版权保护的数据库，开发人在开发过程中确实投入了大量的时间、技术、资金、人力，由于此类产品的市场价值较大又非常容易被复制，所以也有保护的必要。以反不正当竞争法保护是另一种对数据库进行保护的方式，并且可以在一定程度上弥补版权法对数据库保护的不足。对知识产权的保护可以从不同的角度进行，版权、专利、商标等专门法律制度着眼于对权利人自身的权利的保护，而反不正当竞争法则着眼于对经济权利的保护，意在制止不同市场竞争主体之间的恶性竞争。

我国《反不正当竞争法》第 2 条第 1 款规定："经营者在生产经营活动中，应当遵循自愿、平等、公平、诚信的原则，遵守法律和商业道德。"该条第 2 款又规定："本法所称的不正当竞争行为，是指经营者在生产经营活动中，违反本法规定，扰乱市场竞争秩序，损害其他经营者或者消费者的合法权益的行为。"通过反不正当竞争法对数据库的保护所强调的不是数据库在内容选取和编排上的独创性，而是数据库开发者对数据库的投资，法律所针对的是禁止他人对数据库制作者劳动成果的窃取行为。德国、美国、中国等均有通过反不正当竞争法保护数据库的案例，1996 年**阳光公司诉霸才公司擅自转发"SIC 实时金融"系统信息案**[①]就是我国的一个典型案例。法院在这个案件的判决书中清晰地指出，数据库的制作者可以依据反不正当竞争法要求法院保护自己在数据库上的投资并制止他人窃取自己劳动成果的行为，这对那些无法获得版权保护的数据库制作者来说意义是重大的。

案　例

阳光公司诉霸才公司擅自转发"SIC 实时金融"系统信息案

1995 年至 1996 年间，北京阳光数据公司（以下简称"阳光公司"）分别与上海证券交易所、北京商品交易所等十多家商品和证券交易所签订了交易行情的信息采集、转发、经营合同。之后，阳光公司以自己的数据格式对各交易所的行情信息进行整理汇编，形成综合行情信息流，通过卫星广播系统向外发送。该系统称为"SIC 实时金融"。客户使用该系统，须与阳光公司签订合同，交纳信息运营费。合同约定，客户均为终极用户。

1995 年至 1996 年间，上海霸才数据信息有限公司（以下简称"霸才公司"）亦分别与北京商品交易所、天津联合期货商品交易所（以下简称"天交所"）等签订了商品交易行情信息的采集、转发合同。1996 年 7 月 5 日，霸才公司又与上海证券交易所等签订了证券交易信息的转发、经营合同。

① 此案例案情来自北京市第一中级人民法院（1996）一中知初字第 54 号民事判决书（一审）和北京市高级人民法院（1997）高知终字第 66 号民事判决书（二审）。

阳光公司为向客户提供交易行情的分析软件，于1995年8月16日与霸才公司签订了关于使用“SIC实时金融”数据分析格式的合同。合同约定：霸才公司只能使用“SIC实时金融”数据分析格式开发分析软件，未经阳光公司许可，不能以任何方式转发“SIC实时金融”信息，合同有效期为2年。

1995年年底至1996年年初，天交所曾多次要求霸才公司直接转发天交所的行情信息，但霸才公司一直未直播天交所的行情数据。经多次交涉，霸才公司称其转播的是国家信息中心的“SIC实时金融”系统信息。为此，天交所请国家信息中心协助查实。

1996年7月10日阳光公司以霸才公司违反合同约定，擅自转发“SIC实时金融”系统信息，在市场上发展自己的客户，收取信息服务费，其行为违反了合同约定，侵犯了阳光公司的商业秘密、编辑作品的著作权、专有技术成果权、劳动获益权为由，向北京市第一中级人民法院提起诉讼。

对此，霸才公司辩称：阳光公司发送的行情信息均来自各个交易所，不是原始信息的所有权人，即使霸才公司转发阳光公司“SIC实时金融”的行情信息，也没有侵犯阳光公司的权利；此外，北京市公证处出具的公证证明不能证明霸才公司使用和转发了阳光公司的信息流。

法院通过调查取证和专家分析，证明霸才公司确实转发了阳光公司“SIC实时金融”的系统信息。法院认为阳光公司的“SIC实时金融”信息流不构成我国著作权法意义上的编辑作品，因此阳光公司关于霸才公司侵害其版权的主张不能成立。但是，霸才公司不经阳光公司同意，利用其掌握的“SIC实时金融”数据分析格式，通过阳光公司的客户，为商业目的获取并转发阳光公司发布的交易所行情信息并因此获利的行为，侵犯了阳光公司的商业秘密“SIC实时金融”数据分析格式，因此霸才公司应当承担相应的侵权责任。

在此案的审理中，特别值得一提的是该案的二审法院在判决中不仅明确使用了“电子数据库”这一概念，而且还直接承认了阳光公司在开发、制作、转播“SIC实时金融”电子数据库上付出的投资及由此产生的正当利益应当受法律保护。在认定侵权性质的问题上，法院适用的是我国《反不正当竞争法》第2条第1款，认为霸才公司擅自截取阳光公司电子数据库信息并向其客户有偿转发的行为，违反了经营者在市场交易中应当遵守的诚实信用原则和公认的商业道德，损害了阳光公司的合法权益，构成了同行业间的不正当竞争。

需要指出的是，反不正当竞争法虽然能在一定程度上弥补版权法在数据库保护方面的不足，但反不正当竞争法保护模式也有一定的局限性。首先，要通过反不正当竞争法保护数据库，必须证明一个前提，即非法使用者与数据库权利人形成事实上的竞争关系。而现实中并非所有数据库的开发都是以商业为目标的，如图书馆的内部查询数据库，即使是以营利为目的，非法使用者涉及的市场也不一定与权利人所涉及的市场形成竞争关系。其次，通过反不正当竞争法对数据库保护的局限性还表现在其保护范围与标准的不确定性上。因为反不正当竞争法制止的是不正当竞争行为，行为只有被认定为不正当竞争行为后，司法机关才能依法对行为人予以制裁，对权利人进行救济。而实践中对不正当竞争行为的认定，特别是对无明文规定的不正当竞争行为的认定有相当的难度。此种保护的不确定性使通过反不正当竞争法保护数据库缺乏可预见性。

第四节　商业秘密（未披露信息）的国际保护

一、商业秘密及相关概念辨析

（一）商业秘密的含义及其构成要件

1. 商业秘密的含义在我国的演变

在我国，商业秘密（business secret）作为一个法律用语最早出现在1991年4月9日颁布的《民事诉讼法》中，最高人民法院在有关司法解释中认定商业秘密主要指技术秘密、商业情报及信息等，如生产工艺、配方、贸易联系、购销渠道等当事人不愿公开的工商业秘密。1993年颁布施行的《反不正当竞争法》首次对商业秘密的定义予以明确，该法第10条第3款规定："商业秘密，是指不为公众所知悉、能为权利人带来经济利益、具有实用性并经权利人采取保密措施的技术信息和经营信息。"我国《刑法》第二百一十九条第三款也有相同的规定。1995年国家工商行政管理局又在《关于禁止侵犯商业秘密行为的若干规定》中对之做出如下解释：技术信息和经营信息包括设计、程序、产品配方、制作工艺、制作方法、管理诀窍、客户名单、货源情报、产销策略、招投标中的标底及标书内容等信息。《反不正当竞争法》中定义的"商业秘密"外延包括技术信息和经营信息，构成要件有四——秘密性、价值性、实用性和保密性。

考虑到TRIPS协定对"未披露信息"的构成只规定了秘密性、价值性和保密性三个条件，并无实用性的要求，2005年1月1日起施行的《最高人民法院关于审理技术合同纠纷案件适用法律若干问题的解释》第1条第2款单独重新对技术秘密的概念做了解释："技术秘密，是指不为公众所知悉、具有商业价值并经权利人采取保密措施的技术信息"。这其实就是把《反不正当竞争法》和《刑法》所确认的商业秘密构成要件中的"能为权利人带来经济利益、具有实用性"统一规定为"具有商业价值"。2017年11月4日修订后的《反不正当竞争法》第9条第3款规定："商业秘密，是指不为公众所知悉、具有商业价值并经权利人采取相应保密措施的技术信息和经营信息。"2017年定义的商业秘密的外延和1993年相同，包括技术信息和经营信息，但构成要件只有三个——秘密性、价值性和保密性，与1993年相比，少了"实用性"的要求。这种调整一方面是为了履行作为WTO成员遵守TRIPS协定的义务，另一方面也扩大了商业秘密的范围，进一步加强对其的法律保护。

2. 商业秘密的构成要件

根据我国2017年最新修订的《反不正当竞争法》第9条第3款，所有技术信息和经营信息，只要符合下列要件，都构成商业秘密。

（1）秘密性（confidentiality），是指该技术信息或经营信息事实上未被公众了解或没有进入公共领域，这是商业秘密的首要构成要件，也是商业秘密和专利的最大区别。实践中，这种客观秘密性可以表现为信息整体秘密，或者其组成部分的确切组合部位通常不为从事该信息行业的人所普遍知悉或容易获得。认定"秘密性"的典型案例是我国成都佳灵电气制造有限公司诉成都希望电子研究所等侵犯商业秘密纠纷案[①]，本案涉及多个争点，其中利用公知技术的“再创造”属于非公知技术且也具有秘密性的判断非常有代表意义。

案　例

成都佳灵电气制造有限公司诉成都希望电子研究所等侵犯商业秘密纠纷案

1999年，成都佳灵电气制造有限公司（以下简称“佳灵公司”）生产的JP6C变频器获得“世界华人重大科学技术成果”证书，被四川省科委、四川省国家保密局列为1999年度军民两用国家技术秘密项目（无密级）。佳灵公司称JP6C变频器包含19项技术秘密点。

成都希望电子研究所（以下简称“希望研究所”）和成都希望森兰变频器制造有限公司（以下简称“希望公司”）的法定代表人都是刘永言，2000年3月，佳灵公司以希望研究所、希望公司设计生产的BT40S变频器侵犯其JP6C变频器的商业秘密为由，向四川省高级人民法院提起诉讼。

希望研究所等的抗辩理由是：佳灵公司所主张的19项技术秘密中的理论和技术均属于公知技术，且JP6C变频器虽然被国家有关部门列为国家级军民两用技术，但属于无密级，因此不构成法律所保护的商业秘密。

一审法院经审理认定：(1) 佳灵公司所主张的19项技术秘密中的理论和技术均属于公知技术，但佳灵公司利用这些公知技术进行一些工艺设计和参数的确定以及一些元器件的选择是非公知技术。佳灵公司对上述非公知技术采取了合理的保密措施，同时这些技术对佳灵公司来说经济价值也显而易见，因此，应当认定为佳灵公司的技术秘密。(2) 希望研究所等也利用上述的公知技术做了相似的工作，但从样机比对看，所得到的结果和佳灵公司的非公知技术不同。原告的指控侵权产品和其所有的商业秘密不具有相同性，被告提供的有关其自行研究开发变频产品的证据，足以令法院相信它们有足够的能力自行研制开发变频器产品。

根据上述事实，一审法院做出原告侵权指控不能成立的判决。二审法院做出基本相同的判断，维持了原判决。二审判决还进一步指出：一项技术信息只要具备法律规定的商业秘密的条件，就应依法受到保护，不以该项技术信息是否列为国家秘密为前提。双方就原告的商业秘密是否为国家级秘密的争论，与本案纠纷的解决没有直接的关系。

(2) 价值性（valuable），即该信息具有商业价值，且能为权利人带来经济利益。

(3) 保密性（security），即合法控制信息的人已采取了合理的保密措施。保密措施可以有多种表现形式，如：严格限定知悉商业秘密的人员名单，缩小知密范围；制定企业保密规则，或在员工守则中规定保密条款，或由企业与职工签订保密协议；严格限制非有关人员出入具有商业秘密的场所，加强门卫和监控措施；等。在互联网络环境下保密措施则

① 此案例案情来自四川省高级人民法院（2000）川经初字第05号民事判决书（一审）和最高人民法院（2001）民三终字第11号民事判决书。

表现为运用网络安全技术和密码技术、密钥管理、数字签名、认证技术、智能卡技术、访问控制、防火墙技术等，从技术手段或措施上实现对商业秘密的保护。实践中，关于什么样的保密措施才"合理"、才能符合商业秘密保密性的构成要件，**美国洛克威尔绘图系统公司诉德微产业公司案**[①]中，上诉法院的判决做了很好的阐释。

案　例

美国洛克威尔绘图系统公司诉德微产业公司案

洛克威尔绘图系统公司（以下简称"洛克威尔公司"）是报刊印刷机整机及零件生产商，洛克威尔公司并不总是自己生产零件，有时也会将某种零件的生产转包给其他独立生产商，在此种情况下它必须向这些独立生产商提供零件图纸，以说明材料、尺寸、规定公差和制造方法。

洛克威尔公司1984年针对德微产业公司（以下简称"德微公司"）提起诉讼，称德微公司占有的600多张零件图纸中，有100多张属于洛克威尔公司，侵犯了自己的商业秘密权。

德微公司的抗辩理由是：这些零件图纸根本不是商业秘密，因为洛克威尔只马马虎虎地采取了一些努力措施保护这些秘密，这些零件图纸因缺乏保密性而不构成商业秘密。

地区初审法院经调查发现，有200多个工程师借取零件图纸并因为工作需要而复制这些图纸，大量独立生产商接收零件图纸的复制图并再行复制，上万张图纸的复印件游离在洛克威尔公司的保险柜之外，其中还有许多完全在公司之外。初审法院据此认为洛克威尔公司没有采取足够的保密措施，因此这些零件图纸根本不是商业秘密。

但是，二审的第七巡回法院对此做了完全不同的判断。如果洛克威尔公司没有采取任何保密措施，就意味着其无条件地抛弃财产，德微公司完全有权获取该财产。但是，洛克威尔公司对自己的零件图纸采取了物质上的保密措施（如设置保险柜、雇用保安人员），以及合同上的保密措施（与独立生产商的合同要求其对获得的零件图纸保密）。洛克威尔公司本可以采取更多的保密措施，但按成本计算，存在安全措施所带来的额外利益是否会超过成本的问题。而且，假设洛克威尔公司禁止任何复制图纸的行为，那么一组工程师就只能共享一份图纸，通过传阅方式或在一个房间里围着图纸挤作一团地工作，还如何保障生产效率？

二审法院进一步指出：专利保护既昂贵又短暂，因此不能被视作一种最理想的保护发明的方式。但如果只有在商业秘密的所有者采取了昂贵的、削弱生产力的维护商业秘密的措施之后，才给商业秘密提供法律保护，投资开发更有效的生产方法的动力就会减少，发明的数量也会随之减少。据此，第七巡回法院最终撤销了原判，发回重审。

在我国，由于商业秘密是通过反不正当竞争法获得保护的，因此司法实践中判断是否构成商业秘密侵权时除了要考虑上述三个构成要件，侵权主体是否为经营者以及是否存在

---

① 刘澎. 美国知识产权要案精编. 北京：京华出版社，2007：7－11.

主观过错也是必须一并考虑的，典型案例如**某诊所诉林某侵犯患者资料商业秘密权案**。[①]

案　例

某诊所诉林某侵犯患者资料商业秘密权案

1995 年 3 月，林某与某诊所以口头协议方式确立了劳动关系，林某开始在该诊所担任牙科主治医师。2001 年 8 月，林某向该诊所递交了辞职报告。2001 年 10 月，林某与另一诊所签订劳动合同。

2001 年 10 月，林某陆续以电话、传真的方式逐一向其负责诊治的病人发出迁址通知，称："为了使用最新的治疗设备为你提供更好的服务。我将对工作做一些变动，作为患者你有权选择：继续在原来的诊所治疗，但由另一位医生治疗，或去新的诊所。我愿意并希望为你治疗。如果你愿意继续让我为你治疗，你有权从你看病的诊所（原诊所）提取你的病历复印件，你的治疗费将按照原来的价格保持不变，你的牙医套餐将继续有效。"在林某辞职前，在其原任职的诊所接诊的病人有一百多人。不久，接到通知的病人中，有 99 人离开了原诊所，原诊所因此将林某诉至法院。

法院经审理认定：

第一，林某原任职诊所属于经营者，其提供医疗服务的目的是营利，即从患者支付的医疗费用中扣除必要的开支后作为诊所的利润。因此，从民法理论上讲，其属于营利法人，可以作为商业秘密的主体。

第二，患者的资料具有商业秘密的构成要件。首先，本案中所争议的患者资料具有秘密性。这份患者资料包括了客户名单、治疗计划等内容，该项内容不能从医疗卫生行业的公开渠道获得，系原告在长期的经营中凭借其所提供的优质的医疗服务而积累下来的，是不为一般公众所知悉的。其次，林某原就职的诊所也采取了一定的保密措施，虽然没有与其雇员林某就保密事项达成一致协议，但要求林某在工作中"不议论，不外传"病情，并且规定病人资料仅对牙科工作人员公开，即使本单位的其他人员也无权知道、过问牙科患者资料。再次，本案患者资料具有价值性。患者在原告处就诊显而易见能为原告带来一定的经济利益。正是由于这份患者资料使得患者到原告处去就诊，而被告将这份患者资料带走后，绝大多数的患者离开了原来的诊所。因此，价值性是显而易见的。

第三，虽然林某是靠自身的技术水平赢得了患者的信任，如果其变换工作后患者自觉地跟随其到新单位看病就没有侵犯原告的商业秘密，但是，在本案中，患者受到了林某的引诱而离开了原来看病的诊所，林某出于竞争的目的故意在其离开原诊所时拉走顾客，主观上具有侵犯商业秘密的故意。因此，应该认定林某具有一定的过错。

依据上述理由，本案法院判决认定患者资料属于商业秘密，林某的行为侵犯了林某原任职诊所的商业秘密。

---

① 周永恒．患者资料应属于商业秘密．（2004－04－21）．https：//www.chinacourt.org/index.php/article/detail/2004/04/id/113290.shtml.

（二）未披露信息的含义及其构成要件

未披露信息（undisclosed information）是 TRIPS 协定首先使用的概念，也是 TRIPS 协定在第二部分要求成员必须保护的知识产权客体之一，第 39 条第 2 款规定："自然人和法人应有可能防止其合法控制的信息在未经其同意的情况下以违反诚实商业行为的方式向他人披露，或被他人取得或使用，只要此类信息：（a）属秘密，即作为一个整体或就其各部分的精确排列和组合而言，该信息尚不为通常处理所涉信息范围内的人所普遍知道，或不易被他们获得；（b）因属秘密而具有商业价值；并且（c）由该信息的合法控制人，在此种情况下采取合理的步骤以保持其秘密性质。"

TRIPS 协定第 39 条第 2 款并未对未披露信息明确定义，只是列举了未披露信息的三个构成要件：（1）该信息具有客观秘密性，即信息整体或者其组成部分的确切组合不是通常从事该信息行业的人所普遍知悉或容易获得的；（2）该信息具有商业价值；（3）该信息具有主观保密性，即合法控制信息的人为了保密，已经根据情况采取了合理的措施。

从上述构成要件可以看出，TRIPS 协定所说的"未披露信息"就是我国现行《反不正当竞争法》第 9 条第 3 款之"商业秘密"，2017 年《反不正当竞争法》修正案取消此前商业秘密构成要件中的"实用性"要求，就是为了和 TRIPS 协定的规定保持一致。

（三）专有技术的含义及其构成要件

专有技术（proprietary technology，俗称 know-how）的概念是在英美法律实践中产生和发展起来的，我国法律首次正式提及专有技术是 1985 年实施的《技术引进合同管理条例》，对其明确定义则是 1988 年实施的《技术引进合同管理条例施行细则》。该细则第 2 条第 2 款将专有技术定义为：未公开过、未取得工业产权法律保护的制造某种产品或者应用某项工艺以及产品设计、工艺流程、配方、质量控制和管理等方面的技术知识。2005 年 1 月 1 日起施行的《最高人民法院关于审理技术合同纠纷案件适用法律若干问题的解释》第 1 条第 2 款将技术秘密定义为：不为公众所知悉、具有商业价值并经权利人采取保密措施的技术信息。

从上述概念可以看出，专有技术（技术秘密）也具有秘密性、价值性和保密性三个构成要件，但其外延则局限于技术知识（技术信息），因此可以得出的结论是：专有技术的外延小于商业秘密，其主要对应的是具有商业秘密性质的"技术信息"。

二、商业秘密权和专利权的经济分析

（一）商业秘密制度和专利制度的经济分析

在没有专利制度之前，发明人如果想要维护自己发明创造的财产价值，唯一的选择是通过采取各种各样的保密措施将自己的发明创造保持在一种秘密状态，这实质上等同于通过一种自发的商业秘密制度来保护自己的利益，在这个制度中，秘密性是其核心要素。专利制度的核心要素则是公开，这恰好与商业秘密制度的核心要素相反，判断建立一个公开的专利制度是否有效率，就必须比较这两个制度之间的成本和收益。

1. 商业秘密权人的成本和收益

无论是商业秘密制度还是专利制度，其生产者都是权利人，而消费者则是社会公众。在以秘密性为其核心要素的商业秘密制度下，商业秘密权人的成本表现在以下几个方面：

（1）开发成本。（2）高额的维持成本。这具体表现在两个方面：其一是保密成本，该成本的支出是为了维持发明创造事实上的秘密性，以此为基础权利人方可获得财产收益；其二是竞争成本，商业秘密权并不能排斥他人通过独立创造所完成的相同发明的应用与收益，在商业秘密制度下可能有完全相同的发明创造存在，它们之间存在的竞争关系将使权利人承担竞争成本。（3）高额的许可使用成本。众所周知，知识产权的使用在更多情况下是通过许可的方式实现的，而商业秘密的客观秘密性使得社会公众不会主动发现其存在，因此为推销自己的发明创造，商业秘密权人势必支付高额的推销费用。此外，即使顺利地找到愿意受让发明的被许可方，但由于受让方无法预测该发明使用的实际效果，权利人一般需要对其承担较高的技术保证、技术咨询和技术服务成本。（4）低侵权预防成本和高救济成本。商业秘密的客观秘密性使发明不是普遍公知，在这种情况下侵权发生的可能性相对较低，但同样的理由又使得在真正发生侵权纠纷的情况下权利人证明自己的主体身份、被指控方行为非法、损害后果等有很大难度，这无疑增加了权利人的救济成本。在承担上述成本的条件下商业秘密权人将获得使用收益，这种收益包括自用收益和许可使用收益。

2. 商业秘密制度下社会公众的成本和收益

在商业秘密制度下，社会公众的成本则表现在以下几个方面：（1）使用费。（2）高额的交易成本。具体表现在两个方面：其一是寻找所需发明必须支付的费用；其二是在无法证明交易对方为商业秘密合法持有人的情况下，交易不安全产生的额外成本。（3）较高的应用成本，这是因为在受让发明前，受让方对受让发明的整体情况未知，因此其自然无法预测该发明的实用效果。在产生上述成本的同时，商业秘密当然也会为社会带来效益，这种效益表现在直接的经济效益和间接地促进科技发展两个方面。

3. 专利权人的成本和收益

在以公开性为其核心要素的专利制度下，专利权人的成本表现为：（1）开发成本。总的来说，在专利制度下发明创造的开发成本要少于商业秘密制度下的开发成本。所有的发明创造都是在一定技术领域内已有技术的基础上的创新和发展，由于专利制度是公开的，每一最新技术的开发都是在同技术领域已有的、最先进的、公开的技术基础之上完成，在这种情况下支付的开发成本显然少于在秘密性的商业秘密制度下新技术的开发成本。（2）高额的获权成本。商业秘密制度下权利人无须支付此种成本，因为商业秘密权是自动获得的，而专利权却是有权机关授予的。专利制度下高额的获权成本表现在两个方面：其一是为履行相关审批程序直接支付的费用；其二是为了证明申请获权的发明创造具有新颖性、创造性和实用性而间接承担的成本。（3）时间性和地域性成本。和商业秘密权相比，专利权法定的时间性和严格的地域性使权利人成本增加。但是，在专利制度下，专利权人无须承担前述商业秘密权人必须支付的权利维持成本和使用成本。（4）高侵权成本和低救济成本。专利的公开性使发明成为普遍公知，在这种情况下侵权发生的可能性相对较大，但同样的理由又使得在真正发生侵权纠纷的情况下权利人的举证责任极为简单，因此其救济成本很低。在承担上述成本的条件下专利权人在法定时间和地域范围内具有垄断地位，这使得专利权人在不承担竞争成本的同时最大限度地获得使用收益。

4. 专利制度下社会公众的成本和收益

在专利制度下，社会公众承担的成本远远少于在商业秘密制度下社会公众的成本，前者仅仅表现为使用费的支出。尽管由于专利的垄断性这种使用费通常会高于商业秘密的使用费，但在商业秘密制度下社会公众必须承担的高额交易成本和应用成本在专利制度下却是不存在的。专利制度下社会公众的收益远远大于商业秘密制度下的收益，其至少表现在三个方面：(1) 应用带来的经济收益。从理论上讲，专利技术应当是一定技术领域内最先进的技术，因此其应用带来的经济收益也应当大于技术水平参差不齐的商业秘密应用所产生的经济收益。(2) 避免重复开发所节约的成本以及产生的收益。由于专利是公开的技术，因此一定技术领域的研究人员可以清楚地知道该技术领域内科技发展的程度，重复开发因此而避免。(3) 科技发展速度加快。在公开的专利制度下，每一最新技术的开发都可以在同技术领域已有的、最先进的技术基础之上完成，这就缩短了技术的更新周期，整个人类社会的科技发展速度因此而加快。

5. 专利制度比商业秘密制度更有效率

在上述对商业秘密制度下和专利制度下生产者和消费者之间的成本和收益详细分析的基础上，我们需要对二者的成本收益之比进行进一步的分析，以此确定专利制度的建立是否具有效率。

从生产者（权利人）的角度看，商业秘密制度下的开发成本高于专利制度，高额的维持成本和应用成本转化为专利制度下的高额获权成本和时间、地域性成本，侵权成本和救济成本在两种制度下则是相当的。单从成本出发，我们很难说专利制度和商业秘密制度对权利人孰优孰劣，但由于专利制度并不是强制性的，因此使用专利制度还是商业秘密制度来保护自己的发明创造，选择权在权利人，而其选择要点何在，将在下面一个问题中详述。在收益方面，如前所述，因具有更高的垄断地位，专利制度下权利人的收益要高于商业秘密制度下的收益。从消费者（社会公众）的角度看，商业秘密制度下的三项成本（使用费、交易成本和应用成本）在专利制度下简化为单一的使用费成本，而收益却从单一的使用收益增大为三项（更高的使用收益、避免重复开发的收益以及加速科技发展的收益）。

在整合上述成本收益比对之后，我们可以清楚地发现，专利制度下成本和收益之差要大于商业秘密制度下成本和收益之差，在社会公众获得最大效益的同时又不使权利人受损（甚至可以说权利人也同时受益）。这就说明就制度模式而言，专利制度符合“帕累托最优”(Pareto optimality)①，专利制度比商业秘密制度更有效率。

(二) 特定发明创造制度选择的经济分析

如前所述，对权利人而言，商业秘密制度下其所支付的成本主要表现为外部成本，在专利制度下这种成本转化为内部成本，因此从成本总量来看，商业秘密制度和专利制度没有绝对的优劣之分。由于专利制度不具有强制性，因此特定的发明创造完成之后权利人可以在专利制度或商业秘密制度中任择其一作为维持其财产价值的手段。而实践中，权利人做出的选择实质上也是微观经济分析的结果。其通常考虑的是如下三个方面的问题。

(1) 维持秘密可能性的大小。维持秘密的可能性越大，权利人支付的维持成本越低，

---

① 帕累托最优，也称为帕累托效率（Pareto efficiency），是指资源分配的一种理想状态，假定固有的一群人和可分配的资源，从一种分配状态到另一种状态的变化中，在没有使任何人境况变坏的前提下，使得至少一个人变得更好。帕累托最优是公平与效率的“理想王国”。

实际占有的垄断地位越高，相应的收益也越多，在此种情况下商业秘密制度成为首选。反之，维持秘密的可能性越小，权利人支付的维持成本越高，但如果将这些外部成本转化为内部成本，以此获得专利制度的法定垄断地位，其收益仍然能够保障，此时专利制度就应当成为首选。

（2）同一发明被多人创造出来的可能性大小。可能性越小，权利人承担的竞争成本就越低，实际垄断地位有所保证，此时选择商业秘密制度可行；反之，同一发明被多人创造出来的可能性越大，权利人应当支出的竞争成本就越高，此时取得具有法定垄断性的专利保护就应当成为首选。

（3）特定发明创造被更新替代的周期长短。如果被更新替代的周期少于专利保护期，则选择专利制度更符合权利人的经济利益，反之则商业秘密制度对其更为有利。

从上述三点分析可以看出，对特定的发明创造来说，选择专利制度还是商业秘密制度保护，关键取决于外部成本和内部成本的比较。当外部成本大于内部成本时，对权利人而言专利制度更具有效率，而当外部成本小于内部成本时，商业秘密制度则更具有效率。

综上所述，就制度模式而言，由于专利制度下成本和收益之差要大于商业秘密制度下成本和收益之差，在专利制度下可以实现经济最大化，因此专利制度整体上比商业秘密制度具有效率，这说明专利制度的建立是合理的并会产生积极效用的。这是从宏观角度得出的结论。尽管专利制度本身比商业秘密制度具有效率，但是从微观角度出发，这一结论不能比照适用。对特定的发明创造来说，选择专利制度还是商业秘密制度保护，关键取决于权利人承担的外部成本和内部成本的比较。当外部成本大于内部成本时，对权利人而言专利制度更具有效率，而当外部成本小于内部成本时，商业秘密制度则更具有效率。这也是在现代知识产权制度中，专利制度并没有取代商业秘密制度，而仅仅是与商业秘密制度并存的原因。

三、商业秘密和 TRIPS 协定

TRIPS 协定第一次在国际公约层面明确商业秘密（未披露信息）是知识产权客体，这被认为是一项重要的革新。在 GATT 乌拉圭回合谈判之初，美国于 1987 年 10 月 28 日提出的建议案中提到商业秘密问题，接着欧盟和瑞士的提案中也提出了这一问题。而巴西和印度特别反对将商业秘密纳入议程中。例如，1989 年印度政府提出商业秘密不是一种知识产权客体，《巴黎公约》第 10 条之二对不正当竞争的规定就足以保护商业秘密，而且根据合同和民法的保护也优先于知识产权规则。但这些反对的提议未被接受，最终通过了现在的 TRIPS 协定第 39 条。① 从国际上看，继专利权、商标权和著作权等知识产权被相继纳入国际公约保护之后，TRIPS 协定首次专门系统地规定了商业秘密（尽管其使用了“未披露信息”的措辞以调和成员方的利益）保护条文，大大推进了商业秘密作为无形财产权保护的进程。

根据 TRIPS 协定第 39 条，成员在保护商业秘密上承担如下三个方面的义务。

---

① 孔祥俊．WTO 知识产权协定及其国内适用．北京：法律出版社，2002：287－288．

(一) 明确《巴黎公约》有关“不正当竞争”的规定适用于保护商业秘密

TRIPS 协定第 39 条第 1 款首先要求：在保证针对《巴黎公约》(1967 年文本) 第 10 条之二规定的不正当竞争而采取有效保护的过程中，各成员应依照该条第 2 款对未披露信息和依照第 3 款提交政府或政府机构的数据进行保护。这其实就是将《巴黎公约》有关“不正当竞争”的规定适用于商业秘密的保护。

《巴黎公约》第 10 条之二规定：本联盟国家有义务对各该国国民保证给予制止不正当竞争的有效保护。凡在工商业事务中违反诚实的习惯做法的竞争行为构成不正当竞争的行为。下列各项特别应予以禁止：(1) 具有不择手段地对竞争者的营业所、商品或工商业活动造成混乱性质的一切行为；(2) 在经营商业中，具有损害竞争者的营业所、商品或工商业活动商誉性质的虚伪说法；(3) 在经营商业中使用会使公众对商品的性质、制造方法、特点、用途或数量易于产生误解的表示或说法。

从上述第 10 条之二的规定可以看出，《巴黎公约》没有明确地将侵犯商业秘密行为列举为一种不正当竞争行为，尽管很多国家（如我国）认为应当并且事实上将侵犯商业秘密的行为归于不正当竞争行为的调整之列。随着商业秘密在国际经济交往中越来越重要，为了顺应加强商业秘密保护的要求和弥补《巴黎公约》规定的不足，也为了减少新制度出台可能遭遇的阻碍，TRIPS 协定首先在第 39 条第 1 款肯定了某些国家既存的、以反不正当竞争手段保护商业秘密的做法，在此基础上又在第 2 款和第 3 款进一步明晰了商业秘密权的内容，并将保护范围进一步扩大到未披露的试验数据。

(二) 明确了侵犯商业秘密权的内容

1. 侵犯商业秘密权的构成要件

TRIPS 协定第 39 条第 2 款规定：自然人和法人应有可能防止其合法控制的商业秘密在未经其同意的情况下，以违反诚实的商业惯例的方式向他人披露，或者被他人取得或使用。可见，侵犯商业秘密权的构成要件有三：(1) 未经权利人同意；(2) 以违反诚实的商业惯例的方式；(3) 披露、取得或使用了商业秘密。

从上述三个侵权构成要件可以看出，商业秘密权的排他性（或专有性）不及专利权。因为判断专利侵权只需看是否有未经许可使用、制造、销售或进口的事实，而无须考虑侵权方式是否“违反诚实的商业惯例”，侵犯商业秘密权却要以此为条件。究其原因，是因为专利是公开的技术，而商业秘密则以“秘密性”作为权利存在的基本条件。

至于何为“违反诚实的商业惯例的方式”(a manner contrary to honest commercial practices)，TRIPS 协定没有明确定义，只是在第 39 条的注解中做了一些列举：应至少包括诸如违约、泄密及诱使他人泄密的行为，还应包括通过第三方以获得未披露的信息（无论该第三方已知或因严重过失而不知该信息的获得将构成违反诚实的商业惯例的行为）。因此可以认为，除了必须包含第 39 条注解中所列举的各项，各成员有权自主规定哪些行为属于“违反诚实的商业惯例的方式”。

我国《反不正当竞争法》第 9 条规定：“经营者不得实施下列侵犯商业秘密的行为：(一) 以盗窃、贿赂、欺诈、胁迫或者其他不正当手段获取权利人的商业秘密；(二) 披露、使用或者允许他人使用以前项手段获取的权利人的商业秘密；(三) 违反约定或者违反权利人有关保守商业秘密的要求，披露、使用或者允许他人使用其所掌握的商业秘密。”“第三人明知或者应知商业秘密权利人的员工、前员工或者其他单位、个人实施前款所列违法行为，仍获取、披露、使用或者允许他人使用该商业秘密的，视为侵犯商业秘密。”可见，我国法律规定的属于“违反诚实的商业惯例的方式”包括：盗窃、贿赂、欺诈、胁迫或者其他不正当手段，违反约定或权利人有关保密的要求；诱使他人泄密，等等。

很显然，在商业秘密侵权纠纷中，确认了讼争的技术信息或经营信息的相同性或相似性，并不等于被诉方当然构成侵权。被诉方是否采用了“违反诚实的商业惯例的方式”或者说是否存在信息流动的非法渠道也是一个法定的侵权构成要件。但是，这个举证责任应当由谁来承担呢？对此，TRIPS协定和我国反不正当竞争法没有明确的规定，但各国在司法实践中累积的经验足以解决这个问题，在我国典型案例是**海鹰公司诉祥生公司、莫善珏等侵犯商业秘密案**。[①] 该案例明确的结论是：对于违反诚实的商业惯例的方式或者非法渠道举证责任仍然在原告，当然，被告可以抗辩其取得渠道合法，如通过自行开发研制、反向工程等方式或从其他合法渠道获得。但是，对于因职工跳槽引起的侵犯商业秘密纠纷，只要原告证明职工接触过商业秘密和跳槽的事实存在，而被告不能证明其取得渠道合法的，一般就可以认定职工跳槽即构成商业秘密流动的非法渠道。

案　例

海鹰公司诉祥生公司、莫善珏等侵犯商业秘密案

海鹰企业集团有限责任公司（以下简称“海鹰公司”）拥有3.5MHz线阵探头等多项专有技术，莫善珏、吴荣柏、顾爱远曾是海鹰公司的主要技术人员，后跳槽到无锡祥生医学影像有限责任公司（以下简称“祥生公司”），系祥生公司的发起股东并任该公司董事。

1997年10月20日，海鹰公司向江苏省高级人民法院提起诉讼，主张祥生公司生产销售的祥生500型B超主机使用了海鹰公司3.5MHz线阵探头等多项专有技术，侵犯了海鹰公司的商业秘密。祥生公司的答辩理由是：其生产的500型B超主机的核心技术来源于其与南京大学签订的“关于医学超声换能器阵技术转让合同”。

一审法院经审理认定如下：(1) 对原告主张的多项专有技术是否构成商业秘密，对比《反不正当竞争法》规定的商业秘密的秘密性、价值性和保密性的构成要件应做出肯定性认定。(2) 祥生公司生产的500型B超机和海鹰公司生产的HY218B超机的探头和主机没有本质的区别。(3) 被告从南京大学通过技术转让合同获得的资料内容仅是涉及国内外医学超声换能器阵技术的发展、设计原理等理论研究情况的综述，没有涉及具体工艺细节，不能由此形成祥生公司生产B超机的技术资料，不能依此生产出祥生500型B超机。(4) 被告莫善珏、吴荣柏、顾爱远曾是海鹰公司研制B超机的主要技术人员，因工作关系掌握了原告生产B超机的商业秘密，且负有保密义务（海鹰公司要求核心技术人员承担10年期的保密义务）。由于祥生公司无法证明其生产500型B超机的技术系通过合法渠道

① 此案例案情来自江苏省高级人民法院（1997）苏知初字第3号民事判决书（一审）和最高人民法院（1999）知终字第3号民事判决书。

获得，而祥生公司的主要技术人员莫善珏等3人均来自原告海鹰公司，且均系被告祥生公司的发起股东，法院认为本案商业秘密流动的非法渠道十分清楚，原告无须进一步举证证明3名自然人被告是如何具体将原告的商业秘密带走、如何披露和使用的。

据此，一审法院认定莫善珏等3人违反保密义务，允许祥生公司使用海鹰公司的商业秘密生产、销售产品，祥生公司明知3人的上述违法行为，仍然使用该商业秘密，祥生公司和莫善珏等3人均构成侵犯原告商业秘密权的不正当竞争行为，应当承担民事侵权责任。

二审判决只是在损害赔偿额的认定上不同于一审判决，在其他方面均支持了一审判决的结论。

2. 侵权例外情形

和专利侵权构成要件相比，侵犯商业秘密的认定多了“以违反诚实的商业惯例的方式”的构成要件，这起码排除了两种未经许可使用商业秘密但并未构成侵权的情形：一种是善意第三人的使用，即第三方完全不知道也不可能知道该商业秘密的提供者不是真正的权利所有人，并为此支付了合理的费用；另一种是他人对独立开发出的或通过反向工程获得的完全相同的商业秘密的使用。美国芝加哥锁业公司诉番伯格案[①]就是通过反向工程获得商业秘密不构成侵权的典型案例。

案　　例

美国芝加哥锁业公司诉番伯格案

芝加哥锁业公司（以下简称“芝加哥公司”）从事多种类型锁的生产，自1933年起，该公司生产一种比其他锁更安全的管状锁，该锁具有高强保密性且钥匙很难被复制。如果锁的主人丢了钥匙，他可以从该公司获得一把备用钥匙，也可以让一个锁匠研究锁栓的结构后配出一把新钥匙，后者虽然花费较高但显然比前者更快，因此成为锁主人丢钥匙后最主要的选择。锁匠通常在配钥匙时会记录下钥匙代码（即锁栓的结构）以及该锁的序列号。

维克托·番伯格是一个锁匠，他于1975年在《锁匠杂志》上做广告，征集其他锁匠记录的管状锁的钥匙代码，作为交换，番伯格将编辑一个管状锁的钥匙代码手册，当整个编辑工作完成时，这些锁匠可以获得一本手册。1976年年底，番伯格出版了一本名为《一个高级锁匠的管状锁代码》的图书，售价49.95美元。

芝加哥公司认为其生产的管状锁钥匙代码由该公司秘密地无限期拥有，且其出售的每把钥匙上都标有“禁止复制”的字样，因此以番伯格侵犯其商业秘密为由向地方法院提起诉讼。

地方法院首先认定了芝加哥公司管状锁钥匙代码构成商业秘密，继而认为“番伯格不能保证购买此书的人都是正规的锁匠”，番伯格没有从芝加哥公司获得破译并出售钥匙代

① 刘澎．美国知识产权要案精编．北京：京华出版社，2007：14-16.

码的许可，故其行为构成侵权。

番伯格不服地方法院的判决，上诉至美国第九巡回上诉法院。

上诉法院认定，购锁人丢钥匙以后，寻找锁匠研究锁栓结构配出新钥匙的行为构成反向工程，而针对商业秘密的反向工程以及出版因反向工程得到的钥匙代码的行为是有关商业秘密的法理明确允许的。上诉法院据此撤销原判，发回改判并做出有利于被告上诉人的判决。

（三）对未披露的试验数据（undisclosed test or other data）的保护

除要求成员为商业秘密提供保护外，TRIPS 协定第 39 条第 3 款还特别规定：当成员要求以提交未披露的试验数据或其他数据，作为批准采用新化学成分的医药用品或农用化工产品上市的条件时，如果该数据的原创活动包含了相当的努力，则该成员应保护该数据以防止不正当的商业使用。同时，除非出于保护公众的需要，或除非已采取措施保证对该数据的保护、防止不正当的商业使用，成员均应保护该数据以防其被泄露。

实践中，各国一般要求药品生产厂商在医药用品上市销售以前，必须进行病理、病毒、生理、临床等试验，农业化学产品上市销售以前也必须进行田间试验，然后将有关试验数据报政府有关主管部门审核，符合条件方允许上市销售。这些上报审批的试验数据通常是未公开的，如果被泄露可能会被竞争者利用。为了防止这些未公开但具有价值的数据在政府审批环节被泄露，TRIPS 协定特别要求成员为其提供保护，以防止不正当的商业使用。

需要特别指出的是，适用第 39 条第 3 款的基本前提是，一个成员将提交数据作为获得医药用品或者农用化工产品上市销售批准的条件。在没有必要提交该数据的时候，该规定不适用，比如，国内当局依据在其他地方的在先注册而批准销售。

此外，从第 39 条第 3 款的措辞可以看出，应受保护的数据必须与一种“新化学成分”有关。至于何为“新的”，TRIPS 协定并未予以明确，实践中各成员普遍类推适用专利法上“新颖性”的标准。但根据所使用文字的通常含义，第 39 条第 3 款显然并不适用于已知产品的新用途，也不适用于现有药品的剂型、组合、新型给药形式、结晶形式等，因为这些并不涉及新的化学成分。

第 39 条第 3 款也没有确定给予保护的任何实体性标准（比如创造性或新颖性），而只是规定“该数据的原创活动包含了相当的努力”时，就应当给予保护。关于所涉及努力的类型（技术上的或经济上的）以及努力的程度，该款规定语义模糊。合理的理解可能是：所涉“努力”不仅包括经济上的，而且包括技术与科学上的，例如实验活动。①

---

① 弗雷德里克·M. 阿伯特，托马斯·科蒂尔，弗朗西斯·高锐. 世界经济一体化进程中的国际知识产权法：第二版：下册. 北京：商务印书馆，2014：970.

【重要术语提示与中英文对照】

序号	中文术语	英文对照
1	植物新品种	new varieties of plants
2	国际植物新品种保护联盟	international union for the protection of New Varieties of Plants，UPOV
3	繁殖材料	propagating material
4	使用受保护品种的繁殖材料而获得的收获物	harvested material of the protected variety
5	使用受保护品种的收获材料获得的最终产品	products made directly from harvested material of the protected variety
6	集成电路	integrated circuit
7	集成电路布图设计	integrated circuits layout-designs
8	数据库	database
9	特别权利	sui generis right
10	提取权	extraction right
11	再利用权	re-utilization right
12	商业秘密	business secret
13	未披露信息	undisclosed information
14	专有技术	proprietary technology，know-how
15	未披露的试验数据	undisclosed test or other data

【思考题】

1. WTO 的 TRIPS 协定对保护植物新品种做何规定？

2. 《国际植物新品种保护公约》的 1978 年文本和 1991 年文本对育种者权利的保护有哪些不同？

3. 和《集成电路条约》相比，TRIPS 协定在哪些方面提高了对集成电路布图设计的保护水平？

4. 什么是数据库？《伯尔尼公约》和 TRIPS 协定对汇编作品提供版权保护的条件有何不同？

5. 数据库特别权利有哪些主要权利内容？

6. 商业秘密、未披露信息和专有技术在内涵和外延上有何区别和联系？

7. 侵犯商业秘密权的构成要件有哪些？

8. TRIPS 协定为何要保护未披露的试验数据？

【经典参考文献】

1. 弗雷德里克・M. 阿伯特，托马斯・科蒂尔，弗朗西斯・高锐. 世界经济一体化进程中的国际知识产权法：第二版：下册. 北京：商务印书馆，2014：903－1008.

2. 董炳和. 数据库的法律地位//郑成思. 知识产权文丛：第一卷. 北京：中国政法大学出版社，1999.

3. 齐爱民，李仪. 商业秘密保护法体系化判解研究. 武汉：武汉大学出版社，2008.

4. 刘澎. 美国知识产权要案精编. 北京：京华出版社，2007.

5. 孔祥俊. WTO 知识产权协定及其国内适用. 北京：法律出版社，2002.

第六章　知识产权执法的国际规则

本章教学目的与要求

了解知识产权执法国际规则的演变，掌握TRIPS协定在民事和行政执法、边境执法、刑事执法方面的最低要求，了解ACTA强化和细化知识产权执法方面的要求，掌握在边境措施和刑事定罪标准方面ACTA和TRIPS协定的区别，了解ACTA关于在数字环境下知识产权执法的主要规定。

第一节　知识产权执法国际规则的产生和发展

一、TRIPS协定以前的知识产权执法国际规则

在TRIPS协定之前，国际知识产权公约、条约和协定一般着重于知识产权国际保护的原则以及实体性标准条款，对于执法的问题很少涉及。各国一般认为执法措施涉及每个国家不同的社会、经济和政治体制，怎样执行以及由谁来执行最好留给各缔约国自己决定，各国可根据自身经济、文化、政治、法律等的实际情况，制定合适的知识产权执法制度。①

当然，在TRIPS协定之前，也有部分国际公约有少量的条款涉及知识产权执法的内容。例如：《保护工业产权巴黎公约》第9条规定“对非法标有商标或厂商名称的商品在进口时予以扣押”，第10条规定“对标有虚伪的货源或生产者标记的商品在进口时予以扣押”，第10条之二规定“保证给予制止不正当竞争的有效保护”；《保护文学艺术作品伯尔尼公约》第13条第3款规定“根据本条第1、2款制作的录音制品，如未经有关方面批准进口，视此种录音为侵权录音制品的国家，可予扣押”，第16条第1款规定“对作品的侵权复制品，在作品受法律保护的本同盟成员国应予扣押”；《保护表演者、录音制品制作者和广播组织罗马公约》第26条第1款规定，“各缔约国保证根据本国宪法采取必要措施保

---

① 廖丽. 国际知识产权新趋势：TRIPS-Plus知识产权执法研究. 北京：中国社会科学出版社，2015：13.

障本公约的实施”；《保护录音制品制作者防止未经授权复制其录音制品日内瓦公约》第3条规定，“执行本公约的方式应当由各缔约国国内法律规定并应当包括以下一种或多种：通过授予版权或其他专项权利的方式保护；通过有关不正当竞争的法律保护；通过刑事制裁的方式保护”。

但是，上述公约的上述条款都只是要求缔约国为了保证相关知识产权公约的要求落实而必须有相应的国内法实施措施，但具体的执法细节，这些公约都没有明确。由于大多数发展中国家的国内法律缺乏对知识产权保护的有效执法措施，发达国家特别是美国和欧盟成员国内知识产权人对此表示不满，于是在私人利益的推动下，在WTO框架内制定更为有效的知识产权协定，加强并细化执法措施，也就成了TRIPS协定必须纳入的一个重要问题。

二、TRIPS协定架构内的知识产权执法体系

WTO的TRIPS协定由序言以及七个部分共73个条款构成。在序言部分，协定开宗明义地说明了其缔结的目的在于促进对知识产权有效和充分的保护，以减少对国际贸易的扭曲和阻力，同时保证知识产权执法的措施与程序不至于变成合法贸易的障碍。为达到此目的，WTO的成员认为有必要制定与下列内容有关的新规则与制裁措施：（1）1994年的“关税与贸易总协定”的基本原则及有关知识产权的国际协定或公约的基本原则的可适用程度；（2）涉及与贸易有关的知识产权的效力、范围及利用的适当标准与原则的规定；（3）涉及与贸易有关的知识产权执法的有效与适当的措施规定，并顾及各国法律制度的差异；（4）以多边方式防止及解决政府间争端的有效及快速程序规定；（5）目的在于全面接受谈判结果的过渡安排。TRIPS协定的正文部分即以上述五方面的目的要求为基础最终形成。

总的来说，TRIPS协定是一个高标准、严要求的协定。“高标准”表现在纳入已有知识产权国际公约，同时在很多方面提高了知识产权国际保护的水平；“严要求”则专指TRIPS协定强有力的执法和争端解决程序，协定要求所有的WTO成员完善知识产权立法，同时还辅之以强有力的执法措施，以使权利人真正得到法律为其提供的保护。TRIPS协定的第三和第四部分专门涉及知识产权的实施，即进一步要求成员在知识产权执法以及权利的取得和维持两方面承担义务，以确保协定赋予的权利内容真正实现，这在知识产权国际公约中是一个创举。

TRIPS协定第三部分规定的内容为“知识产权的实施”（enforcement of intellectual property rights)，该部分从五个方面规定了知识产权的执法问题，包括：一般义务，民事和行政程序及救济、临时措施、与边境措施相关的特殊要求和刑事程序。

TRIPS协定第41条规定了成员在知识产权执法方面的一般义务，这些义务包括四个方面的内容：（1）各成员应保证其国内法中包括关于本部分规定的实施程序，以便对任何侵犯本协定所涵盖知识产权的行为采取有效行动，包括防止侵权的迅速救济措施和制止进一步侵权的救济措施。这些程序的实施应避免对合法贸易造成障碍并为防止这些程序被滥用提供保障。（2）有关知识产权的实施程序应公平和公正。这些程序不应不必要的复杂和费用高昂，也不应限定不合理的时限或造成无理的迟延。（3）对一案件是非曲直的裁决，

最好采取书面形式并说明理由。至少应使诉讼当事方可获得，而不造成不正当的迟延。对一案件是非曲直的裁决只能根据已向各方提供听证机会的证据做出。（4）要求建立对行政裁定的司法审查制度，即：诉讼当事方应有机会要求司法机关对最终行政裁定进行审查，并在遵守一成员法律中有关案件重要性的司法管辖权规定的前提下，至少对案件是非的初步司法裁决的法律方面进行审查。但是，对刑事案件中的无罪判决无义务提供审查机会。

除了规定上述知识产权执法的一般义务，TRIPS协定针对涉及知识产权的民事和行政程序、临时措施、边境措施和刑事程序做了进一步细致的规定，对这些内容的论述将在本章后面几节中逐一展开。

三、ACTA架构内的知识产权执法体系

知识产权国际保护到了TRIPS协定生效时已经进入了高标准的时代，但是，由于TRIPS协定首次涉及知识产权的执法问题，相关规定比较原则，因而其制约力有限。而21世纪头十年由于盗版和假冒贸易的激增[①]，美国、欧盟、日本等认为TRIPS协定虽然对知识产权保护设置了最低保护标准，但是在执行方面依然规定由各成员政府自行掌握，缺乏实效性，那些规定“只触地板而未及屋穹”[②]，因此指责相关国家尤其是发展中国家的执法措施不力，给发达国家带来了巨大损失。基于此，在2005年7月苏格兰格伦伊格尔斯八国集团首脑峰会上，时任日本首相小泉纯一郎首次提出制定反假冒协定的想法。2007年10月23日，美欧表示将与一些主要贸易伙伴寻求谈判一个新的更高基准的知识产权执法协定，并强调该谈判不属于任何现有的国际组织的一部分。

自2008年1月起，反假冒协定一共经历了11轮谈判。2010年10月，《反假冒贸易协定》（Anti-Counterfeiting Trade Agreement，ACTA）草案文本的主要争议方美国和欧盟迅速达成妥协，于2010年11月15日公布了最终草案文本，草案文本自2011年10月1日起开放签署。

ACTA共有6章45条，各章分别是“初始条款和一般定义”、“知识产权执法的法律框架”、“执法实践”、“国际合作”、“机构安排”和“最后条款”。根据ACTA的文本内容以及缔约方的期望，ACTA的目标是设定新的知识产权执法国际标准，期望通过促进国际合作和更有效的国际执法，来打击激增的假冒和盗版商品。因此，ACTA的核心是其第二章“知识产权执法的法律框架”，其条款占全部条款的将近一半。

欧盟及其22个成员国于2012年1月26日签署了该协定，但该协定的签署在欧洲范围内遭到了广泛的抗议。欧盟议会于2012年7月4日以478票同意、39票反对、165票弃权的表决结果正式退出了该协定，这意味着欧盟及其成员国不再是ACTA的缔约国。此外，根据协定第40条的规定，该协定于6个缔约国批准并提交批准书30日后方才生效。截至2019年2月，只有日本完成了国内批准程序，故该协定尚未生效。

---

① 2007年经济合作与发展组织（OECD）发布的《假冒和盗版对经济的影响》专题研究表明，2000—2007年，假冒和盗版的贸易额增长了1.5倍，达到2 500亿美元，而且假冒贸易占实际贸易的份额也从2000年的1.85%增长到2007年的1.95%。

② Monika Ermert. European Commission on ACTA：TRIPS Is Floor Not Ceiling.（2009 - 04 - 22）. https：//www. ip - watch. org/2009/04/22/european - commission - on - acta - trips - is - floor - not - ceiling.

尽管ACTA至今尚未生效，中国、巴西、印度等主要新兴经济体始终没有参与ACTA的谈判也导致其国际影响力可能受限，但是ACTA在纳入TRIPS协定关于知识产权执法的规定的基础上，在其核心内容的第二章“知识产权执法的法律框架”部分，对民事执法、边境措施、刑事执法和数字环境下的知识产权执法等做出了更加具体明确的规定。

四、TPP和CPTPP架构内的知识产权执法体系

跨太平洋伙伴关系协定（Trans-Pacific Partnership Agreement，TPP）是由智利、新西兰、新加坡和文莱四国于2005年7月签订的跨太平洋战略经济伙伴关系协定（TPSEP）演变而来。2015年10月5日，美国、澳大利亚、新西兰、日本、加拿大等12个成员国结束了TPP协定谈判，并达成基本协议。TPP协定共有30章内容，议题涵盖市场准入、服务业开放、贸易壁垒、知识产权、劳工权益、争端解决等。根据TPP协定的规定，该协定自全部12个缔约国完成国内批准程序之日起60天后方可生效，而美国总统特朗普在其就职当天就宣布退出TPP，并于2017年1月23日在白宫正式签署了相关行政命令，这标志着TPP协定的流产。此后，日本与越南共同宣布除美国外的11国就继续推进TPP正式达成一致，11国将签署新的自由贸易协定，新名称为《全面与进步跨太平洋伙伴关系协定》（Comprehensive and Progressive Agreement for Trans-Pacific Partnership，CPTPP）。2018年3月8日，11国代表在智利首都圣地亚哥举行了签字仪式，该协定自任意6个缔约国完成国内批准程序之日起60天后即可生效。2018年12月30日，CPTPP协定正式生效。①

TPP协定在知识产权方面的成果体现在第18章，共11节外加6个附件，具体包括总则、合作、商标、地理标志、专利和未披露的试验或其他数据、工业品外观设计、版权和相关权利、执法、互联网服务提供商以及最后条款。TPP协定在知识产权部分专节规定了知识产权执法措施，具体涉及民事执法、刑事执法、边境措施和数字环境下的知识产权执法措施等。CPTPP协定在保留TPP协定超过95%的内容的同时，大大降低了通过的难度，其在知识产权部分的规定基本上与TPP协定相同。

对比TPP和ACTA关于知识产权执法的规定，我们会发现二者在这方面的规定基本上是相同的，因此下文对知识产权执法具体内容展开论述时，将只涉及TRIPS协定和ACTA。

第二节　知识产权民事和行政执法

一、TRIPS协定关于知识产权民事和行政执法的规定

TRIPS协定关于知识产权民事和行政执法的绝大多数规定是直接针对民事司法程序

---

① CPTPP相关数据来自加拿大政府官方网站（https：//www.canada.ca/en.html），访问时间：2019年2月20日。

的，关于行政程序，只在第 49 条做了简单规定："如由于行政程序对案件是非曲直的裁决而导致责令进行任何民事救济，则此类程序应符合与本节所列原则实质相当的原则。"从这条规定可以看出：首先，TRIPS 协定里的"行政程序"并不仅仅指我国法律中的"行政诉讼"，还包括（并且主要包括）知识产权权利人通过行政执法机关维护自己的合法权利，或者行政执法机关依职权主动查处侵权活动的程序；其次，TRIPS 协定对行政程序的要求，与其对民事司法程序的要求是一致的。那么，在知识产权的民事司法程序和行政程序上，TRIPS 协定有哪些具体的规定呢？

（一）公平和公平的程序（fair and equitable procedures）

TRIPS 协定第 42 条对公平和公正的程序要求如下。

1. 一般义务

各成员应为权利持有人提供协定所包含的任何有关执行知识产权的民事司法程序。该要求也是最低保护标准的体现，即各成员的国民有权获得 TRIPS 协定规定的所有民事司法程序的救济。

2. 保障被告的诉讼权利

被告有权及时获得足够详细的、包含原告权利主张依据的书面通知。

3. 应允许代理诉讼，不得强制当事人出庭

当事人有权委托独立的法律顾问作为代理人代表其出庭，不应当有强制本人出庭这种过重要求的规定。例如在一些国家，只有公司的董事长和总经理可以代表法人，如果一般的诉讼都要求法定代表人参加，这显然是不合理的。此外，如果在一个特定的诉讼程序中，要求公司的法定代表人多次出庭，也是不合理的。

4. 保证当事人的证明权

程序的当事各方都应有举证的权利，以及证明其权利主张的机会。这在民事诉讼中表现为各国民事诉讼法都保证各当事方举证、质证的权利。在行政程序中，一般表现为听证原则，即给予程序中的当事人进行解释和申述理由的适当机会。这方面的典型案例如许文庆诉国家知识产权局专利复审委员会、第三人邢鹏万宣告专利权无效决定纠纷案。[①]

案　例

许文庆诉国家知识产权局专利复审委员会、
第三人邢鹏万宣告专利权无效决定纠纷案

1991 年 3 月 6 日，许文庆被中国专利局授予"一种钢管束内外壁防腐方法"的发明专利权。1997 年 3 月 28 日，邢鹏万向专利复审委员会提出该发明专利权无效的请求，1999 年 6 月 4 日，专利复审委员会做出第 1372 号无效宣告请求审查决定书，宣告许文庆发明专利无效，许文庆不服专利复审委员会决定，向法院提起诉讼。一审法院和二审法院以基本相同的理由，维持了专利复审委员会的第 1372 号决定，许文庆继而向最高人民法院申

---

① 此案例案情来自北京市第一中级人民法院（1999）一中知初字第 127 号行政判决书（一审）、北京市高级人民法院（2000）高知终字第 72 号行政判决书（二审）、最高人民法院（2005）民三提字第 2 号行政判决书（再审）。

请再审，理由之一是专利复审委员会的第 1372 号决定违反了《专利审查指南》规定的听证原则。

最高人民法院根据其补充查明的事实认定，许文庆发明专利被宣告无效的依据之一是《专利法》第 26 条第 4 款所规定的“权利要求书应当以说明书为依据”，但在宣告专利权无效程序中，专利复审委员会只是在口头审理通知中告知了当事人许文庆宣告无效所依据的法条包括《专利法》第 26 条第 4 款，而没有给予许文庆进行解释和申述理由的适当机会。

最高人民法院认为，国家知识产权局专利复审委员会和一、二审法院均认为，只要告知了当事人宣告无效所依据的法条，就视为给予了当事人申述理由的适当时机，从而符合了《专利审查指南》的听证原则，这是不正确的。所谓听证原则，即给予当事人在行政程序中进行解释和申述理由的适当时机，就是在行政程序中要给当事人就这些具体的事实、理由和证据进行解释和申述理由的适当机会，特别是对做出不利于一方当事人的决定所依据的事实、理由和证据，必须充分听取当事人的陈述和申辩。如果没有具体的事实、理由和证据，当事人进行解释和申述理由就缺乏针对性，因而也就无从进行解释和申述理由。

最高人民法院最终依据行政诉讼法的相关规定撤销了二审法院的行政判决和专利复审委员会的 1372 号无效宣告请求审查决定。

5. 保护秘密信息

民事司法程序还应提供措施以便识别和保护秘密信息，除非有关措施与现行宪法的要求相抵触。例如在南美和东南亚的一些国家，宪法禁止在民事诉讼中为了保护秘密信息而不公开审判，因为这违反了宪法公开审判的基本原则。

从我国民事诉讼程序整体来看，其与 TRIPS 协定上述公平和公正的要求是相符的。

(二) 证据的提供 (evidence)

1. 某些情况下的举证责任倒置

民事诉讼中举证的基本原则是谁主张谁举证，但是，在知识产权诉讼中证明当事一方主张的证据常常掌握在对方手中。例如，计算机软件是著作权的客体之一，其一般以电磁形式储存，被变更和毁灭相当方便且不易觉察，因此它作为证据具有极大的脆弱性和隐蔽性，另外，大量的侵权复制在企业内部完成，并在内部使用，这给证据的收集和保存带来了难度。在方法发明专利的侵权纠纷中，由于方法专利侵权一般都是在侵权方的场所进行的，隐蔽性较强，原告在正常情况下根本收集不到必要的证据。同样，商业秘密侵权行为在很多情况下也具有类似的性质，如侵权人如何不正当获取或违约披露商业秘密，商业秘密又是怎样被侵权使用的，均处于秘密状态。所有这些都说明在知识产权诉讼中如果严格适用谁主张谁举证的原则对维护有关当事人的权益是不利的。

为解决这个问题，TRIPS 协定第 43 条第 1 款规定，在符合条件的情况下举证责任可以倒置，即：如果一方当事人已经提供足够支持其权利主张的、能够合理取得的证据，同时指出对方当事人控制有证明其权利主张的证据，则司法机关应当有权责令对方当事人提供证据，但应对秘密信息提供保护。

TRIPS 协定规定的民事程序中的举证责任倒置必须满足两个条件：其一是提出请求的

当事人已有足够的证据支持其权利主张，其二是指出对方当事人控制有证明其权利主张的证据。在符合这两个条件时，成员的司法机关应当有权强制对方当事人提出证据。这里使用的措辞“司法机关应当有权”（the judicial authorities shall have the authority）确定了成员履行义务的强制性：必须制定赋予司法机关此种权力的程序规定，否则就构成了对TRIPS协定义务的违反。

2. 根据不完全信息裁决

TRIPS协定第43条第2款规定，如果被要求提供证据的一方当事人在合理期限内无正当理由拒绝提供证据或不提供必要的证据，或者严重阻碍与某一强制行动有关的程序，成员可以授予司法机关根据已提供的信息，包括因被拒绝提供信息而受到不利影响的一方提出的申诉或指控，做出初步的或者最终的决定，但应确保各当事方对有关主张或者证据进行听证的机会。

第43条第2款使用的措辞与第1款不同，“可以授予司法机关”（may accord judicial authorities）说明根据不完全信息裁决的规定是非强制性的。虽然第43条第2款的约束力相对于第1款要弱一些，但它也会对成员的国内立法产生影响。首先，如果某成员在民事程序中授权有关当局根据不完全信息裁决，该成员的此种行为并不违反TRIPS协定。其次，如果某成员在民事程序中授权有关当局根据不完全信息裁决，则必须符合第43条第2款的各项限制性条件：第一，被要求提供证据的一方当事人在合理期限内无正当理由拒绝提供证据或不提供必要的证据，或者严重阻碍与某一强制行动有关的程序；第二，确保各当事方对有关主张或者证据进行陈述的机会，特别是对拒绝提供的理由进行听证。如果请求提供的证据具有秘密性，保护该证据的措施的不充分可以作为拒绝提供的合理理由。

我国民事诉讼法和相关司法解释没有“根据不完全信息裁决”的明确规定，但是2002年开始施行的《最高人民法院关于民事诉讼证据的若干规定》第75条规定：“有证据证明一方当事人持有证据无正当理由拒不提供，如果对方当事人主张该证据的内容不利于证据持有人，可以推定该主张成立。”此条款包含部分“根据不完全信息裁决”的内容，适用该条款的典型案例如**日本雅马哈发动机株式会社诉浙江华田工业有限公司等侵犯商标专用权纠纷案**。①

案　例

日本雅马哈发动机株式会社诉浙江华田工业有限公司等侵犯商标专用权纠纷案

日本雅马哈发动机株式会社（以下简称“日本雅马哈”）在中国合法注册并享有“YAMAHA”“雅马哈”“FUTURE”商标的专用权，日本雅马哈在本案中主张三个商标为业界知名商标，且“YAMAHA”“雅马哈”是市场认可的驰名商标。

2001年，日本雅马哈向江苏省高院起诉，指控浙江华田工业有限公司（以下简称“华田公司”）制造，台州华田摩托车销售有限公司（以下简称“台州华田公司”）、台州嘉

① 此案例案情来自江苏省高级人民法院（2002）苏民三初字第006号民事判决书（一审）和最高人民法院（2006）民三终字第1号民事判决书（二审）。

吉摩托车销售有限公司（以下简称“台州嘉吉公司”）和南京联润汽车摩托车销售有限公司销售的摩托车，未经其许可将与“YAMAHA”注册商标相同或近似的标志作为商品名称或者商品装潢使用，足以造成消费者误认和混淆，同时将“FUTURE”注册商标作为商标在摩托车上使用，侵犯了其商标专用权。

本案主要涉及两个争点：其一，四被告侵权行为是否成立；其二，如果侵权成立，赔偿数额如何确定。最高人民法院关于本案的二审判决是驳回上诉、维持原判，故一审和二审法院在上述两个争点上的结论是一致的。一审和二审法院均认定四被告侵权行为成立，此争点与本章本节的知识点无关，故不在此详述。本案中与本节知识点“根据不完全信息裁决”有关的争点是被告之一的华田公司赔偿数额的确定问题。

本案中，虽然经审计证实，华田公司在被控侵权行为发生期间经营亏损，但一审和二审法院均认为不能据此认定华田公司可以不承担赔偿责任。因为：(1) 据调查，华田公司和台州华田公司为直接控股关系，李叔通同时为华田公司和台州嘉吉公司的法定代表人，也是这两个公司的最大控股股东，故华田公司、台州华田公司和台州嘉吉公司为关联公司，在关联公司间，不能排除华田公司向关联公司转移利润的可能。(2) 在本案审理过程中，华田公司拒绝向法院提供其据以审计的完整的财务凭证，在已经提供给法院的财务资料中，涉及华田公司与台州华田公司间的经销记录严重不完整，台州华田公司拒绝按照法院要求提供反映其经营状况的相关财务资料，台州嘉吉公司两次拒绝提供法院保全的财务资料，并拒绝参加庭审。这些因素都可能导致被告经营利润无法计算和查清。(3) 原告日本雅马哈认为华田公司、台州华田公司和台州嘉吉公司三被告为关联公司，故应将生产商华田公司、销售商台州华田公司和台州嘉吉公司的侵权环节作为整体来计算其侵权获利额。

法院认为，本案上述三被告持有证据但无正当理由不提供，而原告提供的计算方法已经充分考虑了被告销售的侵权产品的价格、市场上同类产品的价格以及相关销售成本、费用等因素，具有一定的合理性，遂推定原告的赔偿请求成立，并据此做出判决。

(三) 对知识产权侵权的救济

为了能及时有效地制止和阻止知识产权侵权，TRIPS 协定第 44～47 条明文规定了“禁令”“损害赔偿”“其他补救”“获得信息的权利”等几种对知识产权侵权的救济方法。

1. 禁令 (injunctions)

TRIPS 协定第 44 条的标题“禁令”是英美法系国家常用的术语，对应大陆法系国家，以及我国法律则是一种“责令停止侵权”的命令，特别用于阻止涉嫌侵犯知识产权的货物进入商业渠道，这是制止知识产权侵权的首要救济方法。

TRIPS 协定第 44 条要求的责令停止侵权包括两项内容：(1) 司法机关应有权责令当事人停止侵权，尤其有权在海关一旦放行之后，立即禁止含有侵犯知识产权的进口商品在其管辖范围内进入商业渠道。但是，如果当事人在已知或有充分理由应知经营有关商品会导致侵犯知识产权之前即已获得或已预购的该商品，即该侵权产品是善意取得或订购的，成员无义务授予司法机关上述权力。(2) 在强制许可的情况下，责令停止侵权仅适用于有关支付使用费的纠纷。

为了使我国知识产权人享有的权利与TRIPS协定的要求相符，我国2000年修订的《专利法》、2001年修订的《商标法》和《著作权法》都增加了与TRIPS协定第44条相同的诉前责令停止侵权和财产保全的内容。例如现行《专利法》第66条第1款规定："专利权人或者利害关系人有证据证明他人正在实施或者即将实施侵犯专利权的行为，如不及时制止将会使其合法权益受到难以弥补的损害的，可以在起诉前向人民法院申请采取责令停止有关行为的措施。"为了让该规定更具有可操作性，2001年最高人民法院还公布了《最高人民法院关于对诉前停止侵犯专利权行为适用法律问题的若干规定》，实践中也有大量专利侵权申请诉前禁令的案例，典型的如**克里斯提·鲁布托申请广州问叹贸易有限公司等诉前停止侵害专利权案**。[①]《商标法》第65条和《著作权法》第50条也有类似《专利法》66条的诉前禁令的规定。

案　例

克里斯提·鲁布托申请广州问叹贸易有限公司等诉前停止侵害专利权案

申请人克里斯提·鲁布托系ZL201430483611.7等3项外观设计专利的专利权人，申请人经公证取得被诉侵权产品口红3支，向广州知识产权法院请求被申请人广州问叹贸易有限公司（以下简称"问叹公司"）停止制造、销售、许诺销售被诉侵权产品，被申请人广州贝玲妃化妆品有限公司、广州欧慕生物科技有限公司立即停止制造被诉侵权产品。

广州知识产权法院认为，根据我国《专利法》第66条、《民事诉讼法》第101条、《最高人民法院关于对诉前停止侵犯专利权行为适用法律问题的若干规定》第4条和第11条的规定，应当从以下六个方面对本案诉前禁令申请进行审查，以决定是否颁发诉前禁令：(1) 涉案专利是否稳定有效；(2) 被申请人正在实施的行为是否具有侵权的可能性；(3) 不颁发禁令是否会给申请人的合法权益造成难以弥补的损害；(4) 被申请人因禁令之损失是否小于或者相当于无禁令之于申请人的损失；(5) 颁发禁令是否会损害社会公共利益；(6) 申请人提供的担保是否有效、适当。

广州知识产权法院经审理认定申请人克里斯提·鲁布托对被申请人问叹公司等的诉前禁令符合上述六个方面的条件，裁定予以支持。

2. 损害赔偿（damages）

损害赔偿是对民事侵权普遍适用的救济方法，发生知识产权侵权时损害赔偿应如何适用，TRIPS协定第45条规定如下。

(1) 对已知或有充分理由应知自己从事的活动是侵权的侵权人，司法机关应有权责令其进行损害赔偿，损赔额应足以弥补权利人所遭受的损失。

(2) 司法机关有权责令侵权人向权利持有人支付其他开支，其中可包括适当的律师费。赔偿额包括律师费是很多国家的普遍做法，但该项要求赔偿适当的律师费，而不是全部的律师费，这本身也是为了寻求平衡和合理性，成员可以灵活掌握。

---

① 此案例案情来自广州知识产权法院（2016）粤73行保1、2、3号裁定。

（3）在适当的场合，即使侵权人不知或无充分理由应知自己从事的活动是侵权的，成员仍可以授权司法机关责令其返还所得利润或/和令其支付法定赔偿额。TRIPS 协定中"法定赔偿额"的规定（从行文方式上看，甚至允许成员司法机关判令侵权人在返还所得非法利润的同时，支付法定赔偿额）对打击知识产权侵权活动具有很大的威慑力。我国最初实施的专利法、商标法和著作权法均无法定赔偿额的规定，于是，在侵权人的非法利润和被侵权人的实际损失无法举证时（在很多案件中都无法举证），赔偿额就完全由法官全权酌处了。在这种情况下，所判赔偿基本合理的固然有之，所判赔偿不足抵损的也有之，所判赔偿为损失之零头的更有之。这对多数侵权人"不伤筋、不动骨"，不仅不能有效打击侵权，还会使权利人丧失维权信心与积极性。

为在立法上完全与 TRIPS 协定的规定相符，我国 2000 年修订的《专利法》和 2001 年修订的《商标法》《著作权法》增加了关于侵权赔偿数额的专门规定，并在以后的几次修订中不断予以完善。现行《专利法》第 65 条规定："侵犯专利权的赔偿数额按照权利人因被侵权所受到的实际损失确定；实际损失难以确定的，可以按照侵权人因侵权所获得的利益确定。权利人的损失或者侵权人获得的利益难以确定的，参照该专利许可使用费的倍数合理确定。赔偿数额还应当包括权利人为制止侵权行为所支付的合理开支。""权利人的损失、侵权人获得的利益和专利许可使用费均难以确定的，人民法院可以根据专利权的类型、侵权行为的性质和情节等因素，确定给予一万元以上一百万元以下的赔偿。"《商标法》第 63 条规定："侵犯商标专用权的赔偿数额，按照权利人因被侵权所受到的实际损失确定；实际损失难以确定的，可以按照侵权人因侵权所获得的利益确定；权利人的损失或者侵权人获得的利益难以确定的，参照该商标许可使用费的倍数合理确定。对恶意侵犯商标专用权，情节严重的，可以在按照上述方法确定数额的一倍以上五倍以下确定赔偿数额。赔偿数额应当包括权利人为制止侵权行为所支付的合理开支。""人民法院为确定赔偿数额，在权利人已经尽力举证，而与侵权行为相关的账簿、资料主要由侵权人掌握的情况下，可以责令侵权人提供与侵权行为相关的账簿、资料；侵权人不提供或者提供虚假的账簿、资料的，人民法院可以参考权利人的主张和提供的证据判定赔偿数额。""权利人因被侵权所受到的实际损失、侵权人因侵权所获得的利益、注册商标许可使用费难以确定的，由人民法院根据侵权行为的情节判决给予五百万元以下的赔偿。"《著作权法》第 49 条规定："侵犯著作权或者与著作权有关的权利的，侵权人应当按照权利人的实际损失给予赔偿；实际损失难以计算的，可以按照侵权人的违法所得给予赔偿。赔偿数额还应当包括权利人为制止侵权行为所支付的合理开支。""权利人的实际损失或者侵权人的违法所得不能确定的，由人民法院根据侵权行为的情节，判决给予五十万元以下的赔偿。"

3. 其他补救（other remedies）

对侵犯知识产权的行为，除了责令停止侵权和损害赔偿外，针对知识产权侵权中最常发生的盗版、商标假冒行为，TRIPS 协定第 46 条还特别为权利人提供了以下几种救济方法。

（1）将已经发现的正处在侵权状态的商品排除出商业渠道，排除程度以避免对权利人造成任何损害为限，或者责令销毁该商品，除非此点会违背现有的宪法规定的必要条件。

将已发现的侵权货物排除出商业渠道就是不让侵权物品按照预定的渠道销售，而可以交给权利人或者慈善机构，如果不违反宪法制度，还可以责令销毁。

（2）责令将主要用于制作侵权商品的原料与工具排除出商业渠道，排除程度以尽可能减少进一步侵权的危险为限。实践中，对于专业性造假行业，至少要适用责令没收及销毁原料和工具。是否销毁取决于此种原料和工具在商业渠道以外是否能够使用，并且是否有再流回到侵权行为人手中的危险。在采取这些措施时，要考虑到原料和工具的所有人为侵权行为人以外的第三人的利益。

（3）对于假冒商标的商品，除了个别场合，仅将非法附着在商品上的商标拿掉，尚不足以允许这类商品投放商业渠道。假冒商标的商品，尤其是服装或旅游用品，在很多情况下是在制造国之外加贴侵权商标的，如果只是简单地去掉侵权商标，售假者可能几乎没有损失，因为他们还可以使用另外的标识重新进行侵权。

在采取上述三种救济方法时，TRIPS 协定规定司法机关无须进行任何补偿，但应考虑侵权的严重程度和给予救济的协调性，并顾及第三人的利益。这其实就是要求采取上述救济方法时要遵守“比例原则”（rule of proportionality）。“比例原则”是行政法上的一项重要原则，其基本含义是行政当局为公共利益采取措施时，应当将拟实现的目标与所采取的措施进行对比和衡量，避免所采取的措施造成的损害或后果与所获得的公共利益不成比例。TRIPS 协定在这里引入比例原则就是要求对侵权的严重性、给予的救济和第三人的利益进行衡量。①

对上述三种救济方法，我国几部知识产权法在 2001 年修订前都没有涉及，而《民法通则》第 134 条第 2 款“人民法院审理民事案件……还可以……收缴进行非法活动的财物和非法所得”的规定与其近似。为了进一步加大打击知识产权侵权的力度，2001 年的《商标法》和《著作权法》修订特别增加了符合 TRIPS 协定要求的救济方式。现行《商标法》第 60 条第 2 款规定：“工商行政管理部门处理时，认定侵权行为成立的，责令立即停止侵权行为，没收、销毁侵权商品和主要用于制造侵权商品、伪造注册商标标识的工具”。第 62 条规定：“县级以上工商行政管理部门根据已经取得的违法嫌疑证据或者举报，对涉嫌侵犯他人注册商标专用权的行为进行查处时，可以行使下列职权：……（4）检查与侵权活动有关的物品；对有证据证明是侵犯他人注册商标专用权的物品，可以查封或者扣押”。《著作权法》第 52 条也规定：“人民法院审理案件，对于侵犯著作权或者与著作权有关的权利的，可以没收违法所得、侵权复制品以及进行违法活动的财物。”

值得注意的是，在 2001 年《商标法》和《著作权法》修订时，主要考虑的是加大打击侵权的力度，因此在增加的相关内容中，特别强调审判机关的权力，对这种权力的限制却只字未提，而这可能造成的有关当事人权利的失衡是令人担忧的。

4. 获得信息的权利（right of information）

有时，在采取了上述救济方法之后，权利人仍然有可能处于侵权的危险当中。因为侵权人可能已将一部分侵权产品转卖给第三方，或者侵权人只是侵权商品链的一个环节，他的侵权产品来自第三方的供销或生产。鉴于这种第三方侵权的潜在可能性非常大，TRIPS

---

① 孔祥俊. WTO 知识产权协定及其国内适用. 北京：法律出版社，2002：397－398.

协定第47条特别对权利人的“获得信息的权利”做出规定，即司法机关有权责令侵权人将卷入制造和销售侵权商品或提供侵权服务的第三方的身份及其销售渠道等信息提供给权利持有人，条件是应与侵权的严重程度相协调。

第47条的规定在对付职业侵权行为人时非常有效。此条款授权司法机关责令侵权行为人“坦白”，如交代其同伙、上游或下游生产或销售渠道行为人的姓名或名称。在侵权行为人拒绝“坦白”时，司法机关对其不合作行为可以按照国内法给予制裁。由于知道不配合会导致惩罚，侵权行为人可能乖乖地与司法机关配合。这对打击有组织的，尤其是跨国有组织的盗版和假冒行为十分有效。

（四）对被告的赔偿（indemnification of the defendant）

根据TRIPS协定关于民事程序的前述规定，当发生知识产权侵权时，权利人有权请求司法机关采取一系列措施以制止或阻止侵权，这些措施的积极作用是不容抹杀的。但是，既然权利人有如此多的措施可以申请采用，那么他滥用权利的危险也相应增加。为了防止权利的滥用，TRIPS协定第48条又有针对性地规定了“对被告的赔偿”，具体包括两方面的内容。

1. 向被告赔偿损失及支付费用

第48条第1款规定，如果一方当事人所要求的措施已经采取，但该方滥用了知识产权的执法程序，使另一方错误地遭到禁止或限制，则司法机关有权责令该当事人向另一方当事人赔偿因此种滥用而造成的损害，以及支付相应的费用，包括适当的律师费。

《末代皇帝的后半生》的作者曾被人指控抄袭他人作品。法院经过极艰苦的调查、取证和专家论证，花费了很长时间和很多精力，最后否认了侵权的存在。但该书作者在长达两年多时间里应诉的开支、过度操劳而留下的疾病得不到任何补偿——因为没有法律依据。对权利人滥用诉讼程序，法院充其量只能驳回原告起诉或者请求、判令其承担诉讼费用，对被告因此受到的损失却爱莫能助。以至于后来该书的作者被人侵权时，只想远离法律程序，感到“再也打不起那个官司，操不起那份心”了。① 应当说，在《末代皇帝的后半生》的官司中，法官是公正的，判案水平也是很高的，社会舆论也是公平的。而最后被告胜诉，却对通过法律途径解决问题“后怕”，这充分说明在某些情况下对被告赔偿是非常必要的。

需要特别指出的是，TRIPS协定第48条第1款指向的是当事人滥用知识产权执法程序的行为。这里所说的滥用执法程序，并不限于恶意提起诉讼，只要为达到与诉讼的正常功能不相符的目的而利用诉讼程序，就可能构成滥用。因此，判断滥用行为是否存在，不能根据原告的意图或思想状态，而要根据原告的情况和所能得到的事实，以及其诉讼请求的依据。被告一旦能够通过证据使法院确信原告存在滥用行为，就可以请求赔偿损失。

2. 公共机构及其官员的责任豁免

第48条第2款规定，就执行任何有关知识产权保护和实施的法律而言，成员仅得在执法过程中采取或拟采取相应的执法措施是出于善意时，方可免除公共机构和官员采取适当救济措施的责任。此款规定主要针对执法机关的越权行为或恶意行为，如果能够证明知

① 郑成思. WTO知识产权协议逐条讲解. 北京：中国方正出版社，2001：156.

识产权执法机关采取的行动或打算采取的行动不是出于善意，就可以责令其采取适当的补救措施，例如对受害人进行补偿。

（五）临时措施（provisional measures）

所谓临时措施，是指在民事诉讼或行政程序开始之前，一方当事人请求司法机关或者行政机关采取的保全措施。为了及时制止知识产权侵权行为的发生以及保存和固定可能灭失的证据，在侵权行为发生之初采取临时措施具有非常重要的意义。在各国打击知识产权侵权的实践中，临时措施是普遍采用并且行之有效的措施。TRIPS 协定第 50 条（共 8 款）规定了知识产权保护的临时措施，主要包括以下三个方面的内容。

1. 临时措施的目的

TRIPS 协定认为，并非在任何知识产权争端中法院和有关行政机关都能采用临时措施，采用临时措施只能基于以下两种目的。

（1）防止侵犯任何知识产权的行为发生，尤其是防止侵权商品进入其管辖范围的商业渠道，包括刚由海关放行的进口商品在内。

（2）保全被诉为侵权的有关证据。保全的证据既可以是侵权产品，也可以是财务账目和其他相关文件。

由此可见，TRIPS 协定允许的临时措施有两种：其一是禁令，即为了制止即将发生的或者存在发生危险的侵权行为，法院在做出判决前可以发出禁令，责令行为人不得为某种行为，这实际上是对前述“禁令”措施的重申；其二是证据保全措施，即法院对可能灭失或者以后难以获得的证据可以采取紧急措施予以固定和保存。为弥补我国法律与 TRIPS 协定在这方面的差距，我国在 2001 年《商标法》和《著作权法》修订、2008 年《专利法》修订时，专门增加了符合 TRIPS 协定临时措施规定的诉前证据保全的规定①，并在司法实践中对诉前证据保全的法律要件予以细化，使之更具有可操作性，典型案例如**美国催化蒸馏技术公司申请陕西华浩轩新能源科技开发有限公司诉前证据保全案**。②

案 例

美国催化蒸馏技术公司申请陕西华浩轩新能源科技开发有限公司诉前证据保全案

2007 年 9 月 19 日，国家知识产权局授予美国催化蒸馏技术公司（以下简称“美国公司”）“接触构造”产品发明专利权。2010 年 1 月 20 日，国家知识产权局又授予美国公司“脉冲流反应”方法发明专利权。2016 年 7 月 25 日，申请人美国公司指控陕西华浩轩新能源科技开发有限公司（以下简称“华浩轩公司”）未经许可实施其产品发明专利及方法发明专利，并向陕西省西安市中级人民法院提出诉前证据保全的申请：（1）对位于华浩轩公司内的被控侵权产品拍照证据保全；（2）对被控侵权产品委托设计、施工合同复制保全。

西安市中院经审理认为，诉前证据保全的法律要件是因情况紧急、证据可能灭失或者以后难以取得，因此就本案裁定如下：（1）被控侵权产品位于华浩轩公司内，美国公司客

---

① 参见我国《商标法》第 66 条、《专利法》第 67 条、《著作权法》第 51 条。

② 此案例案情来自陕西省西安市中级人民法院（2016）陕 01 证保 2 号裁定。

观上难以取得，美国公司申请对被控侵权产品拍照证据保全，符合证据难以发现或可能灭失的条件，应予支持；(2) 美国公司同时申请对产品委托设计、施工合同复制保全，因委托设计、施工合同在相关部门存有备案，不存在可能灭失或难以取得的情形，应予驳回。

裁定书送达后，被申请人华浩轩公司未提出复议申请。但是，美国公司在法院采取证据保全措施后30日内，没有提起民事诉讼，证据保全裁定依法被解除。

2. 临时措施的适用程序

(1) 临时措施适用的条件。临时措施可依当事人申请采取，也可由司法机关依职权采取，但均须具备下列条件：第一，在客观上，任何延迟都可能对权利持有人造成不可弥补的损害，或存在证据被销毁的显而易见的危险；第二，在主观上，司法机关认为有采取临时措施的必要。

(2) 证据要求。司法机关有权要求临时措施的申请人提供任何可合理获得的证据，以证明其为权利持有人，且侵权行为已经发生或发生在即。

(3) 通知与复审。如果为防止损失扩大或诉讼保全的需要，司法或行政机关根据申请人单方面的请求采取了临时措施，那么在采取措施后，应及时通知受此影响的当事各方。按照此规定，在采取临时措施后必须立即通知，即最迟应当在该措施完成后立即通知受影响的各当事方，这也就意味着完全可以在采取临时措施的过程中（完成之前）进行通知。但是，在采取措施的过程中的通知必须以不能产生副作用为条件，如果通知会阻挠措施的完成，导致相关证据的消失或者产生妨碍采取措施的其他情况，则此种措施过程中的通知是不适当的。

根据被告的请求，在通知之后的合理期限内应对此种措施进行复审，包括给被告以陈述的权利，以决定是否须修改、撤销或确认该临时措施。

(4) 信息提供。为了避免临时措施的适用殃及非侵权商品，TRIPS 协定第 50 条第 5 款规定，实施临时措施的主管机关可以要求申请人提供确认有关货物的其他必要信息。按照此款规定，特别是在法院以外的行政机关（如警察、海关等）实施临时措施时，该行政机关可以要求申请人提供准确确认有关货物的其他必要信息，以避免对第三人造成损害。例如，被扣押的货物存放于港口附近的仓库，仓库中存放着多人的货物等待发货或者进入商业渠道，此时根据更详细的信息确定被控侵权货物就可以避免误扣他人的货物。

3. 防止临时措施的滥用

(1) 申请人的担保。为了保护被告及防止申请人滥用权利，司法机关有权责令临时措施的申请人提供足以保护被告和防止权利滥用的诉讼保证金或与之相当的担保。

(2) 在合理期限内起诉。在不损害被告权利的前提下，如果申请人在合理期限内未提起判决案件是非的诉讼，那么根据被告的请求，司法机关应撤销其采取的临时措施，或终止其效力。至于合理期限如何确定，如果成员国内法允许，应由采取临时措施的司法机关确定；如果司法机关未予确定，该期限不应超过 20 个工作日或 31 个日历日，以二者中时间较长者为准。

(3) 对被告的赔偿。如果临时措施被撤销，或者因申请人的任何作为或不作为而失效，或者以后查明并不存在侵犯知识产权的行为或危险，司法机关应根据被告的请求，责令申请人向被告提供由于这些措施而造成的损害的适当赔偿。

我国《民事诉讼法》第九章对财产保全和证据保全做出了规定，这些规定可以用于知识产权执法中的临时措施。我国《专利法》、《商标法》和《著作权法》等知识产权部门法也在 2000 年、2001 年修订时按照 TRIPS 协定的要求对临时措施做出了规定。

二、ACTA 关于知识产权民事和行政执法的规定

(一) 扩大禁令和临时措施的适用范围

1. 增加禁令和临时措施适用的对象

TRIPS 协定第 44 条关于禁令的规定和第 50 条关于临时措施的规定，都只提到了当事方而没有涉及第三方，据此可以推定 TRIPS 协定下的禁令和临时措施仅适用于侵权嫌疑人。

ACTA 在第 8 条关于“禁令”的第 1 款中规定：“各缔约方应规定，在知识产权执法的民事司法程序中，其司法机关有权责令当事方停止侵权，包括向当事方或视情况向其司法管辖权范围内的第三方发布命令，防止侵权货品进入商业渠道。”第 12 条关于“临时措施”的第 1 款也规定：“各缔约方应规定，其司法机关有权责令采取及时而有效的临时措施：(a) 针对当事方或（如适用）其司法管辖范围内的第三方，阻止知识产权侵权行为的发生，特别是阻止侵权货品进入商业渠道……”很明显，ACTA 的禁令和临时措施适用的对象范围比 TRIPS 协定更广，包括涉嫌侵权的当事方和司法机关对其具有司法管辖权的第三方。

2. 取消禁令的限制性规定

TRIPS 协定第 44 条第 1 款规定了禁令的例外规定，即：对于当事人在已知或有充分理由应知经营有关商品会导致侵犯知识产权之前即已获得或已预购的该商品，即该侵权产品是善意取得或订购的，成员没有授予司法机关颁发禁令的义务。但是，ACTA 有关禁令的规定没有此例外，因此无论涉及侵权商品的经营者是善意还是恶意，成员的司法机关都应当对其颁发禁令。

关于禁令和临时措施，ACTA 不同于 TRIPS 协定的规定导致此类强制措施打击范围的扩大，这种扩大可能导致的危险是：侵权争端中的知识产权人可借助司法资源限制乃至排除更多的相关方，并且能够更轻易地在更大范围内阻止有争议的产品进入市场。

总　结

TRIPS 协定和 ACTA 禁令和临时措施对比表

		TRIPS 协定	ACTA
禁令	对象	当事方	当事方和对其具有司法管辖权的第三方
	可不发出禁令的情形	①强制许可证下流通的货物（但应向权利人支付使用费） ②善意取得或订购的商品	无第②项例外

续前表

		TRIPS 协定	ACTA
临时措施	目的	①制止侵权活动发生 ②证据保全	同 TRIPS 协定
	申请人	权利持有人	未明确
	条件	保证金或同等担保	同 TRIPS 协定
	对象	当事方	当事方和对其具有司法管辖权的第三方
	被告的权利	①通知（采取临时措施后） ②请求复审（合理期限内，陈述） ③赔偿（临时措施被撤销、失效或不存在侵权时）	赔偿（临时措施被撤销、失效或不存在侵权时）

（二）更严格的损害赔偿计算方法

ACTA 在第 9 条用比较大的篇幅对“损害赔偿”做出了规定，在以下几个方面超越了 TRIPS 协定所确立的损害赔偿标准：

（1）将 TRIPS 协定中的选择性制度规定为强制性义务。即成员方必须赋予司法机关权力以保证某些赔偿的实现，如权利人的利润损失、法定赔偿额、律师费等。

（2）细化了损害赔偿额的计算方法。关于损害赔偿额，TRIPS 协定只要求足以补偿权利人因知识产权侵权所受损害，而 ACTA 则在第 9 条第 1～4 款对损害赔偿额的计算做了非常细致的规定。1）在确定知识产权侵权的赔偿金额时，司法机关有权考虑权利持有人提出的任何合法估算方法，包括根据市场价格或者建议的零售价格所估算出的利润损失以及侵权货品或服务的价值。2）至少在版权或相关权利侵权以及商标假冒的案件中，各缔约方应规定，在民事司法程序中，其司法机关有权责令侵权人向权利持有人赔付相当于侵权人因侵权行为所获得的利润。3）至少就版权或相关权利所保护的作品、录音制品和表演以及在假冒商标的情况下，各缔约方也应当建立或维持一个包括以下一项或多项规定的制度：(a) 事先确定的赔偿额；或（b）足以补偿权利持有人因侵权所受损害的赔偿金的推算方法；或（c）（至少就版权而言）附加赔偿。4）如果缔约方规定了（a）所指的救济措施或（b）所指的推算方法，该缔约方应确保其司法机关或权利持有人有权将该项救济措施或推算方法作为上述 1）和 2）所指救济的替代选择。

依照 ACTA 第 9 条的规定，知识产权人在版权和商标等领域主张赔偿的能力得到了全面提升。一方面，可供权利人选择的赔偿方法更多且更严格。其中，以下两种计算方式备受质疑：一是根据以市场价格得出的侵权货物价值来计算权利人的利润损失，这种算法得出的赔偿额通常远高于权利人实际的利润损失，因为并非有多少侵权货物就代表权利人实际减少了多少以市场价售出的货物；二是推定计算法将侵权货物总量乘以单位利润的数额推定为权利人的损失，这也存在夸大损失的问题，因为很多被指控侵权的货物可能尚未售出，在采取销毁等措施后并不会给权利人带来实际损失，却被计入赔偿基数。另一方面，ACTA 使权利人能主动选择更有利于自己的赔偿方式，而选择上述两种赔偿计算方法都可使权利人避免其本应承担的所受实际损失的举证责任。

(3) 在赔偿权利人诉讼开支方面，ACTA 规定，至少是在涉及版权、相关权或商标权的情况下，成员国司法机关应当责令败诉方赔偿胜诉方支付的诉讼费、适当的律师费或该缔约方本国法律规定的其他费用。

总　结

TRIPS 协定和 ACTA 损害赔偿对比表

	TRIPS 协定	ACTA
赔偿原则	全面赔偿和法定赔偿原则	全面赔偿和法定赔偿原则
损赔额的确定	足以补偿权利人因知识产权侵权所受的损害	细化了损赔额的计算方法
诉讼开支	可包括适当的律师费	司法机关至少有权在版权或有关权利或商标侵权的情况下责令败诉方向胜诉方支付诉讼费、适当的律师费或由成员方国内法所规定的任何其他费用

(三) 对侵权货品、侵权材料和工具的处置

对于侵权货品，TRIPS 协定要求将其清理出商业渠道或者在不违法宪法规定的条件下将其销毁；对于侵权材料和工具，TRIPS 协定则要求将其清理出商业渠道。上述处置措施受两点限制：一要顾及第三方利益，二要与侵权严重程度相适应。

ACTA 第 10 条对侵权货品、侵权材料和工具的处置做了非常严格的规定：对于侵权货品，至少对于盗版货品和假冒商标的货品，除特殊情况外，司法机关有权在民事司法程序中应权利持有人的请求，责令在不给予任何补偿的情况下将其销毁；对于侵权材料和工具，应当将其销毁或清理出商业渠道，但没有任何限制性规定。

比 TRIPS 协定更严厉的是，ACTA 第 10 条第 3 款规定：本条所规定的救济措施的执行可以由侵权人支付费用。

总　结

TRIPS 协定和 ACTA 对侵权货品、侵权原料和工具的处置对比表

	TRIPS 协定	ACTA
侵权货品	清理出商业渠道或者销毁	销毁（版权、相关权利或商标）
侵权材料和工具	清理出商业渠道	销毁或清理出商业渠道
其他	有限制条件	①无限制条件 ②成员方可规定由侵权人承担救济费用

(四) 有关侵权的信息

ACTA 第 11 条规定："在不损害缔约方本国法律中与特权、信息来源保密或个人数据处理相关的条款的前提下，缔约方应规定，在知识产权执法的民事司法程序中，其司法机关有权应权利持有人的正当要求，至少基于收集证据的目的，责令侵权人或者被控侵权人向权利持有人或向司法机关提供由侵权人或被控侵权人拥有或控制的、其适用法律法规规定下的相关信息。此信息可包括有关参与和涉嫌参与任何方面侵权的任何人的信息，有关侵权或涉嫌侵权货品或服务的生产手段或销售渠道的信息，包括用于识别涉嫌参与侵权货品或服务的生产、销售以及销售渠道的第三方的信息。”

关于侵权信息披露 ACTA 至少在三个方面不同于 TRIPS 协定第 47 条的规定。

第一，提供侵权信息义务的主体更多。TRIPS 协定中有义务提供侵权信息的仅为侵权人，ACTA 将之扩大到侵权人和被控侵权人。

第二，有权获得侵权信息的主体更多。TRIPS 协定中侵权信息仅需向权利持有人提供，而 ACTA 中有权获得侵权信息的除了权利持有人，还有司法机关。

第三，要求提供的侵权信息范围更广。TRIPS 协定要求提供的侵权信息只包括生产和分销侵权货物或服务过程中涉及的第三方的身份及其分销渠道。而 ACTA 则要求披露：(1) 参与任何方面侵权的任何人员或被控侵权人员的信息；(2) 侵权或被控侵权货物或服务的制造方法或分销渠道的信息；(3) 被控参与侵权货物或服务的第三人的身份及他们的分销渠道。

总　结

TRIPS 协定和 ACTA 有关侵权的信息对比表

	TRIPS 协定	ACTA
信息提供者	侵权人	侵权人和被控侵权人
信息接受者	权利持有人	权利持有人和司法机关
信息范围	生产和分销侵权货物或服务过程中涉及的第三方的身份及其分销渠道	①参与任何方面侵权的任何人员或被控侵权人员的信息 ②侵权或被控侵权货物或服务的制造方法或分销渠道的信息 ③被控参与侵权货物或服务的第三人的身份及他们的分销渠道

第三节　边境措施

知识产权边境措施（border measures）是指“在某一单独关税区内，以海关为主的知识产权边境执法机关在进出境环节上，在法定的权限内，对国内法所规定或承认的应受边境保护的知识产权按照法定的程序提供保护，对特定的有关知识产权的货物或物品进行监管的制度体系的总和”[①]。采取边境措施的理由是，利用海关程序对商品进行过滤对于打击侵权商品更为迅速有效，因为侵权商品一旦进入国内的商业渠道，就很难被再控制或扣留了。根据世界海关组织（WCO）的统计，世界超过70%的被没收假冒货物是在边境环节被拦截。[②]

一、TRIPS协定关于知识产权边境措施的规定

TRIPS协定是第一个正式涉及知识产权边境措施的国际条约，其在第三部分“知识产权的实施”中用专门一节共10条对成员提出“与边境措施相关的特殊要求”（special requirements related to border measures）。

（一）边境措施的适用范围

TRIPS协定第51条规定：“成员均应在符合下文之规定的前提下，采用有关程序，以使有合法理由怀疑假冒商标的货物或盗版货物的进口可能发生的权利持有人，能够向主管的司法或行政机关提交书面申请，要求海关中止放该商品进入自由流通。对其他侵犯知识产权的活动，成员也可以规定同样的申请程序，只要其符合本节的要求，成员还可以提供相应的程序，对于意图从其地域内出口的侵权商品，由海关中止放行。”

1. 适用的客体范围

（1）必须适用于假冒商标的货物或盗版货物。TRIPS协定第51条要求成员必须对假冒商标的货物或盗版货物采取边境措辞，而对除此之外的其他知识产权侵权行为是否采取边境措施则属于成员可自由决定的范围。其中，假冒商标的货物是指未经授权，在同种类货物或其包装上使用与有效注册的商标完全一致或与其实质部分不能区分的商标，因而根据进口国法律侵犯该商标所有权人合法权利的货物。[③] 盗版货物则是指未经权利持有人或其在货物制造国的被授权人同意而直接或间接复制，因而根据进口国的法律侵犯版权或相关权利的货物。[④]

（2）自主扩大适用范围时必须符合边境措施的其他要求。TRIPS协定规定成员方在对可以自主决定的知识产权通过国内立法予以边境保护时，必须符合协定边境措施一节的要求，包括启动申请的侵权证明要求、中止放行的通知、时限、担保、信息提供等等。

（3）不适用于关税同盟和平行进口。TRIPS协定针对第四节“与边境措施相关的特殊要求”的注释12明确指出：“如果一方成员与另一方成员均参加了同一海关联盟，因此已经基本上取消了二者边境间货物跨境流通的一切控制，则不得要求在其边境适用本节规定。”这意味着TRIPS协定关于边境措施的规定不适用于关税同盟成员间货物的进出口，这显然是合理的。此外，针对第51条的注释13明确指出：“应认为成员无义务对权利持有人本人，或经其许可，而投放另一国家市场的商品的进口或商品的运输适用这一程序。”这就意味着强制性的边境措施，即TRIPS协定要求成员必须采取的边境措施，不适用于

---

① 朱秋沅．知识产权边境保护制度理论与实务．上海：上海财经大学出版社，2006：7.

② WCO and NXP join forces in the fight against global counterfeiting.（2015-11-12）. http://www.wcoipm.org/news/wco-and-nxp-join-forces-in-the-fight-against-global-counterfeiting/.

③ TRIPS协定第51条的注释14（a）。

④ TRIPS协定第51条的注释14（b）。

所谓“平行进口”的商品，即未经知识产权人授权进口在国外合法制造和投放市场的知识产权产品。平行进口因为涉及各国立法差距很大的知识产权“权利穷竭”问题，因此边境措施将其排除在强制适用的范围之外。

2. 适用的贸易环节

根据前述 TRIPS 协定第 51 条的规定，成员方只对进口的假冒商标的货物或盗版货物有履行边境措施的义务，对出口的侵权货物是否采取边境措施由成员方自行决定。虽然目前有些国家对出口货物也提供了相应的海关保护，比如韩国、新加坡、泰国、中国等，但这是选择性的义务。应当注意的是，TRIPS 协定对出口环节执法这一授权性规定并没有附加“符合本节的要求”的规定，而事实上“进口可能发生”的情况本身也无法适用于出口环节。

3. 对个人行李或小件托运的适用问题

TRIPS 协定在第 60 条“微量进口”中规定：“成员可将旅客个人行李中携带的或在小件托运中运送的少量非商业性商品，排除在上述规定的适用范围之外。”这一条文包含以下三个方面的含义：（1）除外对象的范围仅限于旅客个人行李中携带的或在小件托运中运送的侵权货物，即个人行李物品；（2）这些货物在性质上属于非商业用途，且数量较少；（3）该条为选择性条款，成员方可以结合本国知识产权实体法关于侵权的规定对此条除外规则不予适用。[①] 例如，一些国家的版权立法允许“个人使用”为合理使用，可以为个人使用不经许可复制一份他人作品，因此，携带这种未经许可的复制品进出海关也不以侵权论处。但也有国家严格限制合理使用的范围，对于个人携带假冒商标的物品入境一般没有专门的免责条款。考虑到不同国家关于不同类型的知识产权的侵权认定有不同的规定，TRIPS 协定对于“微量进口”只规定了“可”不予计较，具体适用留待成员自行裁量决定。

（二）海关中止放行（suspension of release by customs authorities）的基本程序

1. 程序的启动：依申请或依职权

依据 TRIPS 协定第 51 条和第 52 条，海关中止放行商品可以是依据权利持有人的申请，也可以由海关依职权主动采用。依申请中止放行的前提是，权利持有人必须提供用以证明依照进口国法律对其知识产权的侵犯已经存在的适当证据、使海关可以及时识别侵权商品的足够详细的说明，以及足以保护被告和防止权利滥用的诉讼保证金或与之相当的担保。而海关主动中止放行的条件是，其已获得初步证据证明有关商品构成侵犯知识产权，并且在中止放行后其还可以随时向权利持有人索取可能有助于其行使权力的任何信息。

2. 通知和检验权

依据 TRIPS 协定第 54 条的规定，无论中止放行商品的依据是什么，海关都应立即通知进口商和申请人。此后，在不妨碍对秘密信息给予保护的前提下，海关还应为权利持有人和进口人提供足够的机会请人检查海关扣下的任何产品，以便证实其权利主张。此外，如果案件确系侵权，则成员可授权其主管机关将发货人、进口人及收货人的姓名、地址以及有关商品数量等信息提供给权利持有人。

---

① 郑成思. TRIPS 中与海关有关的两种措施：临时措施和边境措施：下. 中国海关，1995（2）.

3. 有关商品的放行

依据 TRIPS 协定第 55 条的规定，在向申请人发出中止放行的通知后的 10 个工作日（在适当场合可以延长为 20 个工作日）内，如果海关未被通知除被告以外的当事人已经就判决案件是非提起诉讼，或未被通知经合法授权的当局已决定采取临时措施延长对该商品的放行中止期，则只要进口或出口的一切其他条件均已符合，该商品即应予放行。如果已提起判决案件是非的诉讼，则在合理期限内，根据被告的请求，应进行复审，包括给被告以陈述的权利，以便确定是否应修改、撤销或确认这些措施。

此外，依据 TRIPS 协定第 53 条第 2 款的规定，针对被中止放行的含有工业品外观设计、专利、集成电路布图设计或未披露信息的商品，如果在上述中止持续期限届满时仍没有得到有关当局的放行许可，那么只要此时有关进口的一切其他条件均已符合，并且有关商品的所有人、进口人或收货人又提交了足以保护权利持有人的保证金，该商品就应被放行。当然，如果权利持有人未能在合理期限内行使其权利提起诉讼，则当局应交还上述保证金。

4. 对侵权商品的处理

TRIPS 协定第 59 条规定，对于被确认侵权的商品，主管机关应有权责令将其销毁或处理，条件是不损害权利持有人可行使的其他诉讼权利，例如通过民事诉讼获得损害赔偿，也不得妨碍被告寻求司法机关复审的权利。对于假冒商标的商品，除个别场合外，主管机关不得允许该侵权商品按照原样重新出口或以不同的海关程序处理该商品。

总　结

海关中止放行的基本程序

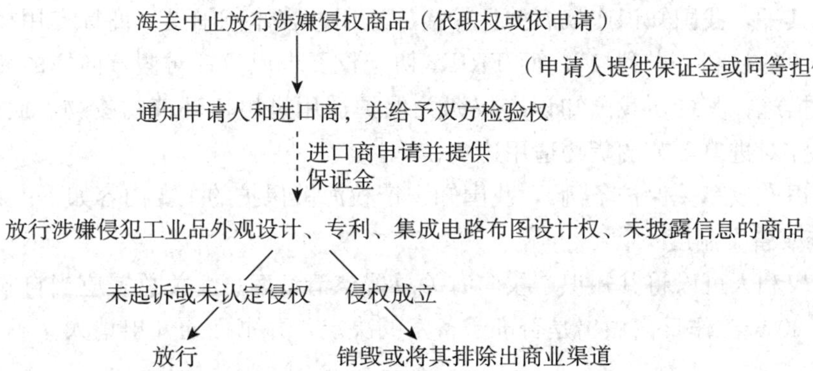

（三）防止边境措施的滥用

为了防止边境措施被滥用，TRIPS 协定第 53～57 条规定了与前述临时措施类似的限制性条件，概括如下。

1. 保证金或同等的担保

在依申请启动边境海关中止放行程序的情况下，为了防止权利滥用及保护被申请人和主管机关，主管机关有权要求申请人提供保证金或同等的担保。

此外，针对被中止放行的含有工业品外观设计、专利、集成电路布图设计或未披露信息的商品，如果在规定的中止持续期限届满时仍没有得到有关当局的放行许可，那么只要此时有关进口的一切其他条件均已符合，并且有关商品的所有人、进口人或收货人又提交了足以保护权利持有人的保证金，该商品就应被放行。当然，如果权利持有人未能在合理期限内行使其权利提起诉讼，则当局应交还上述保证金。

2. 未及时起诉的应予放行

权利人在海关向其发出中止放行的通知后10个工作日（在适当场合可以延长为20个工作日）内未就案件的实质问题提起诉讼，则相关商品应予放行。

3. 对误扣的赔偿

TRIPS协定第56条规定，对因商品被错误扣押造成的损失，或由于申请人未及时起诉对已放行的商品因扣留而造成的损失，有关主管机关有权责令申请人向进口商、收货人和商品所有人支付适当的赔偿。

4. 检验的权利

根据TRIPS协定第57条的规定，在不损害保护机密信息的情况下，各成员应授权主管机关给予权利持有人充分的机会请人检查海关所扣押的货物，主管机关还有权给予进口商同等的机会对此类货物进行检查。通知权利人并给予其检查扣押货物的权利，是为了证实权利持有人的权利请求。而同样的检验权给予进口商，则是为了让其享有充分抗辩及决定下一步举措的权利。

（四）我国的知识产权海关保护措施

TRIPS协定有关知识产权边境措施的规定在我国国内法的转化主要体现为1995年起施行、2004年废止的《知识产权海关保护条例》，以及2004年起施行、2010年和2018年两次修订的同名的《知识产权海关保护条例》，后者最新修订的文本于2018年3月19日起施行。我国的知识产权海关保护措施在适用范围上高于TRIPS协定的最低要求，表现在两个方面：其一，我国知识产权海关保护措施适用的客体范围是“商标专用权、著作权和与著作权有关的权利、专利权”，而TRIPS协定仅要求成员针对假冒商标的商品和盗版货物适用边境措施；其二，我国知识产权海关保护适用进出口环节的货物，而TRIPS协定仅要求成员针对进口环节的货物适用边境措施。

根据《知识产权海关保护条例》，我国知识产权海关保护的主要内容如下。

1. 知识产权备案制度

知识产权权利人可以将其知识产权向海关总署申请备案。海关总署应当自收到全部申请文件之日起30个工作日内做出是否准予备案的决定，并书面通知申请人；不予备案的，应当说明理由。

2. 涉嫌侵权产品的扣留制度

知识产权权利人发现侵权嫌疑货物即将进出口的，可以向货物进出境地海关提出扣留侵权嫌疑货物的申请。海关发现进出口货物有侵犯备案知识产权嫌疑的，应当立即书面通知知识产权权利人。扣留涉嫌侵权产品的条件是权利人提供相应担保。

3. 涉嫌侵犯专利权货物的放行制度

涉嫌侵犯专利权货物的收货人或者发货人在向海关提供与货物等值的担保金后，请求海关放行其货物的，海关应当放行被扣留的侵权嫌疑货物。

4. 没收货物的处置措施

《知识产权海关保护条例》2010 年修订时针对没收货物的处置措施做了一些条文修改，修改的背景是 2007 年我国在中美 WTO 知识产权争端中关于“海关对侵犯知识产权物品的处置措施”的争点①上败诉。修改后的《知识产权海关保护条例》第 27 条规定：“被扣留的侵权嫌疑货物，经海关调查后认定侵犯知识产权的，由海关予以没收。”“海关没收侵犯知识产权货物后，应当将侵犯知识产权货物的有关情况书面通知知识产权权利人。”“被没收的侵犯知识产权货物可以用于社会公益事业的，海关应当转交给有关公益机构用于社会公益事业；知识产权权利人有收购意愿的，海关可以有偿转让给知识产权权利人。被没收的侵犯知识产权货物无法用于社会公益事业且知识产权权利人无收购意愿的，海关可以在消除侵权特征后依法拍卖，但对进口假冒商标货物，除特殊情况外，不能仅清除货物上的商标标识即允许其进入商业渠道；侵权特征无法消除的，海关应当予以销毁。”

案　例

中美 WTO 知识产权争端中关于“海关对侵犯知识产权物品的处置措施”的争点

中国海关对没收的侵犯知识产权货物的处置规定在《知识产权海关保护条例》及其《实施办法》中。具体的处置措施是：(1) 没收的侵权货物应首先考虑用于公共事业，或由权利人收购；(2) 不能用于上述途径且侵权特征能够消除的，可以在消除侵权特征后进行拍卖，拍卖前海关应当征求权利人意见，权利人有发表意见的权利，对于假冒商标货物，不能仅消除侵权商标即拍卖；(3) 销毁是处置措施中的兜底性规定，在上述条件均不满足的情况下，侵权货物应当被销毁，知识产权权利人提供必要的协助。

美方的诉求是：在中国，《知识产权海关保护条例》及其《实施办法》和海关总署公告使中国海关当局在对侵权货物采取处置措施时实际受限于一个强制性的顺位体制，以致其不能行使自由裁量权销毁货物，而是必须优先考虑允许侵权商品进入商业渠道或者其他对权利人造成损害的方式，从而构成对 TRIPS 协定第 46 条和第 59 条的违反。

一、TRIPS 协定第 59 条的适用范围

专家组认为，TRIPS 协定第 51 条授权成员方可以对假冒商标的货物和盗版货物以外的其他知识产权侵权货物中止放行，但须符合协定第三部分第 4 节规定的要求。同样的，协定也授权成员方可以规定相应的程序，在出口环节对知识产权侵权货物进行执法，但是没有“符合本节的要求”的规定。因此，从适用对象来说，TRIPS 协定第 59 条关于侵权货物处置措施的规定对除假冒商标的货物、盗版货物以外的其他侵犯商标权、版权的货物以及侵犯专利权及其他知识产权客体的货物同样适用。从适用环节来说，TRIPS 协定第 59 条仅适用于成员方进口环节的执法，不能作为评判出口、过境环节中处置措施合法性的依据。

---

① 此案例案情来自 WT/DS362 的专家组报告，具体内容参见 https：//docs. wto. org/。该案例涉及三个主要争点：(1) 中国版权审查制度中没有通过出版审查作品的版权保护问题；(2) 海关对侵犯知识产权物品的处置措施问题；(3) 刑事追诉假冒商标或盗版的“门槛”问题。其中与边境措施有关的是争点 (2)。

二、“应当有权”的义务性质和范围

TRIPS协定第46条和第59条均采用了“应当有权”的措辞来说明主管机关行使权力处置侵权货物的行为性质，专家组试图从中解读协定据此所划定的权力范围。“应当”表明该条款的性质是义务性规定，但成员方的义务在于使主管机关有相应的权力责令某种处置，而不构成要求主管机关按照某种特定方式责令处置货物。第46条规定的主管机关应当有权责令将侵权货物排除出商业渠道或销毁并非穷尽的和排他的，仅构成处置方式的“最低标准”。这样的理解可以从上下文假冒商标的货物置于商业渠道的特殊要求的规定找到支持。专家组进一步指出，在限制某种救济（如销毁）的适用时，只要主管机关仍有权责令另一种救济方式（如排除出商业渠道）就不会构成对第46条第一句和第59条的违反。报告中提示，采取协定未规定的处置方式本身不违反协定，但是如果这种处置措施构成强制性适用，将排除协定第59条规定的权力，仍然有可能构成违反协定。因此，专家组审查了中国相关法规中的各种处置措施是否构成强制性规定。在销毁之外，中国海关的处置措施，包括赠予社会公益机构、由权利人进行回购和拍卖均是选择性的。因此，不能认为中国海关采取拍卖的授权排除了第46条第一句销毁侵权货物的授权，即不能认定中国海关不具有第59条下的权限，专家组据此驳回了美方关于中国违反TRIPS协定第59条和第46条第一句的指控。

三、对“仅除去假冒商标”的理解

关于假冒商标的货物的特殊处置，专家组认为进入商业渠道与第46条第一句所列举的排除出商业渠道和销毁一样是主管机关有权责令的一种处置方式。因此，第59条中对于假冒商标的货物的处置应纳入第46条第四句的原则中。显然，拍卖是一种使货物流入商业渠道的安排，针对假冒商标这一类货物，需要满足TRIPS协定第59条第二句和第46条第四句的规定。

专家组认为对于何种行为构成“仅除去假冒商标”的判断应当回到第46条规定的采取救济措施的目的进行分析，即是否能有效地震慑侵权行为。针对假冒商标的货物这一类侵权形式的特征，专家组指出假冒商标的货物除了使用假冒的商标外，在货物的整体外观、包装上也很可能对真品进行模仿。若仅将假冒的商标移除，消费者同样可能基于相似的外观产生误认。更何况同样的假冒商标可能被生产或独立进口，然后重新附加到流入商业渠道的货物上，再次发生侵权。移除假冒的商标而货物的状态未改变，仍保留与原货物相似的特征，就没有对以后可能发生的侵权产生有效的震慑作用，因而构成“仅除去假冒商标”。第59条再次明确假冒商标的货物的状态是判断移除商标是否“足够”的相关因素。因此，专家组认为中国所主张的在拍卖前征求有关知识产权权利人的意见并不会对侵权货物的状态产生影响，并且海关没有义务采纳权利人的意见，与是否构成“仅仅移除非法假冒商标”的讨论并不相关。那么移除假冒商标后进行拍卖这一做法是否可以援引例外规定呢？专家组进一步指出，例外情况应当严格限制，不能以侵权货物数量较少或者相对所有扣押货物占比例较低为衡量标准，而应当再次回到救济措施的目的，即有效地震慑侵权。如果仅移除侵权商标后将货物置于商业渠道不会在未来导致侵权，则可以认为适用这一除外条件。很明显，中国移除侵权商标后进行拍卖的情况属于“常规”而非“例外”，因此专家组认为关于假冒商标的货物的拍卖这一措施的规定违反了TRIPS协定第59条和

46条第四句。

因“仅除去假冒商标”这一争点的败诉，中国为履行WTO生效裁决的义务，在2010年3月对《知识产权海关保护条例》进行了修改，在第27条第3款末增加了“但对进口假冒商标货物，除特殊情况外，不能仅清除货物上的商标标识即允许其进入商业渠道”的规定，以便与TRIPS协定保持一致。

二、ACTA关于知识产权边境措施的规定

（一）边境措施的适用范围

1. 适用的客体范围

TRIPS协定对于边境措施所保护的知识产权客体范围从强制性义务和授权性规定两方面做了清晰的界定，ACTA的有关条文设置却非常模糊并容易引发争议，相关规定需要通过对协定的解释来予以明确。

（1）排除了边境措施对专利和未经披露的信息的适用。ACTA第13条规定：“各缔约方在对知识产权的有效边境执法进行规定时，视情况需要，在符合缔约方本国知识产权保护体制且不损害TRIPS协定的要求的前提下，不应对不同知识产权有不合理的差别对待，并且应避免对合法的贸易造成障碍。”针对第13条的注释6明确指出：“各缔约方同意，本节规定的边境措施不包括对专利和未经披露的信息的保护。”结合ACTA第5条（h）对“知识产权”的定义，即“知识产权指TRIPS协定第二部分第1～7节所规定的所有类别的知识产权”，可以得出，ACTA事实上将除专利和未披露的信息以外的其他知识产权类型，包括版权及相关权利、商标权、地理标志、工业品外观设计、集成电路布图设计纳入第16条规定的缔约方有义务进行边境措施执法保护的知识产权范围。

（2）不适用于关税同盟和平行进口的货物。ACTA在针对第三节“边境措施”的注释4中规定：“如果某一缔约方已经与另一缔约方形成海关联盟，实质取消了对通过其边境的货品过境控制，则该缔约方无须就其边境引用本节的规定。”注释5规定：“可以理解的是，对于由权利持有人或经其许可在其他国家投放市场销售的货品，不存在施行本节规定的程序的义务。”这就和TRIPS协定一样，排除了边境措施对关税同盟和平行进口的适用。

2. 适用的贸易环节

（1）应当适用于进出口环节。ACTA第16条第1款规定：“各缔约方应对进出口货运设置这样的程序，使得：(a) 海关可主动中止放行有嫌疑的货品；及 (b) 权利持有人可在适当情况下，请求主管机关中止放行有嫌疑的货品。”可见，ACTA要求缔约方应在进口和出口环节实施知识产权边境措施。

（2）可以适用于过境货物。ACTA第16条第2款规定：“各缔约方可对有嫌疑的转运货品或海关控制下的其他情况设置这样的程序，使得：(a) 海关可主动中止放行或扣押有嫌疑的货品；及 (b) 权利持有人可在适当的情况下请求主管机关中止放行或扣押有嫌疑的货品。”可见，缔约方对于过境货物可以采取边境措施。根据ACTA第5条（i）项的定义，“过境货物”是指海关过境下的货物（customs transit）或转装货物（transhipment）。前者是指从一个海关监管机构运至另一个海关监管机构的货物，即通常所说的转运货物；

后者是指在同一个同时办理进口和出口的海关机构监管下，从进口运输工具转移至出口运输工具的货物。无论是哪一种过境货物，均只在海关监管下“借道通过”，并不进入过境国的国内市场。

从知识产权地域性理论出发，目的国作为货物销售地，在货物进口环节依据本国知识产权法律法规认定侵权，保护本国的知识产权具有充分的合法性和管辖权基础。而关于在出口环节适用知识产权执法的问题，有观点认为在国内生产的专供国外销售的货物，如果依据目的国法律不构成知识产权侵权，如国际定牌加工生产的货物，那么在出口环节对其进行边境执法的合理性就值得怀疑。[①] 这种观点将产生误认和混淆作为认定商标侵权的要件，强调货物在出口环节的非侵权性，实际上忽略了在生产环节已经构成了侵权的事实。[②] TRIPS 协定赋予注册商标权人的专有权利范围是未经其同意他人不得“使用”，而用于生产无疑是使用行为的一种。因此，只要一国知识产权实体法没有规定商标侵权的“生产例外”，在出口环节依据出口国法律识别侵权后的中止放行的合法性就是可以论证的。实践中，在出口环节实施边境措施的国家屈指可数（中国是最具代表性的一例），围绕管辖权及知识产权侵权认定的争议也较少发生。

但是，对于过境环节执法，由于货物的生产、销售行为均发生在第三国，过境国是否存在管辖权的基础呢？是否有违 TRIPS 协定的某些条款呢？2010 年印度与巴西诉欧盟与荷兰“海关扣押过境转运通用药品[③]” WTO 争端案[④]，就涉及对过境环节的货物采取知识产权边境措施是否违反 WTO 相关规定的问题，此案虽然以争端双方达成“谅解”而暂告一段落，但就过境运输边境执法产生的争论却没有停息。对过境货物采取边境措施是否违反知识产权的地域性原则？对过境货物采取边境措施是否违反 GATT 第 5 条的自由过境原则？对过境货物进行边境执法的后果是否导致了对合法贸易的阻碍，从而违反了 TRIPS 协定第 41 条第 1 款？对于这些理论性争议，本书只展示案例背景并提出这三个主要争议性问题供读者思考，在此不展开论述。

案　例

印度与巴西诉欧盟与荷兰“海关扣押过境转运通用药品”WTO 争端案

欧洲因其优越的地理位置以及交通优势，成为一部分国际药品贸易的转运中心。在 2008—2009 年期间，至少有 19 个批次的通用药品在过境荷兰时被海关依据边境措施予以

---

① 孙益武．论 ACTA 与知识产权边境执法规则//陈晖．海关法评论．第 3 卷．北京：法律出版社，2013.

② 王殊．中国知识产权边境保护．北京：北京师范大学出版社，2011：71；孙海龙，姚建军．贴牌加工中的商标问题研究．知识产权，2010（5）．

③ 所谓通用药品，是指在剂型、剂量、给药途径、质量、性能、适用症方面与品牌药品（brand name drug）完全相同或者具有生物等效性的仿制药品。

④ 此案例案情来自 WT/DS408/1“印度的磋商请求”和 WT/DS409/1“巴西提出的磋商请求”，具体内容参见 https：//docs. wto. org/。这两个案子最后以争端双方私下达成“谅解”为结果，没有形成包括磋商解决和专家组报告在内的任何 WTO 相关文件。

扣留[①]，英国、德国、法国、西班牙也对通用药品实施类似的扣押措施。2010年5月，印度与巴西分别以欧盟与荷兰为对象，就荷兰海关扣押过境转运通用药品一事，向WTO提出磋商请求。

巴西指控欧盟的该类扣押行为将侵犯GATT和TRIPS协定的有关规定。首先，对转运货物的扣押，无论该转运货物是否为药物，其本身就违反了GATT第5条规定的自由过境原则；其次，由于这些药物在出口国和进口国都不享有专利保护，那么这些货物与其在转运国是否受专利保护则毫无关系，不应被扣押，巴西援引TRIPS协定第28条的规定并依据知识产权的地域性原则来证明该观点。

印度则主张TRIPS协定第41条第1款规定执法程序应避免造成对合法贸易的障碍，同时应能够为防止有关程序的滥用提供保障，特别是合法的通用药物对内部市场不存在改变的风险时，就应避免被扣押。

欧盟委员会代表则认为扣押转运通用药品的依据“EC Regulation 1383/2003”完全符合WTO的相关规定。因为：(1) 其边境措施“阻止”了假冒物品的贸易，从而有利于保护第三国的公共健康；(2) 扣押行为只是偶尔的并不具有连续性，并从未对货物予以销毁或发出销毁的命令；(3) 该类扣押行为也可能是MEDI-FAKE行动（在两个月期间要求欧共体成员国边境当局注意防止非法药品进入欧盟的行动）所产生的结果。[②] 欧盟认为港口所采取的措施是临时滞留，与扣押、没收、销毁等措施是有区别的。

2010年7月7—8日和2010年9月13—14日，印度和巴西分别与欧盟就本案争端进行了两轮磋商。在磋商过程中，欧盟承认在扣押印度和巴西的药品时，“EC Regulation 1383/2003”规则被海关错误地进行了理解。对此，欧盟表示出了不诉诸WTO争端解决程序来解决该争议的意愿。此后，印度和巴西又与欧盟进行了一系列的磋商。最终，双方于2011年7月28日就该项争议达成了一项“谅解”[③]。根据该谅解，首先，欧盟将不再拦截在途药品，除非海关有足够的证据认为这些药品具有进入欧盟市场的实质可能性；其次，欧盟将发布临时性的指导文件以对其成员国在边境执法方面提出建议；最后，欧盟委员会提出了一项新规则以取代争议规则“EC Regulation 1383/2003”[④]，印度有权对新规则提出建议。作为回应，印度和巴西承诺将不会在WTO就该争议采取进一步措施（包括请求成立专家组）。

3. 对个人行李或小件托运的适用问题

ACTA第14条对这一问题分两款进行了规定：(1) 成员方应当将商业性质的小型托

---

① Request for Consultation by India, European Union and a Member State Seizure of Generic Drugs in Transit, WT/DS408/1 May 19, 2010; Request for Consultation by Brazil, European Union and a Member State Seizure of Generic Drugs in Transit, WT/DS409/1 May 19, 2010.

② Intervention by European Communities at the TRIPS Council, WTO General Council, 3 February 2009.

③ India EU Reach an Understanding on Issue of Seizure of Indian Generic Drugs in Transit. (2011-07-28) [2019-03-22]. http://pib.nic.in/newsite/erelease.aspx?relid=73554.

④ 争议规则EC Regulation 1383/2003自2013年6月12日起被新规则EU Regulation 608/2013所取代。Regulation (EU) N0608/2013 of the European Parliament and of the Council. (2013-06-29) [2019-03-22]. https://eur-lex.europa.eu/eli/reg/2013/608/oj.

运件纳入边境执法范围；(2) 成员方可以将旅客个人行李中携带的少量非商业性货物排除在外。与 TRIPS 协定相比，ACTA 的边境措施除外领域有两点不同：其一是明确规定商业性质的小型托运件属于缔约方的执法范围，缔约方有义务适用边境措施将其中止放行或者扣押；其二是在可除外适用的范围中未提及非商业性质的小型托运件，留下一个立法空白。根据逻辑推理，似乎可以认为 ACTA 未赋予缔约方可以将非商业性质的小型托运件排除在适用范围之外的权利。

总　结

TRIPS 协定和 ACTA 边境措施适用范围对比表

	TRIPS 协定	ACTA
客体范围	商标、版权	除专利和未披露信息以外的知识产权
贸易环节	应当适用于进口，可以适用于出口	应当适用于进出口，可以适用于过境（转运和转装）
个人行李和小件托运	旅客个人行李中的或小件托运中的非商业性少量货物可被排除适用	应适用于商业性质的小件托运货物，可将旅客随身行李中的少量非商业性货物排除适用
除外领域	排除了关税同盟适用边境措施，回避了平行进口问题	同 TRIPS 协定的规定

(二) 降低海关依职权启动边境措施的门槛

TRIPS 协定第 58 条规定，成员方“可”赋予主管机关（海关等）依职权主动采取措施的权力，但以海关取得存在侵权的初步证据为前提。而根据 ACTA 第 16 条之规定，成员方“应”赋予海关依职权启动措施的权力，并且不需要初步证据而只需“有嫌疑”。可见，在 TRIPS 协定中赋予海关依职权启动的权力并非成员方的强制性义务，而在 ACTA 中该义务则是强制性的。更重要的是，ACTA 将此类程序的启动门槛大幅降低，只需“有嫌疑”侵权即可，而该标准又带有极强的主观因素，几乎不需任何客观依据。

总　结

TRIPS 协定和 ACTA 海关依职权启动边境措施对比表

	TRIPS 协定	ACTA
是否强制性	否	是
对证据的要求	有初步证据	有嫌疑

(三) 严格了对侵权物品的处置措施

ACTA 第 20 条对侵权物品的处置措施做出如下规定：“各缔约方应规定，其主管机关有权责令在根据第 19 条（侵权裁定）裁定货品侵权后销毁该侵权货品。如果该货品未被销毁，除特殊情况外，各缔约方应确保该货品被禁止进入商业渠道，以避免对权利持有人造成任何损害。”“对于假冒商标的货品，除特殊情况外，仅让其清除非法加贴于该货品上的商标后便允许其再次进入商业渠道是不足够的。”

对于侵权物品的处置措施，TRIPS 协定和 ACTA 的相同之处在于：均确立了销毁和排除出商业渠道两种基本做法，但未对排除出商业渠道的方式做出概括性描述或具体列举；均对假冒商标这一类型的侵权货物做出特殊规定，以确保假冒商标的货物不会在除去商标后即进入商业流通。

两个协定在处置措施方面的主要区别在于：(1) TRIPS 协定中销毁和排除出商业渠道这两种方式的适用先后顺位由成员方自由选择，而 ACTA 明确规定销毁为第一顺位和最主要的处置方式，成员方仅在例外情况下可适用排除出商业渠道；(2) 无论是销毁还是排除出商业渠道，TRIPS 协定在侵权货物处置的条款中强调采取的处置措施必须与侵权的严重程度相适应，并且顾及托运人、收货人等第三方的利益，但这一限制性要求在 ACTA 相应的处置条款中未出现，只在规定知识产权执法的普遍义务的第 6 条中有所体现。

总　结

TRIPS 协定和 ACTA 对侵权物品的处置措施对比表

<table>
<tr><th colspan="2"></th><th>TRIPS 协定</th><th>ACTA</th></tr>
<tr><td colspan="2">相同点</td><td colspan="2">①均确立了销毁和排除出商业渠道两种基本做法；
②均要求确保假冒商标的货物不会在除去商标后即进入商业流通</td></tr>
<tr><td rowspan="2">不同点</td><td>适用顺序</td><td>无要求</td><td>销毁是第一顺位和最主要的处置措施</td></tr>
<tr><td>适用限制</td><td>①与侵权的严重程度相适应；
②顾及第三方利益</td><td>无明确要求</td></tr>
</table>

(四) 主管机关更为广泛的信息披露义务

ACTA 第 22 条对边境措施中的信息披露做出如下要求：“在不损害缔约方有关隐私或信息保密相关法律的前提下：(a) 各缔约方可授权其主管机关为权利持有人提供货品的具体装运信息，包括货品名称及数量，以协助发现侵权货品；(b) 各缔约方可授权其主管机关向权利持有人提供货品的信息，包括但不限于货品的名称、数量，发货人、进口商、出口商或收货人的姓名和地址，以及货品来源国（如已知）和货品制造商的姓名和地址，以协助第 19 条（侵权裁定）规定的司法裁定；(c) 除非缔约方已授予主管机关本条 (b) 项所述权力，否则至少就进口货品而言，在主管机关扣押了货品或根据第 19 条（侵权裁定）裁定该货品侵权的情况下，各缔约方应授权其主管机关在扣押了货品或做出裁定后 30 个工作日内，为权利持有人提供货品的信息，包括但不限于货品的名称、数量，发货人、进口商、出口商或收货人的姓名和地址，以及货品来源国（如已知）和货品制造商的姓名和地址。”

在边境措施对信息披露的要求方面，TRIPS 协定第 57 条和 ACTA 第 22 条存在如下三个方面的差异。

1. 信息披露的时间要求不同

TRIPS 协定仅要求在裁决侵权后可授权主管机关披露相关信息，ACTA 涉及主管机关信息披露的时间包括发现涉嫌侵权货物时、司法裁决中以及扣押货物或裁决侵权后 30 个工作日内。

2. 信息披露的强制性要求不同

TRIPS 协定第 57 条使用了“成员可授权主管机关”的措辞，这就意味着主管机关的信息披露义务不是强制性的。ACTA 第 22 条对发现阶段和司法裁决中的信息披露义务使用了与 TRIPS 协定一样的“可授权”的措辞，但对扣押货物和裁决侵权后的信息披露义务则使用了“应授权”的措辞，这就意味着在扣押货物或裁决侵权后 30 个工作日内主管机关的信息披露义务是强制性的。

3. 信息披露的范围不同

TRIPS 协定第 57 条规定的主管机关信息披露的范围仅限“发货人、进口商和收货人的姓名和地址及所涉货物的数量”。ACTA 规定的主管机关信息披露的范围因阶段不同而有差异：在发现涉嫌侵权货物时，信息披露的范围是“货品的具体装运信息，包括货品名称及数量”；司法裁决中和裁决侵权后的信息披露范围更广，包括但不限于“货品的名称、数量，发货人、进口商、出口商或收货人的姓名和地址，以及货品来源国（如已知）和货品制造商的姓名和地址”。

总　结

TRIPS 协定和 ACTA 信息披露义务对比表

	TRIPS 协定	ACTA
披露时间	裁决侵权后	发现涉嫌侵权阶段、司法裁决中以及扣押货物或裁决侵权后 30 个工作日内
披露义务的强制性	非强制性披露	扣押或裁决侵权后为强制性披露
披露范围	发货人、进口商和收货人的姓名和地址及所涉货物的数量	发现涉嫌侵权阶段为货品的具体装运信息，包括货品名称及数量； 司法裁决中及裁决侵权后为包括但不限于货品的名称、数量，发货人、进口商、出口商或收货人的姓名和地址，已知的货品来源国、制造商的姓名和地址

第四节　刑事执法

一、TRIPS 协定关于知识产权刑事执法的要求

TRIPS 协定第三部分第 5 节“刑事程序”（criminal procedures）用一个条款规定了成

员在知识产权刑事执法方面的最低义务，主要包括刑事定罪标准和刑罚两个方面的内容。

（一）刑事定罪标准（criminal offenses）

TRIPS 协定第 61 条首次将刑事条款纳入 WTO 制度。在知识产权犯罪构成方面，第 61 条规定：各成员应规定，刑事程序和处罚至少适用于具有商业规模的蓄意假冒商标或盗版案件。除假冒商标和版权盗版外，成员还可规定将刑事程序和处罚适用于侵犯知识产权的其他情况，尤其是有意侵权并且以商业规模侵权的情况。

在 TRIPS 协定谈判过程中，1990 年 7 月至 12 月间，谈判者对刑事程序的适用范围进行了反复磋商。一些谈判者主张刑事措施应当适用于所有侵权行为，而另一些人则希望将其限制在直接影响"公共秩序"的故意的商业性侵权范围内。由于 TRIPS 协定在序言部分开宗明义地规定"知识产权属私权"，因此，谈判最后的结果是，对于具有商业规模的故意假冒商标或者盗版行为应适用刑事程序和处罚，对于其他有意侵权并且以商业规模侵权的情况，可以适用刑事程序和处罚。具有"商业规模"（on a commercial scale）相当于职业侵权行为，因此，知识产权刑事执法常常被认为是对付有组织侵权的基本方式。[①]

对侵犯知识产权刑事定罪的最低标准，第 61 条使用了"至少适用于具有商业规模的"的措辞，至于何谓"商业规模"，该条款没有做进一步的解释，这表明各成员有权自主在其国内法中具体界定这一用语的含义。2007 年中美 WTO 知识产权争端中关于"刑事追诉假冒商标或盗版的最低标准问题"的争点[②]的结论充分说明了这一点。

案　　例

中美 WTO 知识产权争端中关于
"刑事追诉假冒商标或盗版的最低标准问题"的争点

中国刑事追诉知识产权犯罪的规定主要是《中华人民共和国刑法》第二编"分则"第三章"破坏社会主义市场经济秩序罪"第七节"侵犯知识产权罪"规定的七个罪名，包括侵犯商标、专利、著作权和商业秘密四类犯罪。

在 2007 年中美知识产权争端中，美方仅针对我国《刑法》关于假冒商标和盗版两类犯罪的规定提出指控，具体包括第 213～215 条、第 217～218 条和第 220 条涉及的五个罪名。其中第 213 条～215 条是涉及假冒商标犯罪的，包括"假冒注册商标罪"（第 213 条）、"销售假冒注册商标的商品罪"（第 214 条）和"非法制造、销售非法制造的注册商标标识罪"（第 215 条）三个罪名；第 217～218 条是涉及盗版犯罪的，包括"侵犯著作权罪"（第 217 条）和"销售侵权复制品罪"（第 218 条）两个罪名；第 220 条是关于单位犯侵犯知识产权罪的处罚规定，根据上述关于知识产权犯罪的规定以及 2014 年《最高人民法院、最高人民检察院关于办理侵犯知识产权刑事案件具体应用法律若干问题的解释》。我国刑

---

① 孔祥俊. WTO 知识产权协定及其国内适用. 北京：法律出版社，2002：417.

② 此案例案情来自 WT/DS362 的专家组报告，具体内容参见 https://docs.wto.org/。该案例涉及三个主要争点：（1）中国版权审查制度中没有通过出版审查作品的版权保护问题；（2）海关对侵犯知识产权物品的处置措施问题；（3）刑事追诉假冒商标或盗版的最低标准问题。其中与刑事程序有关的是争点（3）。

事追诉假冒商标和盗版犯罪确实存在定罪标准，刑事定罪标准主要是“犯罪嫌疑人的非法所得额”或“盗版复制品的数量”，对于不能满足定罪标准的商标或著作权侵权行为知识产权人只能通过民事或行政程序获得救济。

美方指控：(1) 中国知识产权刑事程序和处罚的数量要求使那些达不到数量的假冒商标和盗版行为免于承担刑事责任，不能对此类行为构成威慑，不符合中国在 TRIPS 协定第三部分“知识产权的实施”下承担的义务，特别是与 TRIPS 协定第 41 条第 1 款和第 61 条的规定不符；(2) 中国事实上存在具有商业规模的盗版和假冒，这方面的证据包括《旧金山纪事报》的一篇短文《30 000 批发商场使中国保持竞争力》、业务顾问报告《2005 全球零售发展指数》中摘取的数据、《时代》杂志上的文章“In China, There's Priceless, and for Everything Else, There's Cash”，以及其他新闻文章。

中方辩称：(1)“商业规模”指数量显著的侵权行为，是一个宽泛的标准，各国有权根据具体情况和地区差异，自由裁量；(2) 中国的知识产权执法包括了行政和刑事两种程序和处罚，对于未能满足刑事程序“门槛”的侵权行为，还可适用行政程序。故中国刑事追诉假冒商标和盗版犯罪确实存在定罪标准并不违反 TRIPS 协定的相关规定。

专家组经审理认为：

(1) 根据有关国际法的规定，应当按照通常的含义对“商业规模”加以解释。“商业”和“规模”这两个词连在一起使用时相互提供了解释的背景。“规模”表示数量较大，“商业”与“规模”结合起来的含义就是将特指的行为与在特定市场上不典型的行为区分开来，行为的商业典型性取决于特定产品或市场的领域。而某种假冒或者盗版行为是否具有商业典型性只有特定国家根据本国市场的具体情况才能确定。因此，只要一国针对本国典型性的故意假冒或者盗版行为处以刑罚，就满足了 TRIPS 协定第 61 条刑事追诉知识产权犯罪的义务。

(2) 美方的证据不足以构成中方违反协定义务的初步证据。美方仅仅以新闻媒体有关中国盗版、假冒的报道作为证据是不够的，而且即使有如此多新闻媒体的报道，也不足以证明中国的刑事责任不足以制裁商业规模的故意假冒或者盗版行为从而违反了 TRIPS 协定的义务。投诉方不应该简单地罗列证据而省略对投诉主张的证明过程，美方提供的东拼西凑的新闻报道缺乏证据价值。

专家组的结论是：美国不能证明中国有关知识产权刑事定罪标准的规定不符合 WTO 的 TRIPS 协定，违反性申诉不予支持。

（二）刑罚（penalties）

TRIPS 协定第 61 条还规定：“可使用的救济应包括足以起到威慑作用的监禁和/或罚金，并应与适用于同等严重性的犯罪所受到的处罚水平一致。在适当的情况下，可使用的救济还应包括扣押、没收和销毁侵权货物和主要用于侵权活动的任何材料和工具。”

和刑事定罪标准一样，在知识产权犯罪的刑罚方面，TRIPS 协定的规定也很笼统，核心要求是“足以起到威慑作用”、“监禁和/或罚金”（自由刑和/或财产刑）、“与适用于同等严重性的犯罪所受到的处罚水平一致”，各成员在符合这些原则性要求的基础上有比较大的自由立法空间。

我国知识产权刑事立法的起步较早，表现为 1979 年颁布的《刑法》在还没有知识产权相关立法的情况下即规定了假冒商标罪。在建立了相对完善的知识产权法律体系后，我国更加重视用刑事手段打击知识产权犯罪，1997 年修订后的《刑法》还单列一节“侵犯知识产权罪”，对侵犯专利权、商标权、著作权、商业秘密权等方面的犯罪做出了规定。对知识产权犯罪适用的刑罚包括自由刑和财产刑，如“三年以下有期徒刑或者拘役，并处或者单处罚金”“三年以上七年以下有期徒刑，并处罚金”等。可以说，我国为知识产权提供的刑事司法保护已经达到了比较高的水平。

二、ACTA 关于知识产权刑事执法的要求

ACTA 第二章第 4 节共 4 条规定了知识产权的“刑事执法”（criminal enforcement）将刑事制裁上升到了一个前所未有的高度。

（一）刑事定罪标准

ACTA 第 23 条对知识产权刑事犯罪的定罪标准做了比 TRIPS 协定复杂得多的规定，扩大了刑事追诉知识产权侵权的范围，降低了刑事定罪的“门槛”。具体表现在以下几个方面。

第一，将追究侵犯知识产权刑事责任的范围扩大到了至少包括故意的、商业规模的假冒商标和盗用版权、相关权的行为。第 23 条第 1 款规定：“各缔约方应规定刑事程序和刑事处罚，至少适用于达到商业规模的故意假冒商标或盗用版权或相关权的案件。”可见，在必须刑事追诉知识产权犯罪的客体范围上，ACTA 比 TRIPS 协定多了一个盗用相关权的规定，即增加了著作邻接权作为刑事保护的客体。

第二，将“商业规模”界定为“至少包括为了直接或间接的经济或商业利益而实施的商业活动”，从而降低了刑事追诉知识产权犯罪的“门槛”。

第三，在贸易活动中以商业规模故意进口和在国内使用与注册商标相同或近似的标签或包装的成员国必须追究其刑事责任。

第四，成员国还可以在适当情况下，把未经授权而在向公众开放的电影播放场地对播映的电影作品进行复制的行为规定为犯罪并处以刑罚。

第五，各成员国应追究帮助和教唆他人实施犯罪的人的刑事责任，以及法人犯罪的刑事责任。其中，关于追究帮助和教唆他人实施犯罪的人的刑事责任的规定，可能对网络服务提供者等提供中介服务的主体构成巨大的压力。

（二）刑罚

根据 TRIPS 协定第 61 条的规定，有关知识产权犯罪的刑罚应当包括足以起到威慑作用的、与罪行严重程度相当的自由刑或财产刑，或者两者并处。ACTA 与 TRIPS 协定的上述规定基本一致。

TRIPS 协定第 61 条规定，在适当的场合，可使用的救济还应包括扣押、没收和销毁侵权货物以及主要用于侵权活动的任何材料和工具。ACTA 大大扩展了扣押、没收和销毁侵权货物措施的适用范围。在刑事诉讼中，涉嫌假冒商标的货品和盗版货品，以及任何用于实施被控罪行的相关材料和工具、与被控罪行相关的文书证据、来自被控的侵权行为或者直接或间接通过被控的侵权行为获得的资产，都在被扣押之列，而且扣押令不需要一一

列明被扣押的物品。被认定为假冒商标或盗版的货品，不分场合，都应当被没收或者销毁；作为例外没有被销毁的，也要在不损害权利人利益的前提下被排除出商业渠道。对于主要用于制造假冒商标货品或盗版货品的材料和工具、直接或间接来自侵权行为或者通过侵权行为获得的资产也应当被没收或者销毁。成员国还可以扣押和没收与直接或间接从侵权行为中产生的或者获得的资产价值相当的侵权人的资产。

总　结

TRIPS 协定和 ACTA 刑事执法对比表

	TRIPS 协定	ACTA
客体范围	商标、版权	商标、版权和相关权利
定罪标准	商业规模	商业规模（至少包括为了直接或间接的经济或商业利益而实施的商业活动）
刑罚	足以起到威慑作用的、与罪行严重程度相当的监禁和/或罚金	足以起到威慑作用的、与罪行严重程度相当的监禁和/或罚金
扣押、没收与销毁	主要用于侵权活动的材料和工具	任何有关材料和工具，以及来源于或者直接或间接源自被控侵权行为的财产

第五节　数字环境下的知识产权执法

TRIPS 协定中完全没有针对网络知识产权问题的规定，ACTA 在第二章第 5 节用“超长”的第 27 条规定了数字环境下知识产权执法措施的框架。因此，在介绍 ACTA 关于数字环境下知识产权执法（enforcement of intellectual property rights in the digital environment）的各部分内容时，参照比较的对象不再是 TRIPS 协定，而是 WIPO 的《世界知识产权组织版权条约》（WCT）和《世界知识产权组织表演和录音制品条约》（WPPT），以及我国法律的相关规定。

一、数字环境下知识产权执法的基本前提

（一）实现知识产权人、服务提供商和用户的利益平衡

ACTA 第 27 条的各款规定都贯穿着以保持知识产权人、服务提供商和用户利益平衡的方式解决知识产权侵权问题，包括发生在数字环境下尤其是涉及版权或相关权利的知识产权侵权问题的原则，期望促进服务提供商与权利人在应对数字环境下相关侵权行为时的合作。

ACTA 希望建立一种在权利人、保护知识产权义务的承受者（即服务提供商）和用户之间达到利益平衡的法律框架，在这种框架下打击全球扩散的假冒和盗版。但是，与

TRIPS 协定相比，ACTA 整体而言更倾向于保护权利人。TRIPS 协定“旨在实现社会利益平衡的前提下保护知识产权，而非单一倾向知识产权持有者利益的知识产权保护。ACTA 的主要缔约国则是技术相对发达的国家，其利益平衡点的选择也必然是倾向于权利方的”[①]。自从 ACTA 的最终文本被披露以来，各国反对的声音强烈，理由主要是 ACTA 妨碍网络自由、执法尺度过于严苛、阻碍自由贸易等。正是由于对公众自由权利的担忧，欧洲议会否决了通过 ACTA。

（二）传统环境下的执法措施在数字环境下仍然适用

ACTA 第 27 条第 1 款规定，缔约方应确保本国法律包含第二章第 2 节（民事执法）和第四节（刑事执法）所提及的执法程序，以便对在数字环境下发生的知识产权侵权行为采取有效的行动，包括阻止侵权的及时救济措施和对未来侵权行为构成阻碍的救济措施。第 2 款规定，在第 1 款的基础上，缔约方的执法程序应适用于数字网络中版权或相关权利的侵权，此侵权行为可以包括以侵权为目的非法使用广泛传播的工具手段。

ACTA 要求成员国充分利用民事和刑事法律规定，有效地打击和防范数字环境下发生的知识产权侵权行为。

（三）数字环境下执法的基本原则

ACTA 第 27 条第 2 款后半段规定，这些程序的实施应避免对包括电子商务在内的合法活动构成障碍，且在符合该缔约方本国法律的基础上，维护其所信奉的基本原则，如言论自由、程序公平和尊重隐私等。针对该款的注释 13 进一步指出，例如，在不损害缔约方本国法律的前提下，采纳或维持一种制度，在保护权利人合法利益的同时，对网络服务提供商应负的责任或针对网络服务提供商而制定的救济措施加以限制。

ACTA 第 27 条第 3 款规定，缔约方应尽力促进企业界的合作，以有效解决商标、版权或相关权利的侵权问题，同时维护合法竞争，并在符合该缔约方本国法律的基础上，维护其所信奉的基本原则，如言论自由、程序公平和尊重隐私等。

根据 ACTA 的上述规定，各缔约方在数字环境下适用的执法措施应当遵循以下原则：（1）避免对包括电子商务在内的合法活动构成障碍；（2）在符合该缔约方国内法律的基础上，数字环境下的执法应保护各成员国追求的基本原则，诸如言论自由、程序公平和尊重隐私。其中，尊重隐私原则 TRIPS 协定并未涉及，ACTA 将其作为原则纳入无疑是一个进步。但是，第 27 条第 4 款对网络服务提供商披露用户信息义务、加强网络监管的规定，以及第 5、6、7 款对技术措施和电子权利管理信息实施高于 TRIPS 协定水平的强保护的规定，使得这一原则的实效令人怀疑。

二、网络服务提供商的信息披露义务

在 ACTA 的早期草案文本中，曾详细规定了网络服务提供商（ISP）的避风港等免责情形[②]，但是协定的最终文本删除了这些规定，仅保留了网络服务提供商的信息披露义务，为各缔约方国内法留下了空间。

---

① 王宇. 谁在反对 ACTA?. 中国知识产权报，2012-08-22.

② 薛洁. 对数字环境下的知识产权执法分析：基于《反假冒贸易协议》(ACTA). 科技与法律，2011 (6).

ACTA 第 27 条第 4 款规定，缔约方可根据本国的法律法规规定，如果权利人提出有充分法律依据的主张，声称商标权、版权及有关权利受到侵犯，并且正在为保护或实施这些权利寻求信息，主管机关有权命令网络服务提供商向权利人及时披露相关用户的信息，这些信息足以识别拥有该涉嫌侵权账户的用户。这些程序的实施应避免对包括电子商务在内的合法活动构成障碍，且在符合该缔约方本国法律的基础上，维护其所信奉的基本原则，如言论自由，程序公平和尊重隐私等。

网络服务提供商的信息披露义务在 ACTA 谈判过程中属于争议较大的内容，因此该条文最终达成的是一个任意性条款，没有规定成员国必须履行的义务，并且将网络服务提供商的信息披露义务局限于关于商标权、版权及有关权利的侵权诉讼和执法。但是，由于成员国可以在本国法律中实施比 ACTA 更广泛的知识产权执法措施，因此该项义务也可以依据国内法的规定扩展到专利权等其他知识产权客体。

关于网络服务提供商的信息披露义务，争论比较多的是信息披露范围，ACTA 第 27 条第 4 款的规定不但要求公开事实侵权者（infringer）的相关信息，而且要求公开被指控的涉嫌侵权者（alleged infringer）的相关信息，事实上还要公开可能与该侵权指控有关的相关用户的信息。这样的信息披露范围是否过大？是否会牵涉无辜的人？是否与尊重隐私的基本原则相违背？一直存在较大的争议。ACTA 规定的网络服务提供商的信息披露义务以权利人已经提出了法律理由充分的关于商标权、版权及有关权利的侵权主张为前提，并且必须符合尊重隐私保护等法律原则。ACTA 还在第 4 条对隐私权和信息披露做出了专门的规定，即：如果信息披露与成员国保护隐私权的法律或者参加的国际条约相冲突，秘密信息的披露将阻碍执法或者违背公共利益，以及秘密信息的披露将损害合法的商业利益，则信息不应予以披露。网络服务提供商的信息披露义务也应当服从上述基本原则。美国视频分享网站 YouTube 侵犯版权案[①]中法院要求网络服务提供商提供用户资料的决定就曾被指责为隐私权保护的倒退。

案　例

美国视频分享网站 YouTube 侵犯版权案

2008 年 7 月，Google 旗下的著名视频分享网站 YouTube 被起诉。原告版权人请求受理案件的美国纽约南区法院命令该网站提供每一位用户观看视频习惯的详细数据。审理法官批准了版权人的请求，要求被告提供数百万兆 YouTube 用户的文件和数据，但是驳回了版权人要求 Google 提供搜索引擎程序源代码的请求，理由是程序源代码涉及被告的商业秘密。

法院命令 YouTube 网站提供用户资料的决定被批评为隐私权保护的倒退，因为版权人结合用户的网络数字地址和 YouTube 登录名，就能够识别每一位用户的观看习惯，这将危及该网站数百万用户的隐私权。在强大的公众压力下，YouTube 视频分享网站和原告版权人达成协议，双方同意先将有关的用户数据资料匿名化，再提交版权人。Google

① 薛虹．十字路口的国际知识产权法．北京：法律出版社，2012：175－176.

随后与其他版权人也达成了类似的保护用户隐私权的协议。

WTO的TRIPS协定和WIPO的WCT和WPPT均没有明确规定网络服务提供商的信息披露义务。TRIPS协定仅在第47条规定了侵权人向权利人提供信息的义务，即成员的司法机关有权责令侵权行为人告知权利人涉嫌制造和销售侵权商品或提供侵权服务的第三方的身份及其销售渠道等信息，但与侵权的严重程度不相协调的除外。

与ACTA相比，我国《信息网络传播权保护条例》(以下简称《传播权条例》)规定的网络服务提供商的信息披露义务更严格，披露范围更合理。

《传播权条例》第13条规定："著作权行政管理部门为了查处侵犯信息网络传播权的行为，可以要求网络服务提供者提供涉嫌侵权的服务对象的姓名（名称）、联系方式、网络地址等资料。"第25条规定："网络服务提供者无正当理由拒绝提供或者拖延提供涉嫌侵权的服务对象的姓名（名称）、联系方式、网络地址等资料的，由著作权行政管理部门予以警告；情节严重的，没收主要用于提供网络服务的计算机等设备。"《传播权条例》要求网络服务提供商披露的信息仅包括"涉嫌侵权的服务对象的姓名（名称）、联系方式、网络地址等资料"，而不包括与该侵权指控有关的其他人的信息，这样的披露范围较ACTA的规定更为合理。同时，《传播权条例》还明确了网络服务提供商违反信息披露义务的行政责任，比ACTA的规定更加严格具体。

值得一提的是，已失效的《最高人民法院关于审理涉及计算机网络著作权纠纷案件适用法律若干问题的解释》(以下简称《解释》)第5条规定，提供内容服务的网络服务提供者，对著作权人要求其提供侵权行为人在其网络的注册资料以追究行为人的侵权责任，无正当理由拒绝提供的，人民法院应当根据《民法通则》第106条的规定，追究其相应的侵权责任。但是，替代该司法解释的《最高人民法院关于审理侵害信息网络传播权民事纠纷案件适用法律若干问题的规定》(以下简称《规定》)并未采纳这一规定。应该说，《解释》第五条未被《规定》纳入是合理的，因为网络服务提供商不履行信息披露义务的行为并未侵害权利人的知识产权，当然也就不能认定该行为与侵权人的行为构成共同侵权。同时，由于在网络环境下假冒与盗版多发，若规定网络服务提供商违反信息披露义务即承担民事侵权责任，则将使网络服务提供商陷入讼累，过分加重其负担。由此，网络服务提供商违反信息披露义务需承担相应的行政责任，但不必承担民事侵权责任。

无论是《传播权条例》还是最高人民法院的《规定》，都未对网络服务提供商信息披露义务的例外情形予以规定。如何在要求网络服务提供商履行信息披露义务的同时，兼顾保护网络用户的隐私权，以及保护电子商务的正常运行，是一个有待解决的法律问题。

三、对技术措施的法律保护

WCT和WPPT确立了以技术措施保护网络环境下的知识产权的制度，但是，这两部条约对技术措施的规定仅仅是原则性的，非常宽泛模糊，为各缔约方国内法留下了空间，也使得各缔约方国内法的规定千差万别。在此基础上，ACTA第27条第5款、第6款和第8款对技术措施的法律保护做出了更具体细致、水平更高的规定。

(一) 技术措施的定义和分类

WCT 和 WPPT 虽然确立了技术措施保护制度，并将“有效”作为技术措施受保护的条件之一，却并未界定技术措施的范围，也未明确“有效”技术措施的含义，而 ACTA 则对“技术措施”和“有效”做出了界定。针对第 27 条第 5 款的注释 14 对技术措施给予了明确的定义：“就本协定而言，技术措施是指依据缔约方的法律规定，在正常使用中用以阻止或者限制未经作者、表演者或录音制品制作者授权而涉及其作品、表演或录音制品的行为的任何技术、装置或组件。在不影响缔约方的本国法律所规定的版权或相关权利范围的前提下，当被保护的作品、表演或录音制品的使用是由作者、表演者或录音制品制作者通过采用具有保护效果的访问控制或者保护手段（例如加密、加扰或复制控制手段）所控制时，技术措施被视为有效。”

根据功能的不同，技术措施可以分为两类：控制访问的技术措施和控制使用的技术措施。前者是指通过设置口令或验证装置等手段，限制他人访问某网站或网站中的作品的措施；后者是指限制他人未经授权而使用（例如复制、发行）作品的措施。美国 1998 年通过的《跨世纪数字化版权法》（DMCA）就将技术措施分为“访问控制措施”（a technological measure effectively controls access to a work）和“保护著作权人权利措施”（a technological measure effectively protects a right of a copyright owner）。美国 DMCA 并不禁止规避保护著作权人权利措施，而欧盟则禁止规避任何有效的技术措施。从 ACTA 对技术措施的前述定义可知，ACTA 要求成员保护的技术措施包括以上两类。

我国《传播权条例》第 26 条将技术措施定义为：“用于防止、限制未经权利人许可浏览、欣赏作品、表演、录音录像制品的或者通过信息网络向公众提供作品、表演、录音录像制品的有效技术、装置或者部件。”我国立法也强调技术措施的“有效”性，但未将两类技术措施予以区分。我国著作权法将合理使用的对象限定为已发表的作品，而且合理使用以合法取得作品为前提，因此，控制访问的技术措施与我国的合理使用制度并不矛盾，不会对合理使用制度构成冲击。控制使用的技术措施则与合理使用制度冲突，有可能侵害社会公共利益。司法实践中，被侵害的技术措施的类别界定对于侵权行为的定性有直接的影响，典型案例如**飞狐公司诉迅雷公司破解技术保护措施案**。[①]

案　例

飞狐公司诉迅雷公司破解技术保护措施案

原告飞狐公司受让取得《杜拉拉之似水年华》等 7 部影视作品的独占信息网络传播权。原告经营的“搜狐视频”提供包括上述 7 部影视作品在内的在线播放服务，但在每一部影视作品播放前都有数十秒的片头广告。

被告迅雷公司开发有“迅雷-免费云播和加速下载”App，App 图标左上方有“迅雷 HD”字样。用户免费下载安装该 App 后，点开 App 就可以搜索到《杜拉拉之似水年华》

---

① 此案例案情来自广东省深圳市南山区人民法院（2015）深南法知民初字第 498 号民事判决书（一审）和广东省深圳市中级人民法院（2016）粤 03 民终 4741 号民事判决书（二审）。

等7部影视作品。原告飞狐公司据此向深圳市南山区人民法院起诉被告迅雷公司侵犯其享有著作权的影视作品的信息网络传播权。

南山区人民法院经审理查明，被告迅雷公司将《杜拉拉之似水年华》等7部影视作品的名称制作成链接框，并将这些链接框按照特定分类进行排列。在点击播放上述影视作品时，画面左上角有"搜狐视频""Tv. Sohu. com"字样；在上述影视作品播放时，播放页面上方会出现一个提示栏，提示栏中有播放的视频名称和播放视频来源的URL地址"Tv. Sohu. com"。上述播放的视频片头没有广告，但内容与原告享有著作权的7部影视作品的内容相同。

南山区人民法院根据上述事实做出判决，认定被告未经许可在其运营的"迅雷-免费云播和加速下载"App上在线播放原告享有著作权的7部影视作品，侵犯了原告对这7部影视作品享有的信息网络传播权。原告不服一审判决，提出上诉。

2016年11月16日，深圳市中级人民法院做出二审判决，认定：(1)迅雷公司运营的涉案App并未直接提供作品，迅雷公司仅为搜索链接服务商，其链接的影视作品均来自原告经营的搜狐等正版视频网站，并且是按照计算机预先设置的搜索逻辑自动生成的搜索结果，故其行为不构成著作权直接侵权。(2)飞狐公司为防止第三方跳过广告直接抓取视频采取了技术保护措施，这种技术措施属于"访问控制技术措施"（又称"防止未经许可获得作品的技术措施"），这类技术措施本身并不直接保护著作权人的专有权利，但它能够通过防止未经许可获得作品而间接地起到保护作品不受非法复制、发行的作用。迅雷公司涉案App播放的7部影视作品来自飞狐公司经营的搜狐视频，但播放时片头没有广告，该事实证明被告迅雷公司故意避开或破坏了飞狐公司为涉案作品所采取的技术保护措施，属于我国《著作权法》第48条第6款规定的"未经著作权人或者与著作权有关的权利人许可，故意避开或者破坏权利人为其作品、录音录像制品等采取的保护著作权或者与著作权有关的权利的技术措施的"侵权行为。

深圳市中院据此认为一审判决认定迅雷公司的行为属于侵犯信息网络传播权的定性错误，但判决其承担侵权法律责任正确。

(二) 保护有效技术措施的具体范围

WCT和WPPT都只是原则性地规定了对技术措施的保护，至于保护的具体范围则留给各成员方通过国内法自行决定。ACTA第27条第5款对技术措施的保护进行了原则性的规定，其措辞与WCT和WPPT一致。ACTA第6款对技术措施保护范围做出了具体的界定："为了提供本条第5款规定的足够的法律保护和有效的法律救济措施，各缔约方应规定至少针对以下情况提供保障：(a)在本国法律的范围内：(i)明知或有合理理由应知而在未经授权的情况下规避有效技术措施，及(ii)通过营销向公众提供规避有效技术措施的装置、产品（包括计算机程序）或服务；以及(b)装置、产品（包括计算机程序）的制造、进口或销售，或者服务的提供：(i)其主要为规避有效技术措施而设计或制造，或(ii)除规避有效技术措施外，其商业意义有限。"

根据民法关于"过错"的理论，故意是指行为人预见自己行为的结果，而追求或放任结果的发生，即明知而追求或放任的态度；而过失是指，行为人对自己行为的结果应当预见而没有预见，或虽然预见了但轻信能够避免，即应知而不知，或明知而轻信能够避免的态度。[①] ACTA禁止"明知或有合理理由应知而在未经授权的情况下规避有效技术措施"，应理解为ACTA禁止故意或过失规避有效技术措施的行为。

各国法律通常将规避技术措施的行为分为三类：一是直接规避技术措施的行为，二是制造、进口或向公众提供主要用于规避技术措施的装置或部件，三是为他人规避技术措施提供技术服务。美国、欧盟立法将三类行为都纳入了禁止范围，澳大利亚的法案则并不一般性地禁止任何规避技术措施的行为，而只是禁止制造、出售、传播、展示、提供或通过网络提供用于规避技术措施的设施。[②]

从ACTA第27条第6款的规定可以看出，ACTA对上述三类行为都予以禁止，但对后两类行为，ACTA将禁止范围限定为：(1) 商业性（即通过营销）向公众提供规避有效技术措施的装置、产品或服务的行为；(2) 制造、进口、向公众提供的装置、产品，以及向公众提供的服务主要为规避有效技术措施而设计或制造的装置、产品或服务，或是除规避有效技术措施外，其商业意义有限的装置、产品或服务。因此，私人性质的提供行为以及主要设计、制造目的并非规避技术措施的装置、产品或服务不属于ACTA的禁止范围。

我国《传播权条例》第4条第2款规定，"任何组织或者个人不得故意避开或者破坏技术措施，不得故意制造、进口或者向公众提供主要用于避开或者破坏技术措施的装置或者部件，不得故意为他人避开或者破坏技术措施提供技术服务。但是，法律、行政法规规定可以避开的除外。"由此可知，我国仅禁止故意规避技术措施的行为，对于过失的规避行为则不进行规制。对于后两类行为，我国也将禁止范围限定为具有故意的主观态度，只针对"主要用于避开或者破坏技术措施的装置或者部件"的行为。对于商业性向公众提供规避有效技术措施的装置、产品或服务（该装置、产品并非主要用于避开或破坏技术措施）的行为，我国立法没有规定。

（三）保护技术措施的限制或例外规定

ACTA规定缔约方应对有效技术措施提供法律保护的同时，又授权缔约方可针对技术措施的保护设置或维持适当的限制或例外规定，因为技术措施为网络环境下的作品提供强保护的同时，也对著作权法确立的合理使用制度和公共领域构成了冲击和侵蚀。因此，对技术措施保护制度设立适当的限制规定，是保持著作权法平衡机制不可或缺的内容。ACTA第27条第8款规定："在根据本条第5款和第7款规定须有足够法律保护和有效法律救济措施的情况下，缔约方可针对实施本条第5、6、7款的措施设置或维持适当的限制或例外规定。"在规定规避技术措施的例外情形的问题上，各国做法不一。美国和欧盟立法均列出了详尽的法定例外情形，并设置了定期（3年）评估、发布新的例外情形的行政程序。而澳大利亚由于并不禁止直接规避技术措施的行为，其技术措施保护制度已为合理使用留下了充分的空间，仅规定了3项法定例外情形。

我国《传播权条例》第12条规定："属于下列情形的，可以避开技术措施，但不得向他人提供避开技术措施的技术、装置或者部件，不得侵犯权利人依法享有的其他权

---

① 王利明．侵权责任法研究：上．北京：中国人民大学出版社，2011：315－317，320－322.

② 王迁：对技术措施立法保护的比较研究．知识产权，2003 (2).

利：（一）为学校课堂教学或者科学研究，通过信息网络向少数教学、科研人员提供已经发表的作品、表演、录音录像制品，而该作品、表演、录音录像制品只能通过信息网络获取；（二）不以营利为目的，通过信息网络以盲人能够感知的独特方式向盲人提供已经发表的文字作品，而该作品只能通过信息网络获取；（三）国家机关依照行政、司法程序执行公务；（四）在信息网络上对计算机及其系统或者网络的安全性能进行测试。”

可见，我国的技术措施保护制度较澳大利亚等国立法更为严格，因此应当做出更加详细的例外规定，或设置定期评估、发布例外情形的程序，以维持权利人和使用者之间的利益平衡。

总　结

WCT、WPPT、ACTA 和中国相关法律对技术措施保护对比表

	WCT 和 WPPT	ACTA	中国相关法律
定义	无规定	用以阻止或限制未经授权而涉及其作品、表演或录音制品的行为的任何技术，装置或组件	用于防止、限制未经权利人许可浏览、欣赏作品、表演、录音录像制品或者通过信息网络向公众提供作品、表演、录音录像制品的有效技术、装置或者部件
保护范围	制止规避由作者、表演者或录音制品制作者对其作品、表演或录音制品加以保护的技术措施的行为	制止故意或过失地规避技术措施的行为，商业性地制造、进口或向公众提供主要用于规避技术措施的装置或部件，商业性地为他人规避技术措施提供技术服务	制止故意地规避技术措施的行为，制造、进口或向公众提供主要目的是用于规避技术措施的装置或部件，为他人规避技术措施提供技术服务
限制和例外规定	无规定	允许缔约方设置或维持适当的限制或例外规定	四种合理使用：课堂教学或科学研究；不以营利为目的、以独特方式供盲人使用；国家机关执行公务；网络的安全性测试

四、对电子权利管理信息的法律保护

与技术措施的规定一样，WCT 和 WPPT 对电子权利管理信息的规定也是原则性的，有关电子权利管理信息的具体保护方式和范围由各国国内法规定。ACTA 则在第 27 条第 7 款和第 8 款对电子权利管理信息的法律保护做出了更具体细致、更高水平的要求。

（一）电子权利管理信息的定义

ACTA 针对第 27 条第 7 款的注释 16 对“电子权利管理信息”做出了界定：“就本条而言，电子权利管理信息指：（a）识别作品、表演或录音制品的信息，识别作品的作者、演出的表演者或录音制品的制作者的信息，或识别作品、表演或录音制品的任何权利的所有人的信息；(b) 有关作品、表演或录音制品的使用条件的信息；或 (c) 代表上述 (a) 或 (b) 项所述信息的数字或代码，而这些信息是依附于作品、表演及录音制品上，或者在向公众传达或提供作品、表演或录音制品的情况下出现。”该定义的实质内容与 WCT 和 WPPT 的规定相同，但表述更为清晰。

我国《传播权条例》第 26 条将“权利管理电子信息”定义为：“说明作品及其作者、表演及其表演者、录音录像制品及其制作者的信息，作品、表演、录音录像制品权利人的信息和使用条件的信息，以及表示上述信息的数字或者代码。”和 ACTA 不同之处在于，我国《传播权条例》并未明确“权利管理电子信息”应当是“依附于作品、表演及录音制品上，或者在向公众传达或提供作品、表演或录音制品的情况下出现”。

(二) 电子权利管理信息的保护范围

ACTA 第 27 条第 7 款对电子权利管理信息的保护范围做出了规定：“为了保护电子权利管理信息，各缔约方应规定足够的法律保护和有效的法律救济措施，防止任何人明知，或就民事救济措施而言，有合理理由应知该行为构成诱使、促成、帮助或隐藏侵犯版权或相关权利的行为，而仍未经授权故意实施下列行为：(a) 移除或改变任何电子权利管理信息；(b) 明知电子权利管理信息在未经授权情况下被移除或改变，而仍发行、为发行进口、广播、传播或向公众提供作品、表演或录音制品的复制品。”

由该款规定可知，ACTA 禁止任何人在明知或应知该行为构成诱使、促成、帮助或隐藏侵犯版权或相关权利的行为的情况下，实施上述两类行为。因此，ACTA 不仅禁止故意删改电子权利管理信息的行为，也禁止过失的行为。而且，ACTA 除禁止直接的“移除或改变任何电子权利管理信息”的侵权行为外，也禁止间接的侵权行为，即“明知电子权利管理信息在未经授权情况下被移除或改变，而仍发行、为发行进口、广播、传播或向公众提供作品、表演或录音制品的复制品”。

我国《著作权法》第 48 条和《传播权条例》第 5 条对电子权利管理信息的保护范围做出了规定。《著作权法》第 48 条将“未经著作权人或者与著作权有关的权利人许可，故意删除或者改变作品、录音录像制品等的权利管理电子信息的”行为规定为侵犯著作权的行为，同时规定“法律、行政法规另有规定的除外”。《传播权条例》第 5 条规定：“未经权利人许可，任何组织或者个人不得进行下列行为：(一) 故意删除或者改变通过信息网络向公众提供的作品、表演、录音录像制品的权利管理电子信息，但由于技术上的原因无法避免删除或者改变的除外；(二) 通过信息网络向公众提供明知或者应知未经权利人许可被删除或者改变电子权利管理信息的作品、表演、录音录像制品。”

很明显，我国立法仅禁止故意行为，不禁止过失行为，而 ACTA 禁止故意或过失移除或改变电子权利管理信息的行为。此外，对于间接侵权行为的过错条件，ACTA 规定的是“明知电子权利管理信息在未经授权情况下被移除或改变”，而我国规定的则是“明知或者应知”。对于间接侵权行为的行为方式，ACTA 禁止的行为方式包括“发行、为发行进口、广播、传播或向公众提供作品、表演或录音制品的复制品”，而我国仅禁止通过信息网络向公众提供作品、表演、录音录像制品的行为。

(三) 保护电子权利管理信息的限制或例外规定

ACTA 第 27 条第 8 款规定：“在根据本条第 5 款和第 7 款规定须有足够法律保护和有

效法律救济措施的情况下，缔约方可针对实施本条第 5、6、7 款的措施设置或维持适当的限制或例外规定。”可见，ACTA 在要求缔约方对电子权利管理信息提供法律保护的同时，也授权缔约方设置或维持适当的限制或例外规定。

我国《传播权条例》第 5 条虽然将“由于技术上的原因无法避免删除或者改变的”情况规定为例外情况，但该规定通常仅适用于在播放广告或者其他节目时使用作品、录音录像制品的片段，因时间短而无法在播放节目的同时表明权利管理电子信息，或者在实行数字/模拟信号转换时无法保存权利管理电子信息等情况。与美国、欧盟等国家（或地区）较为完善的立法相比，这样的例外规定显得范围过于狭窄。

总　结

WCT、WPPT、ACTA 和中国相关法律对电子权利管理信息保护对比表

	WCT 和 WPPT	ACTA	中国相关法律
定义	无规定	①依附于作品或制品上，或在向公众传播时出现； ②识别权利人或使用条件的信息或这些信息的数字或代码。	说明权利人或使用条件的信息或这些信息的数字或代码
保护范围	制止故意去除或改变电子权利管理信息的行为	制止故意或者过失地移除或改变任何电子权利管理信息的行为；明知电子权利管理信息在未经授权情况下被移除或改变，而仍发行、为发行进口、广播、传播或向公众提供作品、表演、录音录像制品的复制品的行为。	制止故意地删除或改变任何权利管理电子信息的行为；通过信息网络向公众提供明知或者应知未经权利人许可被删除或者改变权利管理电子信息的作品、表演、录音录像制品。
限制和例外规定	不得阻碍商品自由流通，不得损害版权自动保护原则	允许缔约方设置或维持适当的限制或例外规定	将“由于技术上的原因无法避免删除或者改变的”规定为例外情况

【重要术语提示与中英文对照】

序号	中文术语	英文对照
1	知识产权的实施	enforcement of intellectual property rights
2	民事和行政程序及救济	civil and administrative procedures and remedies
3	证据的提供	evidence
4	禁令	injunctions
5	损害赔偿	damages

续前表

序号	中文术语	英文对照
6	获得信息的权利	right of information
7	对被告的赔偿	indemnification of the defendant
8	临时措施	provisional measures
9	边境措施	border measures
10	海关中止放行	suspension of release by customs authorities
11	刑事程序	criminal procedures
12	刑事定罪标准	criminal offenses
13	刑罚	penalties
14	访问控制措施	a technological measure effectively controls access to a work
15	保护著作权人权利措施	a technological measure effectively protects a right of a copyright owner

【思考题】

1. TRIPS 协定在哪些方面对知识产权执法做出了要求？

2. TRIPS 协定和 ACTA 在知识产权民事程序上有哪些不同的规定？

3. TRIPS 协定对边境措施的适用范围做何规定？ACTA 在这方面的规定与 TRIPS 协定有哪些不同？

4. TRIPS 协定对知识产权刑事定罪标准和刑罚有哪些最低水平的要求？

5. ACTA 在哪些方面对数字环境下的知识产权执法做出要求？

【经典参考文献】

1. 廖丽．国际知识产权新趋势：TRIPS - Plus 知识产权执法研究．北京：中国社会科学出版社，2015.

2. 乔治·卡明，米亚·弗罗伊登塔尔，路德·贾纳尔．荷兰、英国、德国民事诉讼中的知识产权执法．北京：商务印书馆，2014.

3. 国家保护知识产权工作组．知识产权案例选编：面向执法司法人员．北京：人民出版社，2008.

4. 张平，刘朝．WTO/TRIPs 知识产权争端成案及对策．北京：法律出版社，2016：83 - 102.

5. 薛虹．十字路口的国际知识产权法．北京：法律出版社，2012.

6. 孔祥俊．WTO 知识产权协定及其国内适用．北京：法律出版社，2002.

附 文

第一章扩展阅读资料

World Intellectual Property Day－April 26，2019①

Reach for Gold：IP and Sports

Every April 26，we celebrate World Intellectual Property Day to learn about the role that intellectual property（IP）rights play in encouraging innovation and creativity.

Faster，stronger higher! The drive to test our abilities，the thrill of competition，and the awe we experience in watching ordinary people achieving extraordinary feats，have fueled our fascination with sports for thousands of years.

This year's World Intellectual Property Day campaign－Reach for Gold－takes a closer look inside the world of sports. It explores how innovation，creativity and the IP rights that encourage and protect them support the development of sport and its enjoyment around the world.

The universal values sports encompass－excellence，respect and fair play－power their global appeal. Today，thanks to advances in broadcasting and communications technologies，anyone，anywhere，can follow sporting action around the clock，tracking the performances of their favorite athletes and teams without leaving home.

Sports have become a multi-billion dollar global industry－one that generates investment in facilities（from sports stadia to broadcasting networks），employs millions of people around the world，and entertains many more.

Business relationships built on IP rights help to secure the economic value of sports. This，in turn，stimulates growth of the industry by enabling sporting organizations to finance the events we savor，and by providing the means to promote sports development at the grassroots.

---

① 该扩展阅读材料载于 https：//www. wipo. int/ip-outreach/en/ipday/。

We look at how sports businesses use patents and designs to foster the development of new sports technologies, materials, training, and equipment to help improve athletic performance and engage fans worldwide.

We find out how trademarks and branding maximize commercial revenue from sponsorship, merchandising and licensing agreements. These revenues offset the cost of organizing world class events, such as the Olympic Games and World Cup series, and ensure that the value and integrity of these spectacular events are safeguarded.

We look at how sports personalities are able to generate earnings from sponsorship deals with brand owners and by leveraging their own brands as athletes.

We explore how broadcasting rights underpin the relationship between sport and television and other media that bring fans ever closer to sporting action.

We zoom in on some of the game-changing technological advances in robotics and artificial intelligence that are driving change in all sports fields.

This year's campaign is an opportunity to celebrate our sporting heroes, and all the people around the world who are innovating behind the scenes to boost sports' performance and its global appeal.

Join us in celebrating the power of sports to engage and inspire, to innovate and unite us all in pushing the boundaries of human achievement.

Tell us about your sporting heroes and your favorite sports innovation, and share your views on the future of sports.

第二章扩展阅读资料

印度对药品和农用化学产品的专利保护案①

【摘要】

美国投诉印度对药品和农用化学产品的专利保护（WT/DS50)。1996 年 7 月 2 日，美国提出磋商要求，争端事由为印度没有对药品和农用化学产品的专利保护制度。美国认为印度违反了 TRIPS 协定第 27、65、70 条。由于磋商未成，1996 年 11 月 7 日，美国要求设立专家组。1996 年 11 月 20 日，DSB 设立了一个专家组。专家组认定印度在药品和农用化学产品的产品专利申请方面没有建立一种充分保护新颖性和优先权的制度，从而违反了 TRIPS 协定第 70 条第 8 款（a)、第 63 条第 1 款和第 2 款，印度也没有建立一种授予独占性市场权的制度，违反了 TRIPS 协定第 70 条第 9 款的规定。1997 年 4 月 15 日与 5 月 13 日，专家组两次开庭，听取双方意见，然后又给予双方评论的机会。1997 年 6 月 27 日，专家组公布了中期报告。印度对该报告的部分内容提出了修改意见。1997 年 9 月 5

① 此案例案情来自 WT/DS50，WT/DS79 的专家组报告和上诉机构报告，具体内容参见 https://docs.wto.org/。

日，专家组报告由成员各方传阅。1997 年 10 月 15 日，印度上诉。上诉机构对专家组报告稍做修改，维持了其中对 TRIPS 协定第 70 条第 8 款和第 9 款的调查结果，但是认为对 TRIPS 协定第 63 条第 1 款的裁定不在专家组职权范围内。1998 年 1 月 16 日，DSB 通过了上诉机构变更的专家组报告和上诉机构报告。在 1998 年 4 月 22 日的 DSB 会议上，争端双方宣布他们已经就 15 个月的实施期限达成了协议，即在 1999 年 4 月 16 日之前，印度必须修改其有关专利制度，以符合 TRIPS 协定。

【案情】

1970 年的印度专利法第五节确认了程序专利（给予某一用以制造合成药物的程序以专利），但并未确认产品专利（给予产品自身以专利），即对于食品、药品的物质不授予专利，仅对制造方法授予专利。尽管印度明白签署 TRIPS 协定将导致药品价格大幅上涨，但乌拉圭回合谈判的其他协议还是有利于印度利益的，因而印度签署了该协定。与此同时，印度也意识到 1970 年的专利法必须进行调整，由于 WTO 协议生效时印度议会休会，总统便颁布 1994 年专利（修正）条例，以临时适应 TRIPS 协定的要求。印度议会在复会后，讨论了 1995 年专利（修正）法案，但是，在 1996 年 5 月 20 日下议院解散之前，却未能通过该法案。在总统的专利（修正）条例失效之后，印度议会仍在讨论新的专利（修正）法案时，印度行政当局决定，由印度专利局继续接受药品与农用化学产品专利的申请，并单独存放，以便在印度专利法修改后，使这类可授予专利的主题生效。然而，印度方面既没有在当时公布这一行政决定或通知 WTO 的 TRIPS 理事会，也没有在争端发生后，将该行政决定的具体日期提供给 WTO 的专家组。最终导致美等国将其告到了世界贸易组织。

一、当事方的辩论

美国的指控包括：（1）印度没有履行 TRIPS 协定第 70 条第 8 款规定的义务，在 TRIPS 协定规定的过渡期内，建立某种机制，保留有关药品与农用化学产品专利申请的新颖性和申请的优先权日，而不论这种申请是否在该时期提出。（2）TRIPS 协定第 70 条第 8 款要求印度确保那些已经提出或将提出“邮箱”（mailbox）的申请者，可以及时投放，并取得申请日，如果印度已建立了有效的“邮箱”制度。（3）印度没有通过立法，授予有关药品与农用化学产品专利持有人的独占销售权，违反了 TRIPS 协定第 70 条第 9 款的义务。（4）印度在专利（修正）条例到期后没有公布“邮箱”申请的新制度，违反了 TRIPS 协定第 63 条的规定，即违反了透明度的义务。

印度的反驳包括：（1）印度已提供了与 TRIPS 协定第 70 条第 8 款一致的、关于药品与农用化学产品专利申请的方法。（2）由于的在印度并没有任何这类独占销售权的要求，因此，印度未履行 TRIPS 协定第 70 条第 9 款的义务无从谈起。（3）美国提出的有关透明度的请求并没有按照 DSU 第 6 条第 2 款要求在设立专家组的请求中指明，也没有在第一次的书面提呈中说明，作为一项替代性请求，专家组对其进行裁定是违反程序的。

此案的关键是对 TRIPS 协定第 70 条第 8 款与第 9 款的解释以及关于第 63 条的程序性问题。

二、专家组的解释和推断

1. 解释的可适用标准

专家组在解释TRIPS协定有关条款之前，引用了解释的可适用标准。根据WTO的DSU第3条第2款，专家组在解释包括TRIPS协定在内的所有WTO协议时，应“遵循国际公法解释的习惯性规则”。正如WTO专家组与上诉机构做出的报告所指出的，所谓“国际公法解释的习惯性规则”，就是1969年《维也纳条约法公约》第31条第1款。该条规定：“条约的解释应将被解释的条款，置于该条款的背景下，并根据该条约的宗旨，从通常意义上，予以诚信的解释。”这种“诚信的解释”应该符合TRIPS协定规定的保护知识产权之宗旨。

2. 合理期望

专家组指出：在竞争条件下，保护各成员方的合理期望，是公认的GATT原则。该原则主要来源于GATT第23条，这是GATT/WTO争端解决机制的基础。因此，在解释TRIPS协定时，必须考虑与TRIPS协定有关的WTO成员方的合理期望，以及在GATT框架内历年的专家组报告所发展的解释标准，尤其是那些确定与多边贸易协议相关的竞争条件下的保护原则之标准。

3. TRIPS协定第70条第8款规定及其解释

TRIPS协定第70条第8款规定如下：“当某成员方在WTO协议生效之时，尚未根据第27条规定的义务，对药品与农用化学产品专利提供保护，则该成员应：（a）于WTO协议生效之时，提供这种发明专利可提出申请的方法，尽管有第六部分（即TRIPS协定的过渡期——引者）的规定；（b）这些申请的提出，享有本协定规定的申请日，适用本协定规定的可授予专利的标准，如同在该成员方申请之日，这些标准已被适用，而且当存在并要求优先日时，享有优先日；（c）对于那些符合上述（b）项规定的保护标准之申请，根据本协定从专利授予之日起提供专利保护，并续存于专利期内，根据本协定第33条规定，该专利期的计算自申请之日起。”

由于本案的焦点之一是美国与印度对上述（a）项所谓“邮箱”申请制度存在分歧，因此，专家组着重对（a）项做了解释：首先，对（a）项中“尽管有第六部分的规定”（notwithstanding the provisions of Part Ⅵ）这一短语的解释，专家组认为，（a）项是TRIPS协定第六部分有关过渡期规定的例外。因此，某成员方如果在1995年1月1日还没有根据TRIPS协定第27条，对药品与农用化学产品专利实施保护，就不能引证第65条的过渡期规定。本案双方对此并无争议。其次，对（a）项中“提供这种发明专利可提出申请的方法”（a means by which applications for patents for such inventions can be filed）之解释，专家组认为，这意味着从1995年1月1日起，这种成员方必须提供可提出药品与农用化学产品专利申请的某种“方法”，即所谓“信箱”。因为在发展中国家享有的过渡期结束之后，这些存放在“信箱”里的申请，必须由该成员方进行专利审查。此外，在过渡期内，该成员方有义务对那些符合TRIPS协定第70条第9款标准之产品，授予独占销售权。

根据如上解释，专家组认为：在判断印度是否采取了必要行动，履行TRIPS协定第

70 条第 8 款规定的义务时，应该检查印度现行的接受“信箱”申请的制度，在涉及其国民与其他 WTO 成员方国民的竞争关系方面，能否充分地保护其他 WTO 成员方的合理期望，以保障这种“邮箱”申请的产品之新颖性与优先权日。由于在印度总统的专利（修正）条例失效后，印度议会未能通过 1995 年专利（修正）法案，因此，实际上只有并未公布的行政决定在起着“邮箱”申请制度的作用，这种制度缺乏法律上的保障。

4. TRIPS 协定第 70 条第 9 款规定及其解释

TRIPS 协定第 70 条第 9 款规定如下：“尽管有第六部分的规定，根据第 8 款（a）项，如某产品属于某成员方的专利申请之主题，在被允许进入该成员方市场之后，授予其 5 年的独占销售权，或者，直至在该成员方被授予产品专利或被拒绝授予为止，视何种期限较短而定，条件是：作为 WTO 协议生效的结果，该项专利申请已经提出，并且该产品已经被另一成员方授予专利和获准市场进入。”

如上所述，美国指控印度在 1995 年 1 月 1 日后没有建立起这种授予独占销售权的制度，而印度则辩称在印度没有任何这种请求。专家组认为，WTO 协议的绝大多数规定都旨在防止各国政府采取可能有害于贸易的措施，因而涉及各国有关立法是否以与 WTO 协议一致的方式履行其义务。TRIPS 协定与其他 WTO 协议的区别在于：该协定的绝大多数规定都要求成员方采取积极的行动。在本案中，意味着要求根据 TRIPS 协定第 70 条第 9 款，采取授予独占销售权的措施，由于印度没有赋予其行政当局必要的权力，因而违反了 TRIPS 协定。唯一的问题便是：什么是适当的时候？对该问题的回答取决于对上述条款的解释。专家组认为，该条款同样含有“尽管有第六部分的规定”，这意味着该条款生效日就是 WTO 协议生效日，换言之，各成员方应该在 1995 年 1 月 1 日起准备授予独占销售权。虽然该条款没有像 TRIPS 协定第 70 条第 8 款明确地规定自 1995 年 1 月 1 日起生效，但是，该条款规定“根据第 8 款（a）项，如某产品属于某成员方的专利申请之主题”，而第 70 条第 8 款（a）项必须在 WTO 协议生效时实施，因此，第 70 条第 9 款也应被理解为从 WTO 协议生效时实施。

专家组进一步指出：与 TRIPS 协定的所有条款一样，对第 70 条第 9 款的解释必须考虑到 WTO 成员方的合理期望，在诚信的基础上进行。该款所规定的“授予其 5 年的独占销售权”，并不是印度方面所说的 2000 年之后的 5 年，而是 1995 年 1 月 1 日之后的任何时间里所授予的 5 年，或者，直至在该成员方被授予或拒绝授予产品专利为止。

总之，专家组认为：根据条约解释的习惯性规则，TRIPS 协定第 70 条第 9 款必须理解为各成员方应具备在 WTO 协议生效后的任何时候授予独占销售权的机制。

5. TRIPS 协定第 63 条的程序性问题

专家组认为，美国的请求是对印度在第一次提呈中提出的印度存在有效的“邮箱”机制的直接反映。专家组承认，如果轻易地接受第一次书面提呈中没有反映出的请求和主张，会损害争端方的利益；但也应该承认，专家组程序是一个动态的程序，在该程序中争端方的请求通过主张和反主张得到进一步的确定和阐明。在像本案这样的案例中，专家组认为，对另一方的第一次提呈的直接反映的新主张是可以接受的，但主张最晚应在第一次实质性会议结束前提出。另外，在本案中，专家组注意到争端方有机会通过口头和书面形式进一步阐明其主张。因而专家组认为，对美国提出的透明度的请求的审查属于专家组的权限范围，并进一步做出了裁定。

三、专家组的结论和建议

根据上述解释和推断，专家组得出结论：印度没有建立充分保护药品、农用化学产品专利申请的新颖性和优先权的机制，没有充分公布有关该机制的信息，因而没有履行第70条第8款（a）的义务，没有履行第63条第1款和第2款的义务；没有建立授予独占销售权的制度，违反了第70条第9款的义务。

专家组建议DSB要求印度将其对药品、农用化学产品的专利申请的过渡措施体制与其据TRIPS协定履行的义务相一致。

四、上诉机构的分析和结论

上诉机构不同意专家组对“合理期望”的解释，指出：“这并没有准确地反映GATT/WTO的实践，因为专家组的阐述就本案而言，解释TRIPS协定有关条款的可适用标准时，将先前GATT实践中的两个不同概念混为一谈。”第一个概念涉及的是缔约方之间存在产品竞争关系时对缔约方合理期望的保护。这个概念是根据GATT 1947第23条第1款（a）项的规定，在第3条和第11条关于“违反”GATT的指控的基础上逐渐形成的。第二个概念是与市场准入的让步有关的、缔约方的合理期望的保护。这个概念是根据GATT第23条第1款（b）项规定，基于“违反”指控而产生的。TRIPS协定第64条第2款明确规定：“在WTO协议生效之日后的5年内，GATT 1994第23条第1款（b）项和（c）项将不适用于根据TRIPS协定的争端解决。”这就表明，在2000年之前，根据TRIPS协定可提起的争端案，只能是在第一个概念范畴内，即根据GATT 1994第23条第l款（a）项“违反”GATT的争端案。虽然本案涉及了违反TRIPS协定所规定的义务，因而可以提起诉讼，但是，专家组没有区分两种不同的“合理期望”的概念。

上诉机构还认为，专家组误解了《维也纳条约法公约》第31条，指出：“条约解释的责任是审核条约的用词，以确定缔约方的用意。这应该依照《维也纳条约法公约》第31条确立的条约解释原则，但是，这些原则既没有要求，也不允许添加条约中没有的用语或概念。”言外之意，专家组不应该将这种解释与TRIPS协定的宗旨相联系，因为本案的问题仅限于对TRIPS协定第70条第8款和第9款的解释。

上诉机构基本同意专家组对第70条第8款（a）项的认定，并进一步指出：“根据TRIPS协定第65条第1、2、4款，印度有权将TRIPS协定第27条有关药品与农用化学产品专利的保护规定推迟到从2000年1月1日起适用。印度有义务根据TRIPS协定第70条第8款（a）项，建立这类专利的‘邮箱’申请的法律机制，旨在为保留这类申请的发明新颖性和优先权提供足够的法律基础。问题在于，印度的行政措施是否符合TRIPS协定第70条第8款（a）项的要求。”上诉机构认为：印度既没有公开这种行政措施，也没有向专家组和上诉机构提供这种措施的文本，这种接受“邮箱”申请的行政措施不符合TRIPS协定第70条第8款（a）项的要求。

上诉机构完全同意专家组对第70条第9款的看法，指出：“TRIPS协定第70条第9款仅适用于某产品专利申请根据第70条第8款（a）项提出后的情况。与第70条第8款

(a) 项相同，第 70 条第 9 款也适用于'尽管有第六部分的规定'。第 70 条第 9 款特别提及第 70 条第 8 款 (a) 项，并且两条款相结合，提供了一种包括权利与义务的规定，以便适用于 TRIPS 协定第 65 条规定的过渡期。显然，第 70 条第 8 款和第 9 款都自 WTO 协议生效之日起适用。"

对于第 63 条，上诉机构指出：根据过去的做法以及 DSU 的相关规定，请求只有包括在设立专家组的申请中才能属于专家组的权限。虽然专家组在确立其工作程序方面享有一定的裁量权，但这一裁量权并不能扩大到修改 DSU 的实体规定。DSU 第 12 条第 1 款规定："专家组应遵循附件 3 的工作程序，除非在与争端方磋商后做出另外的规定。"这是有关规定的全部，DSU 并没有给予专家组无视或修改 DSU 的其他明确规定的权限。专家组的管辖权是由该专家组的权限确立的，是由 DSU 第 7 条进行调整的。专家组只能审查据其权限有权审查的请求，而不能行使其没有的管辖权。在本案中，第 63 条不在专家组的管辖权范围之内，因而专家组无权审查美国据第 63 条提出的替代性请求。上诉机构还指出，DSU 并不存在申诉方可以在专家组的权限范围之外在第一次实质性会议上提出另外的请求的依据。专家组应受其权限的约束，其对这一请求做出裁定是违反正当程序的。

五、上诉机构的裁定与结论

(1) 维持专家组的下述结论：印度没有遵守据 TRIPS 协定第 70 条第 8 款 (a) 项的义务在第 65 条规定的过渡期内建立充分保存药品、农用化学产品的专利申请的新颖性和优先权的"邮箱"；(2) 维持专家组做出的印度没有遵守据第 70 条第 9 款的义务的结论；(3) 推翻专家组做出的印度没有遵守第 63 条第 1 款和第 2 款的替代性裁定。

DSB 要求印度将其药品、农用化学产品的专利保护的法律体制与其据 TRIPS 协定第 70 条第 8 款和第 9 款的义务相一致。

第三章扩展阅读资料

中华人民共和国
广东省深圳市中级人民法院
民事判决书

(2010) 深中法民三初字第 208、233 号

原告苹果公司 (Apple Inc.)，住所地美国加利福尼亚州库珀蒂诺市 95014—2084 茵芬蒂环道 1 号 (1 INFINITE LOOP，95014—2084CUPERTINO，CALIEORNIA. U. S. A)。

法定代表人 Douglas G. Vetter。

原告 IP 申请发展有限公司 (IP Application Development Limited)，住所地英国伦敦艾利大街 28 号 3 层 (28 ELYPLACE，3RD FLOOR，LONDON，EC1N6AA，UNITED KINGDOM)。

法定代表人 Haydn Calvin Wood。

两原告共同委托代理人杨浩，广东深大地律师事务所律师。

被告唯冠科技（深圳）有限公司，住所地深圳市盐田区沙头角保税区 21、23 栋北座。

法定代表人杨荣山，总经理。

委托代理人肖才元，广东广和律师事务所律师。

委托代理人谢湘辉，国浩律师集团（深圳）事务所律师。

原告苹果公司（Apple Inc.）、IP 申请发展有限公司（以下简称 IP 公司）诉被告唯冠科技（深圳）有限公司商标权权属纠纷两案，本院于 2010 年 4 月 19 日受理后，依法组成合议庭，并分别于 2011 年 2 月 23 日、2011 年 8 月 21 日、2011 年 10 月 18 日公开开庭进行了审理。上列原、被告委托代理人均到庭参加了诉讼。本案现已审理终结。

原告起诉认为：2001 年 6 月 21 日，被告在国际分类号第 9 类申请注册“iPAD”商标，注册号为 1590557。2001 年 12 月 14 日，被告在国际分类号第 9 类申请注册“iPAD”组合商标，注册号 1682310。

被告系香港上市公司唯冠国际控股有限公司在中国大陆设立的研发、生产基地，被告的法定代表人杨荣山亦是唯冠控股的董事主席和首席执行官；唯冠控股在全球 7 个国家或地区设有子公司，即中国、美国、巴西、英国、荷兰和香港、台湾地区（合称为“唯冠集团”）。唯冠控股在台湾的子公司，即唯冠电子股份有限公司，该公司也在其他国家持有“iPAD”相关商标的注册。唯冠电子股份有限公司的负责人和董事长也是杨荣山。

2009 年 8 月 18 日，原告 IP 公司向唯冠英国公司 Timothy Lo 就购买唯冠集团旗下公司持有的在世界各地的所有 IPAD 相关商标进行询问。随后原告 IP 公司与唯冠集团代表 Timothy Lo 开始了就购买唯冠集团旗下公司在全球持有的所有商标的谈判。2009 年 10 月 21 日，Timothy Lo 通知原告 IP 公司就所有商标的转让与其远东地区的同事直接联系。2009 年 10 月 22 日，Hui Yuan 以被告的网址、邮箱、被告的身份代表唯冠集团法务部与原告 IP 公司开始新一轮谈判，讨论购买唯冠集团持有的所有商标。在此过程中，原告 IP 公司与唯冠控股、唯冠电子股份有限公司和被告达成转让协议，由原告 IP 公司以 35 000 英镑的对价购买所有“IPAD”相关商标（包括涉案商标）。在将各方合意落实到书面的过程中，原告 IP 公司多次明确要求 Hui Yuan 确认将所有商标（包括涉案商标）已经都列入相关的书面协议的附件 A。Hui Yuan 也确认所有商标（包括涉案商标）都列入了书面协议的附件 A。除书面协议之外，原告 IP 公司与唯冠控股、唯冠电子股份有限公司和被告还同意针对唯冠集团拥有的相关“IPAD”商标的每个国家签署独立的转让协议，包括“中国国家转让协议”。被告和唯冠集团的代表 Hui Yuan 承诺其公司在原告 IP 公司支付约定的价款之后签订国家转让协议。书面协议和国家转让协议由唯冠集团法务部负责人麦世宏（Ray Mai 或 Mai Shih Huang）在台湾签署。

2009 年 12 月 23 日，唯冠集团的 CEO 和主席杨荣山授权麦世宏与原告 IP 公司签署了书面协议和国家转让协议（包括中国国家转让协议）。具体转让的商标列于书面协议的附件 A，其中涉案商标列入该附件 A 的第 4 栏。同日，麦世宏还签署了涉案商标的中国转让协议。在签订这些文件之后，原告 IP 公司的代表随即通过支票的形式，向唯冠集团指定的唯冠电子股份有限公司全额支付了购买所有商标的价款 35 000 英镑。

2010 年 1 月 27 日，原告苹果公司在新闻发布会上向市场介绍了 IPAD 平板电脑产品。

其后，原告 IP 公司代表几次要求被告的代表麦世宏完成涉案商标的转让程序，但是均被麦世宏拒绝，而且麦世宏还表明他们的立场已经改变。2010 年 4 月 3 日，IPAD 产品开始在美国向公众销售。2010 年 4 月 7 日，原告 IP 公司向原告苹果公司转让其所受让的全部"IPAD"商标。由于被告拒不履行其转让涉案商标的义务，致使原告在中国大陆提起商标权属诉讼。

原告认为：商标专用权的取得可以是原始取得、也可以是传来取得。基于上述事实，唯冠控股、唯冠电子股份有限公司和被告显然已同意转让所有商标（包括涉案商标）给原告 IP 公司。被告也同意将涉案商标列入书面协议和签署中国国家转让协议。原告 IP 公司已经完全支付了转让所有商标的对价。因此，被告应当履行将涉案商标转让给原告 IP 公司的义务。原告 IP 公司将依协议取得的所有商标的全部权益转让给原告苹果公司。因此，原告苹果公司取得涉案商标专用权符合法律规定。为维护原告的合法权益，原告依照《中华人民共和国民法通则》第七十二条、第一百一十一条、《中华人民共和国商标法》第三十九条之规定，特提起诉讼，请求人民法院：1. 判令注册号第 1590557 号"IPAD"商标注册号第 1682310 号"iPAD"商标专用权归原告所有；2. 判令被告赔偿原告因商标权属调查费、律师费所受损失人民币 400 万元；3. 本案诉讼费由被告承担。

被告答辩认为：答辩人请求法庭依法驳回原告的全部诉讼请求，并判令原告承担的案件的全部诉讼费用：1. 对于本案的基本事实，答辩人于 2010 年 6 月在国际商标分类在第 9 类上获得了"IPAD"商标，注册号为第 1590557 号，答辩人于 2010 年 12 月 14 日在商标国际分类号第 9 类获得"iPAD"注册商标专用权，注册号为第 1682310 号。2. 答辩人获得涉案商标专用权后即在其自行研制、开发的专业高清液晶彩色显示器上使用该商标，并将产品在市场上销售。同时，答辩人还授权其他企业在不同类型的电子产品上使用该商标。3. 涉案商标的流转：2009 年 12 月 23 日，唯冠电子股份有限公司与被答辩人 IP 公司签署协议，协议约定：唯冠电子股份有限公司以 35 000 英镑对价向 IP 公司转让包括涉案商标在内的共 10 个商标以及商标所代表并附于商标之商誉、商标所述或所衍生的所有行为权利、权力及利益，包括向过去的侵权者追诉的权利。该协议的签署人为麦世宏和 IP 公司的董事 HAYDNWOOD。同日，唯冠电子股份有限公司与 IP 公司签订《中国商标转让协议》，约定唯冠电子股份有限公司以 1 英镑的对价将涉案商标转让给原告 IP 公司。该份协议的签署人也为麦世宏和 IP 公司董事 HAYDNWOOD。2010 年 4 月 7 日，两原告之间签署协议，IP 公司将其从唯冠电子股份有限公司受让的包括涉案商标在内的 10 个商标及其相关权益一并转让给苹果公司。4. 纠纷的发生：原告苹果公司在其生产的平板电脑产品上使用"IPAD"商标并向包括中国大陆在内的世界市场销售上述商品。答辩人获悉后向苹果公司提出，答辩人为涉案商标的真正权利人并要求苹果公司停止侵权、赔偿损失，但是苹果公司继续实施侵权行为。2010 年 6 月，苹果公司、IP 公司向深圳市中级人民法院提起诉讼认为苹果公司依法取得了涉案商标的专用权，要求确认其为涉案商标专用权人，并以此为由申请查封保全了涉案商标。5. 原告所主张的商标转让合同等证据与答辩人无关，原告主张的表见代理明显不能成立。

被告同时答辩认为：第一，本案存在程序问题：1. 案由确定错误；2. 深圳市中级人民法院无权管辖本案合同纠纷；3. 答辩人不是本案适格被告；4. 苹果公司不是适格原告；第二，涉案商标转让协议无效：1. 不符合注册商标转让的法律规定；2. 唯冠电子股份有限公司转让涉案商标属于无权处分；第三，本案不符合商标确权要件：1. 商标权转让的法定要件；2. 涉案商标转让未经审核公告。为此，原告的诉讼请求缺乏事实和法律依据，请求法院依法驳回。

经审理查明：

一、涉案注册商标情况

2000 年 9 月 19 日，被告向我国工商行政管理总局商标局申请注册“iPAD”商标，该商标于 2001 年 12 月 14 日获得注册，注册证号为第 1682310 号，核定使用的商品为第 9 类的计算机、计算机周边设备、显示器（电子）、电传真设备、光通信设备、影碟机等，商标专用权期限自 2001 年 12 月 14 日至 2011 年 12 月 13 日止。商标流程上显示“异议复审”。2000 年 1 月 10 日，被告向我国工商行政管理总局商标局申请注册“IPAD”商标，该商标于 2001 年 6 月 21 日获得注册，注册证号为第 1590557 号，核定使用的商品为第 9 类的计算机、计算机周边设备、显示器（电子）、光通讯设备、电视机、收音机、照相机（摄影）等，商标专用权期限自 2001 年 6 月 21 日至 2011 年 6 月 20 日止。商标流程上显示“撤销三年不使用续展”。上述两个涉案注册商标处于被本院查封状态。

2010 年 2 月 9 日，原告 IP 公司以被告注册的第 1590557 号“IPAD”商标连续三年停止使用为由，申请撤销。该申请被我国商标局于 2010 年 8 月 16 日受理。

二、原告主张其取得涉案商标的事实

原告提交（2010）粤穗广证内经字第 74457 号公证书，原告代理人通过公证处电脑进入被告 www. proview. com. cn 网站，其中的“公司简介”称：唯冠是世界五大显示器制造商之一；公司成立于 1989 年，董事会主席以及首席执行官为杨荣山；全球 11 个国家或地区拥有 17 处分公司等内容。进而原告认为被告系唯冠集团公司在中国大陆设立的分支机构，杨荣山是被告、唯冠电子股份有限公司以及多家子公司的法定代表人。

原告提交（2010）粤穗广证内经字第 74456 号公证书，原告代理人通过公证处电脑进入 mail. yahoo. com 网站，输入 hargreaves _ jonathan@yahoo. co. uk，并输入密码，浏览邮件的页面得知：原告 IP 公司的 jonathan 于 2009 年 8 月向英国唯冠公司发出要约“希望能够购买所有唯冠拥有的 IPAD 商标”。2009 年 9 月 21 日，英国唯冠公司的 Timothy Lo 通知原告 IP 公司“我们在欧盟成员国和下列国家针对 IPAD 有商标：越南、墨西哥、泰国、韩国、印度尼西亚、新加坡和中国”。2009 年 9 月 22 日，jonathan 向 Timothy Lo 回复邮件“你好，Tim。我们已经考虑过你提供的信息，且希望能够购买所有唯冠拥有的 IPAD 商标，我们考虑到你们拥有权利的地域和保障这些权利的成本，我们提议购买这些注册商标的价格是 20 000 英镑”。2009 年 10 月 21 日，Timothy Lo 向 jonathan 回复邮件“这件事已经达到一个需要你和我们中国同事直接沟通的阶段，我同事的名字是 Ray Mai（麦世宏），他负责我们的法务部，这封电子邮件也同时抄送给他了。从现在起，请你们直接沟通”。2009 年 10 月 22 日，hui _ yuan 用被告公司的网址给原告 IP 公司 jonathan 发邮件“我是 huiyuan，是唯冠法务部的成员。唯冠仍然有兴趣与你继续商谈这个交易，唯冠希望挽回之前的主要成本和相关费用。唯冠不仅仅在商标的设计、申请和维护上有投入，而且在某些产品中仍有应用这些商标。如果我们将这些商标转让给你，唯冠就必须停止使用，而且会造成损失”。2009 年 11 月 6 日，hui _ yuan 给原告 IP 公司 jonathan 回复邮件“我的老板同意接受你 35 000 英镑的报价，而且你公司应当承担转让注册商标的所有费用。请把合同发给我，我会审阅”。2009 年 11 月 20 日，hui _ yuan 给原告 IP 公司 jonathan 回复邮件“合同第二条应当修改为：IPADL（IP 公司）将在收到经唯冠适当授权的代表唯冠签署的本协议原件之日起七天内向唯冠指定的银行账户对唯冠支付对价。如你所知，我公司是一个跨国公司，且一致信守其诺言。我可以向你保证我公司会在收到钱后即签署国家转让合同”。原告 IP 公司在 2009 年 12 月 1 日的邮件中，将所要购买的 IPAD 商标制作两份列表，该附件列出了与 IPAD 商标转让有关的全部相关信息，请求被告确认。其中附件列明本案所涉商标第 1590557 号、第 1682310 号。2009 年 12 月 7 日，hui _ yuan 给原告 IP 公司 jonathan 回复邮件“以下为对你的电子邮件的回答：1. 附件为所有已注册国家的证书副本。2. 就我所知，唯冠在泰国没有关于 IPAD 的相关注册。3. 唯冠电子股份有限公司和唯冠电子（台湾）有限公司为同一家公司。4. 支票应开立给唯冠电子股份有限公司。5. 因为我没有台湾旅行证件，我的上司 Ray Mai 会与你在台湾会面”。

原告认为，被告谈判邮箱的宣示“本邮件由唯冠国际控股有限公司或其任何子公司所有”；被告谈判邮箱签名栏注明了唯冠科技（深圳）有限公司名称、地址、电话、负责部门及联系人；谈判执行人 hui _ yuan、谈判负责人 Ray Mai 均使用被告的企业邮箱，即 proview. com. cn 网址的电子邮箱。为此，原告主张涉案商标交易是唯冠集团的集体交易行为，被告系唯冠集团集体转让商标主体之一。

2009 年 12 月，唯冠电子股份有限公司出具《授权书》，同意并授权本公司法务部处长麦世宏代为签署与本事相关的文书（即 IPAD 商标转让）。该授权书有唯冠电子股份有限公司盖章，及其法定代表人杨荣山盖章，麦世宏签名。

原告提交一份 2008 年 9 月 10 日出版的《南方都市报》“天天财富”版面的报道——《换全球商标？美国 EMC 左右为难》，证明麦世宏早在 2008 年的就已经是被告公司法务部的负责人。

2009 年 12 月 17 日，唯冠电子股份有限公司与 IP 申请发展有限公司在台湾签署了商标转让协议，唯冠以 35 000 英镑为对价向 IP 公司转让商标以及商标所代表并附于商标之商誉、商标所附属或所衍生的所有行为权利、权力及利益，包括向过去的侵权者追诉的权利。在商标注册的每一地区，唯冠应签署一份转让文件，以使 IP 公司能够在该地区备案商标转让。本协议由香港法律排他性管辖，香港法院对由本协议产生或与本协议相关的纠纷具有排他性管辖权。本协议及本协议提及的一切文件构成双方之间关于本协议标的的全部协议并取代先前关于该标的的草案、协议、承诺、陈述、保证及任何性质的书面或口头安排。该协议转让的商，标包括了八个国家注册的相关 IPAD 商标，具体在其协议的附件 A，其中，包括涉案的第 1590557 号、第 1682310 号两个中国注册商标。该协议在台湾签订，协议签订人为唯冠电子股份有限公司的麦世宏，IP 申请发展有限公司的 Handn Wood。协议签订后，原告 IP 公司向唯冠电子股份有限公司支付了 35 000 英镑。

2009 年 12 月 23 日，唯冠电子股份有限公司与 IP 申请发展有限公司在台湾签署了

《商标转让协议书》，IP 公司向唯冠电子股份有限公司支付 1 英镑作为 IP 公司商标转让费用，唯冠将商标及属于或与商标有关的行为权利、权力及利益，包括侵权和假冒控告的权利。唯冠承认所有商标相关的注册表或其他影响所有权转换的文件变更已生效。唯冠同意被授权的受让方或其法定代表人签订必要的商标注册表，并代表唯冠行使此转让协议备案的权利。该协议在台湾签订，协议签订人为唯冠电子股份有限公司的麦世宏、IP 申请发展有限公司的 Handn Wood。2009 年 12 月 23 日，唯冠电子股份有限公司的麦世宏给 IP 申请发展有限公司签署了一份《商标权转让登记申请书》，将本案所涉商标第 1590557 号、第 1682310 号转让予 I 公司。

2010 年 2 月，原告苹果公司与原告 IP 公司签订一份《权利转让协议》，苹果公司以 10 英镑为对价向苹果公司转让有关商标（即唯冠转让给 IP 公司的所有相关 IPAD 商标）的所有权利。

三、其他事实

原告提交香港高等法院原诉法庭高院民事诉讼 2010 年第 739 号传讯令状，证明两原告于 2010 年 5 月 20 日在香港法院，就双方争议的商标转让协议产生的合同违约纠纷，向唯冠国际控股有限公司（香港注册公司）、唯冠电子股份有限公司（台湾注册公司）、唯冠科技（深圳）有限公司、杨荣山，提起了民事诉讼。

香港 Colin Andrew Shipp 大律师出具的《法律意见书》，该律师认为：原告 IP 公司就中国商标的买卖订立了一份有效并可执行的合同。在协商中唯冠被非常明确地告知，IP 公司希望购买唯冠在世界任何地区拥有的所有 IPAD 商标，这显然包括作为 IPAD 商标注册所有人的全部唯冠关联公司和子公司。对于唯冠订立合同出售由其自身或其关联公司和子公司（包括被告在内）拥有的全世界范围内的所有 IPAD 商标（包括中国商标）这一点，唯冠不可能存有疑问，否则在书面协议之前双方之间的往来文件中以及书面协议中就根本不会将中国商标列出。被告在上述情形下属于相关协议的一方当事人。Huiyuan 系被告（当时 IPAD 商标注册所有人）、唯冠及整个唯冠集团的代表，并代表他们进行协商。在此等情形下，被告已明确同意向苹果公司出售中国商标，并有义务据此将中国商标转让给作为 IP 公司在相关协议和书面协议项下合同权利的受让人的苹果公司。在中国商标转让之前，苹果公司对中国商标拥有收益权益，而被告仅仅是苹果公司的受托人。

原告提交以下几个案例来进一步印证上述大律师的意见。第一，《Currie 诉 Misa》“对价的定义”。第二，《Sunerjo 诉 loching》“协议的强制执行力的例外”。第三，《Pa1mer 诉 Carey》，“基于有价值对价规定转让或押记的合同会导致合同标的物所有权上转移衡平法上的权益。”第四，《Mackenzie 对 Coulson》“合同条款未正确反应真实意思可以纠正”。第五，《Georgewimpey UK LTD 诉 VI Construction LTD》“单边错误矫正”。

（2010）粤穗广证内经字第 74458 号及（2010）粤穗广证内经字第 74459 号公证书，公证了有关苹果公司产品的新闻报道。证明原告苹果公司在 2010 年 1 月 27 日向市场介绍 IPAD 产品。原告苹果公司 2010 年 4 月 3 日开始在美国向公众销售 IPAD 产品。

原告请求被告赔偿经济损失人民币 400 万元，没有提供相关依据，原告认为其为维护合法权益已支付了大量的调查费、公证费、律师费，请求法院考虑对其赔偿的诉讼请求予以考虑。

四、被告对原告证据的质证意见

（一）原告的“核心”证据《授权书》、《协议》、35 000英镑之银行汇票及所谓的电子邮件发生在原告IP公司与本案案外人唯冠电子股份有限公司之间，与本案被告无关。1.《授权书》记载的授权人，明确为唯冠电子股份有限公司，加盖的公章也是该公司的印鉴。2.《协议》即IPAD商标转让协议以及相关配套文件，转让双方主体的记载为：唯冠电子股份有限公司，台湾台北县6/F，No.1，Pau - ShengPau - ShengRoad，Yung Ho City和IP申请发展有限公司。而该转让协议将非缔约方——归被告所有的两IPAD第1590557号、第1682310号中国注册商标进行转让，显然是无权一处置，不产生效力。3.巴克莱银行汇票，原告提供汇票的收款人为“Proview Electronics Co. Ltd”（唯冠电子股份有限公司），与本案被告无关。4.所谓的电子邮件发生于原告与唯冠电子股份有限公司联系人之间，我方对其真实性、合法性、关联性均不予认可。并且，根据原告IP公司与唯冠电子股份有限公司之间的协议，以及唯冠电子股份有限公司联系人邮件中的特别提示，电子邮件均不作为依据。

（二）原告其他证据也不能成立。1.原告IP公司以三年不使用向国家商标局申请撤销第1590557号IPAD商标的受理通知书，不能支持原告的请求，而是与本案原告的请求恰恰相反。原告提起本案诉讼，原本就是认定该商标的有效性，是对其所谓“撤销申请”的实质性否定。2.香港法院传讯令状、香港大律师法律意见均不属合法证据。后者实际上就是原告方的代理意见。3.原告苹果公司与原告IP公司之间的转让，是两原告之间上演的双簧。此外，另案中，2010年3月22日，深圳市中级人民法院就已作出（2010）深中法立裁字第13号《民事裁定书》，将本案涉案的两商标已经查封。原告苹果公司、原告IP公司之间在此之后对被依法查封的商标签署转让协议。也就是说，无论从哪个角度，原告苹果公司不是本案的适格主体。

综上所述，被告从未授权任何人转让IPAD商标，原告与唯冠电子股份有限公司之间的协议对被告不产生任何约束力，原告与唯冠电子股份有限公司之间买卖第三人的商标，其主要过失在于原告方，原告苹果公司不是本案的适格主体，表见代理根本不成立。原告对被告的起诉，要求确权并要求两个案件赔偿400万元不能成立。为澄清客观事实、维护国家知识产权秩序、维护被告的合法权益，恳请人民法院依法驳回原告的无理诉求。

五、被告的抗辩证据

被告提供两份证据，该份证据来源于香港法院案件的卷宗材料。原告IP公司的经办律师在宣誓中称其带着IP公司已经签署的转让文件及IP公司给其的35 000英镑支票，将35 000英镑交给唯冠电子股份有限公司Ray Mai。麦世宏出具了一张个人名片，名片注明是麦世宏（Ray Mai），在深圳的法博智权专利商标法律事务所任总经理。被告认为：麦世宏在商标转让协议签约时的身份是唯冠电子股份有限公司的工作人员，而其出具的名片是深圳一家专利商标事务所。因此麦世宏的身份与被告没有任何关联。

六、原告主张唯冠电子股份有限公司代表被告签约的表见代理成立的理由

1.被告谈判负责人与获授权签约代表主体混同，即是麦世宏同一人。谈判邮件指出“我同事的名字是Ray Mai（麦世宏）。他负责我们的法务部。”谈判负责人Ray Mai（麦世宏）使用的是被告的企业邮箱，即ray_mai@proview.com.cn。被告法务部职员huiyuan

称“我已经给老板写了一份报。”2008 年 9 月 10 日南方都市报《换全球商标？美国 EMC 左右为难》报道“日前记者从唯冠科技法务部麦世宏处获悉……”麦世宏作为签字代表在商标转让协议签名。2. 谈判协议内容与书面合同内容完全相同。3. 被告在确定唯冠电子股份有限公司签署书面合同后继续与原告 IP 公司协商提交涉案商标。谈判邮件：被告于 2009 年 11 月 26 日确定“会议安排在唯冠台北如何？地址与合同一样”。被告于 2009 年 12 月 2 日确认原告 IP 公司邮件附件中涉案商标“就我所知，唯冠只拥有您列入附件的八个 IPAD 商标”。被告于 2009 年 12 月 7 日给原告 IP 公司发送了协商转让的涉案商标注册证附件，并称“附件为所有已注册国家的证书副本”。4. 被告在谈判中承诺参加商标集体转让交易。谈判邮件：被告称“如你所知，我公司是一个跨国公司，且一致信守其诺言。我可以向你保证我公司会在收到钱后即签署国家转让合同”。5. 法定代表人主体混同，即唯冠集团及各子公司共同法定代表人杨荣山授权行为使原告产生充分的信赖。深圳唯冠网页：杨荣山在被告、唯冠电子股份有限公司以及多家子公司任法定代表人。

以上事实有公证书、委托书、商标转让合同、报纸、名片、当事人陈述等证据予以佐证。

本院认为：本案为商标权权属纠纷。原告主张其根据双方当事人签订的商标转让合同，以对价的形式获得涉案第 1590557 号、第 1682310 号两个注册商标。案件的焦点在于争议的合同对被告有无约束力，表见代理能否成立。

一、本案争议的合同对被告有无约束力

本案争议的商标转让合同系唯冠电子股份有限公司与 IP 申请发展有限公司于 2009 年 12 月 17 日在台湾签订的《商标转让协议书》，该协议所涉及的转让商标共十个，其中包含了被告的第 1590557 号、第 1682310 号两个 IPAD 注册商标。协议同时约定“在商标注册的每一地区，唯冠应签署一份转让文件，以使 CIPADL 能够在该地区备案商标转让”。于是，唯冠电子股份有限公司的麦世宏于 2009 年 12 月 23 日给 IP 申请发展有限公司签署了一份《商标权转让登记申请书》，将本案所涉商标第 1590557 号、第 1682310 号转让予 IP 公司。同日，唯冠电子股份有限公司与 IP 申请发展有限公司在台湾签署了一份《商标转让协议书》，唯冠承认所有商标相关的注册表或其他影响所有权转换的文件变更已生效。唯冠同意被授权的受让方或其法定代表人签订必要的商标注册表，并代表唯冠行使此转让协议备案的权利。上述协议在台湾签订，合同签订人，系唯冠电子股份有限公司法定代表人杨荣山授权唯冠电子股份有限公司的法务部负责人麦世宏与 IP 申请发展有限公司的代表人 Handn Wood 签订。即唯冠电子股份有限公司 A 与 IP 申请发展有限公司之间签订的协议，该协议的标的虽列明了第 1590557 号、第 1682310 号两个涉案商标，但不必然对被告具有约束力。

原告如果想购买被告的商标，应当按照中华人民共和国的相关法律规定，与被告签订转让合同，并办理商标转让手续。而本案所涉商标转让协议是唯冠电子股份有限公司与 IP 申请发展有限公司之间签订的协议，并非原告与被告之间订立。原告认为被告参与商标转让的直接证据是原告 IP 公司的工作人员 jonathan 与 huiyuan 之间的邮件，huiyuan 收发邮件使用被告公司的电子邮箱。该证据能否证明被告在处分其商标。本院认为：没有证据证

明 huiyuan 对应于哪个自然人，被告也否认其公司有一个 huiyuan 工作人员。不排除香港唯冠公司或者台湾唯冠公司的工作人员在被告公司使用了被告公司的电子邮箱。即使 huiyuan 对应的自然人系被告公司的职员，其与原告谈判，或者其他处分商标的行为，也应得到被告公司的授权，但是原告没有提交任何被告授权他人处分商标的证据。

涉案商标是被告公司的财产，处分该商标也应当符合公司法的规定，杨荣山虽然是被告的法定代表人，但也无权随意处分公司的财产，况且本案杨荣山是以唯冠电子股份有限公司的法定代表人身份出现，授权书的内容及签名盖章均是唯冠电子股份有限公司，与被告没有关联性。

有无追认问题。商标转让协议不是被告签订，而协议涉及被告的注册商标，那么被告在协议签订后有无追认，如果追认也可以认定对被告具有约束力。对此，首先原告未能提交证据予以证明；其次被告至今也未确认该涉案的商标转让合同；再次被告不配合原告办理转让手续，拒绝为原告在相关转让文书上盖章等，更能够证明被告事后没有追认。

二、表见代理能否成立的问题

原告主张唯冠电子股份有限公司代表被告签约表见代理成立的理由：1. 杨荣山在被告、唯冠电子股份有限公司以及多家子公司任法定代表人。2. 被告谈判负责人与获授权签约代表均为麦世宏。谈判使用被告的企业邮箱。3. 2008 年 9 月 10 日《南方都市报》刊登的《换全球商标？美国 EMC 左右为难》报道中称麦世宏系被告法务部负责人。4. 谈判协议内容与书面合同内容完全相同。5. 被告在谈判中承诺参加商标集体转让交易。

本院认为，表见代理的法律规定是我国《合同法》第四十九条“行为人没有代理权、超越代理权或者代理权终止后以被代理人名义订立合同，相对人有理由相信行为人有代理权的，该代理行为有效”。因此，表见代理是合同没有相对人或者相对当事人不明确，腾讯一方当事人以为该代理人有权处分合同标的物，与该代理人之间签订的合同。而本案涉及的商标转让合同不是被告与原告订立，而是唯冠电子股份有限公司与原告 IP 公司订立，该合同有明确的相对人。被告也没有任何书面的委托或者授权唯冠电子股份有限公司以及麦世宏，与原告 IP 公司进行谈判或者订立合同转让商标，原告 IP 公司没有理由相信麦世宏对被告有代理权。关于原告主张杨荣山同为被告和唯冠电子股份有限公司法定代表人，这并不代表杨荣山在授权给麦世宏时履行被告法定代表人的职责。事实上是杨荣山出具的授权书在台湾签署，授权书的名称及内容均明确宣示为唯冠电子股份有限公司授权，盖章也是唯冠电子股份有限公司，故授权书无可争议的是唯冠电子股份有限公司及其法定代表人杨荣山授权唯冠电子股份有限公司的法务部负责人麦世宏。关于麦世宏的身份问题，原告提交的证据是《南方都市报》的报道，被告不确认该报道的真实性，即使为真实报道，也因该报道的报纸系 2008 年 9 月 10 日，而谈判及签订商标转让合同是在 2009 年 10 月份（涉及被告电子邮箱）之后，不能说明麦世宏在签订涉案商标转让合同期间是被告的职员。另外，麦世宏在签订合同时的身份明确是唯冠电子股份有限公司的法务部负责人，并没有本案被告的明示或者授权。且麦世宏在签订商标转让合同期间提交的“Ray Mai”名片，反映麦世宏在深圳的法博智权专利商标法律事务所任总经理，说明麦世宏并非被告职员。关于电子邮件的问题，原告 IP 公司的职员开始与英国的唯冠联系，后来转到中国腾讯的被告电子邮箱交涉，具体是一个名字为 huiyuan 的人收发邮件使用被告公司的电子邮箱，没有麦世宏收发邮件的证据。被告否认该收发邮件的人系其公司职员，无法查明 huiyuan 对应于哪个自然人，不排除他人使用被告公司的电子邮箱。更没有证据证明 huiyuan 可以代表被告与原告进行商标转让谈判。电子邮件谈判协议内容与书面合同内容一致，不能证明表见代理成立。

另外，原告认为涉案转让商标协议属于集体转让交易，理由不成立。因为，谈判过程不是所有单位参与，而被告与海外的唯冠公司又是不同的独立法人单位，授权订立商标转让合同的单位只有唯冠电子股份有限公司，订立合同也只是唯冠电子股份有限公司，故不能认为是唯冠集团的集体交易行为。

另外，原告诉讼请求被告赔偿其经济损失的问题，首先商标权属纠纷属于确权案件，不能同时主张赔偿；其次原告主张的商标权归其所有也不能成立。故原告的该项诉讼请求缺乏事实和法律依据，本院不予支持。

综上所述，本院认为，原告要商业获取他人的商标，应当负有更高的注意义务，应当按照我国的法律规定，与商标权利人订立商标转让合同，并办理必要的商标转让手续。而本案商标转让合同系原告 IP 公司与唯冠电子股份有限公司签订，且与被告之间的表见代理亦不成立。故，原告的诉讼请求缺乏事实和法律依据，应予以驳回。本院依照《中华人民共和国合同法》第四十九条、第五十一条、《中华人民共和国民事诉讼法》第六十四条及《最高人民法院关于民事诉讼证据的若干规定》第二条的规定，判决如下：

驳回两原告的诉讼请求。

案件受理费人民币 45 600 元，由两原告承担。

如不服本判决，原告可在判决书送达之日起三十日内，被告可在判决书送达之日起十五日内，向本院递交上诉状，并按对方当事人的人数提出副本，上诉于中华人民共和国广东省高级人民法院。

审判长　于春辉

审判员　祝建军

审判员　蒋筱熙

二〇一一年十一月十七日

书记员　欧宏伟（兼）

书记员　李嘉莉（兼）

第四章扩展阅读资料

中华人民共和国
北京市高级人民法院
民事判决书

（2002）高民终字第279号

上诉人（原审原告）英特莱格公司（interlego. ag），住所地瑞士巴尔希诺伊霍夫大街21号。

法定代表人斯汀·朱尔·彼得森（Sten Juul Petersen），授权代表。

委托代理人周林，男，41岁，汉族，中国社会科学院法学研究所助理研究员，住北京市海淀区甘家口阜成路南5楼19门3号。

委托代理人俞建扬，北京市柳沈律师事务所律师。

上诉人（原审被告）可高（天津）玩具有限公司，住所地天津市河西区洞庭路南头。

法定代表人赵剑平，董事长。

委托代理人张永宜，北京市大地律师事务所律师。

委托代理人冯翼，男，39岁，汉族，可高（天津）玩具有限公司职员，住天津市河西区解放南路407号604。

被上诉人（原审被告）北京市复兴商业城，住所地北京市西城区复兴门外大街4号、8号。

法定代表人刘琦，总经理。

上诉人英特莱格公司、上诉人可高（天津）玩具有限公司（简称可高公司）因侵犯著作权纠纷一案，不服北京市第一中级人民法院（1999）一中知初字第132号民事判决，向本院提起上诉。本院依法组成合议庭，公开开庭审理了本案。上诉人英特莱格公司的委托代理人周林、俞建扬，上诉人可高公司的法定代表人赵剑平及委托代理人张永宜、冯翼到庭参加诉讼。被上诉人北京市复兴商业城（简称复兴商业城）经本院合法传唤，无故未到庭。本案现已审理终结。

北京市第一中级人民法院判决认定，英特莱格公司是本案涉及的53种乐高玩具积木块实用艺术作品在中国的著作权及相关权益的所有者。英特莱格公司为瑞士公司，瑞士及中国均为《伯尔尼公约》成员国，依《伯尔尼公约》第2条之规定，公约保护的文学艺术作品包括实用艺术作品，故中国对起源于《伯尔尼公约》成员国国民的实用艺术作品负有保护义务。根据《实施国际著作权条约的规定》，外国实用艺术作品在中国应自作品完成起25年受中国著作权法律、法规的保护。实用艺术作品是指具有实用性、艺术性并符合作品构成要件的智力创作成果。实用艺术作品应当具有实用性、艺术性、独创性和可复制性。本案中英特莱格公司主张权利的53种玩具积木块中的3、补13、补24不具有独创性和艺术性，其余的则符合实用艺术作品的构成条件，应受法律保护。构成实用艺术作品的50种玩具积木块中，可高公司产品与之实质性相似构成侵权的有1、2、4、5、6、7、8、

12、13、14、15、16、17、21、24、27、29、补 1、补 3、补 5、补 6、补 7、补 8、补 9、补 10、补 14、补 15、补 16、补 19、补 20、补 23、补 25、补 26；可高公司产品与之相比不构成实质性相似、不构成侵权的有：9、11、19、22、23、25、26、30、补 2、补 4、补 11、补 12、补 17、补 18、补 21、补 22。可高公司关于其玩具产品模具系从韩国引进、韩国专利厅审判所已判定该产品不侵权及可高公司产品已获得中国外观设计专利的主张均不影响本案侵权的认定，其抗辩理由不能成立。复兴商业城从可高公司进货时已履行了必要的审查手续，主观上并无过错，其行为不构成侵权，但复兴商业城应负有停止销售侵权产品的义务。侵权赔偿数额，本院依据英特莱格公司要求保护的实用艺术作品的数量、可高公司产品所包含的侵权产品的数量及侵权行为的后果等酌定。英特莱格公司为本案诉讼支出的合理费用，可高公司应一并赔偿。英特莱格公司关于赔偿 10 000 元代理费的请求不予支持。依照《著作权法》第四十六条第（一）、（二）项，以及《实施国际著作权条约的规定》第一、二、三条，第六条第 1 款之规定，判决（1）可高公司停止生产、销售侵权产品的行为，侵权产品模具交本院销毁；（2）可高公司赔偿英特莱格公司经济损失 5 万元，合理的诉讼支出 17 017 元；（3）可高公司在《北京日报》上公开向英特莱格公司赔礼道歉；（4）复兴商业城停止销售侵权产品；（5）驳回英特莱格公司的其他诉讼请求。

英特莱格公司、可高公司均不服一审判决，分别上诉至本院。英特莱格公司上诉称：第一，一审判决认定英特莱格公司的玩具积木块 3、补 13、补 24 系常见形状，不具有独创性和艺术性是错误的，这 3 件积木块完全符合著作权法的要求，理应作为实用艺术作品受到保护。第二，一审判决以英特莱格公司的实用艺术作品独创性较低为由，认定可高公司产品与请求保护的玩具积木块 8、9、11、19、22、23、25、26、30、补 2、补 4、补 11、补 12、补 17、补 18、补 21、补 22 不构成实质性相似，对上述 17 件实用艺术作品不予保护是错误的。可高公司抄袭了上述 17 件实用艺术作品，根本不存在独创性高低和利益平衡的问题，请求撤销一审判决，依法改判。可高公司上诉称：第一，英特莱格公司的积木块不是实用艺术作品，不应享有著作权。实用艺术作品的实用性是指该产品可以独立完整存在、具有直接终极的实用性，英特莱格公司主张权利的仅仅是构成玩具的零部件，这些零部件在可高公司产品中所占件数比例仅为百分之几，在整体上可高公司产品与英特莱格公司产品完全不同。一审判决混淆了零部件的功能作用与实用艺术作品的实用性。此外，英特莱格公司主张权利的玩具积木块也不具有艺术性。第二，英特莱格公司的玩具组件不应受著作权法保护。中国著作权法没有对实用艺术作品提供保护，实践中此类作品是作为外观设计受专利法保护。没有证据表明中国法律对实用艺术作品提供著作权和专利权的双重保护，英特莱格公司就其玩具组件已申请了外观设计专利，也就不应再受著作权法保护。请求撤销一审判决，驳回英特莱格公司的诉讼请求。复兴商业城服从原审判决。

经审理查明：丹麦乐高公司制造的玩具积木产品于 1992 年由宝隆洋行作为批发商首次进入中国大陆市场销售。1998 年 2 月 25 日乐高系统公司出具著作权转让确认书：依据丹麦法律对由乐高系统公司及乐高未来公司的雇员及设计人员创作完成并业已推向市场的所有乐高玩具块中的雕塑、文字、图片、绘画、摄影及文字作品和实用艺术品享有著作权在内的所有权及利益；而且，就前述作品已在中国所享有的包括著作权及全部相关续展权在内的所有权及利益以不可撤销的方式转让给英特莱格公司。1999 年 1 月 19 日，柳沈知识产权律师事务所在复兴商业城公证购买了可高公司制造的可高玩具。1999 年 9 月 15 日英特莱格公司向北京市第一中级人民法院提起民事诉讼，状告可高公司侵犯其 56 件乐高玩具积木块实用艺术作品的著作权。该 56 种玩具积木块实用艺术作品的编号、名称、完成日期如下：

编号	lego 玩具块名称	完成日期
1	duplo 四轮车	1980
2	duplo 钟	1980
3	duplo 板	1980
4	duplo 椅	1979
5	duplo 砖 2×2×2r15	1976
6	花	1977
7	屋顶砖 2×3	1980
8	角砖 1×1	1980
9	花梗	1977
10	弓箭	1984
11	门 4×5	1978
12	方向盘	1978
13	矛	1984
14	板（带扳手）1×1	1980
15	支撑件 2×2	1984
16	杯子	1979
17	迷你战斧	1978
18	吊架 1×4×21	1980
19	迷你长矛	1978
20	棒/天线	1979
21	迷你人上身	1978
22	单侧支撑件	1984
23	轮胎	1986
24	栅栏 1×4×1	1976
25	duplo 人	1977/1985
26	窗框 1×14×3	1978
27	窗 2×3	1978
28	弓形积木块 1×4	1976
29	迷你剑	1978

续前表

编号	lego 玩具块名称	完成日期
30	duplo 扁平砖	1979
补 1	duplo 门/窗	1981/1990
补 2	鸟	1987
补 3	迷你转桌 2×2 带折页	1984
补 4	迷你工人帽	1978
补 5	屋顶砖 1×3，25 分克	1982
补 6	屋顶砖 1×3	1982
补 7	板 1×2 带手柄	1989
补 8	多面体木块	1988
补 9	板 1×2 带折页	1986
补 10	旗（带插孔）	1986
补 11	炮台 2×4×11	1989
补 12	板 2×2 带球体	1978/1979
补 13	屋顶 4×4 带折页	1981
补 14	金币（四枚）	1989
补 15	大炮	1989
补 16	马车轴	1981
补 17	锚	1989
补 18	船舵轮	1985
补 19	迷你燧发枪	1989
补 20	迷你燧发手枪	1989
补 21	桅杆，第一斜桅	1989
补 22	桅杆	1989
补 23	箱子 2×4	1985
补 24	旋转木马	1989
补 25	桶 2×2	1988
补 26	划艇 5×14×2	1989

1999 年 11 月 10 日英特莱格公司放弃就编号为 10、18、20 的玩具积木块实用艺术作品著作权对可高公司和复兴商业城的侵权指控。英特莱格公司要求可高公司赔偿经济损失 10 万元，为本案诉讼支出的合理费用12 577 元及代理费10 000 元。可高公司曾于 1996 年就其制造的部分玩具积木块申请了中国外观设计专利，专利号分别为 96308347.3、96308410.0、96308408.9、96308416.x、96308360.0，英特莱格公司曾请求中国专利局撤销上述外观设计专利，中国专利局经审查维持上述专利权有效。可高公司为证明其生产的

玩具积木具有合法来源，提交了韩国五林株式会社与麦可逊株式会社就可高积木玩具的模具、半成品及技术转让签订的协议，以及裴南洙于1995年9月19日出具的权利转让证书。可高公司为证明英特莱格公司不享有著作权，还提交了韩国专利厅审判所的判决书。该案中，乐高未来公司请求宣告李锦荣登记的第75644号外观设计无效，韩国专利厅审判所驳回了乐高未来公司的请求。复兴商业城为证明其在销售可高公司产品时进行了必要的审查，提交了可高公司的企业营业执照副本、企业法人代码证书、产品质量检验报告及“可高”商标注册证等的复印件。

上述事实，有英特莱格公司享有著作权的权利确认书、英特莱格公司56种玩具积木块与可高公司相应玩具积木块的实物及照片、韩国五林株式会社与麦可逊株式会社签订的协议、裴南洙1995年9月19日出具的权利转让证明、韩国专利厅审判所的判决书、中国外观设计专利证书、复兴商业城从可高公司进货的手续、庭审笔录及当事人陈述等在案佐证。

本院认为，本案二审审理中双方争议的焦点在于英特莱格公司主张权利的53种乐高玩具积木块能否作为实用艺术作品在中国受到法律保护以及受到保护的范围和程度如何。依据《伯尔尼公约》及中国政府于1992年9月25日制定并颁布的《实施国际著作权条约的规定》，起源于《伯尔尼公约》成员国国民的实用艺术作品在中国自该作品完成起25年内受中国法律保护。实用艺术作品是指具有实用性、艺术性并符合作品构成要件的智力创作成果。依据上述规定，实用艺术作品一般应当具有实用性、艺术性、独创性及可复制性的特征。实用性是指该物品有实用价值，而不是单纯地具有观赏、收藏价值。艺术性则要求该物品具有一定的艺术创作程度，这种创作程度至少应使一般公众足以将其看作艺术品。英特莱格公司主张权利的53种玩具积木块中，一审法院认定其中的3（duplo板）、补13（屋顶4×4）、补24（旋转木马）没有达到应有的艺术创作程度，不应被认定为实用艺术作品，另50件则具备了实用性、艺术性、独创性和可复制性，应当被认定为实用艺术作品，本院对此不持异议。可高公司认为，没有证据表明中国法律对实用艺术作品提供著作权和专利权的双重保护，本院认为这一问题应当更符合法律逻辑地理解为现在没有证据表明中国法律对于外国人的实用艺术作品排斥著作权和专利权的双重保护。英特莱格公司就其实用艺术作品虽然申请了中国外观设计专利，但并不妨碍其同时或继续得到著作权法的保护。可高公司关于英特莱格公司的玩具组件已申请外观设计专利，不应再受著作权法保护的主张，本院不予采信。一审法院认定可高公司产品与英特莱格公司的玩具积木块8、9、11、19、22、23、25、26、30、补2、补4、补11、补12、补17、补18、补21、补22实质上不相近似，不构成侵权并无不当。可高公司的产品确有抄袭之嫌，但同时也应看到英特莱格公司的上述玩具积木块艺术创作程度确实不是很高，与典型的实用艺术作品在艺术创作程度上尚有一定差距，一审法院出于平衡利益关系的考虑，做出上述认定是合理的，本院予以支持。综上，一审判决认定事实清楚、适用法律正确，本院应予维持。上诉人英特莱格公司、上诉人可高公司的上诉理由均不能成立，其相应的上诉请求本院亦不予支持。据此依照《中华人民共和国民事诉讼法》第一百五十三条第一款第（一）项之规定，判决如下：

驳回上诉，维持原判。

一审案件受理费 4 050 元、其他诉讼费用 900 元，由可高（天津）玩具有限公司负担（于本判决生效后 7 日内交纳）；二审案件受理费 4 050 元，由英特莱格公司、可高（天津）玩具有限公司各负担 2 025 元（均已交纳）。

本判决为终审判决。

审 判 长 刘继祥
审 判 员 魏湘玲
代理审判员 李 嵘
二〇〇二年十二月十八日
书 记 员 孙 娜

第五章扩展阅读资料

广东省高级人民法院

民 事 判 决 书

（2014）粤高法民三终字第 1231 号

上诉人（原审被告）：泉芯电子技术（深圳）有限公司，住所地：广东省深圳市南山区。

法定代表人：CHAOGANG HUANG，该公司董事长。

委托代理人：吴浩，男，汉族，××年××月××日出生，身份证住址：广东省深圳市福田区，系该司员工。

委托代理人：李苹，广东以泰律师事务所律师。

被上诉人（原审原告）：南京微盟电子有限公司，住所地：江苏省南京市玄武区。

法定代表人：刘晋平，该公司董事长。

委托代理人：王璇，江苏锋行律师事务所律师。

委托代理人：王桂滨，江苏锋行律师事务所律师。

上诉人泉芯电子技术（深圳）有限公司（以下简称“泉芯公司”）因与被上诉人南京微盟电子有限公司（以下简称“微盟公司”）侵害集成电路布图设计专有权纠纷一案，不服广东省深圳市中级人民法院（2012）深中法知民初字第 1120 号民事判决，向本院提起上诉。本院受理后，依法组成合议庭进行了审理。本案现已审理终结。

2012 年 8 月 28 日，微盟公司向原审法院提起诉讼称：ME6206 线性稳压器芯片（以下简称“ME6206 芯片”）系微盟公司研发用于消费类电子的产品，2006 年 2 月 24 日完成布图设计创作，2006 年 6 月 5 日首次投入商业利用，2007 年 1 月 21 日申请布图设计，2007 年 3 月 26 日获得国家知识产权局颁发的“集成电路布图设计登记证书”，登记号为 BS. 07500011.3 号。2012 年上半年，微盟公司发现泉芯公司在市场上销售 QX6206 芯片。微盟公司委托上海爱格莎信息科技有限公司向泉芯公司购买 3 000 片涉案 QX6206 芯片，并由南京市钟山公证处对微盟公司委托上海爱格莎信息科技有限公司向泉芯公司购买 QX6206 产品的过程及泉芯公司涉及该产品相关的网页进行了公证。经微盟公司委托鉴定，发现泉芯公司生产、销售的QX6206芯片与微盟公司ME6206芯片布图设计相同，两者属相同产品。泉芯公司也宣称QX6206产品系依据对ME6206芯片产品进行反向工程分析后获取具体电参数、元器件结构、尺寸和内部构造等数据得出的布图设计进行的生产。微盟公司研发ME6206芯片花费了巨大的人力、财力、物力，自投产后市场前景非常乐观，但因泉芯公司侵权，微盟公司遭受了重大损失。为维护微盟公司的合法权益，请求法院判令泉芯公司：（1）立即停止侵害微盟公司BS.07500011.3号ME6206芯片布图设计专有权，销毁侵权产品；（2）赔偿微盟公司经济损失及为制止泉芯公司侵权行为而支付的合理费用人民币500万元；（3）承担本案的诉讼费用。

泉芯公司答辩称：一、泉芯公司没有生产QX6206的芯片，没有侵犯微盟公司所称的集成电路布图设计专有权。二、被控侵权产品是从深圳市京众电子有限责任公司（以下简称“京众公司”）购得的，具有合法来源。

原审法院查明：2006年2月24日，微盟公司完成了ME6206芯片的布图设计创作，于2006年6月5日首次投入商业利用，2007年3月26日获得国家知识产权局颁发的“集成电路布图设计登记证书”，登记号为BS.07500011.3。根据“ME6206布图设计登记申请之结构、技术、功能简要说明”记载，ME6206是具有过流和短路保护的CMOS降压型电压稳压器。在工艺上采用的是CMOS工艺，在布图中有3个封装PAD，2个测试PAD。芯片尺寸为500×400（不含划片槽）。在测试中通过FUSE调节输出电压。布图中主要有PMOS/NMOS/Resistor/Capacitor等器件。Resistor采用的是PLOY电阻。Capacitor采用的是POLY-OXIDE-POLY电容。在电路设计上，内部采用BANDGAP基准结构。该布图设计专有权目前处于合法有效状态。

微盟公司指控泉芯公司销售的QX6206芯片侵犯了其ME6206集成电路布图设计专有权。微盟公司的委托代理人于2012年7月24日来到江苏省南京市钟山公证处，申请为以上海爱格莎信息科技有限公司的名义向泉芯电子技术（深圳）有限公司购买产品办理保全证据公证。同日下午14时，两名公证员来到上海爱格莎信息科技有限公司，该公司员工高伟在其电脑上使用腾讯QQ聊天程序与泉芯公司的一位QQ名为“泉芯电子LALA”联系，双方在QQ聊天中达成意向并制定采购合同，随后高伟按照“泉芯电子LALA”的要求，将采购款人民币3 108元汇往泉芯电子技术（深圳）有限公司的账户。2012年7月26日，前述两名公证员来到上海市金沙江路1340号弄33号上海顺丰速运有限公司，高伟收取了单号为112113463543的包裹。随同包裹有一张“顺丰速运”的快递单以及两张出货单（出货单上标有：泉芯电子技术深圳有限公司）。高伟将包裹打开，从里面取出三件物品，物品上分别有QX3406（ADJ）、QX6206L33T、QX4054三个标贴，两名公证人员使用办证专用相机对上述过程及收到的物品进行拍照后封存，钟山公证处依法出具了（2012）宁钟证经内字第2734号公证书。

微盟公司的委托代理人王海波于2012年7月27日来到江苏省南京市钟山公证处，在公证员的监督下，使用公证处的电脑，对泉芯电子技术（深圳）有限公司的网站信息进行保全证据公证。根据网页内容记载，泉芯电子技术（深圳）有限公司在其“产品中心”宣传了型号为QX6206的电压稳压器，钟山公证处依法出具了（2012）宁钟证经内字第2735号公证书。微盟公司为上述两份公证支付了公证费8 000元、侵权产品费用660元。

微盟公司从南京钟山公证处申请将公证保全的 QX6206L33T 抽样 10 个芯片，委托北京芯愿景软件技术有限公司对 QX6206L33T 进行芯片评估，微盟公司根据芯片评估单与其设计的 ME6206 版图布局设计进行对比，认为 ME6206 与 QX6206 版图布局设计是相同的。泉芯公司对微盟公司的芯片评估单以及对比意见不予认可。

泉芯公司抗辩 QX6206 芯片来源于京众公司，提交了京众公司 2012 年 1 月、2 月、4 月、5 月、6 月、8 月份的对账单、送货单、增值税专用发票，主张其与京众公司有交易产品，型号为 JZ6206，泉芯公司将 JZ6206 购买后，更改标贴为“QX6206”进行销售。泉芯公司还提交了（2012）深南证字第 16543 号公证书，根据该公证书的记载，2012 年 11 月 9 日上午，泉芯公司的委托代理人与公证人员来到深圳市南山区麒麟路 5 号水务集团南山大楼第七层，进入“京众电子”招牌的办公场所，泉芯公司的委托代理人向该公司购买了“JZ6206”芯片，并取得盖有“深圳市京众电子有限责任公司财务专用章”的收据一张、盖有“深圳市京众电子有限责任公司出货专用章”送货单一张，主张泉芯公司是从京众公司购买了 JZ6206 的产品，该产品与其公司所销售的 QX6206 产品是同一产品。微盟公司认为泉芯公司的上述证据不能证明其销售的“QX6206”与“JZ6206”是同一产品。

双方当事人在庭审后向法院提出鉴定申请，原审法院向国家知识产权局调取了 ME6206 集成电路样品芯片 1 只，并就“1. 泉芯公司生产的经南京钟山公证处公证后封存的 QX6206 芯片布图设计与微盟公司在国家知识产权局备案芯片的集成电路布图设计是否相同；2. 泉芯公司生产的经南京钟山公证处公证后封存的 QX6206 芯片布图设计与泉芯公司从京众公司公证购买的随机抽取的 JZ6206A33XG 芯片集成电路布图设计是否相同”等鉴定事项，依法委托北京芯愿景软件技术有限公司进行技术鉴定。根据北京芯愿景软件技术有限公司出具的“QX6206L33T 与 ME6206”集成电路布图设计相似度验证报告记载：1. 芯片 QX6206L33T 和芯片 ME6206 工艺相似度结果为 80%；2. 芯片 QX6206L33T 和芯片 ME6206 顶层模块布局相似度为 94.71%；3. 芯片 QX6206L33T 和芯片 ME6206 各模块内布局相似度为 90.51%；综上，芯片 QX6206L33T 和芯片 ME6206 版图相似度为 89.04%。根据北京芯愿景软件技术有限公司出具的“QX6206L33T 与 JZ6206A33XG”集成电路布图设计相似度验证报告记载：1. 芯片 QX6206L33T 和芯片 JZ6206A33XG 工艺相似度结果为 100%；2. 芯片 QX6206L33T 和芯片 JZ6206A33XG 顶层模块布局相似度为 94.32%；3. 芯片 QX6206L33T 和芯片 JZ6206A33XG 各模块内布局相似度为 96.55%；综上，芯片 QX6206L33T 和芯片 JZ6206A33XG 版图相似度为 96.91%。微盟公司为此支付了人民币 25 526 元技术鉴定费，泉芯公司为此支付了人民币 24 263 元技术鉴定费。

此外，微盟公司提供了研发费用 39 万元、市场损失 4 401 340 元的情况说明，用以证明微盟公司被侵权所受到的损失，还提供了委托代理合同及律师费发票用以证明为维权支付律师费人民币 20 万元。

原审法院认为：本案属于侵害集成电路布图设计专有权纠纷。本案争议的焦点问题是：泉芯公司销售的 QX6206 是否构成侵权，若构成侵权，泉芯公司应当如何承担民事责任。

根据《集成电路布图设计保护条例》（以下简称“条例”）的规定，集成电路，是指半导体集成电路，即以半导体材料为基础，将至少有一个是有源元件的两个以上元件和部分或者全部互连线路集成在基片之中或者基片之上，以执行某种电子功能的中间产品或者最终产品。布图设计是指集成电路中至少有一个是有源元件的两个以上元件和部分或者全部互连线路的三维配置，或者为制造集成电路而准备的上述三维配置。换言之，布图设计是指实现某一电子功能，集成在某一半导体材料的基片上的集成电路全部元件与部分或全部连线的三维配置。受保护的布图设计应当具有独创性，即该布图设计是创作者自己的智力劳动成果，并且在其创作时该布图设计在布图设计创作者和集成电路制造者中不是公认的常规设计。微盟公司主张涉案 ME6206 芯片是微盟公司使用常规设计并通过不同的组合方式，从而构成集成电路布图的整体设计，因此具有独创性。原审法院认为，集成电路布图设计实质上是一种图形设计，是确定用以制造集成电路的电子元件在一个传导材料中的几个图形排列和连接的布局设计，微盟公司主张涉案 ME6206 芯片的布图设计是采用常规设计并通过不同的组合方式，达到一定的优化功能，即“ME6206 是具有过流和短路保护的 CMOS 降压型电压稳压器”，而泉芯公司亦未对涉案 ME6206 芯片的布图设计独创性提出抗辩，据此，原审法院认定涉案 ME6206 芯片的布图设计具有独创性。微盟公司依法获得了布图设计专有权，即对涉案 ME6206 布图设计享有复制权和投入商业利用的权利，该权利应当受到法律保护。

布图设计专有权的保护范围应当是确定的。根据《条例》规定，布图设计专有权的保护范围应当以布图设计授权文件所确定的三维配置为准。权利人所提交的布图设计的复制件或者图样，或者提交的集成电路样品均用于确定这种三维配置。微盟公司在将涉案 ME6206 布图设计申请保护时提交了布图设计图样和集成电路样品，并以此获得授权，故该图样或样品均可用来确定涉案布图设计专有权的保护范围。

微盟公司指控泉芯公司销售含有该布图设计集成电路布图的行为侵犯了其布图设计专有权。原审法院依法向国家知识产权局调取了 ME6206 集成电路样品芯片样品，经双方当事人确认，以该芯片样品作为侵权比对对象。原审法院依法委托北京芯愿景软件技术有限公司进行技术鉴定，经鉴定，被控侵权芯片 QX6206L33T 和微盟公司芯片 ME6206 版图相似度为 89.04%，两者仅在芯片特征尺寸大小、顶层模块位置、芯片模块内部位置存在细微偏差，双方当事人对此鉴定结果均无异议。据此，原审法院认为，被控侵权芯片 QX6206L33T 和微盟公司芯片 ME6206 两者的制造工艺、顶层模块布局以及各模块内布局基本相同，两芯片的集成电路布图设计相同，可以认定两芯片属相同的产品，即泉芯公司销售的芯片 QX6206L33T 含有的集成电路布图设计与微盟公司享有专有权的涉案布图设计相同。

泉芯公司抗辩其销售的被控侵权芯片 QX6206L33T 来源于京众公司，根据泉芯公司的申请，原审法院依法委托北京芯愿景软件技术有限公司，对泉芯公司公证购买的 JZ6206A33XG 芯片与被控侵权芯片 QX6206L33T 进行集成电路布图设计相似度鉴定。经鉴定，芯片 QX6206L33T 和芯片 JZ6206A33XG 版图相似度为 96.91%。原审法院认为，虽然泉芯公司主张其销售的 QX6206L33T 就是京众公司的 JZ6206A33XG，但其提交的对账单、送货单、增值税专用发票等证据，无法证明 QX6206L33T 与 JZ6206A33XG 的同一性，且根据鉴定报告，两芯片的版图也有所区别，不是完全相同，因此，泉芯公司的合法来源抗辩不能成立。

综上，泉芯公司未经微盟公司许可，为商业目的销售含有微盟公司享有布图设计专有权的集成电路芯片，构成侵权，微盟公司要求泉芯公司停止侵权、赔偿损失有事实和法律依据，原审法院予以支持。关于赔偿数额，微盟公司主张以其因侵权行为所遭受损失作为计算依据，包括侵权期间利润的下降和研发成本等。原审法院认为，根据《条例》规定，赔偿数额应为侵权人所获得的利益或者被侵权人所受的损失，包括被侵权人为制止侵权行为所支付的合理开支。微盟公司提交的市场损失及研发费用均系其单方形成，而微盟公司亦没有进一步证明其所认为的市场损失及研发费用与泉芯公司侵权行为之间的因果关系，据此，微盟公司主张赔偿的计算方式不具有确定性和合理性，原审法院对此不予采信。因微盟公司在本案中所受的损失不能准确计算，且泉芯公司侵权获利数额也无法准确查清，故原审法院综合考虑泉芯公司销售侵权行为、泉芯公司销售侵权产品价格等因素，酌情确定泉芯公司赔偿微盟公司经济损失人民币 30 万元及合理费用人民币 10 万元。微盟公司其他诉讼请求缺乏事实及法律依据，原审法院予以驳回。

原审法院根据《集成电路布图设计保护条例》第二条、第七条、第三十条之规定，判决：一、泉芯电子技术（深圳）有限公司立即停止侵犯南京微盟电子有限公司 BS. 07500011. 3 号 ME6206 集成电路布图设计专有权的行为；二、泉芯电子技术（深圳）有限公司于判决生效之日起 10 日赔偿南京微盟电子有限公司经济损失人民币 30 万元及合理费用人民币 10 万元，共计人民币 40 万元；三、驳回南京微盟电子有限公司的其他诉讼请求。一审案件受理费人民币 46 800 元，由泉芯电子技术（深圳）有限公司负担。如果未按本判决指定的期间履行给付金钱义务，应当按照《中华人民共和国民事诉讼法》第二百五十三条之规定，加倍支付迟延履行期间的债务利息。

泉芯公司不服原审判决，向本院提起上诉称：1. 原审判决认定泉芯公司生产 QX6206，属于事实不清，证据不足。2. 原审判决对鉴定结果的认定自相矛盾。对于同一批次的同一产品，依常理不可能出现 100％的相似度，故鉴定报告认定两者相似度为 96. 91％，已可证明 QX6206 与 JZ6206 属于同一产品，可以确认泉芯公司销售的 QX6206 是从京众公司购买了 JZ6206 并改标而成。3. 原审法院在证据认定上出现明显错误。微盟公司在庭审过程中已经变更起诉称泉芯公司销售 QX6206 侵权，而泉芯公司也在一审中提供了与京众公司之间的对账单、送货单、发票、证人证言，并公证购买 JZ6206，足以认定泉芯公司的 QX6206 就是购买自京众公司的 JZ6206。微盟公司公证购买被诉侵权产品 QX6206 的过程存在瑕疵，不应作为定案依据，依据该证据做出的 QX6206 与 ME6206 相似度的鉴定结论也不予认定。4. 泉芯公司对微盟公司的 ME6206 产品的独创性不予认可。微盟公司提供的登记证书并不能完全证明其产品的独创性。原审法院在审理泉芯公司诉微盟公司的另一宗案件中，要求泉芯公司必须提交证据证明涉案集成电路布图设计的独创性，故泉芯公司认为微盟公司在本案中亦应当提交独创性鉴定。5. 泉芯公司从京众公司处购买 QX6206 产品，若销售该产品构成侵权，也应该是京众公司侵权。原审法院判令泉芯公司赔偿人民币 40 万元并无任何依据。故上诉请求：1. 发回重审或改判，判定泉芯公司不构成侵权；2. 本案费用由微盟公司负担。

微盟公司辩称：原审法院认定事实清楚，适用法律正确。1. 无论泉芯公司是否生产了 QX6206 产品，其对外公开销售 QX6206 产品就构成侵权。2. 微盟公司生产的产品为

ME6206，未生产过 JZ6206，更不可能向京众公司出售 JZ6206 产品。3. 鉴定报告已经表明 QX6206 和 JZ6206 并非同一产品。4. 微盟公司公证购买被诉产品程序符合相关公证法规定，并无瑕疵。故请求驳回泉芯公司上诉请求，维持原判。

本院经审理查明，原审法院查明事实基本属实，本院予以确认。

二审期间，泉芯公司向本院提供“采购开单明细表”作为新证据，该表格为泉芯公司自行打印的 2009 年 1 月至 2015 年 1 月期间与京众公司之间的采购明细，泉芯公司拟以此证明被诉侵权产品来源于京众公司。微盟公司质证认为：该证据为泉芯公司自行制作，且相关内容与本案无关，故对该证据的真实性、合法性与关联性均不予确认。因该证据为泉芯公司单方制作，随意性强，在微盟公司对该证据真实性不予确认的情况下，本院对该证据不予采信。

二审期间，本院就北京芯愿景软件技术有限公司出具的“QX6206L33T 与 JZ6206A33XG”集成电路布图设计相似度验证报告中涉及的芯片版图相似度问题咨询北京芯愿景软件技术有限公司，北京芯愿景软件技术有限公司就此回复称：“若是由同一家 Foundry 使用同一个布图设计所生产出来的芯片，理论上相似度应当为 100%。但是，在实际鉴定中，由于芯片制造环节、芯片图像拍照环节、图像处理环节、图像图元测量以及 HxComparator 软件的局限性等方面的误差，相似度不可能达到 100%。至于该误差范围多少属于合理范围，北京芯愿景软件技术有限公司目前未能给出明确数值，以下测试结果建议用于误差合理范围的分析：HxComparator 软件研发后，北京芯愿景软件技术有限公司对于同一 GDS 的不同芯片个体进行十多次测试，其中最大误差值为 9.1%，最小误差值为 1.7%，误差均值为 4.2%。”经质证，微盟公司与泉芯公司均对北京芯愿景软件技术有限公司出具的该答复意见的真实性、合法性和关联性无异议，本院予以采信。

另查明，微盟公司在二审庭审中确认，其曾销售过 ME6206 芯片产品给京众公司，但否认销售过 JZ6206 芯片产品给京众公司。

还查明，微盟公司与泉芯公司在二审庭审中均认可，对于芯片编号，前缀“ME6206”“QX6206”“JZ6206”分别表示的是母体，而尾随该前缀之后的不同数字或字母仅表示电压值的不同。同一个电路布图可以生产出不同的电压产品，后缀数字或字母的不同并不影响布图的相同。双方当事人同时确认，即使是同一厂家生产的同一批次的同样产品，通过鉴定检测出来的版图相似度不可能达至 100%。

再查明，北京芯愿景软件技术有限公司出具的“QX6206L33T 与 JZ6206A33XG”集成电路布图设计相似度验证报告记载：“QX6206L33T 与 JZ6206A33XG 两颗芯片的封装信息相同。”另，从本案微盟公司和泉芯公司分别公证获取的产品 QX6206L33T 与 JZ6206A33XG 来看，芯片本身并无“QX”或“JZ”标识，而是在发票等单据以及产品包装上张贴的标识上有“QX6206”或者“JZ6206”的产品名称及编号。

本院认为：本案系侵害集成电路布图设计专有权纠纷。根据上诉人的上诉请求与理由，本案的争议焦点为：微盟公司是否有权主张权利；泉芯公司的销售行为是否构成侵权；如构成侵权，原审法院判决的赔偿数额是否合理。

一、关于微盟公司是否有权主张权利的问题

泉芯公司上诉主张，微盟公司的涉案布图设计不具有独创性，不应受到法律保护，故微盟公司无权主张保护其权利。本院认为：根据《集成电路布图设计保护条例》第八条、第四条规定，布图设计专有权经国务院知识产权行政部门登记产生。受保护的布图设计应当具有独创性，即该布图设计是创作者自己的智力劳动成果，并且在其创作时该布图设计在布图设计创作者和集成电路制造者中不是公认的常规设计。本案中，微盟公司已经提交国家知识产权局颁发的第 BS. 07500011.3 号“集成电路布图设计登记证书”、“南京微盟电子有限公司 ME6206 布图设计登记申请之结构、技术、功能简要说明”及图样，证明自己享有涉案名称为“ME6206”的布图设计专有权。微盟公司并在一审期间阐述了涉案集成电路布图设计的独创性主要在于其布图设计整体，泉芯公司对此未表异议。故微盟公司已经就其有权提起诉讼、涉案集成电路布图设计应受保护等问题完成初步举证责任。泉芯公司如主张涉案集成电路布图设计不具有独创性，理应提供相应证据。但是，泉芯公司既不否认该集成电路布图设计属于微盟公司的智力劳动成果，也不能提供任何证据证明在微盟公司创作时该布图设计在布图设计创作者和集成电路制造者中属于公认的常规设计，且泉芯公司也承认其并未向相关部门申请启动撤销微盟公司的涉案集成电路布图设计专用权的相关程序，故泉芯公司仅以涉案集成电路布图设计未经鉴定无法证明其独创性为由，上诉主张涉案布图设计不应受到法律保护、微盟公司无权提起诉讼，缺乏事实依据与法律依据，本院不予支持。

二、关于泉芯公司的销售行为是否构成侵权

《集成电路布图设计保护条例》第三十三条第一款规定：“在获得含有受保护的布图设计的集成电路或者含有该集成电路的物品时，不知道也没有合理理由应当知道其中含有非法复制的布图设计，而将其投入商业利用的，不视为侵权。”泉芯公司上诉主张，其销售的被诉产品 QX6206L33T 合法来源于京众公司，其在不知道也没有合理理由应当知道被诉产品含有非法复制的布图设计的情况下，将其投入商业利用，不视为侵权。本院认为泉芯公司的主张成立，理由如下：首先，本案并无证据证明泉芯公司存在复制行为。虽然微盟公司在提起本案诉讼时主张泉芯公司生产了被诉产品，但未提交任何证据，其在原审庭审中亦明确其指控泉芯公司的侵权行为性质为销售行为，原审法院因此只认定泉芯公司存在销售行为，微盟公司并未提起上诉，可见其对该认定不持异议。二审期间，微盟公司亦明确承认其并无证据证明泉芯公司存在生产复制行为，故本案仅可认定泉芯公司存在销售行为，故宜把重点集中于审查泉芯公司销售的被诉产品来源如何，泉芯公司在获得该产品时，是否不知道也没有合理理由应当知道其中含有非法复制的布图设计。其次，本案的证据足以证明被诉产品合法来源于京众公司。泉芯公司为证明被诉产品来源于京众公司，提供了（2012）深南证字第 16543 号公证书、2012 年 1—8 月的多张泉芯公司与京众公司之间的对账单、送货单、增值税专用发票等。原审法院并将被诉侵权产品与泉芯公司向京众公司公证购买的芯片产品进行了鉴定。从前述证据来看，原审法院委托的北京芯愿景软件技术有限公司出具的验证报告记载：“芯片 QX6206L33T 和芯片 ZJ6206A33XG 芯片工艺相似度 100%，顶层模块布局相似度 94.32%，各模块内布局相似度 96.55%，综上，芯片版图相似度 96.91%”，且北京芯愿景软件技术有限公司在二审中就芯片相似度问题再次说明，实际鉴定中，由于多环节存在的误差，即使是同一个厂家使用同一集成电路布图设计文件所生产出来的芯片，版图相似度亦不可能达到 100%，相关合理误差参考均值为

4.2%。该意见均为双方当事人所认可。故根据芯片版图相似度高达96.91%的鉴定结论，且该相似度仍在合理误差参考均值范围之内，可以推定QX6206与JZ6206使用的是同一布图设计。而泉芯公司至少在本案诉讼发生之前8个月，多次、持续、大批量向京众公司购买了JZ6206系列产品，相关交易在双方的对账单、送货单以及增值税专用发票中均有明确指向。故在微盟公司未能提供相反证据的情况下，综合前述情况，本院认为相关证据足以认定被诉产品即来源于京众公司的“ZJ6206”系列产品。微盟公司虽主张“JZ6206”与“QX6206”名称不同，但“JZ”与“QX”显然分别只是京众公司与泉芯公司名称的拼音缩写，泉芯公司关于其将产品标识的“JZ”变更成“QX”主要目的在于避免消费者对同品牌、同型号产品进行比价的理由亦符合日常生活经验，故不能仅凭标识上缩写名称的不同推翻前述认定。微盟公司虽然声称现实生活中高仿产品的版图相似度亦可能接近100%，但其并未就该主张提供相应证据或理由，且即使该推论属实，如果泉芯公司自身就生产被诉侵权产品，则不需要在本案诉讼发生之前的连续8个月时间内（包括向微盟公司销售被诉侵权产品期间），还多次、持续、大批量地向京众公司购入“JZ6206”产品。因此，原审法院仅以产品名称略有差别，相关鉴定报告的版图相似度未达到完全相同为由，就否认被诉产品来源于京众公司，有违日常生活常理与行业经验，不符合民事证据规则，本院不予支持。再次，本案并无证据证明泉芯公司知道或者有合理理由应当知道被诉产品中含有非法复制的布图设计。根据《集成电路布图设计保护条例》第三十三条第一款的规定，将被诉产品投入商业利用的行为不视为侵权的条件为“在获得含有受保护的布图设计的集成电路或者含有该集成电路的物品时，不知道也没有合理理由应当知道其中含有非法复制的布图设计”。本案中，泉芯公司已在一审期间提交了大量对账单、送货单、增值税发票等证据，证明被诉产品经正常、合法的商业交易渠道，从京众公司处购买获得。在泉芯公司主张其在获得被诉产品时不知道也无合理理由应当知道其中含有非法复制的布图设计的情况下，微盟公司应提供证据证明泉芯公司存在知道或者应当知道的主观状态。但是，微盟公司未能就此提供任何证据，其在二审期间也确认京众公司的真实存在，并承认微盟公司也曾经销售过含有涉案“ME6206”布图设计的集成电路产品给京众公司。因此，在微盟公司并无证据证明京众公司销售的JZ6206产品中的布图设计属于非法复制，更没有证据证明泉芯公司知道或者应当知道其从京众公司购买获取的被诉产品中含有非法复制的布图设计的情况下，泉芯公司将该被诉产品重新贴标并销售，属于正常的商业利用，依法不视为侵权。至于微盟公司主张泉芯公司对被诉产品重新改标属于非法贴标，侵害其权利一节，本院认为，泉芯公司仅仅改变产品名称而并未改变芯片产品，其对合法获得的芯片产品进行重新贴标后销售仍然属于《集成电路布图设计保护条例》第二条第（五）项规定的为商业目的销售含有该布图设计的集成电路的商业利用行为，并未侵害微盟公司涉案集成电路布图设计专有权。至于该行为是否侵害微盟公司其他权利，并非本案审理范围，本院不予评论。综上，泉芯公司经正常商业渠道获得被诉产品，其在不知道也没有合理理由应当知道被诉产品中是否含有非法复制的布图设计的情况下，将其投入商业利用，并未侵害微盟公司的集成电路布图设计专有权。原审法院相关事实认定有误，并因此判令泉芯公司赔偿微盟公司经济损失人民币30万元与合理维权费用人民币10万元不当，本院予以纠正。

综上，上诉人泉芯公司的上诉请求与理由成立，本院予以支持。原审法院认定事实错误，本院予以纠正。依据《集成电路布图设计保护条例》第二条、第四条、第七条、第八条、第三十条、第三十三条第一款，《最高人民法院关于民事诉讼证据的若干规定》第二条，《中华人民共和国民事诉讼法》第一百七十条第一款第（二）项之规定，判决如下：

一、撤销广东省深圳市中级人民法院（2012）深中法知民初字第1120号民事判决；

二、驳回南京微盟电子有限公司的诉讼请求。

本案一审案件受理费46 800元，二审案件受理费7 300元，均由南京微盟电子有限公司负担。泉芯电子技术（深圳）有限公司已向本院预交二审案件受理费46 800元，本院予以退回。南京微盟电子有限公司应在判决生效之日起十日内向本院交纳二审案件受理费7 300元。（收款单位名称：代收广东省高级人民法院诉讼费；收款银行：中国农业银行股份有限公司广州创展中心支行；账号：44×××65。）

本判决为终审判决。

审　判　长　　肖海棠
代理审判员　　李　艳
代理审判员　　石静涵
二〇一五年十一月十三日
书　记　员　　余英泽

第六章扩展阅读资料

与贸易有关的知识产权协定

第三部分　知识产权的实施

第1节　一般义务

第41条

1. 各成员应保证其国内法中包括关于本部分规定的实施程序，以便对任何侵犯本协定所涵盖知识产权的行为采取有效行动，包括防止侵权的迅速救济措施和制止进一步侵权的救济措施。这些程序的实施应避免对合法贸易造成障碍并为防止这些程序被滥用提供保障。

2. 有关知识产权的实施程序应公平和公正。这些程序不应不必要的复杂和费用高昂，也不应限定不合理的时限或造成无理的迟延。

3. 对一案件是非曲直的裁决，最好采取书面形式并说明理由。至少应使诉讼当事方可获得，而不造成不正当的迟延。对一案件是非曲直的裁决只能根据已向各方提供听证机会的证据做出。

4. 诉讼当事方应有机会要求司法机关对最终行政裁定进行审查，并在遵守一成员法律中有关案件重要性的司法管辖权规定的前提下，至少对案件是非的初步司法裁决的法律方面进行审查。但是，对刑事案件中的无罪判决无义务提供审查机会。

5. 各方理解，本部分并不产生任何建立与一般法律实施制度不同的知识产权实施制度的义务，也不影响各成员实施一般法律的能力。本部分的任何规定在实施知识产权与实施一般法律的资源分配方面，也不产生任何义务。

第 2 节　民事和行政程序及救济

第 42 条　公平和公正的程序

各成员应使权利持有人[①]可获得有关实施本协定涵盖的任何知识产权的民事司法程序。被告有权获得及时的和包含足够细节的书面通知，包括权利请求的依据。应允许当事方由独立的法律顾问代表出庭，且程序不应制定强制本人出庭的过重要求。此类程序的所有当事方均有权证明其权利请求并提供所有相关证据。该程序应规定一种确认和保护机密信息的方法，除非此点会违背现有的宪法规定的必要条件。

第 43 条　证据

1. 如一当事方已出示可合理获得的足以证明其权利请求的证据，并指明在对方控制之下的与证实其权利请求有关的证据，则司法机关在遵守在适当的情况下可保证保护机密信息条件的前提下，有权命令对方提供此证据。

2. 如一诉讼方在合理期限内自行且无正当理由拒绝提供或不提供必要的信息，或严重阻碍与一实施行动有关的程序，则一成员可授权司法机关在向其提供信息的基础上，包括由于被拒绝提供信息而受到不利影响的当事方提出的申诉或指控，做出肯定或否定的初步或最终裁决，但应向各当事方提供就指控或证据进行听证的机会。

第 44 条　禁令

1. 司法机关有权责令一当事方停止侵权，特别是有权在结关后立即阻止涉及知识产权侵权行为的进口货物进入其管辖范围内的商业渠道。如受保护的客体是在一人知道或有合理的根据知道从事该客体的交易会构成知识产权侵权之前取得或订购的，则各成员无义务给予此种授权。

2. 尽管有本部分其他条款的规定，但是只要符合第二部分专门处理未经权利持有人授权的政府使用或政府授权的第三方使用而做出的规定，各成员可将针对可使用的救济限于依照第 31 条（h）项支付的报酬。在其他情况下，应适用本部分下的救济，或如果这些救济与一成员的法律不一致，则应采取宣告式判决，并应可获得适当的补偿。

---

① 在本部分中，“权利持有人”一词包括具有在法律上主张这种权利的资格的联盟和协会。

第 45 条 损害赔偿

1. 对于故意或有充分理由应知道自己从事侵权活动的侵权人，司法机关有权责令侵权人向权利持有人支付足以补偿其因知识产权侵权所受损害的赔偿。

2. 司法机关还有权责令侵权人向权利持有人支付有关费用，其中可包括有关的律师费用。在适当的情况下，各成员可授权司法机关责令其退还利润和/或支付法定的赔偿，即使侵权人不是故意或没有充分理由知道自己从事侵权活动。

第 46 条 其他补救

为有效制止侵权，司法机关有权在不给予任何补偿的情况下，责令将已被发现侵权的货物清除出商业渠道，以避免对权利持有人造成任何损害，或下令将其销毁，除非此点会违背现有的宪法规定的必要条件。司法机关还有权在不给予任何补偿的情况下，责令将主要用于制造侵权货物的材料和工具清除出商业渠道，以便将产生进一步侵权的风险减少到最低限度。在考虑此类请求时，应考虑侵权的严重程度与给予的救济以及第三方利益之间的均衡性。对于冒牌货，除例外情况外，仅除去非法加贴的商标并不足以允许该货物放行进入商业渠道。

第 47 条 获得信息的权利

各成员可规定，司法机关有权责令侵权人将生产和分销侵权货物或服务过程中涉及的第三方的身份及其分销渠道告知权利持有人，除非此点与侵权的严重程度不相称。

第 48 条 对被告的赔偿

1. 如应一当事方的请求而采取措施且该当事方滥用实施程序，则司法机关有权责令该当事方向受到错误禁止或限制的当事方就因此种滥用而受到的损害提供足够的补偿。司法机关还有权责令该申请当事方支付辩方费用，其中可包括适当的律师费。

2. 就实施任何有关知识产权的保护或实施的法律而言，只有在管理该法过程中采取或拟采取的行动是出于善意的情况下，各成员方可免除公共机构和官员采取适当救济措施的责任。

第 49 条 行政程序

如由于行政程序对案件是非曲直的裁决而导致责令进行任何民事救济，则此类程序应符合与本节所列原则实质相当的原则。

第3节 临时措施

第50条

1. 司法机关有权责令采取迅速和有效的临时措施以便：

(a) 防止侵犯任何知识产权，特别是防止货物进入其管辖范围内的商业渠道，包括结关后立即进入的进口货物；

(b) 保存关于被指控侵权的有关证据。

2. 在适当时，特别是在任何迟延可能对权利持有人造成不可补救的损害时，或存在证据被销毁的显而易见的风险时，司法机关有权采取不做预先通知的临时措施。

3. 司法机关有权要求申请人提供任何可合理获得的证据，以使司法机关有足够程度的确定性确信该申请人为权利持有人，且该申请人的权利正在受到侵犯或此种侵权已迫近，并有权责令申请人提供足以保护被告和防止滥用的保证金或相当的担保。

4. 如已经采取不做预先通知的临时措施，则至迟应在执行该措施后立刻通知受影响的各方。应被告请求，应对这些措施进行审查，包括进行听证，以期在做出关于有关措施的通知后一段合理期限内，决定这些措施是否应进行修改、撤销或确认。

5. 执行临时措施的主管机关可要求申请人提供确认有关货物的其他必要信息。

6. 在不损害第4款规定的情况下，如导致根据案件是非曲直做出裁决的程序未在一合理期限内启动，则应被告请求，根据第1款和第2款采取的临时措施应予撤销或终止生效，该合理期限在一成员法律允许的情况下由责令采取该措施的司法机关确定，如未做出此种确定，则不超过20个工作日或31天，以时间长者为准。

7. 如临时措施被撤销或由于申请人的任何作为或不作为而失效，或如果随后认为不存在知识产权侵权或侵权威胁，则应被告请求，司法机关有权责令申请人就这些措施造成的任何损害向被告提供适当补偿。

8. 在作为行政程序的结果可责令采取任何临时措施的限度内，此类程序应符合与本节所列原则实质相当的原则。

第4节 与边境措施相关的特殊要求[①]

第51条 海关中止放行

各成员应在符合以下规定的情况下，采取程序[②]使有正当理由怀疑假冒商标或盗版货

---

① 如一成员已取消对跨越与其形成关税同盟一部分的另一成员边境的货物流动的实质上所有管制，则不得要求该成员在该边境上适用本节的规定。

② 各方理解，对于由权利持有人或经其同意投放到另一成员市场上的进口货物或过境货物，无义务适用此类程序。

物[①]的进口有可能发生的权利持有人，能够向行政或司法主管机关提出书面申请，要求海关中止放行此类货物进入自由流通。各成员可针对涉及其他知识产权侵权行为的货物提出此种申请，只要符合本节的要求。各成员还可制定关于海关中止放行自其领土出口的侵权货物的相应程序。

第52条 申请

任何启动第51条下程序的权利持有人需要提供充分的证据，以使主管机关相信，根据进口国法律，可初步推定权利持有人的知识产权受到侵犯，并提供货物的足够详细的说明以便海关易于辨认。主管机关应在一合理期限内告知申请人是否已受理其申请，如主管机关已确定海关采取行动的时限，则应将该时限通知申请人。

第53条 保证金或同等的担保

1. 主管机关有权要求申请人提供足以保护被告和主管机关并防止滥用的保证金或同等的担保。此类保证金或同等的担保不得无理阻止对这些程序的援用。

2. 如按照根据本节提出的申请，海关根据非司法机关或其他独立机关的裁决对涉及工业设计、专利、集成电路布图设计或未披露信息的货物中止放行进入自由流通，而第55条规定的期限在获得适当授权的机关未给予临时救济的情况下已期满，只要符合所有其他进口条件，则此类货物的所有人、进口商或收货人有权在对任何侵权交纳一笔足以保护权利持有人的保证金后有权要求予以放行。该保证金的支付不得损害对权利持有人的任何其他可获得的补救，如权利持有人未能在一合理期限内行使诉讼权，则该保证金应予解除。

第54条 中止放行的通知

根据第51条做出的对货物的中止放行应迅速通知进口商和申请人。

第55条 中止放行的时限

如在向申请人送达关于中止放行的通知后不超过10个工作日的期限内，海关未被告知一非被告的当事方已就关于案件是非曲直的裁决提出诉讼，或未被告知获得适当授权的机关已采取临时措施延长货物中止放行的期限，则此类货物应予放行，只要符合所有其他进口或出口条件；在适当的情况下，此时限可再延长10个工作日。如已启动就案件是非

---

① 就本协定而言：

(a)"冒牌货物"指包括包装在内的任何如下货物：未经许可而载有的商标与此类货物已有效注册的商标相同，或其基本特征不能与此种商标相区分，并因此在进口国法律项下侵犯了所涉商标所有权人的权利；

(b)"盗版货物"指任何如下货物：未经权利持有人同意或未经在生产国获得权利持有人充分授权的人同意而制造的复制品，及直接或间接由一物品制成的货物，如此种复制在进口国法律项下构成对版权或相关权利的侵犯。

曲直做出裁决的诉讼，则应被告请求，应进行审查，包括进行听证，以期在一合理期限内决定这些措施是否应予修正、撤销或确认。尽管有上述规定，但是如依照临时司法措施中止或继续中止货物的放行，则应适用第 50 条第 6 款的规定。

第 56 条　对进口商和货物所有权人的赔偿

有关主管机关有权责令申请人向进口商、收货人和货物所有权人对因货物被错误扣押或因扣押按照第 55 条放行的货物而造成的损失支付适当的补偿。

第 57 条　检验和获得信息的权利

在不损害保护机密信息的情况下，各成员应授权主管机关给予权利持有人充分的机会要求海关对扣押的货物进行检查，以证实权利持有人的权利请求。主管机关还有权给予进口商同等的机会对此类货物进行检查。如对案件的是非曲直做出肯定确定，则各成员可授权主管机关将发货人、进口商和收货人的姓名和地址及所涉货物的数量告知权利持有人。

第 58 条　依职权的行动

如各成员要求主管机关自行采取行动，并对其已取得初步证据证明一知识产权正在被侵犯的货物中止放行，则：

(a) 主管机关可随时向权利持有人寻求可帮助其行使这些权力的任何信息；

(b) 进口商和权利持有人应被迅速告知中止放行的行动。如进口商向主管机关就中止放行提出上诉，则中止放行应遵守在细节上做必要修改的第 55 条所列条件；

(c) 只有在采取或拟采取的行动是出于善意的情况下，各成员方可免除公共机构和官员采取适当救济措施的责任。

第 59 条　救济

在不损害权利持有人可采取的其他诉讼权并在遵守被告寻求司法机关进行审查权利的前提下，主管机关有权依照第 46 条所列原则责令销毁或处理侵权货物。对于假冒商标货物，主管机关不得允许侵权货物在未做改变的状态下再出口或对其适用不同的海关程序，但例外情况下除外。

第 60 条　微量进口

各成员可将旅客个人行李中夹带的或在小件托运中运送的非商业性少量货物排除在上述规定的适用范围之外。

第5节 刑事程序

第61条

各成员应规定刑事程序和处罚至少适用于具有商业规模的蓄意假冒商标或盗版案件。可使用的救济应包括足以起到威慑作用的监禁和/或罚金，并应与适用于同等严重性的犯罪所受到的处罚水平一致。在适当的情况下，可使用的救济还应包括扣押、没收和销毁侵权货物和主要用于侵权活动的任何材料和工具。各成员可规定适用于其他知识产权侵权案件的刑事程序和处罚，特别是蓄意并具有商业规模的侵权案件。

图书在版编目（CIP）数据

知识产权的国际保护/杨帆著 .--北京：中国人民大学出版社，2020.7
ISBN 978-7-300-28303-6

Ⅰ.①知… Ⅱ.①杨… Ⅲ.①知识产权保护-高等学校-教材 Ⅳ.①D913.4

中国版本图书馆 CIP 数据核字（2020）第 111201 号

普通高等学校知识产权专业系列教材
总主编 吴汉东
知识产权的国际保护
杨 帆 著
Zhishi Chanquan de Guoji Baohu

出版发行	中国人民大学出版社		
社　　址	北京中关村大街 31 号	**邮政编码**	100080
电　　话	010－62511242（总编室）		010－62511770（质管部）
	010－82501766（邮购部）		010－62514148（门市部）
	010－62515195（发行公司）		010－62515275（盗版举报）
网　　址	http：//www.crup.com.cn		
经　　销	新华书店		
印　　刷	北京捷迅佳彩印刷有限公司		
开　　本	787 mm×1092 mm　1/16	**版　　次**	2020 年 7 月第 1 版
印　　张	19.75　插页 1	**印　　次**	2025 年 1 月第 5 次印刷
字　　数	469 000	**定　　价**	49.00 元